21世纪应用型本科规划教材

省级社会科学优秀成果奖

资产评估

理论与实务（第三版）

Zichan Pinggu Lilun Yu Shiwu

唐振达　主编

东北财经大学出版社
Dongbei University of Finance & Economics Press

大连

图书在版编目（CIP）数据

资产评估：理论与实务 / 唐振达主编． —3版． —大连：东北财经大学出版社，2018.3（2021.1重印）

（21世纪应用型本科规划教材）

ISBN 978-7-5654-2998-9

Ⅰ．资… Ⅱ．唐… Ⅲ．资产评估-高等学校-教材 Ⅳ．F20

中国版本图书馆 CIP 数据核字（2017）第 294811 号

东北财经大学出版社出版

（大连市黑石礁尖山街 217 号 邮政编码 116025）

网 址：http://www.dufep.cn

读者信箱：dufep@dufe.edu.cn

大连雪莲彩印有限公司印刷 东北财经大学出版社发行

幅面尺寸：185mm×260mm 字数：563千字 印张：24.5

2018年3月第3版 2021年1月第10次印刷

责任编辑：孙晓梅 王 玲 责任校对：欣 彤

封面设计：张智波 版式设计：钟福建

定价：48.00元

第三版前言

2016年7月2日，第十二届全国人大常委会第二十一次会议表决通过《中华人民共和国资产评估法》（以下简称《资产评估法》），自2016年12月1日起施行，标志着我国资产评估行业进入依法治理的法治时代。随着《资产评估法》的实施，我国资产评估行业管理体制发生改变，既降低了资产评估从业门槛，也加大了评估机构和评估专业人员的法律责任和执业风险，评估机构"提质增效，转型升级"将成为我国评估行业发展新常态。因此，为了反映我国资产评估行业发展的新变化，更新资产评估学科专业知识体系，我们再次修订了本教材。

本次修订在保持原书基本结构不变的基础上，增加了《资产评估法》实施后所引领的资产评估职业环境变化的新内容。同时对原有章节的案例进行优化升级，既修改了部分章节内容，也增加了部分的"思考与练习"，做到资产评估理论与实务与时俱进。本教材配备了电子课件和章后"思考与练习"参考答案（详见各章后面的二维码）。

本次修订工作的分工是：李保婵副教授负责第一章、第八章和第十四章的修订工作，黄巍菁老师负责第二章、第六章和第七章的修订工作，陈竞老师负责第三章、第十二章、第十三章的修订工作，苏艺老师负责第九章、第十章和第十一章的修订工作，苏文蓉老师负责第四章和第五章的修订工作。最后由唐振达教授负责总修订工作。在修订过程中，我们还借鉴并参考了我国资产评估行业有关专家学者的最新研究成果和行业管理最新法规准则，同时也得到了广西财经学院会计与审计学院李春友院长、广西资产评估协会王保利会长和广西财经学院校领导等各级领导的大力支持，在此对他们对本书给予的支持和帮助表示衷心的感谢！

作为21世纪应用型本科规划教材，本次修订版教材也是2017年度广西高等教育教学改革工程一般A类项目"资产评估学创新创业教育质量评价体系和监测研究"（2017 JGA290）和一般B类项目"应用型大学资产评估专业一体化教学案例研究与实践"（2017 JGB379）的阶段性成果。

本教材可作为应用型高等院校资产评估本科专业和应用型高职院校资产评估与管理专业课程的教材使用，亦可以用于我国普通高等院校和高职院校的会计学、财务管理和财政、金融等专业课程，同时也可供各级政府管理部门、企事业单位、评估机构等从事评估实务工作人员用作参考读物。

由于修订时间有限，修订人员学识欠缺，书中难免存在缺陷与不善之处，敬请各位读者批评指正，以便在日后再次修订中完善。

编　者

目　录

| 第一章 | # 资产评估概述 |

学习目标

1. 掌握资产评估的基本概念、评估假设、评估原则、评估目的；

2. 熟悉资产评估相关当事人的内容；

3. 了解我国资产评估行业历史、现状与发展。

资产评估是社会主义市场经济中一个重要的新兴现代高端服务行业，它是财政职能的延伸与拓展，不仅在维护国有资产权益、保障国有资产安全方面起着重要作用，而且在服务我国改革开放、促进资本市场发育、维护市场经济秩序和防范金融风险等方面也发挥了积极作用。其服务领域日益扩大，已从最初为国有经济服务，扩展到为各种所有制经济服务。从国有企业改革重组到中外合资合作企业的设立；从公司改制上市到抵押担保、破产清算、房地产投资、保险理赔、财产诉讼；从服务财税体制改革到金融资产评估、金融监管、资本市场、物业税、会计改革、公共资产管理、破产清算、知识产权、林权制度改革、公共资产管理、司法鉴证等，都有资产评估师的身影。可以说，资产评估为我国经济社会发展承担着资产的"价值发现、价值判断、价值估计、价值实现和价值创造"等现代高端服务业重任。

第一节 资产评估历史与发展

资产评估是市场经济发展的必然产物，与资产交易的行为同时产生，伴随着我国市场经济的发展而不断完善。目前，我国资产评估业务领域形成传统、新兴和潜在三个市场，覆盖了资产、财产和资源等评估范畴，涉及出售、重组、投资、抵押、质押、保险、租赁、税收等经济行为。资产评估经历长期的发展与完善，目前已经成为现代市场经济中能够发挥基础性作用的现代高端服务行业之一。

一、资产评估的历史

综观国内外资产评估发展史，资产评估大体经历了以下三个发展阶段：

（一）原始评估阶段

在原始社会后期，剩余财产与私有制的出现，要求交易双方在等价原则的基础上进行剩余财产的交换，这就必须要对剩余财产的价值进行评估。这一阶段资产评估的主要特点表现在以下几个方面：

1. 非专业性

在资产评估专业化尚未形成的原始评估阶段，整个社会还缺乏独立的评估机构和专业人士，一般是由交易双方或一方指定的人员来进行评估，这些人往往缺乏专业评估知识，不具备专业评估技能。

2.直观性

资产评估专业人员往往依靠直观感觉和主观偏好进行估价，没有系统的评估方法。

3.无偿性

交易双方无须支付评估专业人员报酬，这主要是与早期资产评估业务的偶发性、方法的简单性及评估过程的非专业性特点相适应的。

（二）经验评估阶段

随着商品经济发展和资产交易量的增多，社会对资产评估的需求与日俱增，资产评估业务逐步走向专业化。社会上产生了一批具有一定经验的评估专业人员，这些人员以他们的经验为依据，结合自己在长期工作中积累的经验和知识进行评估。资产评估专业队伍的产生是区分原始评估阶段与经验评估阶段的重要标志。经验评估阶段资产评估的基本特点表现在以下几个方面：

1.经验性

越来越多的资产评估业务，使得评估专业人员得以积累丰富的执业经验，这些经验直接决定了评估结果的准确与否。但由于此时尚未形成系统化的评估理论，评估的科学性还有待提高。

2.有偿性

在经验评估阶段，评估专业人员对资产评估业务提供有偿服务。

3.责任性

资产评估机构或人员对评估结果，特别是因欺诈行为和其他违法行为而产生的后果负有法律上的责任。

（三）科学评估阶段

由于产业革命促使经济飞速发展，资产业务急剧增加，资产业务的社会化分工日益细密，从而推动了资产评估活动向职业化方向不断发展。公司化的资产评估机构与评估专业人员开始出现，资产评估理论与方法日趋成熟，资产评估行业管理逐渐规范，资产评估的发展已经步入科学评估阶段。在科学评估阶段，资产评估的主要特点表现在以下几个方面：

1.评估机构公司化

评估机构通常是产权明晰、权责明确、政企分开、管理科学的现代化高端服务性企业，以自主经营、自负盈亏的企业法人形式进行经营管理。

2.评估手段和方法科学化

现代科学技术与方法在资产评估中的广泛运用，极大地提高了资产评估结果的准确性与科学性。

3.评估人员专业化

评估机构中的从业人员必须了解、掌握资产评估的专业理论与业务知识，评估报告只能由资产评估师或价值评估师等具备资格者签发。

4.评估内容多元化

评估内容十分丰富，不仅包括对有形资产和无形资产的评估，而且细化到专项资产、金融资产等方面的评估，从整个资产评估行业看，评估业务几乎无所不包。

5.评估结果法律化

评估专业人员必须在共同完成的评估报告上签章，评估机构和评估专业人员对签章的资产评估报告负有相应的法律责任。

二、国外资产评估的发展演进

资产评估作为一种自发的专业服务活动，可以追溯到很早以前，而作为一种有组织、有理论指导的专业服务活动，则起始于19世纪中后期，并于20世纪40年代以后在世界各国得到较大发展。20世纪70年代以后，世界各国的资产评估活动开始趋于规范化和国际化。资产评估是市场经济条件下资产交易和其他业务发展的产物，市场经济越发达，资产评估业务的规模越大，评估的成熟程度也越高。

美国是目前商品经济最发达和资产交易最活跃的国家之一，因此，美国资产评估业务100多年前就已经开始，发展至今已较为成熟。美国资产评估业务最初的评估目的主要是财产保险、维护产权交易双方利益、资产抵押贷款、家庭财产分割等。随着资产评估行业的不断发展，评估者自发地成立了若干个有较大影响的综合及专业性的民间自律性评估组织，其中规模较大的有16个评估协会。这些组织均有自己的规章制度和评估标准。随着行业的发展，各协会认识到需要统一的资产评估执业标准。于是，在美国评估者协会的倡议下，于1987年成立了美国资产评估促进委员会。美国的资产评估经过百年的自行发展，直至1989年，联邦政府制定了第一部资产评估法律。首部专业评估统一准则是1987年由美国评估促进会（AF）的特别委员会制定的《专业评估执业统一准则》，1989年评估准则委员会成立时，将其颁布为第一个准则。

美国政府是在经历了20世纪80年代的金融危机以后才开始介入评估管理的。20世纪80年代末期，美国银行贷款呆坏账严重，大批金融机构倒闭，损失了上千亿美元的联邦储备基金。一些金融分析家认为，这种状况与资产评估机构低估银行贷款抵押品价值有关。联邦政府于1989年颁布了《不动产评估改革》，这是美国联邦政府有关资产评估最具代表性的法律文件，各州均依据该文件制定了相应的州政府文件。该法令对从事不动产评估专业人员的资格标准和职业道德规范作了规定。

三、资产评估在中国的发展

我国的资产评估始于20世纪80年代的国企改革和对外开放，最初服务于国有企业，以防止国有资产流失，也为中外合资、合作等经济活动提供咨询服务。后来，随着我国社会主义市场经济的不断发展和国际经济一体化进程的不断加快，政府、投资者及其他利益相关者对资产评估的需求越来越多，资产评估作为一个独立的现代高端服务业得到了长足发展，其触角已经延伸到金融不良资产处置、抵押担保、拍卖底价和诉讼资产价值的确定等领域，表现出其朝阳产业的一面，可见其具有强劲的生命力和广泛的适应性。回顾资产评估事业在我国发展的历程，大体可将其分为以下三个阶段：

（一）第一阶段（1989—1992年）形成了初步的法律基础

改革开放以后，国有企业对外合资、合作，兼并、破产等产权变动行为日益增多，为了确定合理的产权转让价格，维护所有者的合法权益，防止国有资产流失，在20世纪80年代末期出现了国有资产评估活动。1989年，国家国有资产管理局（以下简称"国资局"）颁布了《关于国有资产产权变化时必须进行资产评估的若干暂行规定》。1990年，国资局批准并组建了资产评估中心，负责全国的国有资产评估工作。1991年11月，国务院发布《国有资产评估管理办法》，标志着我国国有资产评估制度基本形成，其有力地推动了中国资产评估事业的进一步发展。这些行政法规确定了我国资产评估的基本依据、基本方针和基本政策，系统地规定了我国资产评估工作要求，形成了我国资产评估初步的法律基础。

（二）第二阶段（1993—1995年）确认了我国第一批注册资产评估师

1993年12月，中国资产评估协会正式成立，其开创了资产评估在政府监督指导下的行业自律性管理体制，使评估对象扩展到除国有资产以外的其他各类所有制性质的资产。1995年3月，中国资产评估协会代表中国评估行业加入国际评估准则委员会，标志着我国评估业管理组织已经与国际评估组织接轨。1995年5月，我国发布了《注册资产评估师执业资格制度暂行规定》和《注册资产评估师执业资格考试实施办法》，建立了我国的注册资产评估师制度，组织了全国统一考试，并在公平竞争的机制下，确认了我国第一批注册资产评估师。

（三）第三阶段（1996年至今）标志着中国资产评估实践全面进入准则规范时代

1996年5月，我国发布实施了《资产评估操作规范意见（试行）》，标志着资产评估行业从此走上了科学化、规范化操作的新阶段。1998年6月1日，开始实行注册资产评估师签字制度，旨在强化注册资产评估师的责任，增强其风险意识。在1999年北京国际评估准则委员会年会上，中国成为国际评估准则委员会常任理事国。2000年7月，中国注册资产评估师赴美国参加世界评估师大会，进一步加强了与中外评估师的联系。2004年2月，财政部正式发布了《资产评估准则——基本准则》和《资产评估职业道德准则——基本准则》，标志着资产评估准则体系初步形成。至2016年，我国的资产评估准则在《资产评估法》指导下重新修订。资产评估准则体系作为一个有机整体，系统地对评估机构和评估专业人员进行指导和规范。

2014年8月12日，国务院发布《关于取消和调整一批行政审批项目等事项的决定》（国发〔2014〕27号），取消了注册资产评估师等11项职业资格许可和认定事项。2014年8月13日，人力资源和社会保障部印发《关于做好国务院取消部分准入类职业资格相关后续工作的通知》（人社部函〔2014〕44号），将资产评估师职业资格调整为水平评价类职业资格。

2016年7月2日，十二届全国人大常委会第二十一次会议审议通过了《资产评估法》，自2016年12月1日起施行。《资产评估法》对资产评估机构和资产评估专业人员开展资产评估业务，资产评估行业实施行政监管和行业自律管理，资产评估相关各方的权利、义务、责任等一系列重大问题作出了明确规定，全面确立了资产评估行业的法律地位，对促进资产评估行业发展具有重大历史和现实意义。2016年12月9日，财政部《关于贯彻实施〈中华人民共和国资产评估法〉的通知》明确提出，根据《资产评估法》的要求，财政部将加快出台资产评估行业财政监督管理办法和资产评估基本准则等相关管理制度，确保《资产评估法》落到实处。该通知要求各级财政部门和中国资产评估协会抓紧修订与《资产评估法》不一致的规定，并按照《资产评估法》的要求，建立新的管理规范和工作流程；要求中国资产评估协会按照《资产评估法》要求，制定并不断完善资产评估执业具体准则和职业道德具体准则，指导和监督会员执业行为。目前，中国资产评估协会发布了25项资产评估执业准则和1项职业道德准则修订稿，自2017年10月1日起施行。此次修订是资产评估行业加强《资产评估法》配套制度建设的又一重要举措。

四、资产评估的发展趋势

由于资产评估与经济发展息息相关，伴随着我国经济新常态与国家全面深化改革和依法治国战略的推进，我国经济社会各领域都将发生深刻变化，这种新常态、新变化将对资产评估发展的内生动力和外部环境产生深远而重大的影响。其主要表现有以下几个方面：

（一）评估市场格局发生深刻变化

因应经济发展新常态，评估传统市场将随着经济发展方式和结构调整发生变化，新兴市场则会随着经济发展动力增强成为新的增长点，而潜在市场将会在产业转型升级、政府职能调整特别是财税体制改革中不断发育。

1.传统市场

传统市场主要面临国有企业改制，以及转向实现混合所有制经济模式的改革，国有企业评估外延扩大，内涵深化，多层次资本市场发展和金融服务市场空间扩大形成资产评估业务。

2.新兴市场

资产评估新兴市场已经拓展到我国社会经济的各个领域和各个方面，特别是党的十八届三中全会以来，国务院出台产权改革、金融改革、国企改革、文化市场建设、资源环境改革等一系列新政策，国家更加注重发挥资产评估在市场配置资源、产权改革、生态环境建设、文化科技体制改革、公共服务等领域的积极作用，为资产评估行业提供了新的市场空间和业务增长点。

3.潜在市场

由于我国经济结构从增量扩能为主转向调整存量、做优增量并存的深度调整，资产评估在现代金融服务建设、网络和IT产业发展、企业资产财务质量内控、公允价值计量等方面大有可为。资产评估服务于政府职能转变，产生了服务于财税改革的财政项目管理和绩效评价评估、PPP（公私合作模式）评估、房地产税的税基评估、地方债务管理、政府资产管理、政府综合财务报告和政府购买服务等丰富的潜在市场。

（二）评估市场需求发生结构性改变

资产评估市场结构性过剩和新常态下服务能力不足并存，评估机构在传统市场中过度竞争，但是对经济趋势性变化中出现的新市场机会却难以把握。

1.传统低端服务

传统低端服务主要是中外合资、合作及国有企业改制等法定传统评估业务，由于政府部门和相关监管当局对评估项目实行备案管理，评估方法成熟，执业风险较低，导致形成了严重的供大于求的买方服务市场，评估市场服务价格竞争激烈。

2.新兴高端服务

新兴高端服务面临以市场化、国际化为取向的资本市场改革。随着我国经济发展"引进来"和"走出去"战略的实施，需对高新技术、轻资产、知识产权和并购溢价等新市场领域进行合理估值，且在国家治理现代化和财税体制改革中产生了大量的资产评估服务新需求，然而，新常态下的资产评估机构还无法在理论方法、准则、技术和专业能力上形成充分适应市场的核心竞争力，且创新驱动不足，凸显专业能力不能完全满足对新兴高端服务的需求。

3.行业转型升级

目前，资产评估机构和人员应对各个细分市场采取不同的战略，巩固和深化传统市场，拓展和培育高端市场，努力实现评估业务的经常化和稳定化。由于评估机构布局不合理，大型资产评估机构相对较少，中小评估机构较多，服务高端业务的机构竞争不充分，服务低端业务的机构竞争激烈，难以满足经济社会发展对评估机构的差异化需求，行业发展实现转型升级的任务十分艰巨。

（三）评估市场环境日趋严峻

新常态下经济发展出现新现象，其主要表现是三期叠加，即增长速度进入换挡期，结构调整面临阵痛期，前期刺激政策步入消化期，资产评估市场环境发生重大变化。

1.市场准入

从资产评估市场准入机制来看，上市公司重大资产重组定价市场率先发出开放市场的信号，除具有评估资质的机构之外，其他专业中介机构也可以参与非国有资产评估项目的重组定价。

2.服务价格

2014年12月，国家发改委发布了《关于放开部分服务价格意见的通知》，放开包括资产评估在内的已具备竞争条件的服务价格，资产评估服务收费全面市场化。

3.市场竞争

资产评估行业的市场竞争转向质量、差异化竞争，行业收入转向中低速增长，评估机构开始优胜劣汰，适应市场竞争的机构将会迅速发展壮大，不适应市场竞争的机构将被逐渐淘汰。

（四）行业管理模式发生重大变革

在国家积极推进"放管服"商事制度改革的大背景下，新常态下的资产评估管理发生重大变革。

1.政府管理职能

国务院发布了《关于取消和调整一批行政审批项目等事项的决定》（国发〔2014〕27号文件），取消了注册资产评估师等准入类职业资格，改为水平评价类职业资格。开展国家工商注册登记制度改革，取消了公司设立注册资本限制，评估机构的审批由前置审批改为后置审批，财政部要求做好工商登记制度改革后资产评估机构审批管理衔接工作。

2.自律管理

政府通过职业资格管理方式的改革，将资产评估师考试管理等政府职能交给行业协会，评估机构审批方式的改变也赋予协会更多的管理职责，行业协会将会承担更大的责任。在新政策的研究和行业制度设计方面，特别是行政职能承接、行业管理模式、人员考试培训、会员登记和机构管理等关键问题上，协会的自律管理职能在不断强化。

3.行业管理

我国在连续取消多项行政审批项目后，国务院在2015年召开的首次常务会议中继续简政放权，减少政府管制，对资产评估等服务业提出更高的要求。在国务院发布的《服务业发展"十三五"规划》等文件中，资产评估为社会经济服务的功能越来越受国家重视，但资产评估行业的发展水平与市场经济发展的要求相比还有差距，加快资产评估行业转型升级和自主发展，需要在转变观念、创新管理和提升能力上主动布局、积极作为。

（五）国际合作与竞争日趋扩大

我国提出"一带一路"倡议以来，企业"引进来"和"走出去"已初见成效，国际化已成为中国资产评估行业发展的必然选择。

1.评估准则

我国资产评估准则已经实现了与国际评估准则实质性趋同，主要表现在资产评估理念、评估方法、价值类型等方面，并从最初全面跟行国际评估准则，到逐步并行，现在已有多项评估准则实现了领行，如金融不良资产、投资性房地产、著作权、商标权、专利权、实物期权等评估准则。还有一些评估准则填补了国际空白。

2.评估国际市场

2016年，我国实际使用外资（FDI）和对外投资规模均超过1 000亿美元，对外投资首次超过利用外资的规模，我国成为资本的净输出国。应对新常态的重要措施是积极构建开放型经济新体制，推进"一带一路"倡议，推广上海自由贸易试验区经验，推动优势产业走出去，开展先进技术合作，积极参与和推动新一轮国际经济秩序的改善与调整，使国内和国际市场深度融合。中国资产评估行业应服务于国家对外开放经济战略，延伸国内外服务链条，为我国企业海外并购和跨国经营等提供专业技术支撑。

3.评估国际合作

日益频繁的评估国际交流已经成为行业发展内在需要，也成为国际评估同行了解中国评估发展的必然要求。中国资产评估协会从成立之初就重视国际交流，经过20多年发展，已经与50多个国家和地区评估组织建立了联系，与10个国家和地区评估组织签订了专业合作备忘录，还与各国际评估组织开展各种学术研究讨论，已经成为国际评估界一支举足轻重的力量，在多个国际组织中担任重要角色，还成功推荐协会成员、行业专家担任国际评估准则理事会咨询论坛组成员、国际评估准则理事会专业委员会委员等。

第二节　资产评估基本概念

一、资产

（一）资产的定义

资产评估是对资产进行评定、估算的行为。研究资产评估，首先要对资产的概念进行一个确切的界定。关于资产的概念，不同学科领域有不同的解释。从经济学的角度来看，资产泛指一切财产，即一定时点的财富总量，由一定数量的物质资料和权利构成；从会计学的角度来看，根据《企业会计准则——基本准则》，资产是指企业过去的交易或者事项形成的、企业拥有或者控制的、预期会给企业带来经济利益的资源；从资产评估学的角度看，资产评估中强调的资产，是指特定权利主体拥有或控制的并能给特定权利主体带来未来经济利益的经济资源。

经济学、会计学和资产评估学分别从不同的角度对资产进行了解释，但作为资产评估对象的资产与经济学中对资产的解释更为接近，与会计学中所称的资产相比，具有更广泛的含义。由于受会计原则的约束，对于企业自创的商誉等无形资产，会计账目中可能不做记录或是只记录原始成本，而当这些资产发生产权变动或交易时，必须将其作为资产纳入资产评估的范畴。也就是说，凡是符合资产评估学中资产定义的经济资源，在发生产权变动或交易时，都应作为被评估的范畴。

（二）资产应具有的基本特征

1.必须是经济主体拥有或者控制的

对资产的拥有或控制主要体现在对资产产权的界定和保护上。依法取得拥有或控制资产的权利是特定主体能够拥有或支配相关资产的前提条件。

资产的产权是与资产所有权相关的权利束，并且具有可分解性，通常包括资产的占有权、使用权、收益权和处分权。这些权利的类型及组合构成了资产的具体产权状态。资产的权利状态不同，为权利人带来的经济利益通常会存在差异，所对应的资产价值也不同。资产的所有权价值一般会高于使用权的价值。即使是同样的资产载体，也可能会因为所赋予的权利并不相同，表现出不同的经济价值。这也是资产评估中要求资产评估专业人员关注被评估资产的权利状况，重视权利状况对资产评估的约束和影响的原因。

资产评估中的资产，不应仅以所有权作为界定依据。企业只有控制权而无所有权的资产，如特许经营权、采矿权等，由于能够为企业带来持续的经济利益，也应作为企业的资产加以确认。资产评估中的资产边界应当以经济资源的控制权为依据。

对资产所有权或控制权的确立使特定主体对资产的相关权利具有了排他性，其他主体要取得相关权利就要付出相应的代价。

2.能够给经济主体带来经济利益

经济资源既可以是实体，也可体现为无形的权利。具有能够带来未来经济利益的潜在能力是特定主体愿意拥有或控制这种资源的主要动因。这种利益可以表现为两个方面：一是资产本身给特定主体带来的利益；二是通过所有权或控制权的变动给特定主体带来的利益。资产的价值取决于其能够带来未来经济利益的能力，资产评估专业人员只是通过适当的方法量化这种能力，反映资产的价值。

3.资产必须能以货币计量

能够给特定主体带来可量化的效用或利益的资产才是资产评估中所涉及的资产。资产的可计量性是以其能带来的未来利益为基础的，表现为特定主体继续使用或让渡所有（控制）权所能产生的经济收益能力（主要为形成净现金流入的能力）。资产的价值应当能够运用货币计量和反映。

二、资产评估

（一）资产评估的定义

产品交换过程中的价值判断是经济学研究中不可回避的问题。而资产评估属于价值判断的范畴。所谓资产评估就是使用经济学理论、方法对资产的价值进行定量的估计和判断。

资产进行市场交易时，所有的市场参与者大都会依据自己所掌握的知识和信息，对交易对象进行价值判断，从而确定交易价格，在此过程中可能会自觉或不自觉地运用资产评估的理论、方法从事相关价值判断。

社会分工和商品经济的发展催生了对专业资产评估服务的需求。资产评估作为一种执业行为，其专业水准和职业公信力会对委托人等当事人的权利保障和市场秩序的维护产生较大影响。因此，立法部门及相关政府管理部门、行业管理机构通过立法、制定准则等方式，对资产评估的主体、行为和责任等加以规范。

2016年7月2日，我国颁布了《资产评估法》。《资产评估法》所规范的资产评估是指资产评估的执业行为。

《资产评估法》从资产评估执业角度，对资产评估的概念界定如下：

"评估机构及其评估专业人员根据委托对不动产、动产、无形资产、企业价值、资产损失或者其他经济权益进行评定、估算，并出具评估报告的专业服务行为。"

《资产评估法》对资产评估的程序作出了明确规定，要求评估机构及相关评估专业人员对所出具的评估报告依法承担责任。

（二）资产评估要素

资产评估作为一种评价过程，要经历若干评估步骤和程序，同时也会涉及以下基本的评估要素。

1.评估主体

《资产评估法》规定资产评估机构及其评估专业人员是资产评估的主体，其中资产评估专业人员包括资产评估师和其他具有评估专业知识及经验的评估从业人员。《资产评估法》不仅从概念上对资产评估进行界定，还对机构设立、人员从业、业务承办和资产评估报告签署等方面作出了具体规定。比如：法定资产评估业务至少应当指定两名资产评估师承办，其还应在资产评估报告上签名；其他资产评估业务至少应当指定两名资产评估专业人员承办，其也应在资产评估报告上签名；要求资产评估专业人员从事资产评估业务时，应当加入评估机构。资产评估机构应满足规定的设立条件，并应在领取营业执照之日起三十日内向有关评估行政管理部门备案。

2.评估客体

评估客体指资产评估的对象，它是对资产评估内容上的界定。由于资产评估是适应资产业务需要而进行的，因此只有纳入资产评估资产范围的资产才是评估的客体。它可以是企业的一项资产，也可以是企业的全部资产，还包括全部资产作为一个整体的生产能力或获利能力，具体包括不动产、动产、无形资产、企业价值、资产损失或者其他经济权益。

作为资产评估客体的资产，存在形式是多种多样的，为了科学地进行资产评估，可对资产进行适当的分类：

（1）按资产存在形态分类，可以分为有形资产和无形资产。有形资产是指那些具有实体形态的资产，如机器设备、房屋建筑物等。无形资产是指那些没有物质形态而以某种特殊权利和技术知识等经济资源存在并发挥作用的资产，如专利权、非专利技术、土地使用权等。

（2）按资产与生产经营的关系分类，可以分为经营性资产和非经营性资产。经营性资产是指处于生产经营过程中的资产，如企业中的机器设备、交通工具等。非经营性资产是指处于生产经营过程以外的资产。

（3）按资产能否独立存在分类，可以分为可确指的资产和不可确指的资产。可确指的资产是指能独立存在的资产，除商誉以外的资产都是可确指的资产。不可确指的资产是指不能独立于有形资产而单独存在的资产，如商誉。商誉是由于企业地理位置优越、信誉卓著、生产经营出色、劳动效率高、历史悠久、经验丰富、技术先进等原因，能获得的投资收益率高于一般正常投资收益率所形成的超额收益，它不能脱离企业的有形资产单独存在，所以称为不可确指的资产。

（4）按资产是否具有综合获利能力分类，可以分为单项资产和整体资产。单项资产是指单台、单件的资产。整体资产是指由一组单项资产组成的具有获利能力的资产综合体。企业的整体资产不是企业各单项可确指资产的汇集，其价值也不等于各单项可确指的资产价值的总额，因为企业整体资产评估所考虑的是它作为一个整体的生产能力或获利能力，所以，其评估价值除了包括各单项可确指的资产价值以外，还包括不可确指的资产，即商誉的价值。

3.评估假设

假设对任何学科都是重要的，相应的理论观念和方法都是建立在一定假设的基础之上的。资产评估与其他学科一样，其理论和方法体系的形成也是建立在一定假设条件之上的。资产评估有交易假设、公开市场假设、持续使用假设和清算假设等四个基本假设。交易假设是资产评估得以进行的一个最基本的前提假设，交易假设是假定所有待评估资产已经处在交易过程中，评估师根据待评估资产的交易条件等模拟市场进行估价。公开市场假设就是假定比较完善的公开市场存在，被评估资产将要在这样的市场中进行交易。持续使用假设首先设定被评估资产正处于使用状态，包括正在使用中的资产和备用的资产；其次根据有关数据和信息，推断这些处于使用状态的资产还将继续使用下去。清算假设是对资产在非公开市场条件下被迫出售或快速变现条件的假定说明。

4.评估原则

评估原则，即资产评估的行为规范，其调节资产评估委托者、评估业务承担者以及资产业务有关权益各方在资产评估中的相互关系。评估原则分为工作原则和经济技术原则，资产评估工作原则包括独立性原则、客观公正性原则、科学性原则和专业性原则；资产评估经济技术原则是指在资产评估执业过程中的一些技术规范和业务准则，包括预期收益原则、贡献原则、替代原则、供求原则和评估时点原则。

5.评估依据

评估依据，指资产评估所应遵循的法律、法规、经济行为文件、重大合同协议以及收费标准和其他参考依据。

6.评估程序

评估程序，即资产评估具体进行的环节、步骤，体现评估机构按照相应的要求开展评估工作所必须遵循的评估顺序。资产评估的程序对保证资产评估的科学合理和公正性具有重要意义，因为资产评估的过程有时影响甚至决定资产评估的结果，这也是减少或避免评估工作随意性的重要要求。不同的被评估资产和不同的评估目的决定着资产评估所采用的评估方法，而评估方法又决定着资产评估的程序。

7.评估基准日

评估基准日，即资产评估价值对应的时点，它是确定资产价值的基准时间。

8.评估目的

评估目的，即资产业务引发的经济行为对资产评估结果的要求，或者资产评估结果的具体用途。它直接或间接地决定和制约资产评估的条件、价值类型和方法的选择。资产评估目的分为一般目的和特定目的。一般目的包含特定目的，而特定目的则是一般目的的具体化。资产评估一般目的或者资产评估的基本目标是由资产评估的性质及基本功能决定的，如果暂且不考虑资产交易或引起资产评估的特殊需求，资产评估所要实现的一般目的只能是资产在评估时点的公允价值。资产评估的特定目的指的是资产业务（被评估资产即将发生的经济行为）对评估结果用途的具体要求。同样的资产，因为评估目的不同，其评估值也不相同，资产评估的特定目的实质上是判断特定条件下或者具体条件下资产的公允价值。

9.评估价值类型

评估价值类型，即对评估价值质的规定，其对资产评估参数的选择具有约束性。价值类型的选择不同，不仅相应的资产评估价值性质不同，其价值含量往往也存在较大差异。资产评估专业人员执行评估业务，应当根据评估的特定目的、评估对象的功能、所处状态、市场情况等相关条件，选择适当的价值类型。价值类型可以有以下几种分类：

（1）以资产评估的估价标准形式表述的价值类型，具体包括重置成本、收益现值、现行市价（或变现价值）和清算价格。

（2）从资产评估假设的角度表述资产评估的价值类型，具体包括继续使用价值、公开市场价值和清算价值。

（3）以资产评估时所依据的市场条件，以及被评估资产的使用状态划分资产评估的价值类型，具体包括市场价值和市场价值以外的价值。

（4）从资产业务的性质，即资产评估特定目的划分资产评估的价值类型，分为抵押价值、保险价值、课税价值、投资价值、清算价值、转让价值、保全价值、交易价值、兼并价值、拍卖价值、租赁价值、补偿价值等。

10.评估方法

评估方法，即资产评估所运用的特定技术，是分析和判断资产评估价值的手段和途径。资产评估的基本方法包括市场法、收益法和成本法。评估专业人员执行业务时，应当根据评估对象、价值类型、资料收集情况等相关条件，分析三种资产评估基本方法的适当性，恰当选择评估方法，形成合理评估结论。

资产评估的要素是一个有机组成的整体，它们之间相互依托、相辅相成、缺一不可，它们也是保证资产评估价值的合理性和科学性的重要条件。

三、资产评估类型

由于资产种类的多样性、资产业务的复杂性以及资产评估委托方及其相关当事人对资产评估内容及其报告需求的特定性，相应出现了多种类型的资产评估。

（一）按资产评估对象的构成和获利能力划分

按资产评估对象的构成和获利能力划分，资产评估可具体划分为单项资产评估和整体资产评估。

对于以单项可确指的资产为对象的评估称为单项资产评估，例如机器设备评估、土地使用权评估、建筑物评估等。对由若干单项资产组成的资产综合体所具有的整体生产能力或获利能力进行的评估称为整体资产评估。最典型的整体资产评估就是企业价值评估。

对一个企业来说，既可以采用单项评估，也可以采用整体评估，两者的差，即整体评估值减去各单项评估值的和就是企业的商誉，企业的商誉既可以是正值，也可以是负值。

（二）按资产评估的经济行为划分

按资产评估的经济行为划分，资产评估还可具体划分为资产转让评估、企业兼并评估、企业出售评估、企业改制评估、股权重组评估、中外合资或合作资产评估、企业清算评估、税基评估、抵押评估、资产担保评估、债务重组评估等。

（三）按资产评估服务的对象、评估的内容和评估者承担的责任等划分

按资产评估服务的对象、评估的内容和评估者承担的责任等划分，资产评估可以分为评估、评估复核和评估咨询。这种分类中的评估类似于我国目前广泛进行的为产权变动和交易服务的资产评估。评估复核是指评估机构（评估师）对其他评估机构（评估师）出具的评估报告进行的评判分析和再评估。评估咨询是一个较为宽泛的术语。它既可以是评估专业人员对特定资产的价值提出咨询意见，也可以是评估专业人员对评估标的物的利用价值、利用方式、利用效果的分析和研究，以及与此相关的市场分析与可行性研究等。

（四）按照资产评估的主体划分

按照资产评估的主体划分，资产评估可以划分为合伙制评估机构评估和公司制评估机构评估。

合伙制评估机构是指除遵守合伙企业法一般性要求外，还应当具备两名以上合伙人、5名以上评估师，其合伙人中2/3以上应当是具有3年以上从业经验且最近3年内未受停业处罚的评估师，合伙人实际缴付出资额不低于10万元人民币的无限责任公司。

公司制评估机构是指除遵守公司法一般性要求外，还应当具备两名以上股东、8名以上评估师，其股东2/3以上应当是具有3年以上从业经验且最近3年内未受停业处罚的评估师，注册资本不低于30万元人民币的有限责任公司。

（五）按照资产评估业务类型划分

按照资产评估业务类型划分，资产评估可以划分为估值类业务和非估值类业务。这样划分的目的在于促进我国资产评估行业逐步由价值发现、价值鉴证向价值管理、价值运营扩展。其中：估值类业务包括单项资产、公司制改建整体资产、企业并购、产权变动、上市公司并购重组、司法鉴证、服务于会计核算、海外并购/投资、PE/VC、生态/环境和税基等评估业务，评估对象涉及企业价值、动产、不动产、无形资产、其他权益等评估领域。在非估值类业务中，评审评价类业务包括财政资金评价、企业绩效评价和企业内部控制评价等业务；管理咨询类服务对象涉及政府部门、企业日常经营、企业特定经济行为和其他领域等（详见表1-1）。

表1-1 资产评估业务类型表

业务类型	业务名称	序号	经济行为
估值类业务	单项资产评估业务	1	资产转让
		2	资产拍卖
		3	资产偿债
		4	资产租赁
		5	资产抵押/质押
		6	资产重组
		7	资产捐赠
		8	资产补偿
		9	资产涉讼
		10	认定报关价格
		11	对外投资
		12	接受投资
		13	接受抵债资产
		14	债务重组及其他
	公司制改建整体资产评估业务	15	公司制改建
	企业并购评估业务	16	企业合并
		17	企业分立
		18	企业破产
		19	企业清算
		20	企业解散
	产权变动评估业务	21	增资扩股
		22	IPO评估
		23	股权转让
		24	债转股
	上市公司并购重组评估业务	25	重大资产重组
		26	上市公司收购
		27	资产置换
		28	发行股份购买资产
		29	定向增发
		30	借壳上市
	司法鉴证评估业务	31	资产损害赔偿鉴定评估
		32	债务纠纷涉及的资产拍卖(变卖)价值鉴定评估
		33	民事案件涉诉标的价值的估算
		34	刑事案件定罪量刑中相关损失的估算
	服务于会计核算的评估业务	35	资产或资产组减值测试评估
		36	非货币性资产公允价值评估
		37	金融工具公允价值评估
		38	合并对价分摊评估
	海外并购/投资评估业务	39	海外并购
		40	海外投资
	PE/VC评估业务	41	PE评估
		42	VC评估

续表

业务类型	业务名称	序号	经济行为
估值类业务	生态/环境评估业务	43	碳排放权评估
		44	生态补偿价值评估
		45	环境损失评估
		46	森林生态价值评估
	税基评估业务	47	计税价格评估
非估值类业务	财政资金评价业务	48	财政资金绩效评价
		49	国有资本经营预算支出项目绩效评价
		50	中小企业发展专项资金评审
	企业绩效评价业务	51	企业绩效评价
		52	金融企业绩效评价
		53	现代服务业综合试点工作绩效评价
		54	上市公司业绩评价
	企业内部控制评价业务	55	企业内部控制评价
	为政府及其职能部门提供的管理咨询业务	56	质量信用评估
		57	社会组织评估
		58	预算绩效管理咨询
		59	证券公司合规性评估
	为企业日常经营提供的管理咨询业务	60	投资项目可行性研究评估、决策分析
		61	品牌评价及管理
		62	资产管理
		63	人力资源管理咨询
		64	激励约束机制设计及评价
		65	流程重构/重整
		66	风险管理
		67	价值管理
		68	战略管理
		69	尽职调查
	为企业特定经济行为提供的管理咨询业务	70	并购重组的交易结构、路径、方案等咨询业务
		71	并购重组的税收问题咨询
		72	破产顾问服务、托管人与接管人服务
		73	破产诉讼与赔偿管理咨询
		74	企业争端分析与调查
	为其他领域提供的管理咨询业务	75	为农村集体经济组织提供管理咨询
		76	工程造价咨询业务
		77	个人理财服务
		78	安全评估

说明：评审评价类（序号48—69），管理咨询类（序号70—78）

四、资产评估的特点

理解和掌握资产评估的特点，有利于进一步认识资产评估的实质，对于做好资产评估工作、提高资产评估质量具有重要意义。一般来说，资产评估具有以下特点：

（一）市场性

资产评估是适应市场经济要求的专业服务活动，其基本目标就是根据资产业务的不同性质，通过模拟市场条件对资产价值作出经得起市场检验的评定估算和报告。

（二）公正性

公正性是指资产评估行为要服务于资产业务的需要，而不是服务于资产业务当事人的任何一方的需要。公正性的表现有两点：第一，资产评估是按公允、法定的准则和规程进行的，具有公允的行为规范和业务规范，这是公正性的技术基础；第二，评估专业人员通常是与资产业务没有利害关系的第三者，这是公正性的组织基础。

（三）专业性

资产评估是一种专业人员的活动，从事资产评估业务的机构应由一定数量和不同类型的专家及专业人士组成。一方面，这些资产评估机构形成专业化分工，使得评估活动专业化；另一方面，评估机构及其评估专业人员对资产价值的估计判断是建立在专业技术知识和经验的基础之上的。

（四）咨询性

咨询性是指资产评估结论是为资产业务提供专业化估价意见，这个意见本身并无强制执行的效力，评估者只对结论本身是否合乎职业规范要求负责，而不对资产业务定价决策负责。

五、资产评估功能

评价和评值是资产评估最基本的内在功效和能力。资产评估源于人们希望了解和掌握在一定条件下资产的价值的需要。随着人们对在各种条件下了解资产价值的需求的不断增加，资产评估也在不断发展，其评价和评值的功能亦得到不断完善。

（一）评价功能

评价功能是指资产评估可以对企业资产的经营效果进行评价，反映不同时间、地域、经济背景条件下的资产价值与运营绩效的差异性，以此检查、考核评价对象的经营状况和管理绩效。例如，开展企业承包、租赁的资产评估，可以客观地评价承包方、租赁方的经营业绩和资产增值情况，进一步加强、改善企业资产管理工作，提高企业经济效益。

（二）评值功能

评值功能是指资产评估主要是对资产价值的内在功效和能力进行评定估算，为资产业务提供基础数据与决策依据。由于价值规律与市场供求等因素的作用和影响，资产的价格具有变动性，资产的账面价值难以反映其真实价值，资产现时价值才是资产交易双方真正的利益所在。因此，只有通过评估而确定的资产现时价值才能满足资产业务交易的需要。

六、资产评估的作用

在不同的历史时期和不同的社会经济条件下，资产评估可能会发挥不同的作用。结合当前的社会经济条件，资产评估主要发挥着以下基本作用：

（一）咨询作用

资产评估的咨询作用是指资产评估结论是为资产业务提供专业化估价意见，该意见本身并无强制执行的效力。它只是给相关当事人提供有关资产交换价值方面的专业判断或专家意见，资产评估不能也不应该取代资产交换当事人的交易决策。

（二）管理作用

资产评估的管理作用是指国家或政府在利用资产评估过程中所发挥的特殊作用。在社会主义市场经济初级阶段的某一时期，作为国有资产所有者代表的国家，不仅把资产评估视为提供专业服务的行业，而且将其作为保护国有资产、促使国有资产保值增值的工具和手段。在资产评估开展初期，国家通过制定申请、资产清查、评定估算和验证确认的国有资产评估管理程序，使得资产评估具有了管理的作用。但是，资产评估的管理作用并不是资产评估与生俱来的，它只是国有资产评估在特定历史时期的特定作用。它会随着国家在国有资产评估管理体制方面的变化加强或弱化。

（三）鉴证作用

资产评估的鉴证作用是指资产评估结果的合法性、真实性与公平性可以为资产业务的顺利进行提供一定的可信度保障，减免法律纠纷，为资产业务当事人提供重要的决策依据。鉴证由鉴别和举证两个部分组成。鉴别是专家依据专业原则对经济活动及其结果作出的独立判断；而举证则是为该判断提供理论与事实支撑，使之做到言之有理，持之有据。

需要强调的是，评估结论不应当被视作对评估对象可实现价格的保证。资产评估师执行资产评估业务，应当关注评估对象的法律权属，并在评估报告中对评估对象法律权属及其证明资料来源予以必要说明。评估师不得对评估对象的法律权属提供保证。资产评估从事的是价值鉴证，而不是权属鉴证。

第三节　资产评估的假设、原则与目的

一、资产评估的假设

由于同一资产在不同的用途和不同的经营环境下的价值会有所不同，因此在评估时，评估专业人员必须对资产未来的用途和经营环境作出合理的判断。基于这样的原理，对资产价值的评估必须建立在一定的假设前提之下。

（一）交易假设

交易假设是资产评估得以进行的一个最基本的前提假设，交易假设是假定所有待评估资产已经处在交易过程中，评估师根据待评估资产的交易条件等模拟市场进行估价。众所周知，资产评估其实是在资产实施交易之前进行的一项专业服务活动，而资产评估的最终结果又属于资产的交换价值范畴。为了发挥资产评估在资产实际交易之前为委托人提供资产交易底价的专家判断的作用，同时又能够使资产评估得以进行，利用交易假设将被评估资产置于"市场交易"当中，模拟市场进行评估就成为了可能。一方面，交易假设为资产评估得以进行"创造"了条件；另一方面，它明确限定了资产评估的外部环境，即资产是被置于市场交易之中的。资产评估不能脱离市场条件而孤立地进行。

（二）公开市场假设

公开市场假设是指被评估资产可以在完全竞争的资产市场上，按市场原则进行交易，其价格的高低取决于该资产在公开市场上的行情。所谓公开市场，是指在市场上买卖双方地位平等，均为自愿交易；买卖双方均为追求自身利益最大化的经济人；买卖双方均有充足的时间收集信息、询问价格。

公开市场假设是资产评估最基本的假设，因为该假设的核心就是资产的市场价值是由自由竞争的市场参与者自主决定的，不是由其他力量垄断或者强制决定的。只有满足公开市场假设，评估专业人员才有可能对资产的市场价值作出符合市场供需关系的分析、判断；如果不满足公开市场假设，通常这个市场可能是严格人为管制下的市场，或者是垄断条件下的市场。在这样的市场上，资产的交易价格是由管制者或者垄断者决定的，也就没有评估的必要。因此，公开市场假设是资产评估最为重要的基本假设。公开市场假设设定需要评估的资产是在一个具有众多的买方和卖方的市场上交易。在这个市场上，该项资产的交易是十分活跃的，资产交易没有套利空间，在不考虑交易相关税费的前提下，市场参与者购买一项资产的价格与卖出资产的价格是一致的。

在公开市场假设前提下，评估专业人员可以不用考虑由于交易活跃程度不高所可能造成的资产的交易卖出价低于买入价的情况。例如，我们在4S店购买一辆奥迪轿车的价格为50万元，即便不考虑交易税费，我们在该轿车市场上也可能无法以50万元的价格卖出这辆奥迪轿车。其原因是奥迪轿车的市场不能被认定为一个交易完全活跃的市场，也就是即便在不考虑交易税费的前提下，同一资产的购买价与出售价也可能存在差异。但是在公开市场假设前提下，我们可以不考虑这项差异。根据公开市场假设的含义，适宜做公开市场假设的资产业务要求被评估资产具有一定的通用性。专用性较强的资产，如专用机器设备、处于特殊空间位置的不动产等，由于交易稀少，无法形成市场行情，因而无法适用公开市场假设。

（三）持续经营假设

持续经营假设实际是一项针对企业或业务资产组的假设。该项假设一般不适用于单项资产。持续经营假设是指假设一个经营主体的经营活动可以连续下去，在未来可预测的时间内该主体的经营活动不会中止或终止。

假设一个经营主体是由部分资产和负债按照特定目的组成的，并且需要完成某种功能，实际就是假设经营主体在未来可预测的时间内将会继续按照这个特定目的，继续该特定功能。

该假设不但是一项评估假设，同时也是一项会计假设。企业会计之所以要对会计主体的持续经营作出假设，一个主要原因是，如果缺乏这项假设，会计核算的许多原则如权责发生制、划分收益性支出与资本性支出等将不能够再应用。另一个原因是企业在持续经营状态下和处于清算状态时所采取的会计处理方式是不同的，如对固定资产在持续经营下可以采用实际成本法，在清算状态下则只能采取公允价值或可变现价值等。

对一个会计主体或者经营主体的评估，也需要对其未来的可持续经营作出假设。因为经营主体是否可以持续经营，其价值表现是完全不一样的。持续经营假设下的评估一定是基于企业未来经营收益的多少来确定其现实价值的。

例如，某企业集团要将其一个全资子公司转让，需要对该子公司股权的市场价值进行评估，则是否可以按照现状，即在持续经营假设下，完全参考其历史经营数据？作为企业集团的一个子公司，其历史经营中很可能与集团之间存在某些关联交易；或者是集团为了追求协同效应而有意安排一些经营业务。但是一旦该企业集团将其转让出集团，这些关联交易，或者有意安排的业务都将不能持续。因此，此时完全按照现状，在持续经营假设下参考标的企业的历史数据预测未来，是不符合未来实际情况的，依据也是不充分的。

（四）有序清算假设

与持续经营相对应的假设就是不能持续经营。如果一个经营主体不能持续经营，就需要清算这个经营主体，也就是需要使用清算假设。如果清算是在所有者自主控制下，在一个有计划、有秩序的前提下进行，这种清算就是有序清算。所谓有序清算假设就是经营主体在其所有者有序控制下实施清算，即清算是在一个有计划、有秩序的前提下进行的。

（五）强制清算假设

强制清算是经营主体的清算不在其所有者控制之下，而是在外部势力的控制下按照法定的或者由控制人自主设定的程序进行，该清算经营主体的所有者无法干预。因此，所谓强制清算是指经营主体在外部力量控制下的清算。

例如，A企业破产清算，清算组制定并经债权人会议表决通过清算方案，在限定时间内处置可变现资产。对可变现资产评估，可否假设为强制出售？由于明确企业不再持续经营，并且相关清算是在债权人主导下进行的，因此该清算是一个强制清算，可以采用强制清算假设。但如果A企业的清算属于结业清算，清算过程完全掌握在A企业的股东手中，则该清算属于有序清算，不属于强制清算，不能采用强制清算假设。

（六）原地续用假设

原地续用是指一项资产在原来的安装地继续使用，其使用方式和目的可能不变，也可能会改变。例如，一台机床是用来加工汽车零部件的，但是现在该机床仍在原地继续使用，但是已经改为加工摩托车零部件了。

原地续用的价值要素一般应该包括设备的购置价格、设备运输费和安装调试费等。

如果涉及使用方式及目的的变化，还要根据委托条件确定是否考虑变更使用方式而发生的成本费用。

（七）异地续用假设

异地续用是指一项资产不在原来的安装地继续使用，而是要被转移到另外一个地方继续使用，当然使用方式和目的可能会改变，也可能不会改变。例如，一台二手机床要出售，购买方要将其移至另外一个地方重新安装使用，这种状态下的资产就称为异地续用。

异地续用涉及设备的拆除、迁移和重新安装调试等环节。除了设备本体价值，还需要根据买卖双方约定的资产交割及费用承担条件，确定其价值要素是否还包括设备的拆除费用、运输到新地址的费用和重新安装调试费等。

例如，某企业因城市建设规划搬迁，涉及对企业资产补偿和收益损失补偿评估。对于涉及搬迁资产的评估，如何设置资产评估的相关假设前提？由于企业需要搬迁，全部资产不会在原地继续使用，需要异地使用，因此对于各单项资产的评估应该采用异地续用假设前提。

（八）最佳使用假设

最佳使用是指一项资产在法律上允许、技术上可能、经济上可行，经过充分合理的论证，能使该项资产实现其最高价值的使用。

最佳使用通常是指一项资产如果存在多种不同的用途，评估专业人员应该选择其最佳用途来进行评估。会计准则中的公允价值就明确规定是最佳用途下的市场价值。

（九）现状利用假设

所谓现状利用是指一项资产按照其目前的利用状态及利用方式对其价值进行评估。当然，现状利用方式可能不是最佳使用方式。

二、资产评估的原则

资产评估原则是规范评估行为和业务的准则。规定评估原则是为了确保不同的评估专业人员在遵循规定的估价程序、采用适宜的估价方法和正确的处理方式的前提下，对同一评估对象的评估结果能具有一致性。资产评估的原则包括工作原则和经济技术原则。

（一）资产评估的工作原则

资产评估的工作原则是指评估机构和评估专业人员在评估工作中应遵循的基本原则，即其应当坚持独立性、客观公正性、科学性等工作原则。

1.独立性原则

资产评估中的独立性原则包含两层含义：（1）资产评估机构本身应该是一个独立的、不依附于他人的社会公正性组织（法人），与资产评估业务各当事人没有任何利益与利害关系。（2）资产评估机构及其评估专业人员在开展业务过程中应始终保持独立的第三方地位，评估工作不受委托人及外界的意图及压力的影响，能进行独立公正的评估。

2.客观公正性原则

客观公正性原则要求资产评估工作实事求是，尊重客观实际。资产评估机构及其评估专业人员在评估工作中必须以实际材料为基础，以确凿的事实和事物发展的内在规律为依据，以求实的态度为指针，实事求是地得出评估结论，而不可以以自己的好恶或其他个人的情感进行评估。资产评估结论是评估专业人员认真调查研究，通过合乎逻辑的分析、推理得出的具有客观公正性的结论。

3.科学性原则

科学性原则要求资产评估机构及其评估专业人员在评估工作中必须遵循科学的评估标准，以科学的态度制订评估方案，采用科学的评估方法进行资产评估。整个评估工作必须把主观评价与客观测算、静态分析与动态分析、定性分析与定量分析有机结合起来，使评估工作做到科学合理、真实可信。

（二）资产评估的经济技术原则

资产评估的经济技术原则，是指在开展资产评估业务过程中的一些技术规范和业务准则，为资产评估专业人员在执行资产评估业务过程中的专业判断提供技术依据。

1.供求原则

供求原则是对经济学中关于供求关系影响商品价格原理的概括。假定在其他条件不变的前提下，商品的价格随着需求的增长而上升，随着供给的增加而下降。尽管商品价格随供求变化并不成固定比例变化，但变化的方向带有规律性。供求规律对商品价格形成的作用同样适用于资产价值的评估。资产评估专业人员在判断资产价值时应充分考虑和依据供求原则。

由于均衡价格是由需求和供给共同作用的结果，在均衡价格中，生产费用和效用是影响价格的两个均等因素，所以资产评估既需要考虑资产的购建成本，又需要考虑资产的效用。

2. 最高最佳使用原则

该原则依据价值理论原理，强调商品在交换时，应以最佳用途及利用方式实现其价值。

由于商品，特别是资产的使用受到市场条件的制约，因此最高最佳用途的确定，一般需要考虑以下几个因素：

（1）反映法律上许可的要求，必须考虑该项资产使用的法律限制；

（2）确定该用途技术上是否可能，必须是市场参与者认为合理的用途；

（3）确定该用途财务上的可行性，必须考虑在法律上允许且技术上可能的情况下，使用该资产能否产生足够的收益或现金流量，从而在补偿使资产用于该用途所发生的成本后，仍然能够满足市场参与者所要求的投资回报。

3. 替代原则

替代原则是指价格最低的同质商品对其他同质商品具有替代性，即相同效能的资产，最低价格的资产需求最大。作为一种市场规律，在同一市场上，具有相同使用价值和质量的商品，应有大致相同的交换价格。如果具有相同使用价值和质量的商品，具有不同的交换价值或价格，买方会选择价格较低的。

当然，作为卖方，如果可以将商品卖到更高的价格水平上，他会在较高的价位上出售商品。正确运用替代原则是确保资产评估公正性的重要保证。

4. 预期收益原则

资产之所以有价值是因为它能够为其拥有者或控制者带来未来经济利益。因此在资产评估过程中，资产的价值不在于其过去的生产成本或销售价格，而应当基于其对未来收益的预期加以决定。因此，它是资产评估专业人员判断资产价值的一个最基本的依据。

5. 贡献原则

从一定意义上来看，贡献原则是预期收益原则在某种情况下的具体应用。它主要是指某一资产或资产某一构成部分的价值，取决于它对所在资产组合或完整资产整体价值的贡献，或者根据当缺少它时其对整体价值的影响程度来确定。贡献原则主要适用于确定构成整体资产各组成要素资产的贡献，或者当整体资产缺少该要素资产时将蒙受的损失。

6. 评估时点原则

为了使资产评估得以操作，同时又能保证资产评估结果可以被市场检验，在资产评估时，必须假定市场条件固定在某一时点，这一时点就是评估基准日。它为资产评估提供了一个时间基准。评估时点原则也是对交易假设和公开市场假设的一个反映。市场是变化的，资产的价值会随着市场条件的变化而不断改变。从理论上说，资产评估是对动态资产价格的现实静态反映。这种反映越准确，评估结果越科学。评估基准日为"特定的时间点"，评估师的价值意见为该时间点的价值意见，价值标准是该时间点适用的价值标准。

7.外在性原则

资产评估外在性原则是指 "外在性" 会对相关权利主体带来自身因素之外的额外收益或损失，从而影响资产的价值，并对资产的交易价格产生直接的影响。资产评估应该充分关注"外在性"给被评估资产带来的损失或收益以及这种损失或收益对资产价值的影响。

例如，在对房屋建筑物进行评估时，一个重要的价格影响因素就是环境因素。房屋周边开发的程度、环境状况等因素与房屋本身的所有权无关，但对房屋价格有重要影响。有时环境因素影响的权重，甚至不亚于房屋本身的造价。环境因素对房屋建筑物评估价值的影响实际上就是"外在性"对房屋建筑物价值影响的体现。优良的环境会对房屋使用功能产生溢出效应，增加房屋的转让价值或使用收益；恶劣的环境则会对房屋使用功能产生波及效用，减损房屋的转让或持有价值。

三、资产评估的目的

（一）资产评估目的的概念与作用

所谓资产评估目的实际就是资产评估业务对应的经济行为对资产评估结果的使用要求，或资产评估结果的具体用途。

评估目的直接或间接地决定和制约着资产评估的条件以及价值类型的选择。不同评估目的可能会对评估对象的确定、评估范围的界定、价值类型的选择以及潜在交易市场的确定等方面产生影响。资产评估目的是委托人对资产评估结果的使用要求，或是委托人或报告使用人对资产评估结果的具体用途，其在整个资产评估过程中具有十分重要的作用。

（二）资产评估目的的确定

资产评估目的需要在评估委托合同中明确约定。因此，评估目的实际上是委托人进行评估委托的目的。法定评估的评估目的通常由法律、法规规定，因此法定评估业务的评估目的需要符合法律、法规的规定；非法定业务的评估目的可以依据协商原则确定。

资产评估目的通常按照其经济行为分为转让定价目的，抵、质押目的，公司设立、改制、增资目的，财务报告目的，税收目的和司法诉讼目的等。

1.转让定价目的

所谓转让定价目的就是指资产评估是为标的资产转让定价提供参考。

对于一些在市场上无法直接获得交易价格信息的资产交易，交易双方在进行交易时可能需要借助资产评估专业服务，帮助交易双方确定交易价格；或者是聘请评估专业机构对交易双方商定的交易价格进行公允性鉴证。此类目的也是最常见的一类评估目的。这类目的的评估有些是国家法律、法规规定的所谓法定评估，还有一些是市场参与者自愿委托的非法定评估。

根据国有资产管理法规的规定，国有产权转让、收购非国有资产、资产转让与置换以及以非货币资产偿还债务等都是涉及资产转让行为目的的法定评估。

2.抵、质押目的

所谓抵、质押目的的评估是指企业在向金融机构或者其他非金融机构进行融资时，金融机构或非金融机构要求企业提供其用于抵押或者质押资产的评估报告，目的是了解用于抵押或者质押资产的价值。

实务中最为常见的这类评估包括：房地产抵押、知识产权质押、珠宝质押目的的评估。

3.公司设立、改制、增资目的

根据公司法及国家工商行政管理部门颁布的相关法规的规定，以下经济行为需要评估：

（1）非货币资产出资行为。我国公司法规定，股东可以用货币出资，也可以用实物、知识产权、土地使用权等可以用货币估价并可以依法转让的非货币财产作价出资，但是，法律、行政法规规定不得作为出资的财产除外。对作为出资的非货币财产应当评估作价，核实财产，不得高估或者低估作价。根据我国工商行政管理总局的规定，符合要求的股权也可用作出资。

（2）企业整体或部分改制、改建为有限公司或股份公司。企业进行公司制改建，或者由有限责任公司变更为股份有限公司时，需要对改建、变更所涉及的整体或部分资产实施资产评估。企业由有限责任公司变更为股份有限公司时，采用有限责任公司经审计的净资产账面价值折股时，需要对有限责任公司用于折股的净资产进行评估。这个评估的实质是核实有限责任公司按照公司法规定可用于出资资产的市场价值扣除负债后的净资产价值是否不低于其用于折股的审计后的净资产账面价值，其目的是在企业以净资产折股时核实股权或股份的真实性，防止虚折股权或股份的情况发生。如果国有控股、参股有限责任公司改建股份有限公司的过程中，发生引进战略投资者等导致拟改建公司股权结构及比例发生变化的情况，根据国有资产监管要求需要在上述股权结构及比例变化环节，对拟改建公司的整体资产进行评估。

（3）发行股份购买资产。这里的发行股份购买资产是指上市公司通过增发股份的方式购买相关实物资产。按照相关法规的规定，这种行为实质是采用非货币资产对股份公司进行增资。

（4）企业债权转股权。企业拟转为股权的债权，应当经依法设立的资产评估机构评估。债权转股权的作价出资金额不得高于该债权的评估值：这种行为实质上是债权人采用非货币资产对其享有债权的公司进行增资。被转股企业为国有非上市公司的，还应按规定对其整体资产进行评估。

4.财务报告目的

企业在编制财务报告时，可能需要对某些资产进行评估，并且委托评估机构承担该种评估工作，这类目的的评估，属于财务报告目的的评估。

企业会计准则中的《企业会计准则第3号——投资性房地产》《企业会计准则第8号——资产减值》《企业会计准则第11号——股份支付》《企业会计准则第20号——企业合并》《企业会计准则第22号——金融工具确认和计量》《企业会计准则第1号——存货》《企业会计准则第9号——职工薪酬》《企业会计准则第10号——企业年金基金》《企业会计准则第21号——租赁》等都可能涉及财务报告目的的评估。

目前尚没有相关法律、法规规定财务报告目的的评估是一种法定评估事项。企业的会计记录是企业的法定义务，是否需要聘请评估机构提供评估服务由企业自主决定，因此财务报告目的的评估不是一项法定评估。但是企业一旦决定委托评估机构承担财务报告目的评估，评估机构则需要按照会计准则和评估准则的规定进行相关评估操作，在会计准则与评估准则发生冲突时，还必须遵循会计准则优先的原则。

如果没有遵循会计准则和评估准则的相关规定，评估机构可能需要承担相应的责任或连带责任。

5.税收目的

所谓税收目的的评估通常是为税务机关计量相关税金提供计税基础，如计算不动产税目的的计税评估等。税收目的的评估还包括提供财产转移定价公允性的鉴证评估，如税务机关对某项资产转让价格提出质疑，可能需要委托评估机构对其价值进行评估，以合理确定资产转让的公允价格，并进而准确估算该资产交易的流转税和所得税等。

6.司法诉讼目的

司法诉讼目的的评估包括两类：一类是司法评估；另一类是诉讼协助评估。

司法评估主要是评估机构接受法院的直接委托，对涉及诉讼或执行的资产进行价值评估。这种评估事项是法院司法判决或执行程序的组成部分。

诉讼协助评估是指评估机构接受诉讼当事人或律师的委托，对涉诉资产进行评估，并为评估委托人提供诉讼协助服务。这类评估属于当事人根据自己意愿决定的评估事项。

第四节　资产评估相关当事人

一、评估委托人

资产评估是一项委托或受托的民事事项，资产评估需要签订委托合同，委托合同的委托方就是评估委托人，受托方则是评估机构，两者是民事合同的当事双方。

（一）评估委托人的概念

《资产评估法》规定，资产评估委托人应当与评估机构订立委托合同。也就是资产评估作为一项民事经济活动，是建立在委托契约基础上的。与资产评估机构就资产评估专业服务事项签订委托合同的民事主体，就是资产评估的评估委托人。

委托人可以是一个，也可以是多个；可以是法人，也可以是自然人。一旦委托合同签订，该评估委托合同受合同法规范，评估委托人和资产评估机构享有委托合同中规定的权利，同时也都要严格履行委托合同约定的义务。

《资产评估法》规定评估分为法定评估和非法定评估。为法定评估的，委托人的确定需要符合国家有关法律、法规的规定；为非法定评估的，委托人可以在自愿协商的原则下确定。

（二）评估委托人的权利与义务

1.评估委托人享有的权利

评估委托人可以根据委托合同的约定，享有合同中规定的相关权利。《资产评估法》对评估委托人的权利有以下规定：

（1）评估委托人有权自主选择符合资产评估法规定的评估机构，任何组织或者个人不得非法限制或者干预。

（2）评估委托人有权要求与相关当事人及评估对象有利害关系的评估专业人员回避。

为了保证资产评估的公正性，当发现参与评估工作的评估机构中有与相关当事人或资产评估对象存在利害关系的，或者评估机构安排的评估专业人员与相关当事人或资产评估对象存在利害关系的，评估委托人有权要求有利害关系的机构或人员回避。

（3）当评估委托人对资产评估报告结论、评估金额、评估程序等方面有不同意见时，可以要求评估机构解释。评估委托人认为评估机构或者评估专业人员违法开展业务的，可以向有关评估行政管理部门或者行业协会投诉、举报，有关评估行政管理部门或者行业协会应当及时调查处理，并答复评估委托人。

2.评估委托人的义务

评估委托人在享有必要权利的同时，还必须承担评估委托合同约定的义务。《资产评估法》对委托人的义务有以下规定：

（1）评估委托人不得对评估行为和评估结果进行非法干预。评估委托人不得串通、唆使评估机构或者评估专业人员出具虚假评估报告。

为了保证资产评估的客观公正性，任何人都不允许对资产评估机构或者评估专业人员的评估工作进行非法干预，更不能串通、唆使评估机构或评估专业人员出具虚假评估报告。

（2）评估委托人应当按照合同约定向评估机构支付费用，不得索要、收受或者变相索要、收受回扣。

（3）评估委托人应当对其提供的权属证明、财务会计信息和其他资料的真实性、完整性和合法性负责。

提供真实、完整、合法的权属证明、财务会计信息和其他资料是资产评估业务正常开展的基础。所谓真实是指所提供的相关资料的内容必须反映评估对象的实际情况，不得弄虚作假；所谓完整是指提供的相关资料种类应当齐全，内容应当完整，不得有遗漏；所谓合法是指所提供的资料的内容和形式应当符合法定要求。评估委托人对其提供的权属证明、财务会计信息和其他资料的真实性、完整性和合法性负责是其最基本的义务。

（4）评估委托人应当按照法律规定和评估报告载明的使用范围使用评估报告。

评估委托人应当按照法律规定和评估报告载明的使用范围使用评估报告，不得滥用评估报告及评估结论。

资产评估准则要求资产评估报告明确该评估报告的评估目的。评估委托人使用评估报告应当符合评估目的的要求，不得将评估报告的结论用作其他目的，或者提供给其他无关人员使用。除非法律法规有明确规定，评估委托人未经评估机构许可，不得将资产评估报告全部或部分内容披露于任何公开的媒体。

二、评估机构

（一）评估机构的概念

评估机构是资产评估委托合同的受托人，是出具资产评估报告的主体，也是对资产评估报告承担法律责任的法人（或非法人组织）主体。

根据《资产评估法》的规定，资产评估机构是对不动产、动产、无形资产、企业价值、资产损失或者其他经济权益进行评定、估算，并出具评估报告的专业服务机构。

评估机构是依法成立的享有独立民事责任的法人组织。评估专业人员从事评估业务，应当加入评估机构，并且只能在一个评估机构从事业务，不能私自接受委托从事资产评估业务。资产评估机构一般都会加入评估行业协会，接受行业协会的自律管理。

中国资产评估协会是资产评估行业的全国性自律组织，依法接受财政部和民政部的指导、监督。评估机构加入资产评估协会可以及时掌握行业的政策及动态，通过参加行业的继续教育培训提高执业水平，规范执业行为，提高专业服务的社会公信力，通过与会员单位的交流提高管理水平，在出现执业纠纷的情况下，行业协会可以最大程度地保护机构的合法权利。

（二）评估机构的权利与义务

1.评估机构的权利

评估机构依法享有评估委托合同中约定的权利。我国《资产评估法》对资产评估机构应享有的权利有以下规定：

（1）评估委托人拒绝提供或者不如实提供执行评估业务所需的权属证明、财务会计信息和其他资料的，评估机构有权依法拒绝其履行合同的要求；

（2）评估委托人要求出具虚假评估报告或者有其他非法干预评估结果情形的，评估机构有权解除合同。

评估机构享有的上述权利可以使评估机构在签订评估委托合同后，如果发现委托人拒绝提供或者不如实提供执行评估业务所需的权属证明、财务会计信息和其他资料，或者评估委托人要求出具虚假评估报告或者有其他非法干预评估结果情形，可以拒绝出具评估报告或单方面解除评估委托合同，而无须为此承担责任。

上述规定是杜绝由于委托人或产权持有人（或被评估单位）不提供相关评估资料，或者提供虚假信息资料导致评估机构出具虚假或不实评估报告的重要举措，同时也是对评估机构诚信的一种保护。

2.评估机构的义务

评估机构依法承担评估委托合同中约定的义务。关于《资产评估法》对资产评估机构的义务，有如下规定：

（1）评估机构及其评估专业人员开展业务应当遵守法律、行政法规和评估准则，依法独立、客观、公正开展业务，建立健全质量控制制度，保证评估报告的客观、真实、合理；

（2）评估机构应当建立健全内部管理制度，对本机构的评估专业人员遵守法律、行政法规和评估准则的情况进行监督，并对其从业行为负责；

（3）评估机构应当依法接受监督检查，如实提供评估档案以及相关情况。评估档案的保存期限不少于15年；属于法定评估业务的，保存期限不少于30年。

三、产权持有人（或被评估单位）

所谓产权持有人是指评估对象的产权持有人。当评估对象为股权或所有者权益时，"产权持有人"是指股权或所有者权益的拥有者。与相关股权或所有者权益对应的被投资单位则被称为被评估单位。

委托人与产权持有人可能是同一主体，也可能不是同一主体，资产评估的委托人并不一定是评估对象的产权持有人。例如，按照国有资产评估管理法规的规定，及资产评估的要求，一般通过对委托人的协调义务及责任加以体现。

四、报告使用人

（一）报告使用人的概念

报告使用人是指法律、法规明确规定的，或者评估委托合同中约定的，除评估委托人之外有权使用资产评估报告或评估结论的其他资产评估当事人。

对法律、法规中没有明确规定，也未在评估合同中约定且未经过评估机构书面同意，得到或利用资产评估报告或者结论的其他单位和个人，并不作为评估报告使用人。

（二）报告使用人的权利与义务

评估报告使用人有权按照法律规定、资产评估委托合同约定和资产评估报告载明的使用范围和方式使用评估报告或评估结论。

评估报告使用人未按照法律、法规或资产评估报告载明的使用范围和方式使用评估报告的，评估机构和评估专业人员将不承担责任。

评估机构和评估专业人员不承担非评估报告使用人使用评估报告的任何后果和责任。

【例1-1】A公司委托评估机构B对X公司股权进行评估，评估报告载明的评估委托人是A公司，报告使用人为A公司及其关联公司C公司，评估目的是为A公司和C公司增资X公司提供X公司股权的价值。在上述经济行为实施过程中，出现一家D公司，其也需要对X公司增资，但是在评估委托合同上没有约定D公司为评估报告使用人，国家法律、法规也没有明确规定D公司是评估报告的法定使用人，D公司可能因实施的经济行为与A、C公司一致，借用评估机构B出具的评估报告。

但是，评估机构B仅对A、C公司按照约定要求使用评估报告产生的后果承担责任，不会对D公司使用评估报告的后果承担责任，D公司将对自己使用评估报告的行为及后果承担责任。

■ 本章小结

本章介绍了资产评估的历史与发展，分析了资产评估的基本概念、资产评估假设、原则、目的和相关当事人等内容，这些内容都是资产评估理论的重要组成部分。资产评估的定义、要素、评估目的、评估假设是资产评估理论体系和方法体系构建的基础。

■ 思考与练习

一、单项选择题

1. 资产评估的基本作用是（　　）。

A. 稳定市场关系 　　　　　　　　　B. 评估资产价格

C. 缓解通货膨胀 　　　　　　　　　D. 反映和揭示资产的价值

2. （　　）是资产评估得以进行的一个最基本的前提假设。

A. 公开市场假设 　　B. 交易假设 　　　C. 清算假设 　　　D. 在用续用假设

3. 下列不属于资产评估假设的是（　　）。

A. 持续使用假设 　　B. 清算假设 　　　C. 公开市场假设 　　D. 企业主体假设

4. 决定了资产评估机构及其资产评估专业人员在开展资产评估业务中应当坚持独立、

客观、公正、科学等工作原则的是（　　　　）。

  A.资产评估工作的性质   B.资产评估的专业性

  C.资产评估机构的选择   D.资产评估专业人员的专业性

  5.在同一市场上具有相同使用价值和质量的商品，应该有大致相同的交换价值，以此确立的评估原则是（　　　）。

  A.贡献原则   B.资产评估时点原则

  C.预期收益原则   D.替代原则

  6.最常见的一类资产评估目的是（　　　　）。

  A.转让定价目的   B.抵、质押目的

  C.公司设立、改制、增资目的   D.财务报告目的

  7.某评估项目的评估按照企业提供的预测资料进行，并假设企业提出的计划如期实现，对于该假设，评估专业人员应该（　　　）。

  A.接受   B.不能接受

  C.可以考虑   D.与委托人协商是否接受

  8.关于资产评估的"报告使用人"，下列说法不正确的是（　　　）。

  A.报告使用人是除评估委托人之外有权使用资产评估报告或评估结论的其他资产评估当事人

  B.评估报告使用人有权按照法律规定、资产评估委托合同约定和资产评估报告载明的使用范围和方式使用评估报告或评估结论

  C.评估报告使用人未按照法律、法规或资产评估报告载明的使用范围和方式使用评估报告的，评估机构和评估专业人员将不承担责任

  D.评估机构和评估专业人员不承担非评估报告使用人使用评估报告的任何后果和责任

二、多项选择题

  1.下列关于公开市场的描述正确的有（　　　）。

  A.买卖双方的交易是在不受限制的条件下进行的

  B.该市场中买者和卖者的地位是平等的

  C.该市场中买者和卖者的交易行为都是自愿的、理智的

  D.该市场中买者和卖者有获得足够市场信息的机会和时间

  E.买者和卖者在一个公开的大市场交易，个别卖者有强迫购买行为存在

  2.资产评估的资产具有的基本特征有（　　　）。

  A.是由过去的交易或者事项形成的

  B.是经济主体拥有或者控制的

  C.能够给经济主体带来经济利益，即可望给经济主体带来现金流入

  D.必须能以货币计量

  E.能给企业带来巨额的经济利益

  3.下列各项中，属于资产评估的经济技术原则的有（　　　）。

  A.供求原则   B.最低使用原则

C.替代原则   D.预期收益原则

E.评估时点原则

4.资产评估原则包括（　　　）。

A.工作原则   B.经济技术原则

C.合法性原则   D.合理性原则

E.及时性原则

5.资产评估的主体包括（　　　）。

A.资产评估机构   B.评估专业人员

C.不动产   D.动产

E.企业价值

6.关于资产评估机构的义务，下列说法正确的有（　　　）。

A.评估机构及其评估专业人员开展业务应当遵守法律、行政法规和评估准则，依法独立、客观、公正开展业务

B.评估机构应当建立健全内部管理制度，对本机构的评估专业人员遵守法律、行政法规和评估准则的情况进行监督，并对其从业行为负责

C.评估机构应当依法接受监督检查，如实提供评估档案以及相关情况

D.评估机构及其评估专业人员应当保证评估报告的客观、真实、合理

E.评估机构应当对使用的权属证明、财务会计信息和其他资料的真实性、完整性和合法性负责

第一章参考答案

第二章 | 资产评估的基础理论

学习目标

1.掌握复利终值、复利现值、年金现值、年金终值的含义与计算方法，掌握资产评估价值类型；

2.熟悉现值系数、终值系数在计算资金时间价值中的运用；

3.了解货币时间价值的含义，了解资产评估相关理论。

第一节 货币时间价值理论

货币时间价值是指货币经历一定时间的投资和再投资所增加的价值，也称为资金时间价值。资金在其周转使用过程中随着时间因素的变化而变化的价值，其实质是资金周转使用后带来的利润或实现的增值。由于不同时间的资金价值不同，所以，在进行价值大小对比时，必须先将不同时间的资金折算为同一时间。

计算资金的时间价值，其实质就是不同时点上资金价值的换算。它具体包括两方面的内容：一方面，是计算现在拥有的一定数额的资金，在未来某个时点将是多少数额，这是计算终值的问题；另一方面，是计算未来时点上一定数额的资金，相当于现在多少数额的资金，这是计算现值的问题。

资金时间价值的计算有两种方法：一是只就本金计算利息的单利法；二是不仅本金要计算利息，利息也能生利，即俗称"利滚利"的复利法。相比较而言，复利法更能确切地反映本金及其增值部分的时间价值。计算货币时间价值量，首先引入"现值"和"终值"两个概念，其表示不同时期的货币时间价值。

一、现值

现值是指未来某一时点上的一定量资金折算到现在所对应的金额，通常记作 P_0。

现值的计算有单利和复利两种方式。通常情况下，货币时间价值采用复利计息方式进行计算。

（一）单利的现值计算方式

单利现值的计算就是在单利法下确定未来终值的现在价值。

在单利条件下，一笔现在的存款 P，在存期为 n 年，年利率为 i 的情况下，相当于 n 年后的 $P(1+n \cdot i)$ 的金额，因此，n 年后的一笔款项 F，相当于现在的价值应为 $F/(1+n \cdot i)$。因此，在单利的计算方式下，n 年后的一笔款项，在利率为 i 的条件下，其现值 P 的计算公式如下：

$$P=F \cdot [1/(1+n \cdot i)]$$

式中：1/（1+n·i）为单利现值系数。

【例2-1】王平为了5年后能从银行取出500万元，在年利率为2%的情况下，目前存入银行的金额是多少？

P=F/（1+n·i）=500/（1+5×2%）=454.55（万元）

（二）复利的现值计算方式

复利现值是指未来一定时间的特定资金按复利计算的现在价值，即为取得未来一定本利和现在所需要的本金。例如，将n年后的一笔资金F，按年利率i折算为现在的价值，这就是复利现值，如图2-1所示。

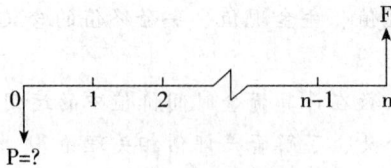

图2-1　复利现值示意图

由终值求现值，称为折现，折算时使用的利率称为折现率。

复利现值的计算公式为：

$$P=\frac{F}{(1+i)^n}=F\cdot(1+i)^{-n}$$

【例2-2】A钢铁公司计划4年后进行技术改造，需要资金120万元，当银行利率为5%时，公司现在应存入银行的资金为：

$P=F\cdot(1+i)^{-n}=1\ 200\ 000\times(1+5\%)^{-4}=987\ 243$（元）

式中：$(1+i)^{-n}$为复利现值系数，用符号（P/F，i，n）表示。例如，（P/F，5%，4）表示利率为5%、4期的复利现值系数。通过现值系数表可在已知i、n的情况下查出P，或在已知P、i的情况下查出n，或在已知P、n的情况下查出i。

二、终值

复利终值是指一定数量的本金在一定的利率下按照复利的方法计算出的若干时期以后的本金和利息。例如，公司将一笔资金P存入银行，年利率为i，如果每年计息一次，则n年后的本利和就是复利终值，如图2-2所示。

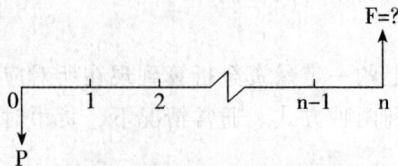

图2-2　复利终值示意图

如图2-2所示，1年后的终值为：

$F_1=P+P\cdot i=P\cdot(1+i)$

2年后的终值为：

$F_2=F_1+F_1\cdot i=F_1\cdot(1+i)=P\cdot(1+i)(1+i)=P\cdot(1+i)^2$

……

由此可以推出n年后复利终值的计算公式为：

$F_n = P \cdot (1+i)^n$

【例2-3】将100元存入银行，假设利率为10%，1年后、2年后、3年后的终值是多少？（复利计算）

1年后：$100 \times (1+10\%) = 110$（元）

2年后：$100 \times (1+10\%)^2 = 121$（元）

3年后：$100 \times (1+10\%)^3 = 133.1$（元）

在复利终值公式中，$(1+i)^n$称为复利终值系数，用符号$(F/P, i, n)$表示。例如，$(F/P, 8\%, 5)$表示利率为8%、5期的复利终值系数。

复利终值系数可以通过查"复利终值系数表"获得。通过复利终值系数表，还可以在已知F、i的情况下查出n，或在已知F、n的情况下查出i。

三、年金

在日常经济生活中，我们经常会遇到有企业或个人在一段时期内定期支付或收取一定量货币的现象。比如，大学生在大学四年中，每年要支付金额大致相等的学费；租房户每月要支付大致相同的租金。这种现金的收付与平常的一次性收付款相比有两个明显的特点：一是定期收付，即每隔相等的时间段收款或付款一次；二是金额相等，即每次收到或付出的货币金额相等。我们把这种定期等额收付款的形式叫作年金。

（一）普通年金的货币时间价值计算

普通年金又称后付年金，是指每次收付款的时间都发生在年末。比如，张先生于2017年12月31日购买了B公司发行的5年期债券，票面利率为5%，面值为1 000元，利息到期日为每年12月31日，则张先生将在2018年至2022年每年的12月31日收到50元的利息。这5年中每年的50元利息，对张先生来说，就是后付年金。

普通年金的货币价值计算有两个方面：普通年金的终值和现值。

1.普通年金的终值

要计算普通年金的终值，先要弄清它的含义。我们先看一个例子。小王是位热心于公益事业的人，自2002年12月底开始，他每年都要向一位失学儿童捐款。小王向这位失学儿童每年捐款1 000元，帮助这位失学儿童完成九年义务教育。假设每年定期存款利率都是2%，则小王9年的捐款在2010年年底相当于多少钱？小王的捐款可用图2-3表示。

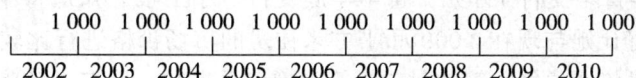

1 000	1 000	1 000	1 000	1 000	1 000	1 000	1 000	1 000
2002	2003	2004	2005	2006	2007	2008	2009	2010

图2-3 小王捐款的现金流量图

图2-3中，每个节点的1 000元表示每年年底的捐款，计算9年捐款的终值，相当于将2002年至2010年每年年底的捐款1 000元都折算到2010年年底计算终值，然后再求和。后付年金的终值，主要是指将每笔年终收付的款项，计算到最后一笔收付款发生时间的终值，再计算它们的和。设有一项普通年金，它的期限为n，金额为A，利率为i，则可用图2-4表示。

分别计算每一年收付款的终值，则：

第1年收付款终值 $FV_1 = A(1+i)^{n-1}$

第2年收付款终值 $FV_2 = A(1+i)^{n-2}$

……

第 n 年收付款终值 $FV_n = A(1+i)^{n-n}$

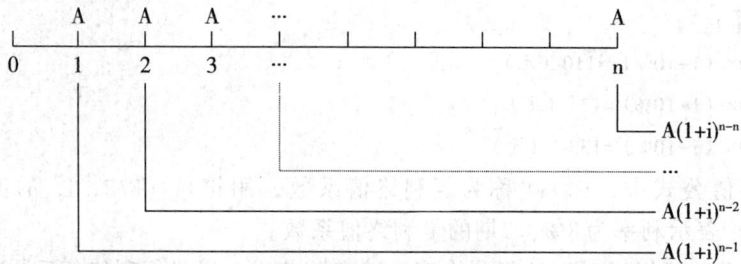

图2-4　普通年金终值计算图

年金终值 $FV_A = FV_1 + FV_2 + \cdots + FV_n$

$$= A(1+i)^{n-1} + A(1+i)^{n-2} + \cdots + A(1+i)^{n-n}$$

$$= A[(1+i)^{n-1} + (1+i)^{n-2} + \cdots + (1+i) + 1]$$

按上式计算年金终值比较复杂。我们可以推导出它的简化公式。

$FV_A(1+i) = A[(1+i)^{n-1} + (1+i)^{n-2} + \cdots + (1+i)^1 + 1](1+i)$

$$= A[(1+i)^n + (1+i)^{n-1} + \cdots + (1+i)^2 + (1+i)]$$

$FV_A(1+i) - FV_A = iFV_A$

$$= A[(1+i)^n + (1+i)^{n-1} + \cdots + (1+i)^2 + (1+i)] - A[(1+i)^{n-1} + (1+i)^{n-2} + \cdots + (1+i) + 1]$$

$$= A[(1+i)^n - 1]$$

$FV_A = A[(1+i)^n - 1]/i$

式中：$[(1+i)^n - 1]/i$ 被称为普通年金终值系数，用 $(F/A, i, n)$ 表示，由于计算比较复杂，人们可以用电子计算机编制程序计算，也可以直接通过"年金终值系数表"查询取得。

上例中，小王的 9 年捐款终值计算如下：

$FV_A = A[(1+i)^n - 1]/i = 1\,000 \times (F/A, 2\%, 9)$

$$= 1\,000 \times 9.7546 = 9\,754.6（元）$$

2.普通年金的现值

普通年金的现值计算在现实生活中也比较常见。比如，小王最近准备买房，看了好几家开发商的售房方案。一个方案是 A 开发商出售一套 100 平方米的住房，要求首期支付 10 万元，然后分 6 年每年支付 3 万元，每年年底支付。小王很想知道每年付 3 万元相当于现在支付多少钱，好让她与现在 2 000 元/平方米住房的市场价格进行比较。计算普通年金的现值，就是将普通年金的每一笔收付款折算为现值再求和。设有一笔普通年金，每年收付款金额为 A，期限为 n 期，利率为 i，则普通年金的现值如图 2-5 所示。

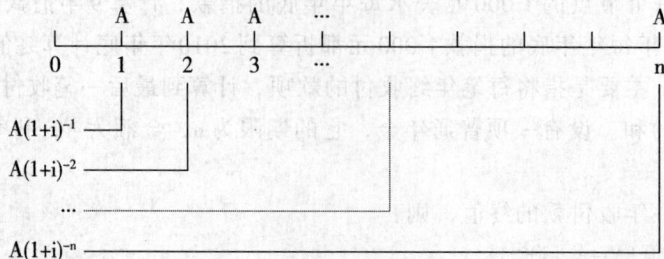

图2-5　普通年金现值计算图

如图2-5所示，普通年金现值$PV_A=A(1+i)^{-1}+A(1+i)^{-2}+\cdots+A(1+i)^{-n}$。

按照以上公式计算显然比较麻烦，我们可以对该公式进行推导。将上述等式两边同时乘以$(1+i)$，得：

$(1+i)PV_A=[A(1+i)^{-1}+A(1+i)^{-2}+\cdots+A(1+i)^{-n}](1+i)$

$\qquad\qquad=A+A(1+i)^{-1}+\cdots+A(1+i)^{-n+1}$

$(1+i)PV_A-PV_A=[A+A(1+i)^{-1}+\cdots+A(1+i)^{-n+1}]-[A(1+i)^{-1}+A(1+i)^{-2}+\cdots+A(1+i)^{-n}]$

即：

$iPV_A=A-A(1+i)^{-n}=A[1-(1+i)^{-n}]$

$PV_A=A[1-(1+i)^{-n}]/i$

如果不用数学推导，我们从普通年金的终值公式也能推导出普通年金的现值公式。设有一笔普通年金，每年收付款金额为A，期限为n期，利率为i，则年金终值为$FV_A=A[(1+i)^{n}-1]/i$。将该终值折算为现值，则$PV_A=\{A[(1+i)^{n}-1]/i\}(1+i)^{-n}=A[1-(1+i)^{-n}]/i$。

式中：$[1-(1+i)^{-n}]/i$被称为普通年金现值系数，用$(P/A,i,n)$表示。比如，$(P/A,6\%,6)$表示$[1-(1+6\%)^{-6}]\div6\%$。人们可以通过计算机编制程序进行计算，也可以直接通过"年金现值系数表"查询取得。

根据上述公式，设小王的住房贷款年利率为6%，则6年每年付3万元的现值为：

$PV=3\times(P/A,6\%,6)=3\times4.9173=14.7519$（万元）

（二）先付年金的货币时间价值计算

与普通年金不同，先付年金每次收付款的时间不是在期末，而是在期初。先付年金在现实生活中也有很多。比如，租房户每个月在月初支付房租，学生在每学期开学时支付学费等。先付年金货币时间价值的计算包括两个方面：终值和现值。

1.先付年金终值

先付年金的终值和普通年金终值的计算思想相似，都是将每次收付款折算到某一时点的终值，然后再将这些终值求和。但由于先付年金和普通年金的收付款时间不同，因此二者的计算方法有所区别。我们首先将二者的货币收付时间用图2-6表示。

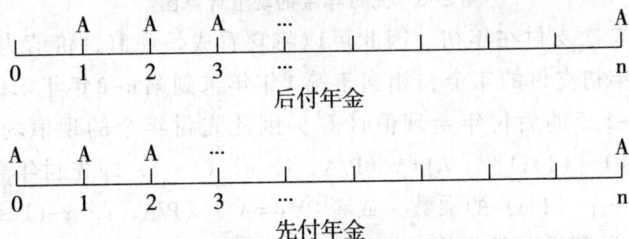

图2-6 后付年金与先付年金的比较

从图2-6中我们可看出，先付年金和后付年金相比，相当于整个现金收付向前提前了1年，因此与后付年金相比，先付年金的终值要多一个年度的复利增加。我们现在推导先付年金的终值计算公式。

从图2-7中可看出，先付年金的终值：

$FV_{AD}=FV_0+FV_1+FV_2+\cdots+FV_{n-1}$

$\qquad\quad=A(1+i)^{n}+A(1+i)^{n-1}+A(1+i)^{n-2}+\cdots+A(1+i)^{1}$

等式两边同时乘以 $(1+i)^{-1}$,得:

$$FV_{AD} (1+i)^{-1}=A (1+i)^{n-1}+A (1+i)^{n-2}+A (1+i)^{n-3}+\cdots+A (1+i)^0$$

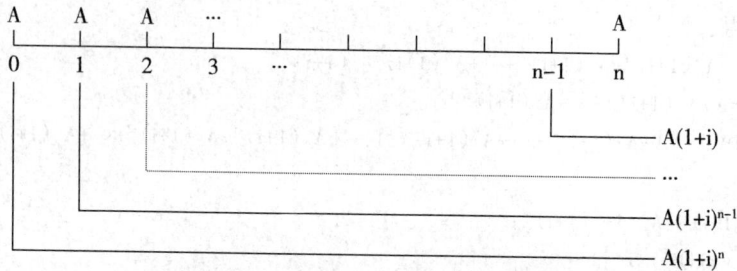

图2-7 先付年金的终值计算图

即:

$$FV_{AD} (1+i)^{-1}=A [(1+i)^n-1] /i$$

因此,$FV_{AD}=\{A [(1+i)^n-1] /i\} (1+i) =A (F/A, i, n) (1+i)$,即先付年金终值在后付年金终值基础上增加了一个 $(1+i)$ 的乘数。或者,$FV_{AD}=A [(F/A, i, n+1) -1]$。

2.先付年金现值

先付年金的现值和后付年金现值的计算思想相似,都是将每次收付款折算到现在的现值,然后再将这些现值求和。但由于先付年金和后付年金的收付款时间不同,因此二者的计算方法有所区别。我们用图2-8来表示先付年金的现值计算。

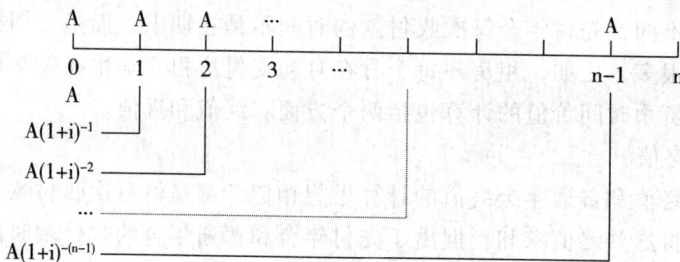

图2-8 先付年金的现值计算图

因为先付年金首次支付在年初,因此可以将它看成是现值,价值为 $A (1+i)^0$,从第2年年初到第n-1年年初支付的年金,相当于第1年年末到第n-2年年末的后付年金,因此可以将这部分按n-1年的后付年金现值计算,因此先付年金的现值为:$PV_{AD}=A+A [1-(1+i)^{-n+1}] /i=A\{1+ [1- (1+i)^{-n+1}] /i\}=A (P/A, i, n) (1+i)$,即先付年金现值在后付年金现值基础上增加了一个 $(1+i)$ 的乘数。或者 $PV_{AD}=A [(P/A, i, n-1) +1]$。

(三)递延年金的货币时间价值计算

如果在所分析的期间中,前m期没有年金收付,从m+1期开始形成普通年金,这种情况下的系列款项称为递延年金。其示意图如图2-9所示。

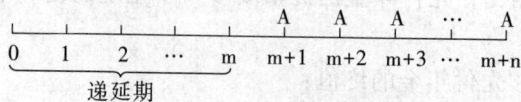

图2-9 递延年金的示意图

1.递延年金的终值

递延年金的终值计算与普通年金终值的计算相同，终值的大小与递延期无关。

$$FV_{AD}=A（F/A，i，n）$$

2.递延年金的现值

计算递延年金的现值要受到递延期的影响，可以有以下三种方法：

（1）两步折现。递延年金的现值计算可以先计算普通年金现值，然后再将该现值视为终值，折算为第一期期初的现值。

$$PV_{AD}=A（P/A，i，n）（P/F，i，m）$$

举例说明：有一项递延年金50万元，从第3年年末发生，连续5年，假设年利率为6%，求递延年金的现值。

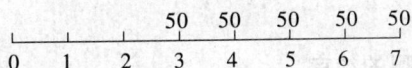

```
                          50   50   50   50   50
        ├────┼────┼────┼────┼────┼────┼────┤
        0    1    2    3    4    5    6    7
```

$$
\begin{aligned}
PV_{AD}&=A（P/A，i，n）（P/F，i，m）\\
&=50×（P/A，6\%，5）（P/F，6\%，2）\\
&=50×4.2124×0.89=187.45（万元）
\end{aligned}
$$

（2）先补上后扣除。这种方法是假设递延期内也发生年金，先求（m+n）期普通年金现值，然后扣除实际上并未支付的递延期m期的年金现值，即可求得递延年金的现值。用公式表示为：

$$PV_{AD}=A\left[（P/A，i，m+n）-（P/A，i，m）\right]$$

如上例中，采用第二种方法，其递延年金的现值可以为：

$$
\begin{aligned}
PV_{AD}&=A\left[（P/A，i，m+n）-（P/A，i，m）\right]\\
&=50×\left[（P/A，6\%，7）-（P/A，6\%，2）\right]\\
&=50×（5.5824-1.8334）=187.45（万元）
\end{aligned}
$$

（3）先求终值，再将终值换算成现值。这种方法是先计算出递延年金的终值，然后再将终值折算成期初的现值。用公式表示为：

$$PV_{AD}=A\left[（F/A，i，n）（P/F，i，m+n）\right]$$

如上例中，采用第三种方法，其递延年金的现值可以为：

$$
\begin{aligned}
PV_{AD}&=A\left[（F/A，i，n）（P/F，i，m+n）\right]\\
&=50×（F/A，6\%，5）（P/F，6\%，7）\\
&=50×5.6371×0.6651=187.46（万元）
\end{aligned}
$$

（四）永续年金的货币时间价值计算

一般的年金都有一个有限的期限，但在现实生活中，有些年金很难确定它的收付款何时结束。比如一个股东持有一个企业的股票，如果该企业每年每股股利相同，那么只要该企业不被清算，这种股利总会支付下去，很难确定它的最后期限。我们将这种无限期定额收付的年金称为永续年金。

1.永续年金的终值

永续年金的终值可以看成是一个n无穷大的后付年金的终值，则永续年金的终值计算如下：

$$FV_{A（n→∞）}=A\left[（1+i)^n-1\right]/i$$

当n趋向无穷大时，由于A、i都是有界量，$(1+i)^n$趋向无穷大，因此$FV_{A(n\to\infty)}=A$ $[(1+i)^n-1]/i$趋向无穷大。

2.永续年金的现值

永续年金的现值可以看成是一个n无穷大的后付年金的现值，则永续年金的现值计算如下：

$$PV_{A(n\to\infty)}=A[1-(1+i)^{-n}]/i$$

当n趋向无穷大时，由于A、i都是有界量，$(1+i)^{-n}$趋向于无穷小，因此$PV_{A(n\to\infty)}=A$ $[1-(1+i)^{-n}]/i$趋向于A/i。

第二节　资产评估价值类型

一、资产评估目的对价值类型的约束

价值类型是指资产评估结果的价值属性及其表现形式。不同价值类型从不同角度反映资产评估价值的属性和特征。不同价值类型代表的资产评估价值在性质上和数量上都存在着很大的差异。

资产评估目的不仅会对资产评估所要实现的目标具有限制作用，而且也会对具体评估项目的评估结论有某种约定。从本质上讲，评估目的对评估结论的价值定义及其类型的约束，是由引起资产评估的具体经济事项所形成的评估条件对评估结果具体价值表现形式的直接或间接约束。

（一）资产评估一般目的对价值类型的约束

资产评估的一般目的是由资产评估的性质及其基本功能决定的。资产评估作为一种专业人员对特定时点及特定条件约束下资产价值的估计和判断的社会活动，一经产生就具有了为委托人以及资产交易当事人提供合理的资产价值咨询建议的功能。不论是资产评估的委托人，还是与资产交易有关的当事人，所需要的都是评估师对资产在一定时间及一定条件约束下公允价值的判断。也就是说，不论由何原因引起，不论是什么样的评估对象，就资产评估的一般目的而言，资产评估结果及其价值类型或价值表现形式都必须是公允的。从资产评估的角度来看，公允价值是一种相对合理的评估价值，是一种相对于当事人各方的地位、资产的状况及资产面临的市场条件的合理的评估价值，是评估专业人员根据被评估资产自身的条件及其所面临的市场条件，对被评估资产客观交换价值的合理估计值。因此，资产评估的一般目的对价值类型的约束是一种原则性的约束。简言之，就是所有的评估结果（价值类型）都要公允。

（二）资产评估的特定目的对价值类型的约束

资产评估作为资产估价活动，总是为满足引起资产评估的特定资产业务的需要而进行的。由于引起资产评估的资产业务各种各样，每种资产业务对资产评估都可能存在着条件约定和目标约定。这些约束条件对评估结果的具体用途和价值定义的要求也不尽统一。每种资产业务对评估结果用途的具体要求不但会在评估的价值量上有所体现，而且一定会表现为与这种具体要求相适应的评估结果价值类型。在本书第一章里列举的各种能引起资产评估的资产业务，对评估结果价值类型的要求就不完全相同。

1.资产转让

如果没有特殊说明，资产转让对评估结果的价值类型并无特别要求，评估专业人员可根据项目具体情况选择评估结果的价值类型。

2.企业兼并

企业兼并的种类比较多，情况比较复杂。有些企业兼并活动具有战略性，需要从兼并方的角度考虑被评估资产的价值类型。有些企业兼并活动具有被动性，需要从被兼并方的角度考虑评估结果的价值类型。有些企业兼并活动具有整合效应，评估时需要将整合因素考虑进去，来把握评估结果的价值类型等。

3.企业出售

如果没有特殊说明，企业出售对评估结果的价值类型并无特别要求，评估专业人员可根据项目具体情况选择评估结果的价值类型。

4.企业联营

企业联营的种类比较多，情况也比较复杂。有些企业联营活动具有战略性，需要从联营双方的角度考虑被评估资产的价值类型。有些企业联营活动具有整合效应，评估时需要将整合因素考虑进去，来把握评估结果的价值类型等。

5.股份经营

如果没有特殊说明，股份经营对评估结果的价值类型并无特别要求，评估专业人员可根据项目具体情况选择评估结果的价值类型。

6.中外合资、合作

如果没有特殊说明，中外合资、合作对评估结果的价值类型并无特别要求，评估专业人员可根据项目具体情况选择评估结果的价值类型。

7.企业清算

破产清算、终止清算和结业清算等引起的资产评估，必须考虑市场条件不正常的因素对评估结果价值类型的影响。

8.担保

担保引起的资产评估对评估时的市场条件的约束可以分为两种情况——正常市场条件和非正常市场条件。评估专业人员可根据项目的具体情况和有关要求选择一种市场条件，并据此选择评估结果的价值类型。

9.企业租赁

如果没有特殊说明，企业租赁对评估结果的价值类型并无特别要求，评估专业人员可根据项目具体情况选择评估结果的价值类型。

10.债务重组

债务重组的种类比较多，情况也比较复杂。评估专业人员可根据项目的具体情况选择评估结果的价值类型。

11.其他

除上述以外的其他资源、财产、资金、政策评估，应根据具体情况选择适宜的价值类型。

二、价值和价格

价值是人类对于自我发展的本质发现、创造与创新的要素本体，包括任意的物质形态。价值在很多领域有特定的形态，如社会价值、个人价值、经济学价值、法律价值等。资产评估的价值类型指的是资产评估价值质的规定性，即价值内涵。经济价值的本质是人类经济产品、关系发展过程中的人类劳动作用，包含创造产品的使用价值与创造生产关系的劳动价值。

价值与价格是两个既有联系又有区别的概念，价值是价格的基础，价格是价值的货币表现，商品的价值通过价格得以实现。通常谈到价值，我们往往会想起价格。在现代社会的日常应用之中，价格一般指进行交易时，买方所需要付出的代价或价款。从经济学角度来说，价格泛指买卖双方就买卖商品所订立的兑换比率。价格是一种从属于价值并由价值决定的货币价值形式，价值的变动是价格变动的内在的、支配性的因素，是价格形成的基础。但是，由于商品的价格既是由商品本身的价值决定的，也是由货币本身的价值决定的，因而商品价格的变动不一定反映商品价值的变动。例如，在商品价值不变时，货币价值的变动就会引起商品价格的变动。同样，商品价值的变动也并不一定就会引起商品价格的变动。例如，在商品价值和货币价值按同一方向发生相同比例变动时，商品价值的变动并不引起商品价格的变动。因此，商品的价格虽然是表现价值的，但是，仍然存在着商品价格和商品价值不一致的情况。在简单商品经济条件下，商品价格随市场供求关系的变动，直接围绕它的价值上下波动；在资本主义商品经济条件下，由于部门之间的竞争和利润的平均化，商品价值转化为生产价格，商品价格随市场供求关系的变动，围绕生产价格上下波动。

在资产评估活动中，"价值"是一个交换价值范畴，它反映了可供交易的商品、服务与买方、卖方之间的货币数量关系。资产评估中的价值不是一个历史数据或事实，它只是专业人士根据特定的价值定义在特定时间内对商品、服务价值的估计。所以，这里所说的"价值"是指在一定时期内，按照特定的价值（如市场价值）对由于获得商品或接受服务所能增加的利益的估计和判断。可见，这里强调的是"特定的价值"，因为特定的资产评估使用特定的价值类型。在资产评估中，要避免没有限定条件的价值类型。

三、资产评估的价值类型

（一）资产评估的价值类型概念

资产评估的价值类型是指资产评估结果的价值属性及其表现形式，是对资产评估的一个质的规定。不同的价值类型从不同的角度反映资产评估价值的属性和特征，不同属性的价值类型所代表的资产评估价值不仅在性质上是不同的，而且在数量上往往也存在较大差异。

（二）资产评估的价值类型的主要分类

（1）以资产评估的估价标准形式表述的价值类型，具体包括重置成本、收益现值、现行市价和清算价格四种。

这种分类用得较多，从评估传入我国到20世纪80年代末90年代初，我国对价值的分类较多地使用了这种类型。

（2）从资产评估假设的角度表述资产评估的价值类型，具体包括三种：

①继续使用价值：被评估对象还能够继续使用，按照现有形态或转换形态的价值是多少。

②公开市场价值：被评估资产是公开、公允的，例如在自愿买房、自愿卖房的基础上，它的市场价值是多少。

③清算价值：不是很公开、公正的，如强制拍卖的价值。

（3）从资产业务的性质，即资产评估特定目的划分资产评估的价值类型。按资产评估的特定目的划分，评估的价值分为抵押价值、保险价值、课税价值、投资价值、清算价值、转让价值、保全价值等不同类型。

（4）以资产评估时所依据的市场条件，以及被评估资产的使用状态划分资产评估结果的价值类型，包括市场价值和市场价值以外的价值。市场价值和市场价值以外的价值是国际评估准则委员会在国际评估准则中所运用的价值类型。

上述四种分类各有其自身的特点：第一种划分方法基本上承袭了现代会计理论中关于资产计价标准的划分方法和标准，将资产评估与会计的资产计价紧密地联系在一起。第二种划分方法有利于人们了解资产评估结果的假设前提条件，同时也强化了评估专业人员对评估假设前提条件的运用。第三种划分方法强调资产业务的重要性，认为有什么样的资产业务就应有什么样的资产价值类型。第四种划分方法不仅注重资产评估结果适用范围与评估所依据的市场条件及资产使用状态的匹配，而且通过资产的市场价值概念的提出，树立了一个资产公允价值的坐标。资产的市场价值是资产公允价值的基本表现形式，市场价值以外的价值则是资产公允价值的特殊表现形式。

四、关于资产评估中的市场价值与市场价值以外的价值

国际评估准则对市场价值定义如下："自愿买方与自愿卖方在评估基准日进行正常的市场营销之后，所达成的公平交易中某项资产应当进行交易的价值的估计数额，当事人双方应当各自精明、谨慎行事，不受任何强迫和压制。"这个定义是最符合市场经济要求的，反映了买卖双方最基本的意愿，即买方和卖方完全出于自愿，如果有一方受强迫，就不是市场价值。

根据国际评估准则对市场价值的其他补充说明，资产评估中的市场价值可以定义为资产在评估基准日公开市场上最佳使用状态下最有可能实现的交换价值的估计值。

市场价值作为评估结果的价值类型应当满足以下基本要求：第一，评估对象是明确的，包括资产承载的权益；第二，评估师在整个评估过程中是以公开市场（假设）来设定资产评估所依据的市场条件的；第三，评估师是以评估对象被正常使用、最佳使用或最有可能使用，并达到正常使用水平和效益水平作为评估对象在评估时的使用状态的；第四，评估师在资产评估过程中所使用的数据均来自于市场。

凡不符合市场价值定义条件的资产价值类型都属于市场价值以外的价值。例如，在用价值、投资价值、持续经营价值、保险价值、清算价值、课税价值等。

在用价值是指作为企业组成部分的特定资产对其所属企业能够带来的价值估计价，而并不考虑该资产的最佳用途或资产变现的情况。

投资价值是指资产对于具有明确投资目标的特定投资者或某一类投资者所具有的价值估计值。资产的投资价值与投资性资产价值是两个不同的概念。投资性资产价值是指特定主体以投资获利为目的而持有的资产在公开市场上按其最佳用途实现的市场价值。

持续经营价值是指企业作为一个整体按照目前正在使用的用途、方式继续经营下去所

能表现出来的价值估计值。由于企业的各个组成部分对该企业整体价值都有相应的贡献，可以将企业总的持续经营价值分配给企业的各个组成部分，即构成企业持续经营的各局部资产的在用价值。

保险价值是指根据保险合同或协议中规定的价值标准所确定的资产价值估计值。

清算价值是指资产处于清算、被迫出售或快速变现等非正常市场条件下所能实现的价值估计值。

课税价值是指根据税法中规定的与财产征税相关的价值（税基）标准所确定的资产价值估计值。

五、资产评估的特定目的与价值类型的匹配

资产评估的特定目的对资产评估价值类型的选择具有约束作用。要根据具体的资产业务的特征选择与之相匹配的评估价值类型，也就是说价值类型需要与资产行为的发生相匹配。这主要是由于资产在价值形态上的计量可以有多种类型的含义，其分别从不同角度反映资产的价值特征。这些不同含义的价值不仅在质上是不同的，在量上也存在较大差异，而作为资产业务所要求的具体价值类型却是唯一的；否则，就失去了正确反映和提供价值尺度的功能。因此，必须根据资产业务的行为，即评估的特定目的，弄清楚所要求的价值尺度的内涵，从而确定资产业务所适用的价值类型。也就是说，在具体评估操作的过程中，评估结果价值类型要与已经确定了的时间、地点、市场条件下的资产业务相匹配、相适应。

在众多资产价值类型中，选择资产的市场价值与市场价值以外的价值作为资产评估中最基本的资产价值类型具有重要意义。

资产评估作为一种专业服务活动，对客户和社会提供的是一种专家意见及专业咨询。不论是专家意见还是专业咨询，最重要的是这种意见或咨询能对客户的某些行为起指导作用。应防止和杜绝提交可能造成客户误解、误用的资产评估报告。就一般情况而言，资产评估机构和评估专业人员主观上并不愿意提交可能会对客户及社会造成误解、误用或误导的资产评估报告，但在资产评估实践中，经常出现评估专业人员并不十分清楚所做的资产评估结果的性质、适用范围等，以至于在资产评估报告中未给予充分的性质说明及使用限定说明。由于客户或评估报告使用者绝大部分都是非专业人员，所以他们对评估结果的理解和认识基本上只来源于评估报告的内容。资产评估报告中任何概念的模糊或不合理，都会造成客户及社会对评估结果的误解。因此，对资产评估结果价值类型的科学分类和解释具有重要的作用。

关于资产的市场价值和市场价值以外的价值，正是从资产评估结果的适用范围和使用范围限定方面对资产评估结果进行分类的。因此，这种分类方法符合资产评估服务于客户和服务于社会的内在要求。其意义和作用具体体现在以下几个方面：

（一）有利于评估专业人员对其评估结果性质的认识

这种分类方法和概念界定便于评估专业人员在撰写评估报告时更清楚明了地说明其评估结果的确切含义。只有评估专业人员自己充分认清评估结果的性质，其才可能在评估报告中充分说明这个评估结果。当然，一份结果阐述明确的评估报告才能使客户受益。

（二）便于评估专业人员划定其评估结果的适用范围和使用范围

资产评估结果的适用范围与评估目的要求评估结果用途的匹配和适应，是检验资产评估科学性和合理性的首要问题。把评估结果按资产的市场价值和市场价值以外的价值分类，可从大的方面决定评估的适用范围，便于评估专业人员将其与评估的特定目的相对照。资产评估结果的使用范围关系到评估结果能否被正确使用的问题。对于大多数评估报告使用者来说，他们未必十分了解不同价值类型的评估结果都有其使用范围的限定。限定评估结果使用范围的责任应由评估专业人员承担。评估专业人员应在评估报告中对评估结果的使用范围给予明确的限定。

市场价值和市场价值以外的价值是以资产评估面临的市场条件和评估对象自身的条件为标准设定的。这种价值类型的划分实际上是以资产评估价值决定的基本要素为依据的。市场价值和非市场价值的划分，既考虑了资产自身的条件、利用方式和使用状态，也考虑了资产评估时的市场条件。也就是说，这种价值类型的划分，既考虑了决定资产评估价值的内部因素，同时也考虑了影响资产评估价值的外部因素。

一般而言，属于市场价值性质的资产评估结果主要适用于产权变动类资产业务，但并不排斥运用于非产权变动业务。在特定评估时点的公开市场上，资产的市场价值对于市场整体而言都是相对公允、合理的，或整体市场对它是认同的，即对整个市场上的潜在的买者或卖者来说都是相对公平合理的。属于市场价值以外的价值（或非市场价值）性质的评估结果，既适用于产权变动类资产业务，同时也适用于非产权变动的资产业务。在评估时点，资产的市场价值以外的价值只被局部市场认同或只在局部市场范围内是公允、合理的，即只是对特定的市场主体来说是公平合理的。从大的方向讲，资产评估的市场价值和市场价值以外的价值都是资产公允价值的表现形式，但是两者公允的市场范围是有明显差异的。如果评估专业人员及其评估报告使用人明确了资产评估中市场价值和市场价值以外的价值公平合理的市场范围，那么，他们也就能很容易地把握评估结果的适用范围和使用范围。

总之，按市场价值和市场价值以外的价值将评估结果分为两大类，旨在合理和有效限定评估结果的适用范围和使用范围。因此，把评估结果分为市场价值和市场价值以外的价值两大类是相对合理和便于操作的。

【例2-4】A公司（国有上市公司）准备并购B公司（非上市公司），A、B公司注册地均在我国境内，按照我国法律法规注册成立公司，对B公司的全部股权进行评估，请问该项评估需要选择什么价值类型？

案例分析：由于A公司为国有上市公司，B为非上市公司，A公司并购B公司的评估目的是为该项并购事项提供价值参考。因此，该项评估业务应选择市场价值，因为A公司属于上市公司，所以只能选择国有产权交易市场上的市场价值，且需要在A公司所在地国有资产管理监督委员会备案。

■ 本章小结

由于资金具有时间价值，因此同一笔资金，在不同的时间，其价值是不同的。计算资金的时间价值，其实质就是不同时点上资金价值的换算。资金时间价值的计算有两种方法：一是只就本金计算利息的单利法；二是不仅本金要计算利息，利息也能生利，即俗称"利上加利"的复利法。相比较而言，复利法更能确切地反映本金及其增值部分的时间价值。年金是指一定时期内一系列相等金额的收付款项。如分期付款赊购、分期偿还贷款、发放养老金、支付租金、提取折旧等都属于年金收付形式。按照收付的次数和支付的时间划分，年金可以分为普通年金、先付年金、递延年金和永续年金。

　　资产评估的目的就是资产评估所要达到的目标，资产评估的目的有资产评估一般目的和特定目的之分。资产评估的一般目的泛指所有资产评估活动共同的目的或目标，即评估结论必须公允。资产评估的特定目的是由引起资产评估的特定经济行为（资产业务）对资产评估的条件约定和目标约定。资产评估的特定目的是由引起资产评估的特定资产业务所决定的，对评估结果的性质、价值类型等有着重要的影响，特别是对资产评估价值类型的选择具有约束作用。资产评估中的价值类型是指资产评估结果的价值属性及其表现形式。它是对资产评估的一个质的规定。不同的价值类型从不同的角度反映资产评估价值的属性和特征，不同属性的价值类型所代表的资产评估价值不仅在性质上是不同的，而且在数量上往往也存在较大差异。价值与价格是两个既有联系又有区别的概念，价值是价格的基础，商品的价值通过价格得以体现。通常我们认为价格是价值的货币表现形式，价格反映买卖双方对商品价值的认可程度。

■ 思考与练习

一、单项选择题

1.某人希望在5年后取得本利和1 000元，用于支付一笔款项。若按单利计算，利率为5%，那么，他现在应存入（　　）元。

A.800　　　　　　　B.900　　　　　　　C.950　　　　　　　D.780

2.已知（F/A，10%，9）=13.579，（F/A，10%，11）=18.531，则10年、10%的即付年金终值系数为（　　）。

A.17.531　　　　　　B.15.937　　　　　　C.14.579　　　　　　D.12.579

3.某项年金前4年没有流入，后5年每年年初流入4 000元，则该项年金的递延期是（　　）年。

A.4　　　　　　　　B.3　　　　　　　　C.2　　　　　　　　D.5

4.某人现在从银行取得借款20 000元，贷款利率为3%，要想在5年内还清，每年应该等额归还（　　）元。

A.4 003.17　　　　　B.4 803.81　　　　　C.4 367.10　　　　　D.5 204.13

5.下列说法不正确的有（　　）。

A.评估目的是决定价值类型的一个重要因素，但不是唯一的因素

B.市场价值以外的价值类型有：在用价值、投资价值、课税价值、清算价值和保险价值

C.投资价值是以投资获利为依据衡量价值的，是从产出角度评估资产价值

D.公允价值指的是市场价值

二、多项选择题

1.企业取得借款30万元，借款的年利率是6%，每半年复利一次，期限为5年，则该

项借款的终值是（ ）。

 A.30×（F/P，6%，5）   B.30×（F/P，3%，10）

 C.30×（F/A，6%，5）   D.30×（F/P，6.09%，5）

2.递延年金具有的特点有（ ）。

 A.年金的第一次收付发生在若干期以后 B.没有终值

 C.年金的现值与递延期无关   D.年金的终值与递延期无关

3.影响资金时间价值大小的因素主要包括（ ）。

 A.单利   B.复利   C.资金额   D.利率和期限

4.某公司拟购置一处房产，付款条件是：从第4年开始，每年年初支付20万元，连续付10次，共200万元，假设该公司的资金成本率为12%，则相当于该公司现在一次付款的金额为（ ）万元。

 A.20〔（P/A，12%，12）－（P/A，12%，2）〕

 B.20（P/A，12%，10）（P/F，12%，2）

 C.20〔（P/A，12%，13）－（P/A，12%，3）〕

 D.20〔（P/A，12%，12）－（P/A，12%，3）〕

5.关于资产评估特定目的的表述正确的有（ ）。

 A.资产评估的特定目的是指引起资产评估的资产业务对评估结果用途的具体要求

 B.资产评估的特定目的对于资产评估的价值类型的选择具体约束作用

 C.资产评估的特定目的是由特定经济行为所决定的

 D.资产评估的特定目的和资产评估的一般目的无关

三、判断题

1.永续年金既无现值，也无终值。   （ ）

2.在期数一定的情况下，折现率越大，则年金现值系数越大。   （ ）

3.在利率同为10%的情况下，第10年年末1元的复利现值系数小于第8年年末1元的复利现值系数。   （ ）

4.递延年金终值的大小与递延期是有关的，在其他条件相同的情况下，递延期越长，则递延年金的终值越大。   （ ）

5.普通年金是指从第1期起，在一定时期内每期期初等额收付的系列款项。普通年金有时也简称年金。   （ ）

四、计算题

1.某人分别在2014年、2015年、2016年和2017年的1月1日存入5 000元，按10%的利率，每年复利一次，则2017年1月1日的存款总额为多少？

2.某公司拟购置一处房产，房主提出三种付款方案：

（1）现在支付100万，4年后再支付150万元；

（2）从第5年开始，每年末支付50万元，连续支付10次，共500万元；

（3）从第5年开始，每年初支付45万元，连续支付10次，共450万元。

假设该公司的资金成本率（即最低报酬率）为10%，你认为该公司应选择哪个方案？

3.某公司2014年1月1日存入银行100万元，假定年利率是8%。（1）如果每年复利一次，到2017年1月1日该公司可以提取多少现金？（2）如果每半年复利一次，到2017年1月1日可以提取多少现金？其实际年利率是多少？（3）如果在未来5年每年年末提取等额的现金，每次可以提取多少现金？（4）如果该公司希望2017年1月1日提取现金130万元，每半年复利一次，则2014年应该存入多少现金？

第二章参考答案

第三章 | 资产评估法律、准则与程序

学习目标

1. 掌握资产评估准则体系的主要内容和资产评估的程序；
2. 熟悉我国资产评估准则体系和《资产评估法》；
3. 了解国际评估准则委员会出台的《国际评估准则》的目标、结构及特点。

第一节 资产评估法律

在全面深化改革的总体部署中，发展混合所有制经济、深化国有企业改革将成为改革的重要内容。而在这种以增强企业活力、提高企业效率为中心的转型升级中，资产评估行业作为现代高端服务业，将对监管国有资产、防范国有资产流失、规范国有资产管理以及挖掘国有资产价值作出重要的专业贡献。而在我国现行评估法律制度中，除了1991年国务院颁布的《国有资产评估管理办法》外，其他法律规定散见于《中华人民共和国公司法》《中华人民共和国证券法》《中华人民共和国合伙企业法》等多部法律之中；有关行政管理部门还颁布了众多规范性文件，涉及资产评估、土地估价、房产估价等。这些法律彼此缺乏一致性，而部门规章的权威性和约束力又比较差。为规范资产评估行为，保护资产评估当事人的合法权益和公共利益，促进资产评估行业的健康发展，维护社会主义市场经济秩序，2016年7月2日，全国人大常委会审议通过《资产评估法》，并于2016年12月1日起施行。这是我国社会主义市场经济法律体系建设的一项重要成果，也是资产评估行业发展的一个重要里程碑，标志着我国资产评估行业进入了依法治理的新时代。

《资产评估法》的施行，有利于进一步完善国家基本经济制度，可为各类产权交易提供公允的价值尺度，既维护国有资产权益，防止国有资产流失，也维护多方非国有投资者权益；有利于完善市场经济机制体制的运行，实现市场机制对生产要素的有效配置；有利于评估行政管理部门统一监管尺度，划清行政监管部门权力边界，规范资产评估行业健康有序发展。

一、立法的宗旨和重点

《资产评估法》旨在规范资产评估行为，保护资产评估当事人的合法权益和公共利益，促进资产评估行业健康发展，维护社会主义市场经济秩序。

（一）明确资产评估当事人的权利义务，规范资产评估行业基本制度

明确评估师、评估机构、委托人的权利义务和他们之间的法律关系，将制定评估基本准则、资格考试制度、执业登记制度、行业监管制度、行业自律制度等作为立法重点，对评估业务的专业性、操作性问题仅作原则性规定。

（二）坚持资产评估行业的市场属性，使其既符合国情，又要与国际通行准则接轨

明确资产评估行业是一个以市场价值理念为基础的综合性现代高端服务业的定位，坚持市场配置资源的原则。资产评估立法既要充分考虑我国社会主义市场经济发展的要求和资产评估行业发展的现状，也要借鉴成熟市场经济国家的经验，反映国际评估准则的基本精神，还要适应行业发展趋势，具有一定的前瞻性。

（三）建立部门协调配合机制，逐步完善行政管理体制

针对目前政出多门、执业标准不统一的问题，按照"统分结合"的原则，在实行统一市场准入、统一基本准则和统一法律责任的基础上，实行不同评估类别之间既有区别也有融合、各有关行政管理部门在协调配合机制框架下的部门分工负责制，明确行业自律职责和监管责任，为今后进一步理顺资产评估行业管理体制、促进行业健康发展奠定基础。

（四）加强行政监管，增强行业自律

资产评估不仅涉及资产所有者或交易当事人的权益，在很多情况下还涉及国家利益和社会公众利益，必须加强对评估行业的行政监管，增强行业自律能力。行政监督重点应放在加强注册资产评估师和评估机构的资格、资质认证以及依法执业的管理上。

二、《资产评估法》的主要内容

（一）关于资产评估的内涵

《资产评估法》所称资产评估是指评估机构及其评估专业人员根据委托对不动产、动产、无形资产、企业价值、资产损失或者其他经济权益进行评定、估算，并出具评估报告的专业服务行为。《资产评估法》中评估主体为评估机构和评估专业人员；评估业务属于委托性质，自然人、法人或者其他组织需要确定评估对象价值的，可以自愿委托评估机构评估，（《资产评估法》第三条）；评估对象为不动产、动产、无形资产、企业价值、资产损失或其他经济权益，涵盖了现有的包括资产评估、房地产估价、土地估价、矿业权评估、旧机动车鉴定估价和保险公估在内的六类评估领域，资产评估简称"评估"。

（二）关于法定评估

一般来说，某资产是否需要评估，取决于资产所有者和资产交易双方的意愿。对于特定资产评估，如国有资产、涉及公共利益的资产等相关法律规定必须委托评估的，称为法定评估。考虑到相关法律法规，如《中华人民共和国公司法》《中华人民共和国证券法》《国有资产评估管理办法》等已有这方面的规定，《资产评估法》没有采用逐项列举的方式，而是规定"涉及国有资产产权变动和公共利益，并且法律、行政法规规定需要评估的，应当依法委托评估机构进行评估"（第三条）。对于法定评估，《资产评估法》还特别规定"应当依法选择评估机构"（第二十二条）。

（三）关于评估专业人员

为了规范评估师的专业胜任能力，保证评估执业质量，《资产评估法》指出"评估师是指通过评估师资格考试的评估专业人员。国家根据经济社会发展需要确定评估师专业类别"（第八条）。《资产评估法》还明确指出评估师在执业过程中应享有的权利和应履行的义务。

（四）关于评估机构

评估机构是指具备相应资质条件，依法设立并从事评估业务的专业机构。《资产评

法》提出，"评估机构应当依法采用合伙或者公司形式，聘用评估专业人员开展评估业务"（第十五条）。这样规定主要是考虑到资产评估师的工作类似职业律师和会计师，其机构的组织形式符合资产评估行业的职业特点。为了严格评估机构的准入，《资产评估法》还规定，"设立评估机构，应当向工商行政管理部门申请办理登记。评估机构应当自领取营业执照之日起三十日内向有关评估行政管理部门备案。评估行政管理部门应当及时将评估机构备案情况向社会公告"（第十六条）。"评估机构应当依法独立、客观、公正地开展业务，建立健全质量控制制度，保证评估报告的客观、真实、合理"（第十七条）。

（五）关于行业自律

为了规范资产评估行业自律，《资产评估法》对行业自律组织的职责范围分别作了规定：评估行业协会是评估机构和评估专业人员的自律性组织，依照法律、行政法规和章程实行自律管理。同时规定资产评估行业自律组织应履行的职责，且应当建立沟通协作和信息共享机制，根据需要制定共同的行为规范，促进评估行业健康有序发展（第三十六条）。

（六）关于行政监管

资产评估不仅涉及资产所有者或交易当事人的权益，在很多情况下还涉及国家利益和社会公众利益，必须加强对评估行业的行政监管，把其重点放在加强评估机构的合法运营上。《资产评估法》指出，"设区的市级以上人民政府有关评估行政管理部门依据各自职责，负责监督管理评估行业，对评估机构和评估专业人员的违法行为依法实施行政处罚，将处罚情况及时通报有关评估行业协会，并依法向社会公开"（第四十条）。"评估行政管理部门对有关评估行业协会实施监督检查，对检查发现的问题和针对协会的投诉、举报，应当及时调查处理"（第四十一条）。

（七）关于法律责任

资产评估当事人承担的法律责任包括民事责任、行政责任和刑事责任三类，责任主体包括评估师、评估机构，还有委托人、行业管理部门及自律组织等，《资产评估法》对各种主体、各类责任均作了相应规定，具体包括以下几条：

《资产评估法》第四十四条　评估专业人员违反本法规定，有下列情形之一的，由有关评估行政管理部门予以警告，可以责令停止从业六个月以上一年以下；有违法所得的，没收违法所得；情节严重的，责令停止从业一年以上五年以下；构成犯罪的，依法追究刑事责任：

（一）私自接受委托从事业务、收取费用的；

（二）同时在两个以上评估机构从事业务的；

（三）采用欺骗、利诱、胁迫，或者贬损、诋毁其他评估专业人员等不正当手段招揽业务的；

（四）允许他人以本人名义从事业务，或者冒用他人名义从事业务的；

（五）签署本人未承办业务的评估报告或者有重大遗漏的评估报告的；

（六）索要、收受或者变相索要、收受合同约定以外的酬金、财物，或者谋取其他不正当利益的。

《资产评估法》第四十五条　评估专业人员违反本法规定，签署虚假评估报告的，由有关评估行政管理部门责令停止从业两年以上五年以下；有违法所得的，没收违法所得；

情节严重的，责令停止从业五年以上十年以下；构成犯罪的，依法追究刑事责任，终身不得从事评估业务。

《资产评估法》第四十六条 违反本法规定，未经工商登记以评估机构名义从事评估业务的，由工商行政管理部门责令停止违法活动；有违法所得的，没收违法所得，并处违法所得一倍以上五倍以下罚款。

《资产评估法》第四十七条 评估机构违反本法规定，有下列情形之一的，由有关评估行政管理部门予以警告，可以责令停业一个月以上六个月以下；有违法所得的，没收违法所得，并处违法所得一倍以上五倍以下罚款；情节严重的，由工商行政管理部门吊销营业执照；构成犯罪的，依法追究刑事责任：

（一）利用开展业务之便，谋取不正当利益的；

（二）允许其他机构以本机构名义开展业务，或者冒用其他机构名义开展业务的；

（三）以恶性压价、支付回扣、虚假宣传，或者贬损、诋毁其他评估机构等不正当手段招揽业务的；

（四）受理与自身有利害关系的业务的；

（五）分别接受利益冲突双方的委托，对同一评估对象进行评估的；

（六）出具有重大遗漏的评估报告的；

（七）未按本法规定的期限保存评估档案的；

（八）聘用或者指定不符合本法规定的人员从事评估业务的；

（九）对本机构的评估专业人员疏于管理，造成不良后果的。

评估机构未按本法规定备案或者不符合本法第十五条规定的条件的，由有关评估行政管理部门责令改正；拒不改正的，责令停业，可以并处一万元以上五万元以下罚款。

《资产评估法》第四十八条 评估机构违反本法规定，出具虚假评估报告的，由有关评估行政管理部门责令停业六个月以上一年以下；有违法所得的，没收违法所得，并处违法所得一倍以上五倍以下罚款；情节严重的，由工商行政管理部门吊销营业执照；构成犯罪的，依法追究刑事责任。

《资产评估法》第四十九条 评估机构、评估专业人员在一年内累计三次因违反本法规定受到责令停业、责令停止从业以外处罚的，有关评估行政管理部门可以责令其停业或者停止从业一年以上五年以下。

《资产评估法》第五十条 评估专业人员违反本法规定，给委托人或者其他相关当事人造成损失的，由其所在的评估机构依法承担赔偿责任。评估机构履行赔偿责任后，可以向有故意或者重大过失行为的评估专业人员追偿。

《资产评估法》第五十一条 违反本法规定，应当委托评估机构进行法定评估而未委托的，由有关部门责令改正；拒不改正的，处十万元以上五十万元以下罚款；情节严重的，对直接负责的主管人员和其他直接责任人员依法给予处分；造成损失的，依法承担赔偿责任；构成犯罪的，依法追究刑事责任。

《资产评估法》第五十二条 违反本法规定，委托人在法定评估中有下列情形之一的，由有关评估行政管理部门会同有关部门责令改正；拒不改正的，处十万元以上五十万元以下罚款；有违法所得的，没收违法所得；情节严重的，对直接负责的主管人员和其他直接责任人员依法给予处分；造成损失的，依法承担赔偿责任；构成犯罪的，依法追究刑事责任：

（一）未依法选择评估机构的；

（二）索要、收受或者变相索要、收受回扣的；

（三）串通、唆使评估机构或者评估师出具虚假评估报告的；

（四）不如实向评估机构提供权属证明、财务会计信息和其他资料的；

（五）未按照法律规定和评估报告载明的使用范围使用评估报告的。

前款规定以外的委托人违反本法规定，给他人造成损失的，依法承担赔偿责任。

《资产评估法》第五十三条　评估行业协会违反本法规定的，由有关评估行政管理部门给予警告，责令改正；拒不改正的，可以通报登记管理机关，由其依法给予处罚。

《资产评估法》第五十四条　有关行政管理部门、评估行业协会工作人员违反本法规定，滥用职权、玩忽职守或者徇私舞弊的，依法给予处分；构成犯罪的，依法追究刑事责任。

第二节　资产评估准则

一、国际资产评估准则

（一）国际评估准则理事会

国际评估准则理事会（International Valuation Standard Council，IVSC）前身为国际评估准则委员会（International Valuation Standards Committee，IVSC），是联合国一个非政府组织成员，是20世纪80年代以来在世界各国资产评估专业团体的推动下逐步发展起来的重要国际性评估专业组织，于1985年5月被联合国经济与社会理事会所认可。其与各成员国和地区，以及诸如世界银行、经济合作与发展组织（OECD）、国际会计师联盟（International Federation of Accountants）、国际会计准则委员会（International Accounting Standards Board）等组织及其他评估业界人士合作，致力于协调和促进世界评估准则的形成和发展。国际评估准则理事会国际总部设在英国伦敦，执行总部通常设在IVSC主席所在地。

国际评估准则理事会致力于制定和推广《国际评估准则》，是目前最具影响力的国际性评估专业团体。IVSC是一个全球性的资产评估行业自律性机构，其宗旨是研究制定国际资产评估标准，为国际资产市场和商业经营服务，为发展中国家及新兴工业化国家实施这些标准服务；其研究各国、各地区资产评估标准的差异，致力于促进国际标准与地区和国家标准的协调。IVSC与国际会计标准委员会、国际会计师联盟、国际审计事务委员会和国际证券组织有着紧密的业务联系，并不断向会计界提供有关资产评估的建议和咨询，在决定和颁布新的国际评估标准过程中，与有关行业组织进行协调。1995年3月15—16日，在南非开普敦召开的第14届年会上，中国资产评估协会成为IVSC的会员。

（二）国际评估准则理事会产生的背景

国际评估准则理事会的诞生有其独特的历史背景，既反映了各国和国际资产评估行业发展的内在需求，也是经济全球化发展等外部推动因素共同作用的必然结果。首先，20

世纪80年代以前，资产评估业在世界范围内得到很大发展，英国、美国、澳大利亚、新西兰、加拿大等许多国家陆续成立了资产评估协会、学会等专业性组织，并分别制定了本国资产评估准则和职业道德守则，为成立国际性评估专业团体奠定了行业发展基础。其次，尽管各国资产评估行业有了长足发展，但在国际上资产评估行业尚未形成一个世界性的中心，各国资产评估准则、理论、实务以及专业术语上的差异，都给资产评估业的国际合作和进一步发展带来了很大困难，不能满足日益全球化的资产市场和国际经济界的要求。国家评估业迫切需要制定一部统一的、在国际评估界得到广泛认可的国际评估准则，这也成为促使国际评估准则委员会成立的内在动力。最后，20世纪70年代，随着国际经济和市场全球化的迅速发展，各国经济界越来越重视资产评估在资本市场和促进资产跨国流动中的重要作用，特别是资产评估所具有的在有关企业财务文件中反映资产的现时市场价值、弥补传统会计中历史成本原则缺陷的功能得到了越来越多的关注。国际经济界迫切需要一部"国际认可"的国际评估准则，以促使资产评估业更好地为经济发展服务，这也就成为国际评估准则委员会成立的外部动力。在这些因素的共同推动下，1981年，英国、美国等20多个国家和地区在澳大利亚墨尔本发起成立国际资产评估准则委员会（IAVSC），1995年，其更名为国际评估准则委员会，开展制定国际评估准则的工作。

2008年10月，历时一年的国际评估准则委员会改组工作落下帷幕。改组后的国际评估准则委员会更名为国际评估准则理事会，英文首字母缩写仍为IVSC。IVSC的会员不再局限于评估专业组织，其还吸纳了包括评估机构、非营利性实体和学术界等更为广泛的代表。新组织主要包括三个委员会，即管委会、国际评估准则委员会和国际评估专业委员会。国际评估准则委员会的主要职责是在与评估师、客户方及监管方协商的基础上，制定评估准则。

（三）国际评估准则理事会的宗旨

一是发展真正的国际评估和报告准则，以满足财务报告、国际资本市场和国际经济领域的需要；

二是发展真正的国际评估和报告准则，以满足发展中国家和新兴工业国家的需要，并且推广和完善这些准则；

三是确定国家或地区间准则的差异所在，并致力于国家或地区要求与国际评估准则间的协调和统一。

（四）《国际评估准则》结构体系

《国际评估准则》于2017年发布，在结构和内容上发生了变化：一是在原准则的基础上增加"术语"部分，删除了"国际评估准则定义""评估应用"；二是基本准则部分增加了《国际评估准则104——价值类型》和《国际评估准则105——评估途径和方法》两个准则；三是资产准则部分的《国际评估准则233——在建投资性不动产》更名为《国际评估准则410——开放性不动产》；四是对基本准则和资产准则的内容进行了修改。

1.前言

这一部分在回顾、总结国际资产评估行业发展历史的基础上，重点对国际评估准则理事会的宗旨、工作、《国际评估准则》的起源、《国际评估准则》的结构等进行了介绍。

2.术语

该部分明确了国际评估准则中特定术语的定义。

3.国际评估准则框架

该部分对国际评估准则的适用范围、评估师、客观性和独立性、专业胜任能力、背离等方面进行了说明。

4.基本准则

基本准则适用于所有的资产类型和评估目的，其具体包括五个准则：

（1）《国际评估准则101——工作范围》。该准则主要包括一般要求和工作范围的变动。

在一般要求中，准则要求评估师以书面形式准备和确认工作范围。工作范围具体包括：评估师身份、委托人身份（如有）、报告使用者身份（如有）、评估对象、评估币种、评估目的、价值类型、评估基准日、评估报告使用的限制、评估依赖信息的来源及性质、一般假设和特殊假设、报告形式、报告使用及分发或发布的限制、国际评估准则的遵守。

在工作范围的变动中，准则要求在出具评估报告之后，工作范围不可以变动。

（2）《国际评估准则102——调查和合规》。该部分主要规定了评估实施过程中应注意的相关问题，包括基本原则、调查、评估记录以及遵守其他准则，其中调查是核心内容。评估实施过程，首先应当遵守《国际评估准则》，如果评估师在评估实施过程中受到其他要求的限制，在满足《国际评估准则》的要求后，可以遵守其他要求。在调查中，准则要求评估调查工作必须满足评估主要目的和确定价值类型的要求，确保所收集信息的准确性。本部分也介绍了调查的方法和内容，如果评估师在调查过程中受到限制，则应在工作范围中披露。评估记录要求评估师在评估过程中必须进行记录。

（3）《国际评估准则103——报告》。该准则主要对资产评估报告应该包含的内容进行了规定。评估报告必须能让报告使用者理解评估结论。该准则包括一般要求、评估报告和评估复核报告，一般要求中包括影响报告详细程度的因素、格式、对评估报告编制和复核人员的要求等。通常，评估报告包括工作范围、适用途径、采用方法、使用的关键输入、评估假设、评估结论、报告日期。评估复核报告至少包括复核工作范围、被复核的评估报告、输入和假设、复核结论、报告日期。

（4）《国际评估准则104——价值类型》。该准则主要规定国际评估准则定义的价值类型和其他准则定义的价值类型，包括引言和价值类型两部分，其中价值类型是该准则的核心内容。引言介绍了价值类型的定义和确定依据，价值类型中介绍了《国际评估准则》定义的价值类型和其他准则定义的价值类型，并解释了其定义、内涵以及适用范围。《国际评估准则》定义的价值类型包括市场价值、市场租金、公允价值、投资价值、协同价值、清算价值。常见的使用前提包括：最高最佳使用、当前用途／现存用途、有序清算、强制出售。

（5）《国际评估准则105——评估途径和方法》。该准则主要规定评估途径和方法。在《国际评估准则》中，基本的评估途径包括市场途径、收益途径、成本途径。无论评估资产的市场价值还是市场价值以外的价值，评估师都需要根据项目具体情况恰当地选择评估方法。在选择评估方法时，评估师应当考虑三种基本评估途径在具体项目中的适用性，采用多种评估方法时，应当分析、调整运用多种评估方法得出的评估结论，确定最终评估结果。

市场途径是通过将目标资产与相同或相似且价格信息可获取的资产进行比较提供一种价值的途径。市场途径包括可比交易法和上市公司比较法，采用市场途径的同时，还应考虑到流动性折扣、控股权溢价、股票销售折价。

收益途径是通过把未来现金流转换为资本现值提供一种价值的途径。该方法考虑一项资产在使用寿命期限内将产生的收入，通过资本化过程估计价值。收益途径方法只介绍了现金流折现法，内容包括现金流的类型和预测、预测期、终值计算、折现率。

成本途径是基于经济学原理，无论是购买还是建造，买方都将支付不高于等效资产获取价格，除非存在超长时间、不便因素、风险或其他因素。成本途径包括更新重置成本法、复原重置成本法和加和法。通常，被评估资产由于年代或损耗，与替代资产相比不具吸引力。在这种情况下，可能需要根据价值类型对替代资产的成本作出调整，即需要考虑贬值，贬值通常包括实体性贬值、功能性贬值和经济性贬值。

5.资产准则

资产准则对具体资产的评估提供指导。该部分是对基本准则要求的细化或者扩充，并说明了基本准则中的规定如何应用到特定资产以及在评估时应特殊考虑的事项。资产准则包括六个准则：《国际评估准则200——企业及企业权益》《国际评估准则210——无形资产》《国际评估准则300——机器设备》《国际评估准则400——不动产权益》《国际评估准则410——开发性不动产》《国际评估准则510——金融工具》。

二、我国资产评估准则

2004年2月，财政部正式发布了中国资产评估协会制定的《资产评估准则——基本准则》和《资产评估职业道德准则——基本准则》，初步确立了我国资产评估准则体系。至2016年，我国资产评估准则在《资产评估法》的指引下重新修订。资产评估准则作为一个有机整体，系统地对评估机构和评估专业人员进行指导和规范。

（一）我国资产评估准则体系建立的指导思想

资产评估准则体系直接影响着各评估具体准则和指南的内容，各国评估界在制定评估准则时都十分重视准则体系的结构设计。鉴于我国资产评估行业发展的综合性，我国资产评估准则将涉及各种类型资产、各种评估目的和经济行为，因此更需要设计合理、灵活的准则体系，使其不仅对资产评估中的共性问题进行规范，同时也对各类别、各目的以及各类经济行为的资产评估业务有层次地分别予以指导和规范。因此，在设计我国资产评估准则体系时，主要应遵循以下指导思想：

第一，我国资产评估准则应当是综合性的评估准则体系，包括不动产、动产、机器设备、企业价值、无形资产等各类别资产的评估准则。

第二，我国资产评估准则体系应当高度重视程序性准则与专业性准则。鉴于资产评估行业的特点，我国资产评估准则体系不仅应包括从程序方面规范评估行为的准则，如评估报告、工作底稿、评估程序等，也应包括针对各主要类别资产特点而进行规范的专业性准则，如企业价值评估准则、机器设备评估准则、不动产评估准则等。

第三，在我国资产评估准则体系中，应当将职业道德准则放在与业务性准则同等重要的位置上。基于职业道德在资产评估行业中的重要作用，我国资产评估准则在重视制定规范评估行为的业务性准则的同时，更应当高度重视职业道德准则的作用。

第四，我国资产评估准则体系应当层次清晰，逻辑严密，并具有一定的灵活性。我国资产评估准则体系应当体现各层次准则文件的不同效力和不同规范领域，同时由于资产评估理论与实践在国际上发展的不均衡性，我国资产评估行业的发展尚处于不断完善的过程中，准则制定应考虑评估理论和实践的未来发展趋势。

（二）我国资产评估准则体系的产生与发展

我国的资产评估行业是随着经济体制改革、对外开放和社会主义市场经济的发展，在引进国外评估理论和方法的基础上发展起来的。

1.初创阶段

20世纪80年代，资产评估行业主要服务于国有企业转制过程中国有资产的产权交易。资产评估行业管理部门以行政规章制度和规范性文件对资产评估行为进行行政管理。随着资产评估行业的逐步发展，中国资产评估协会的自律管理职能也日益凸显，执业标准建设出现了以政府部门为主导到以行业协会为主体的过渡趋势。中国资产评估协会在准则制定方面做了大量的探索和准备。

2.奠基阶段

2001年，国务院取消财政部门对国有资产评估项目的立项确认审批制度，实行财政部门的核准制或财政部门、集团公司及有关部门的备案制。评估机构和执业人员的责任主体地位进一步凸显。与此相适应，财政部加强资产评估准则的制定工作。中国资产评估协会承担了主要的研究起草工作，执业标准的制定主体已由政府部门逐步转变为行业协会。至2007年，中国资产评估协会共发布包括两项基本准则在内的15项评估准则。

3.发展完善阶段

2007年以后，我国评估执业标准建设继续紧跟市场和执业需求，逐步发展完善。2014年7月，国务院取消资产评估师行政许可，将资产评估师由准入类调整为水平评价类职业资格。2016年12月1日，《资产评估法》正式实施，其规定了评估准则的制定和实施方式，并对资产评估准则的规范主体、表述、评估程序、评估方法以及评估报告等方面做了调整。为了适应行业管理方式改革，满足监督管理需要，配合《资产评估法》的实施，加强与国际评估准则的协调，开拓新业务领域，近年来，财政部和中国资产评估协会不断完善资产评估准则的体系及内容。目前，财政部和中国资产评估协会发布了以基本准则为基础、由执业准则和职业道德准则组成的准则体系，资产评估准则共27项，覆盖主要执业流程和执业领域。

（三）我国资产评估准则体系的作用

《资产评估法》不仅强调了资产评估的专业特性和评估准则的重要性，更赋予了评估准则法律效力。资产评估准则不但是评估专业人员职业道德规范和执业行为规范，也是执业监管、纠纷调处、司法仲裁的重要依据。资产评估准则已成为传播和推广评估行业专业理念、职业精髓和核心价值的重要平台，极大地提升了我国资产评估行业的专业形象和社会公信力，并在经济活动中发挥越来越重要的作用。

1.有助于提升行业公信力

资产评估准则制定过程中，各方充分参与，评估准则成为各方协调和平衡需求以及相关各方依赖的标准。评估准则发布后，得到各方普遍认同。监管部门、委托方等普遍把是否遵循准则作为判断评估报告质量的依据。同时，评估师受到职业道德准则约束，增强了勤勉尽责、公正服务的意识和能力，其可以依据准则抵制虚假或不合理的评估需求。这些措施增强了评估行业的公信力。此外，资产评估准则的出台，扩大了评估行业的影响，使公众对评估行为有了客观评判的依据。

2.有助于规范执业行为

资产评估作为一项专业性工作，要求评估专业人员具有规范的执业行为和较强的专业能力。这是资产评估行业得以持续、健康发展的重要基础。资产评估准则作为资产评估行业的基本职业规范，为评估机构和评估专业人员提供了统一、全面的执业标准，是资产评估行业规范执业行为，塑造独立、客观、公正专业形象的重要前提和保障。

3.有助于加强行业监管

资产评估关系到国有资产保值增值，委托方及相关方、社会公众的权益和市场经济秩序的稳定。因此，资产评估专业服务水准，及评估结论的合理性，历来受到社会各界的关注。对资产评估专业服务的监管，既包括政府监管，也包括行业自律监管。监管需要严格的规范体系，才能做到"监管有据、处罚有据"。作为衡量执业责任的重要标尺，资产评估准则的建设尤为重要。评估准则体系的完善为加强行业监管提供有力支持。

4.有助于为纠纷调处、司法仲裁提供依据

《资产评估法》强调了资产评估的专业特性和评估准则的重要性，赋予了评估准则法律效力。资产评估准则具有综合性的特点，涉及各种类型资产、各种评估目的和经济行为，不仅对资产评估中的共性问题进行规范，同时也对各类别、各目的的资产评估业务有层次地分别予以指导和规范。《资产评估法》要求评估机构和评估专业人员遵守评估准则，规定了违反评估准则的法律责任。因此，在涉及纠纷调处、司法仲裁时，可以以资产评估准则为依据判断其行为是否违法。

5.有助于行业更好地服务市场经济

我国资产评估行业随着市场经济发展而出现和发展，多年来为国有资产管理体制改革、各类所有制企业的各种经济行为提供了权威性的专家意见，为资本市场提供了客观、公正的资本价值信息。在资产评估行业发展过程中，陆续制定发布的评估准则对行业和经济社会发展发挥了积极的作用。资产评估准则使资产评估的价值发现功能、定价功能更加科学有效。资产评估准则的有效实施使行业成为市场经济运行中的一支规范、稳定的专业力量，融入市场经济发展的大潮，赢得更加广阔的发展空间，进而为市场经济的发展作出贡献。

6.有助于行业国际交流

资产评估服务的需求最初来自于改革开放后对外经济合作中对资产的合理定价。资产评估的理念、方法，资产定价的公允性需要得到合作双方的认可。对资产评估行为进行指导和规范的资产评估准则也就成为了各方认可的"国际语言"。在我国资产评估准则建设的过程中，我国为加快与国际评估界的协调，对国际上资产评估的概念、评估方法、价值类型等进行了借鉴，这一方面加速了我国评估行业的评估准则的建设进程，同时也促进了我国评估准则与国际主要评估准则的协调，促进了我国评估行业的国际交流。

（四）我国资产评估准则框架体系

根据《资产评估法》规定及准则建立的指导思想，我国资产评估准则体系包括《资产评估基本准则》、《资产评估执业准则》和《资产评估职业道德准则》。《资产评估基本准则》由财政部制定，中国资产评估协会根据《资产评估基本准则》制定《资产评估执业准则》和《资产评估职业道德准则》。其中，《资产评估基本准则》和《资产评估职业道德准则》是单独的准则实体，《资产评估执业准则》是一系列准则的统称，包含不同层次。

1.《资产评估基本准则》

《资产评估基本准则》是财政部依据《资产评估法》制定的，是资产评估机构、资产评估专业人员执行各种资产类型、各种评估目的资产评估业务的基本规范，是各类资产评估业务中所应当共同遵守的基本规则。《资产评估基本准则》是一般性原则，是搭建资产评估准则体系的龙头，也是中国资产评估协会制定《资产评估执业准则》与《资产评估职业道德准则》的依据。由于我国资产评估行业特殊的发展背景和综合性定位，《资产评估基本准则》在整个评估准则体系中占有极为重要的地位。

2.《资产评估执业准则》

《资产评估执业准则》包括三个层次：

第一层次为《资产评估具体准则》。《资产评估具体准则》分为程序性准则和实体性准则两个部分。

程序性准则是关于资产评估机构、资产评估专业人员通过履行一定的专业程序完成评估业务、保证评估质量的规范，包括资产评估程序、资产评估委托合同、资产评估档案、资产评估报告等。程序性准则的制定需要与目前我国资产评估行业的理论研究和实践发展相结合。资产评估专业人员只有履行必要的资产评估程序，才能在程序上避免重大的遗漏或疏忽，保证资产评估的质量。

实体性准则针对不同资产类别的特点，分别对不同类别资产评估业务中的资产评估机构、资产评估专业人员执业行为进行规范。根据我国资产评估行业的惯例和国际上通用的做法，实体性准则主要包括《企业价值评估准则》《无形资产评估准则》《不动产评估准则》《机器设备评估准则》《珠宝首饰艺术品评估准则》等。

第二层次为资产评估指南。资产评估指南包括对特定评估目的、特定资产类别（细化）评估业务以及对资产评估中某些重要事项的规范。评估专业人员在执行不同目的的评估业务时，所应当关注的事项也各有不同。资产评估指南是对我国资产评估行业中涉及主要评估目的的业务进行规范，同时也涉及一些具体的资产类别评估业务，并对资产评估工作中的一些重要特定事项进行规范。

第三层次为资产评估指导意见。资产评估指导意见是针对资产评估业务中的某些具体问题的指导性文件。该层次较为灵活，针对评估业务中新出现的问题及时提出指导意见，某些尚不成熟的评估指南或具体评估准则也可以先作为指导意见发布，待实践一段时间或成熟后再上升为具体准则或指南。

3.《资产评估职业道德准则》

《资产评估职业道德准则》对资产评估机构及其资产评估专业人员职业道德的基本要求、专业胜任能力、独立性、与委托人和相关当事人的关系、与其他资产评估机构及资产评估专业人员的关系等方面进行了规范。

（五）我国《资产评估基本准则》的主要内容

评估准则项目发布与实施情况汇总表见表3-1。

表3-1   评估准则项目发布与实施情况汇总表

序号	准则项目名称	发布文号	发布日期	施行日期	备注
1	《资产评估准则——无形资产》	财会〔2001〕1051号	2001年7月23日	2001年9月1日	2008年更新后废止
2	资产评估对象法律权属指导意见	中评协〔2017〕48号	2017年9月8日	2017年10月1日	取代2003年发布的注册资产评估师关注评估对象法律权属指导意见
3	珠宝首饰评估指导意见	中评协〔2003〕1号	2003年1月28日	2003年1月28日	2009年更新后废止
4	《资产评估基本准则》	财资〔2017〕43号	2017年8月23日	2017年10月1日	废止2004年发布的《资产评估准则——基本准则》和《资产评估职业道德准则——基本准则》
5	《资产评估职业道德准则》	中评协〔2017〕30号	2017年9月8日	2017年10月1日	废止2012年发布的《资产评估职业道德准则——独立性》
6	企业价值评估指导意见（试行）	中评协〔2004〕134号	2004年12月30日	2005年4月1日	2011年更新后废止
7	金融不良资产评估指导意见	中评协〔2017〕52号	2017年9月8日	2017年10月1日	取代2005年发布的金融不良资产评估指导意见（试行）
8	以财务报告为目的的评估指南	中评协〔2017〕45号	2017年9月8日	2017年10月1日	取代2007年发布的以财务报告为目的的评估指南（试行）
9	《资产评估执业准则——资产评估报告》	中评协〔2017〕32号	2017年9月8日	2017年10月1日	取代2011年修订的《资产评估准则——评估报告》
10	《资产评估执业准则——资产评估程序》	中评协〔2017〕31号	2017年9月8日	2017年10月1日	取代2007年发布的《资产评估准则——评估程序》

序号	准则项目名称	发布文号	发布日期	施行日期	备注
11	《资产评估执业准则——资产评估委托合同》	中评协〔2017〕33号	2017年9月8日	2017年10月1日	取代2011年修订的《资产评估准则——业务委托合同》
12	《资产评估执业准则——资产评估档案》	中评协〔2017〕34号	2017年9月8日	2017年10月1日	取代2007年发布的《资产评估准则——工作底稿》
13	《资产评估执业准则——机器设备》	中评协〔2017〕39号	2017年9月8日	2017年10月1日	取代2007年发布的《资产评估准则——机器设备》
14	《资产评估执业准则——不动产》	中评协〔2017〕38号	2017年9月8日	2017年10月1日	取代2007年发布的《资产评估准则——不动产》
15	《资产评估价值类型指导意见》	中评协〔2017〕47号	2017年9月8日	2017年10月1日	修订2007年发布的《资产评估价值类型指导意见》
16	《资产评估执业准则——无形资产》	中评协〔2017〕37号	2017年9月8日	2017年10月1日	取代2008年发布的《资产评估准则——无形资产》
17	《专利资产评估指导意见》	中评协〔2017〕49号	2017年9月8日	2017年10月1日	修订2008年发布的《专利资产评估指导意见》
18	《企业国有资产评估报告指南》	中评协〔2017〕42号	2017年9月8日	2017年10月1日	修订2011年发布的《企业国有资产评估报告指南》
19	《资产评估执业准则——珠宝首饰》	中评协〔2017〕40号	2017年9月8日	2017年10月1日	取代2010年发布的《资产评估准则——珠宝首饰》
20	《投资性房地产评估指导意见》	中评协〔2017〕53号	2017年9月8日	2017年10月1日	取代2009年发布的《投资性房地产评估指导意见(试行)》
21	《著作权资产评估指导意见》	中评协〔2017〕50号	2017年9月8日	2017年10月1日	修订2010年发布的《著作权资产评估指导意见》
22	《金融企业国有资产评估报告指南》	中评协〔2017〕43号	2017年9月8日	2017年10月1日	修订2010年发布的《金融企业国有资产评估报告指南》

序号	准则项目名称	发布文号	发布日期	施行日期	备注
23	《资产评估机构业务质量控制指南》	中评协〔2017〕46号	2017年9月8日	2017年10月1日	修订2010年发布的《评估机构业务质量控制指南》
24	《资产评估执业准则——企业价值》	中评协〔2017〕36号	2017年9月8日	2017年10月1日	取代2011年发布的《资产评估准则——企业价值》
25	《商标资产评估指导意见》	中评协〔2017〕51号	2017年9月8日	2017年10月1日	修订2011年发布的《商标资产评估指导意见》
26	《实物期权评估指导意见》	中评协〔2017〕54号	2017年9月8日	2017年10月1日	取代2011年发布的《企业价值评估指导意见(试行)》
27	《资产评估执业准则——利用专家工作及相关报告》	中评协〔2017〕35号	2017年9月8日	2017年10月1日	取代2012年发布的《资产评估准则——利用专家工作》
28	《资产评估执业准则——森林资源资产》	中评协〔2017〕41号	2017年9月8日	2017年10月1日	取代2012年发布的《资产评估准则——森林资源资产》
29	《财政支出(项目支出)绩效评价操作指引(试行)》	中评协〔2014〕70号	2014年4月30日	2014年8月1日	
30	《知识产权资产评估指南》	中评协〔2017〕44号	2017年9月8日	2017年10月1日	修订2015年发布的《知识产权资产评估指南》
31	《文化企业无形资产评估指导意见》	中评协〔2016〕14号	2016年3月30日	2016年7月1日	

财政部根据《资产评估法》制定并发布了《资产评估基本准则》(以下简称"基本准则"),同时废止了2004年2月25日财政部发布的《资产评估准则——基本准则》与《资产评估职业道德准则——基本准则》(财企〔2004〕20号)。

基本准则共6章35条,分别为总则、基本遵循、资产评估程序、资产评估报告、资产评估档案和附则。基本准则根据《资产评估法》的要求重点在以下方面作出了规定:

1.对基本准则的规范主体进行重新界定

基本准则的规范主体包括资产评估机构和资产评估专业人员。资产评估机构是指在财政部门备案的评估机构。资产评估专业人员包括资产评估师和其他具有评估专业知识及实践经验的资产评估从业人员。其中,资产评估师是指通过中国资产评估协会组织实施的全国资产评估师职业资格考试的评估专业人员。

2.对基本准则的规范主体提出了基本要求

基本准则要求资产评估机构、资产评估专业人员开展资产评估业务时应当遵守法律、行政法规和资产评估准则，遵循独立、客观、公正的原则；遵守职业道德规范，维护职业形象；对所出具的资产评估报告依法承担责任；能够胜任所执行的资产评估业务，并且能够独立执业，拒绝委托人或相关当事人的非法干预。

3.对资产评估程序进行了原则性规范

资产评估程序是资产评估机构和资产评估专业人员在执行资产评估业务、形成资产评估结论的过程中所履行的系统性工作步骤。基本准则对资产评估程序作出了规定，要求资产评估机构、资产评估专业人员开展资产评估业务时，应当根据资产评估业务具体情况履行必要的资产评估程序。基本的评估程序有八项：明确业务基本事项、签订业务委托合同、编制资产评估计划、进行评估现场调查、收集整理评估资料、评定估算形成结论、编制出具评估报告、整理归集评估档案。评估程序的规定有利于规范资产评估机构和资产评估专业人员的执业行为，切实保证评估业务质量。同时，恰当履行资产评估程序也是资产评估机构和资产评估专业人员防范执业风险、合理保护自身权益的重要手段。

4.对资产评估报告进行了规范

基本准则要求资产评估机构、资产评估专业人员完成规定的资产评估程序后，由资产评估机构出具并提交资产评估报告。资产评估报告的主要内容通常包括标题及文号、目录、声明、摘要、正文、附件。基本准则要求应当在资产评估报告中提供必要信息，使资产评估报告使用人能够合理理解评估结论。在资产评估报告中，评估目的应当唯一，应当载明评估对象和评估范围，选择适当的价值类型，载明的评估基准日应当与资产评估委托合同约定的评估基准日保持一致，合理使用并披露评估假设，以文字和数字形式清晰说明评估结论，并明确评估结论的使用有效期。

5.对资产评估档案的管理进行了规范

基本准则要求资产评估专业人员执行资产评估业务时，应当编制能够反映评估程序实施情况、支持评估结论的工作底稿，并与其他相关资料一起形成评估档案。工作底稿分为管理类工作底稿和操作类工作底稿，其应当真实完整、重点突出、记录清晰。评估档案由所在资产评估机构按照国家有关法律、行政法规和基本准则规定妥善保管，保存期限不少于15年，属于法定评估业务的，不少于30年。资产评估档案的管理应当执行保密制度。

第三节　资产评估程序

一、资产评估程序的定义

资产评估程序是指资产评估机构和资产评估专业人员执行资产评估业务、形成资产评估结论所履行的系统性工作步骤。狭义的资产评估程序由资产评估机构和资产评估专业人员接受委托开始，终止于向委托人或相关当事人提交资产评估报告。广义的资产评估程序由承接资产评估业务前的明确资产评估基本事项环节开始，终止于资产评估报告提交后的资产评估文件归档管理。

二、资产评估程序的主要内容

资产评估程序由具体的工作步骤组成，由于不同资产业务的评估对象、评估目的、评估资料收集情况等相关条件存在一定的差异，评估专业人员可能需要执行不同的资产评估具体程序或工作步骤，但资产评估基本程序是相同或相通的，其可以适用于各种类型的资产评估业务，有效地对评估专业人员开展各种类型的资产评估业务进行指导。

依据《资产评估法》，财政部制定发布的《资产评估基本准则》中明确规定资产评估通常包括八大基本评估程序：明确业务基本事项、签订业务委托合同、编制资产评估计划、进行评估现场调查、收集整理评估资料、评定估算形成结论、编制出具评估报告、整理归集评估档案。

（一）明确评估业务基本事项

明确资产评估业务基本事项是资产评估程序的第一个环节，包括在签订资产评估业务委托合同以前的一系列基础性工作。明确业务基本事项可以使评估机构对评估业务的背景、基本情况、委托要求、可能的工作条件等有一个全面、充分的了解，进而对资产评估机构和评估专业人员的专业胜任能力、独立性、业务风险进行评价，决定是否承接相关业务，并在决定承接的情况下，为洽商签订资产评估委托合同做好准备。

资产评估机构和人员在接受资产评估业务委托之前，应当采取与委托人等相关当事人讨论、阅读基础材料、进行必要初步调查等方式，与委托人等相关当事人共同明确资产评估业务的基本事项。

资产评估业务基本事项主要包括：

1.明确委托人、产权持有人和委托人以外的其他评估报告使用人

首先，明确委托人及产权持有人的基本情况。一般包括但不限于下列内容：（1）委托人及产权持有人全称；（2）委托人及产权持有人类型、所属行业、注册地址和注册资本；（3）委托人和产权持有人所属行业、经营范围等。

其次，明确评估报告使用人。明确评估报告使用人是接受委托时要了解的另一方面内容。对应所服务的经济行为，资产评估报告具有特定的使用群体。在可能的情况下，评估机构洽谈人员应要求委托人明确资产评估报告的使用人或使用人范围以及资产评估报告的使用方式。评估机构应当了解除了委托人和国家法律、法规规定的评估报告使用者，是否还存在其他的评估报告使用者。如果存在，评估机构应当在适当及切实可行的情况下了解其与委托人和被评估企业或资产的关系。这有利于最大限度地把握潜在风险和个性要求，计划和控制评估操作与成果披露的重点，规避不必要的报告使用风险。对于已经明确的评估报告其他使用者，应该在签订的资产评估委托合同中作出约定。

最后，了解委托人与相关当事人之间的关系。一般情况下，委托人与产权持有人存在某种关系，比如委托人为被评估企业或被评估资产的股东、投资方、融资银行、债权人、管理层等。评估机构洽谈人员应当清晰了解委托人与产权持有人、委托人与评估报告使用人、产权持有人与评估报告使用人之间的关系。

当评估业务委托人与评估对象的产权持有者不是同一主体时，了解委托人与相关当事方的关系非常必要。这通常关系到评估业务有关资料收集与现场调查等工作的配合程度。如果在委托环节了解到委托人与被评估方没有投资关系或不是关联方，评估机构洽谈人员

就应该考虑是否在委托环节重点提出有关的配合问题，以引起委托人的重视并明确责任。同时，还要评价委托人对被评估方的协调能力和对评估配合要求的响应能力，避免在委托人配合力度很弱的情况下，评估专业人员无法完成现场调查和资料收集等评估程序，无法形成可靠的评估结论。因此，第三者委托评估机构对拟评估资产进行评估时，一般应事先通知产权持有者、资产管理者或征得资产管理者的同意，这往往是执行评估业务的先决条件。

2.评估目的

评估目的是由引起资产评估的特定经济行为所决定的，对价值类型、评估方法、评估结论等有重要影响。了解与评估业务相关的经济行为，并明确评估目的和报告用途是项目洽谈双方需沟通确定的重要内容。评估机构洽谈人员应详细了解委托人具体的评估目的及与评估目的相关的事项，例如评估目的的依据、评估目的的相关方、计划实施的经济行为及其对评估目的的要求、经济行为的进展等，并尽可能从委托人处取得经济行为文件、合同协议、商业计划书等与评估目的相关的资料。

3.评估对象和评估范围

评估机构洽谈人员应与委托人沟通，了解委托人拟委托评估的评估对象和评估范围，并结合评估目的，理解评估对象和评估范围，同时考虑评估对象和评估范围与经济行为是否匹配，对评估对象和评估范围予以界定。评估范围的界定应服从于评估对象的选择。在对评估对象和评估范围予以界定后，评估机构洽谈人员还应对评估对象的基本情况予以初步了解。如：评估对象为整体企业（或单位）的，应了解企业所属行业、经营范围、资产和财务概况、企业长期股权投资的数量和分布等。评估对象为资产组合和单项资产的，应了解资产的具体类型、分布情况、特性、账面价值等，为判断资产评估可能的工作量、复杂程度和评估机构及人员的胜任能力，进行评估服务报价和风险评价提供必要的参考。另外，还应当特别了解有关评估对象权利受限的状况。

4.价值类型

评估机构洽谈人员应该根据对评估目的的理解，结合资产评估准则，选择恰当的价值类型，并就价值类型的选择、定义及对应的假设前提与委托人达成一致。影响价值类型的因素有很多，包括资产自身的功能、使用方式、市场条件等，但评估目的是根本。评估目的不但决定着资产评估结果的具体用途，而且会直接或间接地影响资产评估过程。价值类型确定后，评估机构洽谈人员才能够确定评估方法，收集相适应的评估资料，得出合理的评估结论。

在接受委托环节就价值类型与委托人达成一致理解，目的是让委托人认识到资产评估专业人员拟出具的评估报告是在双方已明确的评估目的下，按照何种标准体现资产价值，以利于委托人合理地理解评估结论，实现评估目的。因此，评估机构洽谈人员应告知委托人拟设定哪种价值类型，它的具体定义是什么，其基于哪些可能存在的各种明显或隐含的假设及前提，为在签订资产评估委托合同时界定项目适用的价值类型做好铺垫。

5.资产评估基准日

评估机构洽谈人员应当提示委托人合理选取评估基准日，并根据自身专业知识和经验，建议委托人选取评估基准日时重点考虑是否有利于评估结论有效服务于评估目的，是否有利于现场调查、评估资料收集等工作的开展。通常，企业价值评估业务中评估基准日尽可能选择会计期末。若法律、法规有专门规定的，从其规定；相关部门有专门要求的，在不违反评估准则的前提下，可以遵照执行。

6.评估报告的使用范围

评估报告的使用范围包括评估报告使用人、目的及用途、使用时效、报告的摘抄引用或披露等事项。评估机构洽谈人员在进行前期协商时，应与委托人就评估报告的使用范围加以明确。

7.评估报告提交期限和方式

资产评估报告提交时间受多方面因素的限制与约束，如预计的评估工作量、委托人和相关当事方的配合力度、评估所依据和引用的专业或单项资产评估报告（专项审计报告、土地估价报告、矿业权评估报告等）的出具时间等。评估机构洽谈人员应了解委托人实现评估所服务经济行为的时间计划，根据对上述限制与约束因素的预计和把握，与委托人约定提交报告的时间和方式，在评估委托合同中加以明确。对于评估报告的提交时间，不宜确定具体日期，一般确定为开始现场工作、委托人提供必要资料（包括评估所依据和引用的专业报告送达）后的一定期限内。

8.评估服务费及支付方式

这是评估机构与委托人洽商沟通的重要内容。评估机构洽谈人员根据了解的情况提出评估收费标准及报价，并与委托人就评估费用、支付时间和方式进行沟通。委托人需要了解评估机构报价确定依据，除专业服务费以外，差旅及食宿费用、现场办公费用的预计数额和负担方式应在双方达成一致后，在评估委托合同中明确约定。

9.委托人、相关当事人、资产评估机构、资产评估专业人员工作配合和协助等其他需要明确的重要事项

资产评估机构和评估专业人员在明确评估业务基本事项的基础上，对自身专业胜任能力、独立性和业务风险进行综合分析与评价，决定是否受理资产评估业务。其专业胜任能力主要体现在两方面：第一，评估机构及评估专业人员是否具有与拟受理的项目相应的专业胜任能力及相关经验，应特别关注拟受理的项目是否存在新型或特殊的业务、专业领域、资产；第二，对于缺乏专业胜任能力的业务，是否有弥补对评估对象和资产经验和能力不足的可行措施，例如聘请专家协助工作、利用或引用专业机构的工作成果。独立性分析与评价，是指资产评估机构和评估专业人员主要通过关联关系筛查、申报、核查等方式，了解可能影响独立性的情形，判断是否存在明显或潜在的利益冲突、现实或潜在的利益关系。业务风险分析与评价是指，评估机构和评估专业人员应当结合评估业务风险要素，从委托人、产权持有人、评估对象、评估报告使用等方面，分析与评价评估业务风险的高低，判断评估业务风险是否超出评估机构可接受的范围，进而决定是否受理该评估业务以及在决定受理时拟采取的风险应对措施。

评估机构和评估专业人员在对自身专业胜任能力、独立性、业务风险分别进行分析与评价后，应对评价结果予以综合考虑，决定是否受理评估业务。一般在自身专业胜任能力、独立性均满足要求，并且业务风险可承受时，评估机构可以受理该业务。专业胜任能力、独立性、业务风险的综合评价结果可以通过综合评价表的形式予以体现，见表3-2。

表3-2　　　　　　　**评估机构专业胜任能力、独立性、业务风险综合评价表**

评价内容	业务具体情况	风险水平（很低、低、一般、较高、很高）
一、专业胜任能力和独立性评价		
1.评估专业人员是否具备执行该项目的能力？		
2.承接该业务是否影响评估机构的独立性？		
3.拟执行该业务的评估专业人员是否符合独立性的要求？		
4.拟聘请专家或人员是否符合独立性的要求？		
二、来自委托人和产权持有人的风险		
1.委托评估目的是否明确？		
2.委托人对时间的要求是否紧迫？		
3.委托人对评估结论是否有特殊要求？		
4.委托人与被评估单位的关系如何？		
5.委托人有无非诚信记录？		
6.委托人是否存在影响其履约能力的事项？		
7.产权持有人有无非诚信记录？		
三、来自评估对象的风险		
（一）评估对象为整体企业（或单位）		
1.被评估单位对评估工作是否配合？		
2.被评估单位是否面临财务危机？如：到期债务不能偿还或抵（质）押资产可能被处置等。		
3.被评估单位的产权关系是否明晰？		
4.被评估单位所处行业环境是否稳定？		
5.被评估单位内部组织机构是否稳定？		
6.被评估单位内部管理和控制是否健全、有效？		
7.被评估单位基础资料档案管理是否健全？		
8.被评估单位财务状况是否稳定？		
（二）评估对象为单项资产或资产组		
1.待估资产产权证明文件是否齐全？		
2.有无无法履行评估程序或存在其他特点的特殊类型资产？		
3.有无抵押、质押、诉讼、抵债等安全与完整保证程度低的资产？		
四、来自评估报告使用的风险		
1.评估报告是否需要公之于公开媒体？		
2.评估报告是否会被其他文件、资料引用？		
3.评估报告是否提交国有资产管理部门备案或核准？		
4.是否存在两个或两个以上利益对立的评估报告使用人？		
五、专业胜任能力、独立性、业务风险综合判断		

风险水平：　　　　很低　　一般　　较高　　很高

主要评估风险、风险可控情况及能够采取的主要措施：

是否接受委托：　　是　　　否	洽谈人签字：	日期：

（二）签订业务委托合同

评估机构和评估专业人员在明确上述评估业务基本事项、确定可以承接评估业务后，在正式开始评估业务之前应与委托方签订资产评估业务委托合同。

资产评估委托合同，是指评估机构与委托人签订的，明确评估业务基本事项，约定评估机构和委托人权利、义务、违约责任和争议解决等内容的书面合同。评估机构是订立评估委托合同的法律主体之一。根据我国资产评估行业的现行规定，评估专业人员承办资产评估业务，应当由其所在的资产评估机构统一受理，并由评估机构与委托人签订书面形式评估委托合同。资产评估委托合同应当由资产评估机构的法定代表人（或首席合伙人）签名并加盖资产评估机构印章。评估实务中，评估机构可以对授权的内部人员和分支机构签署委托合同的情形，通过内部管理制度加以规范。

资产评估委托合同签订后，发现相关事项存在遗漏、约定不明确，或者合同履行中约定内容发生变化的，如评估目的、评估对象、评估基准日发生变化等，资产评估机构可以要求与委托人签订补充委托合同或者重新签订评估委托合同或者以法律允许的其他方式，如传真、电子邮件等形式，对评估委托合同的相关条款进行变更。

资产评估委托合同的内容，应当符合国家法律、法规和资产评估行业的管理规定。评估委托合同通常包括下列内容：

1.资产评估机构和委托人的名称、住所、联系人及联系方式。

2.评估目的。资产评估委托合同载明的评估目的应当表述明确、清晰。

3.评估对象和评估范围。

4.评估基准日。

5.资产评估报告使用范围，包括资产评估报告使用人、用途、评估结论的使用时效及报告的摘抄引用或披露。

6.资产评估报告提交期限和方式。

7.评估服务费总额或支付标准、计价货币种类、支付时间和方式，并明确资产评估服务费未包括的与资产评估服务相关的其他费用的内容及承担方式。

8.资产评估机构和委托人的其他权利和义务。

9.签约各方的违约责任、合同履行过程中产生争议时解决的方式和地点。

10.签约时间。

11.签约地点。

签订评估委托合同时尚未明确的内容，评估委托合同签约方可以采取签订补充合同或法律允许的其他形式作出后续约定。

人为或客观原因，可能会导致终止履行、解除资产评估委托合同的情形。为保证资产评估机构和资产评估专业人员独立、客观、公正开展资产评估业务，《资产评估法》的第十八条和第十九条分别赋予了资产评估机构在法定情形下可以拒绝履行或单方解除资产评估委托合同的权利。资产评估机构可以在洽商、签订资产评估委托合同时依法要求体现相关约定，包括：

1.委托人和相关当事人如果拒绝提供或者不如实提供开展资产评估业务所需的权属证明、财务会计信息或其他相关资料的，资产评估机构有权拒绝履行资产评估委托合同。

2.委托人要求出具虚假资产评估报告或者有其他非法干预评估结论情形的，资产评估机构有权单方解除合同。

除此之外，还存在不是资产评估机构及其评估专业人员原因，导致资产评估委托合同提前解除的其他情形：

1.委托人提前终止资产评估业务、解除资产评估委托合同。

2.因委托人或相关当事人原因导致资产评估程序受限，资产评估机构无法履行资产评估委托合同，在相关限制无法排除时资产评估机构单方解除资产评估委托合同。

对上述终止履行和解除资产评估委托合同的情形以及其他不是因资产评估机构及其评估专业人员原因导致资产评估委托合同提前解除的情形，资产评估机构可以依据法律规定和相关资产评估准则要求，在洽商、签订资产评估委托合同时与委托人约定：相关法定或特定的资产评估委托合同终止履行、解除的情形发生时，由委托人按照已开展资产评估业务的时间、进度或者已经完成的工作量支付相应的评估服务费，资产评估业务委托合同见下面的样本。

<h3 style="text-align:center">资产评估业务委托合同</h3>

委托方（甲方）：

地址：

受托方（乙方）：

地址：

一、委托评估项目名称

二、评估目的

三、评估对象及评估范围

本次评估对象和范围是

四、评估基准日

评估基准日：

五、评估报告使用者

本评估报告仅供委托方和业务委托合同约定的其他评估报告使用者按照本评估目的使用，法律、法规另有规定的除外，评估人员和评估机构对委托方和其他评估报告使用者不当使用评估报告所造成的后果不承担责任。

六、提交评估报告的期限和方式

甲方向乙方提供资产评估申报表、经济行为文件、权属证明以及其他的评估资料；乙方收到甲方提供的全部评估申报资料后_____日内完成甲方委托的评估工作，并以书面形式向甲方提供正式的"资产评估报告书"，一式_____份，若因不可抗力因素需延长或提前完成评估工作，甲、乙方需另行协商确定。

七、评估服务费总额、支付时间和方式

根据国家规定的收费标准，双方议定评估服务费人民币_____元整（￥_____）。甲方在接受资产评估报告书之_____日起内，一次性付清评估服务费，乙方收款前须向甲方提供有效的等值发票，发票付款单位为：_____。

支付方式：_____

若评估过程中发生的交通、食宿费用，由_____承担。

因甲方原因造成评估业务中止或解除本约定书时，评估机构可以要求甲方按照已完成的工作量支付相应的评估服务费。

八、甲方及相关当事人的权利和义务

1.甲方应当为评估师执行业务提供必要的工作条件和协助；甲方应当根据评估业务需要，负责评估师与相关当事人之间的协调。

2.提供必要的资料并保证所提供资料的真实、合法、完整是甲方和相关当事人的责任。甲方或者产权持有者应当对其提供的评估明细表及相关证明资料以签字、盖章或者其他方式进行确认。

3.恰当使用评估报告是甲方和相关当事人的责任。评估报告仅供甲方和本业务委托合同约定的其他报告使用者使用，法律、法规另有规定的除外；甲方及其他评估使用者应恰当使用评估报告，评估师和评估机构对甲方和其他评估报告使用者不当使用评估报告所造成的后果不承担责任。

4.评估报告的使用仅限于评估报告中载明的评估目的，因使用不当造成的后果与签字评估师及本评估机构无关。

5.应按约定条件及时足额支付评估费用。

九、乙方的权利和义务

1.有权按《资产评估准则》的要求实施相关的评估程序，取得相关的评估资料。

2.遵守相关法律、法规和《资产评估准则》，对评估对象在评估基准日特定目的下的价值进行分析、估算并发表专业意见。

3.应按照约定时间完成资产评估业务并按资产评估准则的要求出具资产评估报告书。

4.评估师应对在执行业务过程中知悉的商业秘密保密。未经甲方书面许可，评估师和评估机构不得将评估报告的内容向第三方提供或者公开，法律、法规另有规定的除外。

5.当评估程序所受限制对与评估目的相对应的评估结论构成重大影响时，评估机构可以中止履行业务委托合同；相关限制无法排除时，评估机构可以解除业务委托合同。

6.评估目的、评估对象、评估基准日发生变化，或者评估范围发生重大变化的，评估机构应当与甲方签订补充协议或者重新签订业务委托合同。

十、违约责任和争议解决

1.签约双方因不可抗力无法履行业务委托合同的，可根据不可抗力的影响，部分或者全部免除责任，法律另有规定的除外。

2.除因不可抗力因素影响外，甲方未按约定提供必要的资料及相关配合工作，影响评估工作进度和质量，不接受或逾期接受乙方出具的资产评估报告或因甲方原因使资产评估报告不能通过确认的，支付的报酬不得追回，未支付的报酬应当支付。

3.除因不可抗力因素影响或因甲方等其他相关当事方影响外，乙方未按时出具资产评估报告或未进行实质性工作的，应当承担减收或免收报酬等违约责任。

4.签约双方通过协商确定对业务合同书履行过程中产生争议的解决方式为向甲方所在地人民法院提起诉讼。

其他事项应按照《中华人民共和国合同法》的规定承担违约责任。

十一、其他约定事项

本约定书一式＿份，甲方执＿份，乙方执＿份，具有同等法律效力。

甲方：　　　　　（公章）　　　　社会统一信用证：

　　　　　　　　开户名称：

　　　　　　　　开户银行：

　　　　　　　　银行账号：

负责人：　　　　联系电话：　　　　签字日期：

乙方：　　　　　（公章）　　　　社会统一信用证：

　　　　　　　　开户名称：

　　　　　　　　开户银行：

　　　　　　　　银行账号：

负责人：　　　　联系电话：　　　　签字日期：

（三）编制评估计划

所谓资产评估计划，是指资产评估师为履行评估合同而拟订的评估工作思路和实施方案，包括评估综合计划和程序计划。资产评估师在执行评估业务前，应拟订的资产评估工作思路和实施方案即资产评估计划，通常包括评估业务实施的主要过程及时间进度、人员安排等内容，以保证在预计时间内完成评估项目。评估计划应当涵盖评估工作的全过程，资产评估师及项目小组成员，在接受评估委托至评估项目完成的整个过程中，都应执行评估计划。

1.资产评估计划编制的总体要求

资产评估专业人员应当根据资产评估业务具体情况编制资产评估计划，并合理确定资产评估计划的繁简程度。资产评估专业人员应当根据资产评估业务的具体情况，如评估目的、评估基准日、评估对象的资产规模和资产分布特点、评估报告提交期限等，编制资产评估计划。

资产评估专业人员应当合理确定资产评估计划的繁简程度。复杂、庞大的资产评估项目，涉及的环节多、工作量大、投入的评估专业人员多，甚至还需要与会计师、律师等中介机构人员的工作进行协调对接，因此需要编制详尽的评估计划，尽可能考虑到各种重大的不确定性因素并加以防范；简单的资产评估项目，不需要太多的评估专业人员，资产评估过程也比较简单，因此资产评估计划也可以相应进行简化。

2.资产评估计划的主要内容

资产评估计划一般包括资产评估业务实施的主要过程、时间进度、人员安排等内容，表3-3是评估计划表。

（1）资产评估业务实施的主要过程。资产评估计划应当涵盖现场调查、收集评估资料、评定估算、编制和提交资产评估报告等资产评估业务实施的主要过程。编制资产评估计划应当首先明确资产评估业务实施各主要过程的具体步骤，才能有效地进行业务实施的时间安排和人员安排。

资产评估专业人员在确定资产评估业务实施的各主要过程的具体评估步骤时，应当明确以下因素：第一，应明确评估项目的背景和相关条件，包括评估目的、评估对象和评估范围、价值类型、评估基准日、本次评估操作的重点和难点、参与本项目的其他中介机构

表3-3 评估计划表

索引号：

项目名称		编号		联系人及电话		
评估目的		评估基准日		价值类型		
			评估人员			
评估内容		账面值（万元）		评估人员	评估方法	工作时间
		原值	净值			
计划分工	1.流动资产					
	其中：存货					
	2.长期投资					
	3.机器设备					
	4.房屋建筑物					
	土地使用权					
	5.无形资产					
	6.负债					
	7.收益法验证					

评估中应注意的问题

项目负责人		总评估师		总经理		
编制人：				编制日期：　年　月　日		

等。第二，应明确采用的评估方法。第三，应明确资产清查的工作重点及具体要求。例如现场调查工作目标、现场调查工作总体时间安排、现场调查主要工作内容、现场调查的协调方式等内容。第四，应明确与参与本项目的审计、律师等其他中介机构的对接安排及注意事项等。

（2）资产评估业务实施的时间进度安排。明确资产评估业务实施的时间进度安排，有利于对资产评估工作进度的跟踪，以保证在报告提交期限内提交报告。资产评估专业人员编制资产评估计划时，应当结合评估报告提交期限、评估业务实施的主要过程的具体步骤、业务实施的重点和难点等来制定评估业务实施的进度安排。

（3）资产评估业务实施的人员安排。合理的评估业务实施人员安排是高效保质完成评估项目的保障。资产评估专业人员编制评估计划时，应当根据评估项目的资产规模、资产分布、资产专业结构、业务风险因素等情况以及评估方法、评估业务实施主要过程的主要步骤、业务实施的时间安排、费用预算等，综合考虑评估业务实施对评估专业人员的工作经验、技术水平、专业分工等的配置要求，组建项目团队。

3.资产评估计划的调整

资产评估机构通常会通过内部控制制度和流程对资产评估计划的编制、审核、批准及调整进行规范。而资产评估项目的执行是一个复杂、动态的过程，如果原编制的评估计划不能适应项目要求，资产评估机构应当对评估计划进行必要的调整。

（四）现场调查

现场调查是资产评估中必不可少的环节，包括对不动产和其他实物资产进行必要的现场勘测，对企业价值、股权和无形资产等非实物性资产进行必要的现场调查。现场调查的手段包括询问、访谈、核对、监盘、勘查、函证等。现场调查有利于资产评估机构和人员全面、客观地了解评估对象，核实委托方和资产占有方提供资料的可靠性，并通过在现场调查过程中发现的问题、线索，有针对性地开展资料收集、分析工作。资产评估机构和人员应根据评估项目具体情况，确定合理的现场调查方式，确保现场调查工作的顺利进行。

1.现场调查的主要内容

现场调查通常包括了解评估对象的现状和关注评估对象法律权属两项内容。了解评估对象现状需要核实评估对象的存在性、完整性和现实状况。

评估对象的存在性是指委托人委托评估的评估对象是否真实存在。对于存货、动产、不动产等实物资产，评估专业人员可通过实地查看、核查合同、盘点、函证等方式核实其存在性；对于知识产权类无形资产，可通过核查权属文件、申请登记材料、技术文件、第三方证明文件等核实其存在性；对于应收账款、股权或其他经济权益，可通过核查会计记录、公司章程、权益证明、股权转让协议及函证等方式核实其存在性。

评估对象的完整性要求评估对象符合相关经济行为对资产范围的要求，能够有效实现其预定功能。评估专业人员核实资产的完整性时，既要关注资产物理意义上的完整性，也要关注资产功能上的完整性。

对于评估对象现实状况的了解，需要评估专业人员根据评估对象的类型和特点，判断资产价值的影响因素，进而确定资产状况的现场调查内容。评估专业人员确定的资产状况的调查内容，既要与资产价值的影响因素相关，支持资产价值的评定和估算，同时，也要能系统、全面反映资产价值影响因素的实际状况。

资产的法律权属，包括所有权、使用权及其他财产权利。资产的权属状态会影响资产的价值，资产的权属状态不同，资产的价值通常也不相同。评估专业人员在现场调查时，应当取得评估对象的权属证明，如：国有资产产权登记证、房地产权证、房屋所有权证、土地使用权证、采购合同、购置发票等，并根据《资产评估法》的规定，对取得的权属证明进行核查验证，包括但不限于采用与原件核对、向有关登记管理机构查阅登记记录等方式。

2.现场调查工作受限及其处理

现场调查应当在评估对象或评估业务涉及的主要资产所在地进行，但是在评估实务中，经常会遇到因客观原因无法进行实地勘查的情形，也就是现场调查程序受到了限制。这时，资产评估专业人员应当在不违背资产评估准则基本要求的前提下，采取必要的替代程序，并保证程序和方法的合理性。

现场调查受限的原因可以划分为客观原因和其他原因。客观原因导致的现场调查受限是指由于资产本身的特征、存放地点、法律限制等导致评估专业人员无法采用常规的清查技术手段对资产的数量、品质等进行实地勘查的情形。因客观原因无法进行勘查的情形通常有：

（1）资产性能、资产置放地点限制现场清查。如地下深埋管线、空中架设输配电线路、养殖的水产、海上航行的船舶、生产过程中的在产品、异地置放资产、分散分布的资产等。

（2）涉及商业、国家秘密，限制现场清查，如军工企业的涉密资产等。

（3）清查技术手段限制现场清查，如空中架设输配电线路的长度和材质、输油管道中的存货等事项。

（4）诉讼保全限制，如法院查封的资产等。

其他原因导致的现场调查受限通常包括委托人或者相关人不提供资产明细资料、产权持有人或者被评估单位不配合进行现场调查工作等导致的现场调查受限。比如评估长期投资时，不占控股权的被投资单位不配合，评估专业人员不能进现场获取有关资料；分支机构在境外且无法履行调查程序等。

当资产评估专业人员没有办法履行现场调查程序时，应当重点考虑以下因素，判断是否继续执行或中止评估业务：一是所受限制是否对评估结果合理性或评估目的所对应经济行为构成重大影响；二是能否采取必要措施弥补不能实施调查程序的缺失。

如果无法采用替代措施对评估对象进行勘查核实或者即使履行替代程序，也无法保证评估结论的合理性，评估机构应当终止执行评估业务；如果通过实施替代程序，不会导致评估结论的合理性受到较大影响，可以继续执行评估业务，但是需要在评估报告中，以恰当方式说明所采用程序的合理性及其对评估结论合理性的影响。例如对于未停泊在国内港口的船舶，虽然无法履行现场调查程序，但可以取得近期国家船级社的检测鉴定报告和船舶的定位及影像资料等，依据这些信息也能对其进行合理评估，就可以继续执行评估项目。

（五）收集、整理评估资料

资产评估实际上就是对被评估资产的信息进行收集、分析、判断并作出披露的过程。资产评估机构和人员应当根据评估项目具体情况收集资产评估相关资料。资料收集工作直接关系到评估工作的质量，其也是进行分析、判断进而形成评估结论的基础。对资产评估程序加以严格要求，其目的也是保证评估对信息收集、分析的充分性和合理性。

1.评估资料的分类

从内容来划分，评估资料分为权属证明、财务会计信息和其他评估资料。权属证明是指能够证明评估对象产权归属的材料。财务会计信息是指会计凭证、会计账簿、财务会计报告及其他会计资料。其他评估资料包括查询记录、询价结果、检查记录、行业资讯、分析资料、鉴定报告、专业报告及政府文件等。权属证明、财务会计信息主要在现场调查程序取得，其他评估资料主要在收集评估资料程序取得。

根据评估资料的来源，评估资料分为直接从市场等渠道独立获取的资料、从委托人和产权持有人等相关当事人处获取的资料、从政府部门及各类专业机构和其他相关部门获取的资料。

从委托人和产权持有人等相关当事人处获取的资料通常包括：资产评估申报资料；评估对象权属证明；反映资产状况的资料；评估对象的历史、预测、财务、审计等资料；相关说明、证明和承诺等。

2.评估资料的核查验证及核查验证受限的处理

《资产评估法》规定，资产评估专业人员应当对收集的权属证明、财务会计信息和其他资料进行核查和验证。资产评估专业人员，对评估资料进行核查验证，可以在其力所能及的条件下，剔除不具有可靠来源和不合理的资料，有助于合理形成评估结论。

对评估资料进行核查验证的方式通常包括观察、询问、书面审查、检查记录或文件、实地调查、查询、函证、分析、计算、复核等。评估专业人员应根据各类资料的特点，确定核查验证的重点和方式。

对于超出资产评估专业人员专业能力范畴的核查验证事项以及法律法规规定、客观条件限制无法实施核查和验证的事项，应当采取以下应对措施：

第一，对于超出资产评估专业人员专业能力范畴的核查验证事项，委托或要求委托人委托其他专业机构出具意见。比如对某项对外投资的在建工程项目进行评估，评估专业人员无法对委托人或相关当事人提供的成本进行验证，也无法确定付款进度和工程进度的一致性，可以委托建设项目审计机构出具专项报告，说明在建工程成本确认及实际支出情况。评估专业人员经过核查验证后，在评估报告中进行披露。

第二，对于因法律法规规定、客观条件限制无法实施核查和验证的事项，资产评估专业人员应当在工作底稿中予以说明，分析其对评估结果的影响程度。如果无法核查验证的资料是评估结论的重要依据，该资料的不确定性将较大程度影响评估结论的合理性，评估机构不得出具资产评估报告。如果无法验证的资料对评估结论的影响不重大，评估机构可以出具资产评估报告，但是需要在评估报告中予以披露，并提请报告使用人关注。

3.评估报告的引用和核实

由于我国资产评估行业按专业领域实行分类管理体制，为满足监管要求，评估实务中会发生引用其他评估报告的情形，比如企业整体价值评估报告，可引用单项资产评估报告的结论。资产评估专业人员在引用其他类别评估报告之前，需要对相关的专业评估报告履行检查文件、查询、分析等核查验证程序。评估专业人员应当完成以下工作：

（1）引用单项资产评估报告应当与委托人事先约定。

（2）获取完整的单项报告并全面理解。获取正式出具的单项资产评估报告，全面理解单项资产评估报告以及相关附件，并核实单项资产评估机构资质。

（3）核实报告性质、评估目的、评估基准日、评估结论使用有效期与资产评估报告的一致性。如不一致，不得引用。

（4）确认评估对象和范围的适应性。确认拟引用单项资产评估报告的评估对象与资产评估报告的一致性；确认单项资产评估范围包括在资产评估范围内，与资产评估报告相适应。

（5）分析评估结论的内涵，并考虑引用方式。分析拟引用单项资产评估报告载明的评估结论，判断其对应的资产类型与资产评估资产类型的一致性；对于账面无记录的单项资产，应当考虑引用或者确认的资产类型是否符合相关规定；分析是否存在相关负债，并予以恰当处理。

（6）分析评估参数的匹配性和评估依据的一致性。关注拟引用单项资产评估报告与资产评估相关评估参数的匹配性，分析拟引用单项资产评估报告的评估依据是否与资产评估报告一致。

（7）关注并取得应当取得的备案审核文件。对于需要进行备案审核的单项资产评估报告，资产评估专业人员需要检查拟引用单项资产评估报告的相关备案审核文件，分析其可能对拟引用单项资产评估报告评估结论产生的影响。

（8）关注假设前提、特别事项以及报告使用限制，合理引用。资产评估专业人员应当分析所引用单项资产评估报告披露的假设前提和使用限制等相关说明，合理引用单项资产评估报告，通常包括：第一，对假设前提与资产评估报告相矛盾的单项资产评估结论，不得引用。比如对于一宗土地使用权，截至基准日和报告日，尚未签订土地出让合同，也无土地证，而土地估价机构出具了土地估价报告，并在其价值定义中，说明了土地价值内涵为最高出让年限的某用途、"七通一平"土地使用权价格。由于与假设前提不符，无法引用。第二，对单项资产评估报告中存在假设前提与资产评估不同，但属于单项资产评估所必需的假设前提的情形，应当在资产评估报告中补充单项资产评估的假设前提。第三，对单项资产评估报告中存在限制使用评估结论的情形，应当分析其与资产评估报告限制使用的关联性，恰当引用单项资产评估报告。

（9）客观分析增减值原因。资产评估专业人员应当对所引用单项资产评估报告的评估结论与账面价值的变动情况进行客观分析，不得发表超出自身执业能力和范围的评论意见，关注所引用单项资产评估报告披露的特殊事项说明，判断其是否可以引用及其对资产评估结论的影响。应当将所引用单项资产评估报告作为报告附件。

4.评估资料的分析、归纳、整理

在履行了核查验证程序后，评估专业人员需要对从各个渠道收集的评估资料进行必要的分析、归纳和整理，形成评定估算的依据。

评估资料的分析识别，是对资产信息资料合理性和可靠性的识别过程。首先，由于收集的资料难免存在失真的情况，要对失真的材料进行鉴别和剔除；其次，要对所收集的评估资料信息、数据的合理性、相关性进行分析，以提高评估资料的可靠性。信息源的可靠性可通过考查以下因素进行判断，例如该渠道过去提供信息的质量、该渠道提供信息的动因、通常情况下该渠道是否被认为是该种信息的合理提供者、该渠道的可信度等。信息本身的准确度可通过参考其他来源查证，必要时也可以进行适当的调查验证，实践中常采用电话、网络等其他途径查询佐证和扩大调查范围的做法。

资产评估专业人员在对评估资料进行识别后，要根据不同的评估专业类别对评估资料进行筛选、整理和分类。一般可将鉴定后的评估信息资料按照可用性原则和信息来源划分。按照可用性原则可以划分为可用性评估资料、有参考价值的评估资料、不可用评估资料。按照信息来源，可以将信息划分为未经处理的信息和有选择地加工或按一定目的改动过的信息。未经处理的信息比如公司的年度报告、证券交易所的报告或其他出版物的资料等，未经处理的信息没有经过中间处理、过滤，可靠性相对较高。有选择地加工或按一定目的改动过的信息包括报纸、杂志、行业协会出版物、学术论文和证券分析师的分析报告等信息，是在更大的信息源中有选择地加工过的，或按一定思想倾向改动过的信息，具有重点突出、容易理解的特征。

（六）评定估算、形成结论

资产评估专业人员在收集、整理评估资料的基础上，进入评定估算形成结论程序。该程序主要包括恰当选择评估方法，形成初步评估结论，综合分析确定资产评估结论等具体工作。在形成初步资产评估结论的基础上，需要对信息资料、参数的数量、质量和选取的合理性进行综合分析，以形成资产评估结论。资产评估机构应当建立内部复核制度，对资产评估结论进行必要的复核工作。

1.评估方法的选择

资产评估方法包括收益法、市场法和成本法三种基本方法及其衍生方法，每种基本方法下还有具体的评估方法。资产评估专业人员在执行资产评估业务过程中，应当恰当选择评估方法。评估方法的选择会受到许多因素的影响。其中，评估目的、评估对象、价值类型、资料收集情况是重要的影响因素。《资产评估法》规定，评估专业人员应当恰当选择评估方法，除依据评估执业准则只能选择一种评估方法以外，应当选择两种以上评估方法，经综合分析，形成评估结论，编制评估报告。

2.评定估算、形成结论

在选定评估方法之后，资产评估专业人员还需要合理选择技术参数，应用评估模型等，形成初步评估结论。例如，采用成本法，应当合理确定重置成本和各相关贬值因素；采用市场法，应当合理选择可比案例，分析评估对象和可比参照物的相关资料和价值影响因素，通过可比因素的差异调整，得出评估对象的价值；采用收益法，应当合理预测未来收益，并合理确定收益期和与收益口径一致的折现率，通过折现计算，得出评估对象的评估值。

资产评估专业人员应当对形成的初步评估结论进行分析，判断采用该种评估方法形成的评估结论的合理性。首先应当对评估资料的全面性、有效性、客观性以及评估参数的合理性、评估模型推算和应用的正确性进行判断；其次对评估结论与评估目的、价值类型、评估方法的适应性进行分析；再次对评估增减值进行分析，确定资产评估增值或者减值的原因，并判断其合理性；最后可以通过对类似资产交易案例的分析，对评估结论的合理性进行判断。

当采用两种以上评估方法时，资产评估专业人员应当对采用各种方法评估形成的初步结论进行分析比较，对所使用评估资料、数据、参数的数量和质量等进行分析，在此基础上，分析不同方法评估结论的合理性以及不同方法评估结论产生差异的原因，综合考虑评估目的、价值类型、评估对象现实状况等因素，确定出最终的评估结论。

（七）编制、审核和出具评估报告

资产评估机构及评估专业人员在评定估算形成评估结论后，应当编制、审核和出具资产评估报告。资产评估报告是指资产评估师遵照相关法律、法规和资产评估准则，在实施了必要的评估程序对特定评估对象价值进行估算后，编制并由其所在评估机构向委托方提交的反映其专业意见的书面文件。它是按照一定格式和内容来反映评估目的、假设、程序、标准、依据、方法、结果及适用条件等基本情况的报告书。《资产评估报告准则》《企业国有资产评估报告指南》《金融企业国有资产评估报告指南》均对资产评估报告的内容有具体的规范要求。

1.评估报告的内部审核

资产评估专业人员完成评估报告编制后，资产评估机构应当根据相关法律、行政法规、资产评估准则的规定和评估机构内部质量控制制度，对资产评估报告进行必要的内部审核。

评估机构对评估报告审核的内容主要包括：对评估程序履行情况的复核；对评估资料完整性、客观性、适时性的复核；对评估方法、评估技术思路合理性的复核；对评估目的、价值类型、评估假设、评估参数以及评估结论在性质和逻辑上一致性的复核；对计算公式及计算过程正确性的复核；对技术参数选取合理性的复核；对计算表格之间链接关系正确性的复核；采用多种方法进行评估时，对各种评估方法所依据的假设、前提、数据、参数可比性的复核，并对不同评估方法结论合理性以及差异合理性进行复核；对最终评估结论合理性的复核；对评估报告合规性的复核等。评估机构对评估报告的审核应注重审核的内容及效果，而不应局限于审核的层次和形式。

评估机构应根据机构内部设置及人员安排，合理设计评估项目的质量审核制度。评估机构合理的质量审核体系应当包括项目团队内部相关层级的审核以及独立于项目团队的专业审核，必要时也可引入外部审核资源。评估机构的内部审核可以采用多种层次和形式，目前实践中多实行二级或三级审核制度。

2.与委托人或者相关当事人沟通

资产评估机构及评估专业人员提交正式评估报告前，可以在不影响对最终评估结论进行独立判断的前提下，与委托人或者委托人许可的相关当事人就评估报告有关内容进行必要沟通。沟通的内容包括：是否存在与评估对象实际情况不一致的情况；是否履行了评估委托合同约定的内容；评估方法的适用性，参数选取的合理性，模型计算的正确性，评估目的、价值类型和评估方法的匹配性等。

在沟通时，评估专业人员需要表明目前沟通的意见为初步结果，最终资产报告完成后，内容与结果可能会发生变化，并建议沟通的信息仅为委托人内部使用，任何初稿不能对外公布或者披露。在沟通过程中，如果发现差错或者疏漏，评估专业人员可以同意对相关内容进行查证、核实。资产评估机构及评估专业人员应对沟通内容形成必要的记录。沟通如导致评估专业人员修改评估结论或者评估报告，需要详细说明理由，并履行必要的内部审核程序。

（八）整理、归集评估档案

资产评估机构在提交评估报告后，应当按照法律、行政法规和资产评估准则的规定及时对工作底稿进行整理并与其他相关资料一起形成评估档案。评估档案是评价、考核资产评估专业人员专业胜任能力和工作业绩的依据，是判断评估机构和承办评估业务的资产评估专业人员执业责任的重要证据，也是维护评估机构及评估专业人员合法权益的重要依据。评估档案的整理归集是资产评估工作不可忽视的环节，是资产评估程序的重要组成部分。

资产评估专业人员应当整理归集的评估档案包括工作底稿、评估报告和其他相关资料。底稿的整理和评估档案的归集应当符合法律、行政法规和资产评估准则的规定。

资产评估工作底稿是指资产评估专业人员在评估过程中形成的评估工作记录和获取的

资料，是评估师形成评估报告的依据。工作底稿应如实反映资产评估计划与方案的制订及实施情况，包括与形成评估报告有关的所有重要事项，以及评估师评定估算的全部依据、过程及专业判断。

工作底稿并不是越详尽越好，工作底稿的繁简程度与以下基本因素相关：（1）资产评估业务委托合同约定的评估目的及要求；（2）被评估资产的规模及复杂程度；（3）委托人所申报的资产评估资料；（4）被评估资产的产权；（5）评估的假设前提条件、重要事项的说明。

一般地，编制的工作底稿应包括以下基本内容：资产占有单位名称、评估对象名称、评估基准日、评估程序、过程记录、评估标识及说明、索引号及页次、编制者姓名及编制日期、复核者姓名及复核日期、评估结果及其他应说明事项等。

工作底稿一般分为评估项目管理类工作底稿和评估项目操作类工作底稿两类。

管理类工作底稿是指评估项目负责人在评估过程中，为规划、安排、控制和管理整个评估工作并出具评估报告所形成的文字记录，主要包括以下内容：（1）项目洽谈记录；（2）评估业务委托合同；（3）评估计划及实施情况；（4）对评估委托人及资产占有单位基本情况的调查、记录和资料，资产规模及主要资产状况；（5）评估结果汇总表；（6）评估报告；（7）有关部门的审核意见；（8）评估机构内部的审核意见。

操作类工作底稿是指评估专业人员在评估实施阶段为执行具体评估程序所形成的评估工作底稿，主要包括以下内容：（1）被评估资产范围内各类资产或负债的汇总表；（2）客户所申报的资产明细表；（3）评估专业人员用于勘测和计算的评估明细表；（4）各类专项调查记录；（5）资产产权归属证明文件或使用权证明文件；（6）价格信息、市场调研记录；（7）分析计算说明、调整说明和重要事项说明；（8）被评估单位的整体分析资料；（9）有关原始凭证，包括会计报表、盘点表、对账单、平面图、鉴定证书、决算资料、重要资产购置发票、重要合同、重要设备运行记录和大修理、改造记录等；（10）现场核实资产的工作记录；（11）委托单位及资产占有单位的反馈意见及修改记录；（12）资产评估工作小结。

资产评估机构应当建立工作底稿复核制度。复核人在复核工作底稿时，应作出必要的复核记录，书面表示复核意见并签名。在复核过程中，复核人如发现已执行的评估程序或作出的评估记录存在问题，应指示有关人员予以答复、处理，并形成相应的评估记录。

工作底稿的所有权属于接受委托进行资产评估的评估机构。评估机构应当对工作底稿进行分类整理，形成评估档案，并建立评估工作底稿保密制度，对工作底稿中涉及的商业秘密保密。但由于下列情况查阅评估工作底稿的，不受此限制：第一，法院、检察院及其他相关部门查阅，并按规定办理了必要手续；第二，资产评估行业管理部门对执业进行检查；第三，有关管理部门审核和审批评估项目，要求查阅工作底稿。

因评估工作需要，并经委托人和资产占有单位同意，在仲裁评估、联合评估和拥有工作底稿的评估机构认为合理的其他情况下，不同评估机构的资产评估专业人员可以要求查阅评估工作底稿。拥有工作底稿的评估机构应当对要求查阅者提供适当的协助，并根据工作底稿的内容及性质，决定是否允许查阅者阅览其评估工作底稿及复印或摘录有关内容。查阅者误用评估工作底稿而造成的后果，与拥有工作底稿的评估机构无关。

《资产评估法》第二十九条规定：评估档案的保存期限不少于15年；属于法定评估业务的，保存期限不少于30年。

■ 本章小结

资产评估的实践依据主要包括资产评估法律、准则和程序等三部分内容。《资产评估法》包括总则、评估专业人员、评估机构、评估程序、行业协会、监督管理、法律责任和附则，共8章55条。

资产评估准则重点介绍了国际评估准则委员会和国际评估准则以及我国资产评估准则的制定过程与具体内容；资产评估程序是指资产评估机构和人员执行资产评估业务、形成资产评估结论所履行的系统性工作步骤。了解和学习资产评估应用理论，有利于发现和分析理论与实务中的冲突与矛盾，不断予以协调、健全与完善，推动资产评估行业的进一步发展，加速中国企业走向国际化。

资产评估程序是指资产评估机构和人员执行资产评估业务、形成资产评估结论所履行的系统性工作步骤。狭义的资产评估程序由资产评估机构和人员接受委托开始，终止于向委托人或相关当事人提交资产评估报告。资产评估业务必须履行的程序，包括明确业务基本事项、签订业务委托合同、编制资产评估计划、进行评估现场调查、收集整理评估资料、评定估算形成结论、编制出具评估报告、整理归集评估档案。

■ 思考与练习

一、单项选择题

1.对不同的评估对象和评估目的而言，评估的基本程序应该是（　　）的。

A.相通或相同　　　　　　　　　　　B.完全不同

C.基本相同　　　　　　　　　　　　D.部分不同

2.广义的资产评估程序（　　）。

A.开始于接受委托的明确资产评估基本事项，终止于提交评估报告

B.开始于接受委托，终止于提交评估报告

C.开始于接受委托，终止于提交评估报告的文件归档管理

D.开始于接受委托的明确资产评估业务基本事项，终止于资产评估工作底稿归档

3.在资产评估程序中，首先要明确资产评估业务基本事项，其中包括明确（　　）。

A.资产的价值类型及定义　　　　　　B.资产评估委托合同格式

C.资产评估计划类型　　　　　　　　D.资产评估过程中的具体步骤

4.评估专业人员应当（　　）获取评估所依据的信息。

A.独立　　　　　　　　　　　　　　B.联合

C.独立式联合　　　　　　　　　　　D.以任何方式

5.下列信息资料中，属于资产所有者外部信息资料的是（　　）。

A.资产预期寿命　　　　　　　　　　B.客户及供应商基数

C.评估资产交易情况　　　　　　　　D.技术发展趋势

6.自然人、法人或者其他组织需要确定评估对象价值的，委托评估机构评估方式

是（　　）。

　　A.必须　　　　　　　　B.自愿　　　　　　　　C.可以　　　　　　　　D.强制

7.下列属于评估专业人员应享有的权利的是（　　）。

　　A.诚实守信　　　　　　　　　　　　B.客观公正

　　C.勤勉谨慎　　　　　　　　　　　　D.依法签署评估报告

8.下列不属于评估专业人员禁止行为的是（　　）。

　　A.私自接受委托从事业务、收取费用　　B.同时在两个以上评估机构从事业务

　　C.签署有重大遗漏的评估报告　　　　　D.在一个评估机构从事业务

9.对受理的评估业务，评估机构应当指定的承办人数的最低要求是（　　）。

　　A.根据业务需要　　　　　　　　　　B.至少两名评估专业人员

　　C.至少两名评估师　　　　　　　　　D.至少一名评估师

10.法定评估档案的保存期限不少于（　　）。

　　A.10年　　　　　　　　B.15年　　　　　　　　C.30年　　　　　　　　D.由评估机构确定

二、多项选择题

1.广义资产评估程序与狭义资产评估程序相比，差异主要表现在（　　）。

　　A.明确资产评估业务基本事项　　　　B.评定估算

　　C.编制评估计划　　　　　　　　　　D.资产评估工作底稿归档

2.下列事项中属于签订评估业务委托合同基本内容的有（　　）。

　　A.资产评估对象　　　　　　　　　　B.评估报告使用范围

　　C.评估收费　　　　　　　　　　　　D.资产勘察方式

3.执行资产评估程序环节中，应注意的要求有（　　）。

　　A.评估机构和人员应该建立、健全自己的评估程序

　　B.评估机构和人员应该认真履行适当的评估程序

　　C.评估机构应该指导和监督评估程序的实施

　　D.评估程序部分无法履行时，应考虑对评估结论的影响并在报告中披露

　　E.评估机构和人员可以自己决定将评估程序记录于底稿并在报告中披露

4.2004年2月，（　　）的出台，标志着我国资产评估准则体系初步形成。

　　A.《国有资产评估管理办法》

　　B.《资产评估准则——基本准则》

　　C.《评估师执业资格制度暂行规定》

　　D.《资产评估职业道德准则——基本准则》

5.对资产评估准则体系从横向上划分，我国资产评估准则包括（　　）。

　　A.职业道德准则　　　　　　　　　　B.资产评估指南

　　C.业务准则　　　　　　　　　　　　D.基本准则

三、判断题

1.国际准则评估委员会的产生既反映了各国和国际资产评估行业发展的内在需求，也是经济全球化发展等外部推动因素共同作用的必然结果。　　　　　　　　　　　（　　）

2.市场价值是自愿交易的买卖双方在评估基准日进行正常的市场交换后所达成的公平

交易中某项资产应当进行交易的价值的准确数额。 （　　）

3.评估师不应当以评估方法的选择、评估假设的选择等为由，逃避对评估结论合理性所应当承担的责任。 （　　）

4.我国资产评估准则体系从纵向关系上划分，包括业务准则和职业道德准则两部分。

（　　）

5.只要执行了资产评估程序就可以防范资产评估风险。 （　　）

第三章参考答案

第四章 资产评估技术方法

学习目标

1.掌握资产评估的成本法、市场法、收益法的基本原理、技术方法和主要参数内容；

2.熟悉成本法、市场法、收益法评估的前提条件和基本程序；

3.了解成本法、市场法、收益法的适用范围和缺点。

资产评估技术方法是实现资产评定估算价值的技术手段。资产评估技术方法是在工程技术学、统计学、会计学等学科技术方法的基础上，结合资产评估自身的特点，形成的一整套技术方法体系。该技术方法体系由多种资产评估具体方法组合而成，按基本原理和技术路线的不同，可以将其归纳为三种最基本的技术方法，即成本法、市场法和收益法。

第一节 成本法

一、成本法定义及其前提条件

（一）基本定义

成本法又称重置成本法，它是从待评估资产在评估基准日的复原重置成本或更新重置成本中扣减其各项价值损耗来确定资产价值的方法。重置成本的基本公式为：

现行市价（评估价值）=重置成本−有形损耗−无形损耗=重置成本−有形损耗−功能性贬值−经济性贬值

（二）前提条件

第一，被评估资产处于继续使用状态或被假定处于继续使用状态，被评估资产的实体特征、内部结构及其功能必须与假设的重置全新资产具有可比性。

第二，被评估资产应当具备可利用的历史资料。成本法的应用是建立在历史资料基础上的，许多信息资料、指标需要通过历史资料获得。同时，现时资产与历史资料具有相同性或可比性。

第三，被评估资产必须是可以再生的或可以复制的。不能再生或复制的被评估资产，从理论上和现实上都不能进行重新生产，其价值无法通过重置成本来进行反映，比如土地、矿藏，不能采用重置成本法。

第四，被评估资产必须是随着时间的推移具有贬值特性的资产。比如，古董、文物等虽然可能具有可复制的特点，并且被评估资产与复制品在实体特征、功能效用等方面具有可比性，但随着时间的推移，其价值不降反升，因而不能采用重置成本法对其价值进行评估。

（三）适用范围

重置成本法比较充分地反映了资产在购买与建造过程中的必要花费，也体现了资产的有形损耗和无形贬值，因此，对于以资产重置、补偿为目的的资产评估业务都是适用的，是资产评估中最基本的方法之一。以下情形普遍运用重置成本法评估资产的价值：一是通货膨胀造成被评估资产的现行市价比历史成本大幅度提高；二是社会技术进步因素导致被评估资产，尤其是生产设备等固定资产出现较大的无形损耗；三是因对现有资产进行技术更新或改造，使被评估资产的使用效益大幅度提高；四是因被评估资产的使用年限的估计偏大或偏小，而使被评估资产计提的折旧同资产的自然损耗不相吻合；五是被评估企业财务管理混乱，造成被评估资产的账面历史成本失实。

二、基本程序和基本参数

（一）基本程序

资产评估专业人员运用成本法对被评估资产进行评估时，应当遵循以下程序：第一，确定待评估资产的范围，并估算重置成本或重建成本；第二，确定待评估资产已使用年限、尚可使用年限和总使用年限；第三，确定有形和无形损耗；第四，计算得出初步评估结果。基本程序如图4-1所示。

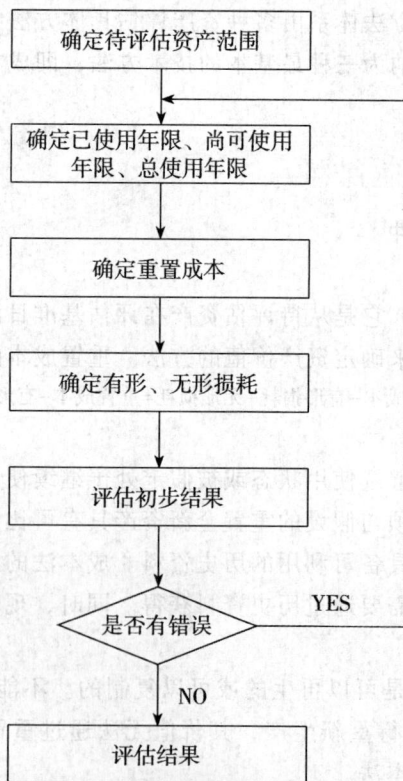

图4-1 重置成本法的评估基本程序

（二）基本参数

一项资源随着时间的变化，会产生自然形态的损耗、功能的落后或衰退、利用的充分程度降低等情况，从而导致其价值的降低。进行资产评估时，必须充分考虑这些使资产价值下降的因素对价值产生的不利影响，并从重置成本中予以扣减。这些损耗的价值分为三类：有形损耗（又称实体性贬值）、功能性贬值和经济性贬值。所以，成本法涉及四个基本要素：资产的重置成本、有形损耗、功能性贬值、经济性贬值。

1.资产的重置成本

资产的重置成本又分为复原重置成本和更新重置成本两类。①复原重置成本是指在评估基准日，用与估价对象相同的生产材料、生产及设计标准、工艺质量，重新生产与估价对象相同的全新资产即复制品的成本。②更新重置成本是指在评估基准日，运用现代生产材料、生产及设计标准、工艺质量，重新生产一项与估价对象具有同等功能、效用的全新资产的成本。

成本估价结果是接近复原重置成本还是接近更新重置成本，受成本估价方法的影响。总概括性的成本估价方法倾向于更新重置成本；注重估价对象的不同特征的详细成本估价方法（适用于特殊用途资产）倾向于复原重置成本。更新重置成本通常小于复原重置成本，这是因为后者包括过时的设计及生产工艺、原材料的附加成本。在没有出现同类资产的生产材料、技术标准、生产工艺及资产功能的明显变化时，一般评估复原重置成本，此时也几乎不存在更新重置成本。

2.资产有形损耗

资产的有形损耗即实体性陈旧贬值，是由于资产使用磨损和自然损耗造成的贬值。由于评估对象一般都不是全新状态的资产，因此大多存在实体贬值。实体贬值通常依据新旧程度，即表体及内部构件、部件的损耗程度来确定。应该注意的是，由于固定资产在具体使用过程中，受到维护保养的好坏、运用时间的长短以及负荷量的大小等因素的影响，实际的磨损程度和速度不一定与法定的折旧率和折旧年限一致。因此，在进行资产评估时，不能照搬会计账面上的资产净值作为评估值，也不能照搬会计账面上的累计折旧额作为实体性贬值，而应通过实地勘察，检测固定资产的实际磨损程度来确定实体性贬值。

3.资产功能性贬值

资产功能性贬值是指由于技术相对落后而造成的资产价值贬值。由于效能更高的同类资产被广泛使用，原有资产显得生产效率差、精度低下、劳动投入大、产品成本高、市场竞争力不强，从而使企业投入相对增加、产出相对下降，这就是被评估资产相对于更新资产的功能性贬值。估算功能性贬值可采用两种方法：一种方法是将复原重置成本与更新重置成本相比较，复原重置成本大于更新重置成本的差额，即为一次性投资功能性贬值；另一种方法是用老技术资产的生产成本与新技术资产的生产成本相比较，如比较能源、原材料、人工消耗等的大小，从而估算由于老技术的运营成本比新技术增加的支出部分，即营运性贬值，以此来确定功能性贬值。

4.资产经济性贬值

资产经济性贬值是指由于外界经济环境变化而引起的资产价值贬值，如市场变化导致工厂开工不足或产品价格下降等经济因素使企业收益下降而带来的资产贬值。在西方国家的评估理论与实务中，经济性贬值是作为重置成本法评估的基本扣除项目的，但只是在采用加和法计算资产资本化现值时才将其作为调整项目，实际上与重置成本并没有直接的联系。因此，我国在采用重置成本法进行单项资产评估时，一般不考虑资产的经济性贬值。

三、具体技术方法

（一）重置成本的评估技术方法

重置成本的评估技术方法一般包括重置核算法、价格指数法、功能价值类比法、统计分析法。

1.重置核算法

重置核算法利用成本核算的原理，根据重新取得资产所需的费用项目，逐项计算然后累加得到资产的重置成本。重置核算法是将资产的总成本分为直接成本和间接成本来估算重置成本的方法。直接成本是指直接构成资产生产成本支出的部分，如房屋建筑物的基础、墙体、屋面等建设成本项目，机器设备的购买价、安装调试费、运杂费等成本项目。直接成本应当按评估基准日的现时成本逐项加总。间接成本是指为建造、购买资产而发生的管理费、总体设计制图费等支出项目。间接成本一般按照人工成本的一定比例、直接成本的一定比例或单位工作量的间接成本价格等方法进行估算。其计算公式为：

间接成本＝人工成本总×成本分配总率

成本分配率＝间接成本÷人工成本总额

或　间接成本＝直接成本×间接成本相对于直接成本的比率

或　间接成本＝工作量（单位为工时或工日）×单位工作量的间接成本

资产的重置成本应包括开发者的合理收益：（1）重置成本是在现行市场条件下重新购建一项全新资产所支付的全部货币总额，应该包括资产开发者或建造者的合理收益。（2）资产评估旨在了解被评估资产模拟条件下的交易价格，一般情况下，价格都应该含有开发者或建造者的合理收益部分。资产重置成本中的收益部分的确定，应以现行行业或社会平均资产收益水平为依据。

【例4-1】重置购建设备一台，现行市场价格每台300 000元，运杂费3 000元，直接安装成本900元，其中原材料300元，人工成本600元。根据以往的统计分析，安装成本中的间接成本与直接成本的比率一般为50%。继续利用条件下该机器设备重置成本为：

直接成本＝300 000＋3 000＋900＝303 900（元）

其中：买价300 000元；运杂费3 000元；安装成本900元（其中，原材料300元，人工成本600元）。

间接成本（安装成本）＝900×50%＝450（元）

重置成本合计＝303 900＋450＝304 350（元）

2.价格指数法

价格指数法是利用与资产有关的价格变动指数，将被评估资产的历史成本（账面价值）调整为重置成本的一种方法。这里的账面价值应当能够代表资产购建时的市场价值，或者其代表的价值类型与评估的价值类型一致。计算公式为：

重置成本＝资产的账面价值×价格指数

或　重置成本＝资产的账面价值×（1＋价格变动指数）

式中：价格指数可以是定基价格指数或环比价格指数。定基价格指数是评估基准日的价格指数与资产购建时点的价格指数之比，即：

定基价格指数＝（评估基准日价格指数÷资产购建时的价格指数）×100%

环比价格变动指数可考虑按下式求得：

$$x = (1+a_1)(1+a_2)(1+a_3) \cdots (1+a_n) \times 100\%$$

式中：x为环比价格指数；a_n为第n年环比价格变动指数，n=1，2，3，…，n。

【例4-2】某待评估资产购建于2016年9月，账面原值为1 000 000元，现评估其2017年9月2日的价值。购建时该资产的定基价格指数为120%，评估基准日该类资产的定基价格指数为150%，则：

重置成本=1 000 000×（150%÷120%）×100%=1 250 000（元）

价格指数法建立在不同时期的某一种或某类甚至全部资产的物价变动水平上，价格指数法估算的重置成本，仅考虑了价格变动因素，因而确定的是复原重置成本；而重置核算法建立在现行价格水平与购建成本费用核算的基础上，既考虑了价格因素，也考虑了生产技术进步和劳动生产率的变化因素，因而可以估算复原重置成本和更新重置成本。

3.功能价值类比法

功能价值类比法是指利用某些资产的功能（生产能力）的变化与其价格或重置成本的变化呈某种指数关系或线性关系，通过参照物的价格或重置成本，以及功能价值关系估测评估对象价格或重置成本的技术方法。当资产的功能变化与其价格或重置成本的变化呈线性关系时，我们称之为生产能力比例法；而非线性关系条件下的功能价值法，我们称之为规模经济指数法，或者规模经济效益指数法。

（1）生产能力比例法。生产能力比例法是寻找一个与被评估资产相同或相似的资产作为参照物，根据参照资产的重置成本及参照物与被评估资产生产能力的比例，估算被评估资产的重置成本。计算公式为：

$$\frac{待评估资产的}{重置成本} = 待评估资产的生产能力 \times \left(\frac{参照物的重置成本}{参照物的生产能力}\right) = 参照物的重置成本 \times \left(\frac{待评估资产的生产能力}{参照物的生产能力}\right)$$

【例4-3】某厂生产线的重置成本为350 000元，年产量为80 000台。现知待评估资产年产量为60 000台。假定该仪器生产线的生产能力和价格呈线性关系，则待评估资产的重置成本为：

待评估资产重置成本=60 000÷80 000×350 000=262 500（元）

应用这种方法估算重置成本时，首先应分析资产成本与生产能力之间是否存在这种线性关系，如不存在线性关系，这种方法就不可以采用。

（2）规模经济效益指数法。实践证明，许多资产的成本与其生产能力之间不是简单的线性关系，资产生产能力和成本之间虽然呈同方向变化，但不是等比例变化，这是规模经济效益作用的结果。规模经济效益指数法假定资产的生产能力与其重置成本之间呈非线性关系，其关系可用下列公式表示：

$$\frac{被评估资产的重置成本}{参照物资产的重置成本} = \left(\frac{被评估资产的产量}{参照物资产的产量}\right)^x$$

$$被评估资产的重置成本 = 参照物资产的重置成本 \times \left(\frac{被评估资产的产量}{参照物资产的产量}\right)^x$$

式中：x被称为规模经济效益指数，通常是一个经验数据。在美国，这个经验数据一般为0.4~1.2，在加工工业一般为0.7，在房地产行业一般为0.9。当规模经济效益指数为1时，该方法就变成了生产能力比例法。我国到目前为止尚未有统一的经验数据，评估过程中要谨慎使用这种方法。公式中的参照物一般可选择同类资产中的标准资产。

4.统计分析法

使用成本法对整体资产及某一相同类型资产进行评估时，为简化评估业务，节省评估时间，可以采用统计分析法确定某类资产的重置成本。这种方法运用的步骤是：

（1）在核实资产数量的基础上，把全部资产按照适当标准划分为若干类别，如机器设备按有关规定划分为专用设备、通用设备、运输设备、仪器、仪表等，房屋建筑物按结构划分为钢结构、钢筋混凝土结构等。

（2）在各类资产中，抽样选择适量具有代表性的资产，应用重置核算法、价格指数法、生产能力比例法或规模经济效益指数法等方法估算其重置成本。

（3）依据分类抽样估算资产的重置成本额与账面历史成本计算出分类资产的调整系数。其计算公式为：

$$K=\frac{R'}{R}$$

式中：K为资产重置成本与历史成本的调整系数；R′为某类抽样资产的重置成本；R为某类抽样资产的历史成本。

（4）根据调整系数K估算被评估资产的重置成本，计算公式为：

被评估资产重置成本=∑某类资产账面历史成本×K

【例4-4】评估某企业某类通用设备，经抽样选择具有代表性的设备10台，估算其重置成本之和为80万元，而该10台具有代表性的通用设备历史成本之和为40万元，该类通用设备账面历史成本之和为500万元，则：

K=80÷40=2

该类通用设备重置成本=500×2=1 000（万元）

在运用上述四种方法进行资产的重置成本评估时，应根据具体的评估对象和可以收集到的资料确定采用的评估方法，应用时必须注意分析方法运用的前提条件，否则将得出错误结论。

（二）实体性贬值的评估技术方法

资产的实体性贬值的决定因素有使用时间、使用率、资产本身的质量和维修保养程度等。已使用时间越长，资产的有形损耗越大，剩余的价值就越低。使用率（即开工率）越高，资产在过去年限中的使用越充分，该情况下其有形损耗也就越大。有些资产闲置时的有形损耗可能更大，这是例外。资产本身的质量越好，在相同的使用时间和使用强度下，有形损耗越小。资产在日常使用过程中保养越好，其有形损耗越小，但是注意把这种日常维修保养与技术改造区分开来。实体性贬值的评估包括观察法、使用年限法、修复费用法三种技术方法。

1.观察法

观察法也叫成新率法，它是指由具有专业知识和丰富经验的工程技术人员对被评估资产的实体各主要部位进行现场勘查，并综合分析资产的设计、制造、使用、磨损、维护、修理、大修理、改造情况和物理寿命等因素，将评估对象与其全新状态相比较，考察由于使用磨损和自然损耗对资产的功能、使用效率带来的影响，判断被评估资产的成新率，从而估算实体性贬值。其计算公式为：

资产实体性贬值=重置成本×实体性贬值率

或 资产实体性贬值=重置成本×（1-实体性成新率）

观察法是一种综合判断方法，即将多种复杂因素对资产实体性贬值的混合影响简单定量化，因而这种方法适用面广。在实际应用中，对于简单的单项资产，可以采用总体观察法，直接确定其成新率；对于复杂的资产，则可以将其分解为若干部分，分别对各个部分进行观察，通过专家打分的方式确定不同部分的成新率，再根据各部分的重要性及价值比重进行加权平均，最后求出总体的成新率。

【例4-5】有一大型设备，该设备由三个部分组成。经分析确定，三部分占总成本的比重分别为20%、30%、50%。在评估中，评估专业人员与有关专家一道对该设备进行观察，分别对各部分进行了技术鉴定和磨损估计，确定三部分的实体损耗率分别为20%、30%和25%，试求该设备的实体性贬值率和实体性成新率。

实体性贬值率=20%×20%+30%×30%+50%×25%=25.5%

实体性成新率=1-25.5%=74.5%

2.使用年限法

使用年限法是利用被评估资产的实际使用年限与其总使用年限的比值来判断其实体贬值率（程度），进而估测资产的实体性贬值。对于某些特定固定资产，如大型稀有机器设备、飞机、船舶等也可采用工作量、工作时间、里程等方法估算；对一些资产则可视其状态估算有形损耗，如原材料、在产品和产成品等。

使用年限法通用的计算公式为：

$$资产实体性贬值=\frac{重置成本-预计残值}{总使用年限}×实际已使用年限$$

式中：预计残值是指被评估资产在清理报废时净收回的金额。在资产评估中，通常只考虑数额较大的残值，如残值数额较小可以忽略不计。总使用年限指的是资产的物理寿命，即资产从使用到报废为止经历的时间，公式可以表达为实际已使用年限与尚可使用年限之和。

需要区分名义已使用年限与实际已使用年限的差异。名义已使用年限是指资产从购进使用到评估时的年限，可以通过会计记录、资产登记簿、登记卡片查询确定。实际已使用年限是指资产在使用中实际损耗的年限。实际已使用年限与名义已使用年限的差异，可以通过资产利用率来调整。资产利用率的计算公式为：

$$资产利用率=\frac{截至评估日资产累计实际利用时间}{截至评估日资产累计法定利用时间}×100\%$$

当资产利用率>1时，表示资产超负荷运转，资产实际已使用年限比名义已使用年限要长；当资产利用率=1时，表示资产满负荷运转，资产实际已使用年限等于名义已使用年限；当资产利用率<1时，表示开工不足，资产实际已使用年限小于名义已使用年限。

3.修复费用法

修复费用法是利用恢复资产功能所支出的费用金额来直接估算资产实体性贬值的一种方法。所谓的修复费用包括资产主要零部件的更换或者修复、改造、停工损失等费用支出。如果资产可以通过修复恢复到全新状态，可以认为资产的实体损耗等于其修复费用。

（三）功能性贬值评估技术方法

资产功能性贬值是由于技术相对落后造成的贬值。估算功能性贬值，主要根据资产的效用、生产加工能力、工耗、物耗、能耗水平等方面的差异造成的成本增加或效益降低，相应确定功能性贬值额。功能性贬值的估算可以按下列步骤进行：

（1）对比被评估资产的年运营成本与功能相同但性能更好的新资产的年运营成本的差异。

（2）计算二者的差异，确定净超额运营成本。由于企业支付的运营成本是在税前扣除的，企业支付的超额运营成本会引致税前利润额下降，所得税税额降低，使得企业负担的运营成本低于其实际支付额。因此，净超额运营成本是超额运营成本扣除其抵减的所得税以后的余额。

（3）估计被评估资产的剩余寿命（尚可使用年限）。

（4）以适当的折现率将被评估资产在剩余寿命内每年的超额运营成本折现，这些折现值之和就是被评估资产功能性损耗（贬值）。其计算公式为：

$$被评估资产功能性贬值额 = \sum \frac{C_{1i} - C_{2i}}{(1+r)^i}(1-T)$$

式中：C_{1i}为第 i 年被评估资产的年运营成本；C_{2i}为第 i 年新资产的年运营成本；（C_{1i}-C_{2i}）为第 i 年被评估资产的超额运营成本；T 为适用的所得税税率；r 为折现率。

在实际评估工作中也有功能性溢价的情况，即当评估对象功能明显优于参照资产功能时，评估对象就可能存在功能性溢价。

【例 4-6】某机器设备系技术先进的设备，比原有的陈旧设备生产效率高，可节约工资费用，有关资料及功能性贬值的计算结果见表 4-1。

表 4-1　　　　　　　　　　　　　某设备的技术资料

项目	技术先进设备	技术陈旧设备
月产量（件）	8 000	8 000
单件工资（元）	4	6
月工资成本（元）	32 000	48 000
月差异额		48 000－32 000＝16 000（元）
年工资成本超支额		16 000×12＝192 000（元）
减：所得税费用（税率25%，元）		48 000
扣除所得税后年净超额运营成本（元）		144 000
资产剩余使用年限（年）		5
假定折现率为10%，5年年金折现系数		3.7908
功能性贬值额（元）		545 875.2

（四）经济性贬值的评估技术方法

资产的经济性贬值是由于外部经济和外部环境变化而引起的，主要表现为：一是运营中的资产利用率下降；二是资产闲置，并由此引起资产的运营收益减少。资产经济性贬值可根据生产能力的变化加以确定，经济性贬值额的计算可以采用直接法和间接法。

1.直接法

直接法可以按下列步骤进行：（1）计算出被评估资产由于生产能力下降而减少的年收益。（2）扣除所得税的影响，计算减少的年收益。（3）将每年减少的年净收益在剩余寿命期内进行折现，折现值之和则为经济性贬值额。经济性贬值的计算公式可以表示为：

经济性贬值额=资产年收益损失额×（1−所得税税率）×（P/A，r，n）

式中：（P/A，r，n）为年金现值系数。

【例4-7】由于市场需求等情况的变化，某企业一条生产线预计在其未来3年寿命期中每年减产 20 000 件，每件产品的利润为 800 元，假设折现率为 10%，所得税税率为 25%，试求该生产线的经济性贬值额。

经济性贬值额=（20 000×0.08）×（1−25%）×（P/A，10%，3）

$$=1\ 200×2.4869=2\ 984.28（万元）$$

2.间接法

间接法可按下列步骤进行：（1）计算经济性贬值率；（2）经济性贬值率与被评估资产重置成本的乘积即为经济性贬值。

$$经济性贬值率=\left[1-\left(\frac{资产预计可被利用的生产能力}{资产原设计生产能力}\right)^{x}\right]×100\%$$

经济性贬值=经济性贬值率×被评估资产的重置成本

式中：x为功能价值指数，实践中多采用经验数据，数值一般介于 0.6～0.7 之间。

【例4-8】某企业待估生产线设计生产能力为年产 800 套产品，因市场需求结构变化，在未来可使用年限内，每年产量估计要减少 140 套左右，根据上述条件，该生产线的经济性贬值大约在以下水平上：

$$经济性贬值率=\left[1-(660÷800)^{0.6}\right]×100\%=11\%$$

四、成本法的优缺点

（一）成本法的优点

（1）评估前后资产不改变其原来的用途；

（2）评估对象可以重置再建；

（3）评估对象随着时间的推移，具有损耗和贬值属性。

因此，成本法具有一定的科学性和可行性，对于一些存在无形损耗、贬值或贬值不大的资产评估，操作简便。对一些没有收益的单项资产及市场上很难找到交易参照物的评估对象，如社会公用设施，成本法更为适用。

（二）成本法的缺点

（1）用成本法对整体资产进行评估时需要将企业分解为单项资产逐项评估，然后汇总，比较费时；

（2）各类贬值因素较抽象，难以准确量化；

（3）商誉等无形资产无法单独用成本法进行评估，需要用其他方法结合评估。

第二节　市场法

一、市场法的定义与前提条件

（一）市场法的定义

市场法又称现行市价法，它是指利用市场上同样或类似资产的近期交易价格，经过直接比较或类比分析以估测资产价值的各种评估技术方法的总称。市场法是根据替代原则，采用比较和类比的思路及其方法判断资产价值的评估技术方法，因为任何一个正常的投资者在购置某项资产时，他所愿意支付的价格都不会高于市场上具有相同效用的替代品的现行市价。运用市场法要求充分利用类似资产成交价格信息，并以此为基础判断和估测被评估资产的价值。运用已被市场检验的结论来评估被评估对象，更容易被评估资产业务各当事人接受。因此，市场法是资产评估中最直接、最具说服力的评估方法之一。

（二）市场法的前提条件

通过市场法进行资产评估需要满足以下两个最基本的前提条件：

（1）要有一个活跃的公开市场；

（2）公开市场上要有可比的资产及其交易活动。

资产及其交易的可比性，是指选择的可比资产及其交易活动在近期公开市场上已经发生，且与被评估资产及资产业务相同或相似。其具体体现在以下几个方面：

（1）参照物与评估对象在功能上具有可比性，包括用途、性能上相同或相似；

（2）参照物与评估对象面临的市场条件具有可比性，包括市场供求关系、竞争状况和交易条件等；

（3）参照物成交时间与评估基准日间隔时间不能过长，应在一个适度的时间范围内，同时，时间对资产价值的影响是可以调整的。

二、影响市场法的主要因素

影响市场法的主要因素包括资产功能、市场供求、交易条件、资产的实体特征和质量、成新率等。

（一）资产功能

资产功能是资产使用价值的主体，是影响资产价值的重要因素之一。在资产评估中强调资产的使用价值或功能，并不是从纯粹抽象意义上去讲，而是从资产的功能并结合社会需求，从资产实际发挥效用的角度来考虑。就是说，在社会需要的前提下，资产的功能越强，其价值越高，反之亦然。

（二）市场供求

资产的市场均衡价格是在供求变动中形成的，因而评估主要是考虑参照物成交时与评估时的市场条件及供求关系的变化情况。一般而言，供不应求时，价格会上升；供过于求时，价格会下降。评估专业人员应对由市场条件差异而引致的资产价值变化给予足够的关注。

（三）交易条件

交易条件主要包括交易批量、交易动机、交易时间等。交易批量不同，交易动机及不同时间交易的资产的交易价格都会有差别。

（四）资产的实体特征和质量

资产的实体特征主要是指资产的外观、结构、役龄和规格型号。资产的质量主要是指资产本身的功能、性能精度、建造或制造工艺水平，也包括由此产生的商品品牌和市场影响力。对资产实体特征及质量的鉴定有时比较复杂，需由有关专业机构或专家进行。

（五）成新率

由于被评估资产通常并不是全新资产，故其新旧程度、可被再用程度也成了评估该资产价值的重要标准之一。

除了上述因素之外，同类资产的现行市价、所处的时间和地域以及通货膨胀等因素也对被评估资产的价值有重要影响。

三、基本程序与技术方法

（一）基本程序

市场法评估资产大致包括选择参照物、选择比较因素、量化差异处理、调整已经量化的对比指标差异、确定评估结果等基本程序。

1.选择参照物

对参照物的选择主要考虑两方面关键因素：一是参照物的可比性。可比性包括功能、市场条件及成交时间等。因为运用市场法评估资产价值，被评估资产的评估值高低在很大程度上取决于参照物成交价格水平，而参照物成交价又不仅仅是参照物功能自身的市场体现，它还受买卖双方交易地位、交易动机、交易时限等因素的影响。二是参照物的数量问题。不论参照物与评估对象如何相似，通常参照物应选择三个以上，以避免某个参照物在个别交易中因特殊因素和偶然因素对成交价及评估值造成影响。

2.选择比较因素

虽然影响资产价值的基本因素大致相同，如资产性质、市场条件等，但具体到每一种资产时，影响资产价值的因素又各有侧重。如影响房地产价值的主要是地理位置因素，而影响机器设备的主要是设备的技术水平。因而，要针对不同种类资产价值形成的特点，选择影响较大的关键因素作为对比指标，在参照物与评估对象之间进行比较。

3.量化差异处理

根据前面所选定的对比指标，在参照物及评估对象之间进行比较，并对两者的差异进行量化。运用市场法的一个重要环节就是将参照物与评估对象对比指标之间的上述差异数量化和货币化。例如，资产功能指标，尽管参照物与评估对象功能相同或相似，但在生产能力、产品质量，以及资产运营过程中的能耗、料耗和工耗等方面都可能有不同程度的差异。

4.调整已经量化的对比指标差异

市场法以参照物的成交价格作为评定、估算评估对象价值的基础。在这个基础上，对已经量化的参照物与评估对象的对比指标差异进行调增或调减，就可以得到以每个参照物为基础的评估对象的初步评估结果。初步评估结果与所选择的参照物个数密切相关。

5.确定评估结果

由于运用市场法通常应选择三个以上参照物，相应地，运用市场法评估的初步结果也在三个以上。根据资产评估的一般要求，正式的评估结果只能是一个。这就需要评估专业人员对若干评估初步结果进行综合分析，以确定最终的评估值。当然，如果参照物与评估对象可比性都很好，评估过程中没有明显的遗漏或疏忽，一般可考虑采用算术平均法或加权平均法确定最终结果。

（二）具体技术方法

市场法评估的具体技术方法包括直接比较法和类比调整法。

1.直接比较法

直接比较法是指利用参照物的交易价格，将评估对象的特征与参照物的同一特征直接进行比较，在参照物的交易价格的基础上进行修正从而得到评估对象价值的方法。其基本计算公式为：

$$评估对象价值=\frac{参照物成交价格}{参照物特征}\times 评估对象特征$$

或　　评估对象价值=参照物成交价格+（评估对象特征-参照物特征）

直接比较法简单、直观、简洁，但是难以找到完全相同的参照物。直接比较法主要包括现行市价法、市价折扣法、功能价值类比法等。

（1）现行市价法。当评估对象本身具有现行市场价格或与评估对象基本相同的参照物具有现行市场价格的时候，可以直接利用评估对象或参照物在评估基准日的现行市场价格作为评估对象的评估价值。在运用现行市价法时要注意，评估对象或参照物在评估基准日的现行市场价格应与评估对象的价值内涵相同。

（2）市价折扣法。市价折扣法是以参照物成交价格为基础，根据评估专业人员的经验或有关部门的规定，同时考虑到评估对象在销售条件、销售时限或销售数量等方面的因素，设定一个价格折扣率来估算评估对象价值的方法。用公式表达如下：

资产评估价值=参照物成交价格×（1-价格折扣率）

【例4-9】在评估基准日与其完全相同资产的正常变现价为180万元，评估师经综合分析，认为折扣率应为30%。

资产评估价值=180×（1-30%）=126（万元）

运用市价折扣法时应当注意：①参照资产必须是与被评估资产完全相同的资产；②如果市场分割使参照资产有几个不同的价格，则必须根据资产市场供求状况和资产取得时的市场实际价格，并结合国家有关政策，准确确定参照资产的市场标准价格；③要分析被评估资产有无非正常损耗，如果有，还应该根据非正常损耗情况酌情扣减。

（3）功能价值类比法。资产评估的功能价值类比法是以参照物的成交价格为基础，考虑参照物与评估对象之间的功能差异进行调整来估算评估对象价值的方法。功能价值类比法根据资产的功能与其价值之间的关系可分为线性关系和指数关系两种情况：

①生产能力比例法。资产价值与其功能呈线性关系的情况，通常被称作生产能力比例法。资产评估价值计算公式为：

$$资产评估价值=参照物成交价格×\frac{评估对象生产能力}{参照物生产能力}$$

【例4-10】被评估资产生产能力为160吨，参照资产的年生产能力为100吨，评估基准日参照资产的市场价格为50万元，由此确定被评估资产的价值为：

资产评估价值=50×160÷100=80（万元）

②规模经济效益指数法。资产价值与其功能呈指数关系的情况，通常被称作规模经济效益指数法，资产评估价值计算公式为：

$$资产评估价值 = 参照物成交价格×\left(\frac{评估对象生产能力}{参照物生产能力}\right)^{x}$$

【例4-11】被评估资产生产能力为160吨，参照资产的年生产能力为200吨，评估基准日参照资产的市场价格为40万元，该类资产功能价值指数为0.8，计算该被评估资产价值：

资产评估价值=40×（160÷200）$^{0.8}$=33.46（万元）

2.类比调整法

类比调整法是市场法中最基本的评估方法，它是指一项被评估资产，在公开市场上找不到与之完全相同的参照物资产，但在市场上能找到相类似的资产，以此作为参照物，依其成交价做必要的调整后，确定被评估资产的价格。该法通过对比分析调整参照物与评估对象之间的差异，在参照物成交价格的基础上调整估算评估对象的价值。类比调整法具有适用性强、应用广泛的特点。但该法对信息资料的数量和质量要求较高，而且要求评估专业人员有较丰富的评估经验、市场阅历和评估技巧。

（1）应用类比调整法评估资产价值时参照物的主要差异调整因素

①时间因素。时间因素是指参照物成交时间与评估基准日时间差异对价格的影响，一般而言，选择参照物时要求参照物为近期成交或标示出的价格。

②地区因素。地区因素是指资产所在地区或地段条件对资产（尤其是房地产）价格的影响因素。

③功能因素。功能因素是指资产实体功能过剩或不足对价格的影响。

（2）类比调整主要采用市场售价类比法

市场售价类比法是以参照物的成交价格为基础，考虑参照物与评估对象在功能、市场条件和销售时间等方面的差异，通过对比分析和量化差异，调整估算出评估对象的价值。其基本数学表达式为：

资产评估价值=参照物售价+功能差异值+时间差异值+…+交易情况差异值

或　资产评估价值=参照物售价×功能差异修正系数×…×时间差异修正系数

【例4-12】某商业用房，面积为600平方米，现因企业联营需要进行评估，评估基准日为2017年10月31日。评估专业人员在房地产交易市场上找到三个成交时间与评估基准日接近的商业用房交易案例。被评估商业用房与参照物商业用房结构相似、新旧程度相近，当时房产价格的月上涨率为4%。被评估商业用房所在区域的综合评分为100，三个参照物所在区域条件均比被评估商业用房所在区域好，综合评分分别为107、110和108。

其他具体情况见表4-2。

表4-2 市场售价类比法比较因素表

参照物	A	B	C
交易单价(元/m²)	5 000	5 960	5 918
成交日期	2014.6	2014.9	2014.1
区域条件	比被评估资产好	比被评估资产好	比被评估资产好
交易情况	正常	高于市价4%	正常

修正系数计算表见表4-3。

表4-3 修正系数计算表

参照物	A	B	C
交易单价(元/m²)	5 000	5 960	5 918
时间因素修正	117/100	104/100	100/100
区域因素修正	100/107	100/110	100/108
交易情况修正	100/100	100/104	100/100
修正后的价格(元/m²)	5 467	5 418	5 480

被评估资产单价＝（5 467+5 418+5 480）÷3=5 455（元）

被评估资产总价=5 455×600=3 273 000（元）

3.成本市价法

成本市价法是以评估对象的现行合理成本为基础，利用参照物的成本市价比率来估算评估对象的价值的方法。其计算公式为：

资产评估价值=评估对象现行合理成本×（参照物成交价格÷参照物现行合理成本）

上述评估方法作为市场法中的具体方法，使用时必须满足两个最基本的前提条件：

（1）利用参照物进行评估，且参照物与评估对象必须相同或相似，即具有可比性；

（2）参照物的交易时间与评估基准日间隔不能过长。

当然上述评估方法也可作为成本法中的具体方法，但使用前提可能会与市场法有所区别。

四、市场法的优缺点

（一）市场法的优点

（1）市场法是国际公认的资产评估三大基本方法之一，适用面广，凡是在现行市场上有交易的，包括整体资产和无形资产、一些流动资产及很多单项资产均可采用；

（2）市场法充分考虑了现时市场的变化因素，符合实际情况；

（3）评估方法直观简单，又能比较准确地反映被评估资产的现时价值，评估结果容易被交易双方接受。

（二）市场法的缺点

（1）运用市场法评估资产价值必须具备一个公平、活跃的交易市场，这使得该方法的运用受到一定的限制；

（2）不适用于专用设备、机器，大部分无形资产，以及受到地区、环境等因素严格限制的一些资产的评估；

（3）确定比较项目的差异难度较大，在很多情况下难以用数学公式进行量化，往往要靠评估专业人员的经验判断，从而影响评估结果的准确性。

第三节　收益法

一、收益法的定义与前提条件

（一）收益法的定义

收益法是将被评估资产在未来剩余经济寿命期限内所能获取的收益，按评估基准日进行折现转换为评估资产价值的一种资产评估方法。该方法采用了资本评估中将利求本的思路，即采用资本化和折现的途径及其方法来判断和估算资产价值。该思路认为，理智的投资者在购置或投资某一资产时，所愿意支付或投资的货币数额不会高于所购置或投资的资产在未来能给其带来的回报，即收益额。根据评估对象的预期收益来评估其价值，容易为资产评估业务各方所接受。所以，从理论上讲，收益法是资产评估中较为科学合理的评估方法之一。

我国《国有资产评估管理办法实施细则》第十八条规定：收益法是指"将被评估资产剩余寿命周期（或每年）的预期收益，用适当的折现率折现，累计得出评估基准日的现值，以此估算资产价值的评估方法"。

（二）收益法的前提条件

收益法涉及被评估资产的预期收益、折现率或资本化率、被评估资产取得预期收益的持续时间等三个基本要素。与此相对应，收益法的三个前提条件是：

（1）被评估资产的未来预期收益可以预测并可以用货币衡量；

（2）资产拥有者获得预期收益所承担的风险也可以预测并可用货币衡量；

（3）被评估资产预期获利年限可以预测。

二、收益法的基本程序与主要参数

（一）收益法的基本程序

（1）收集并验证与评估对象未来预期收益有关的数据资料，包括经营前景、财务状况、市场形势，以及经营风险等；

（2）分析、测算被评估对象未来预期收益；

（3）确定折现率或资本化率；

（4）分析、测算被评估资产产生预期收益持续的时间；

（5）用折现率或资本化率将评估对象未来预期收益折算成现值；

（6）分析确定评估结果。

（二）收益法的主要参数

运用收益法进行资产评估涉及许多经济技术参数，其中最主要的参数有三个，它们是收益额、折现率和收益期限。

1.收益额

收益额是使用收益法评估资产价值的基本参数之一。在资产评估中，资产的收益额是指根据投资回报的原理，在正常情况下所有权人所能得到的所得额。资产评估中的收益额有两个比较明确的特点：（1）收益额是资产的未来预期收益额，而不是资产的历史收益额或现实收益额；（2）用于资产评估的收益额通常是资产的客观收益，而不一定是资产的实际收益。

2.折现率

折现率是一种期望投资报酬率，是指在投资风险一定的情况下，投资者对投资所期望的最低报酬。折现率由无风险报酬率和风险报酬率组成。无风险报酬率一般可以参照同期国库券利率；风险报酬率是指超过无风险报酬率之上的部分投资报酬率。在资产评估中，因资产的行业分布、种类、市场条件等不同，其折现率亦不相同。

确定折现率常用的方法有市场比较法、资本资产定价模型法及加权平均资本成本法。

（1）市场比较法。市场比较法可以通过对市场上相似资产投资收益的调查和比较得到有关数据，如在资产交易市场上调查，得到三个与待评估机器设备同类的资产交易事例，经分析它们的投资收益回报率分别为11%、12%、13.6%，则取其平均数12.2%作为被评估资产的折现率。

（2）资本资产定价模型法。资本资产定价模型法是通过一项资本投资的回报率与投资于整个资本市场的回报率的比较，来衡量该投资的风险补偿。当然应该明确的是，该模型确定的折现率是资产的权益成本，而非资本成本。资本资产定价模型法中折现率的确定公式为：

资产期望报酬率=无风险报酬率+（资产平均回报率-无风险报酬率）×β

式中：资产期望报酬率即我们所要求的折现率；β是一种风险指数，用来衡量个别股票或股票基金相对于整个股市的价格波动情况。

（3）加权平均资本成本法。加权平均资本成本法既考虑权益资本成本，也考虑债务资本成本，同时也要考虑债务利息可以抵减所得税的问题。加权平均资本成本计算公式如下：

加权平均资本成本=权益成本×权益比例+债务成本×（1-所得税税率）×债务百分比

式中：加权平均资本成本即我们所要求的折现率。

【例4-13】某公司的目标资本结构是60%的负债、40%的权益，债务成本是8%，权益成本是12%，所得税税率是25%，则加权平均资本成本为：

8%×60%×（1-25%）+12%×40%=8.4%

3.收益期限

收益期限是指资产的获利能力持续的时间，通常以年为时间单位。它由评估专业人员根据被评估资产的自身效能及相关条件，以及有关法律、法规、契约、合同等加以测定。

为了便于介绍各种具体的收益计算方法，我们用V表示所估算的收益价格，A_i表示第i年的资产净现金流，在各年净现金流相等时以A表示，r表示折现率，n表示估价对象的收益年限，B为净现金流等额递增或递减时的年递增或递减额，g为净现金流等比率递增或递减时的递增或递减比率。

（1）基本公式：

$$V=\sum A_i/(1+r)^i, \quad i=1, 2, \cdots, n$$

（2）在资产年净现金流不变时：

$$P=\frac{A}{r}\times\left[1-\frac{1}{(1+r)^n}\right]$$

如评估对象的收益年限为无穷大，即收益是永久性的，公式又可变形为：

$$V=\frac{A}{r}$$

（3）在资产年净现金流等额递增时：

$$P=\left(\frac{A}{r}+\frac{B}{r^2}\right)\times\left[1-\frac{1}{(1+r)^n}\right]-\frac{B}{r}\times\frac{n}{(1+r)^n}$$

如评估对象的收益年限为无穷大，即收益是永久性的，公式又可变形为：

$$P=\frac{A}{r}+\frac{B}{r^2}$$

（4）在资产年净现金流等比率递增时：

$$P=\frac{A}{r-g}\cdot\left[1-\left(\frac{1+g}{1+r}\right)^n\right]$$

如评估对象的收益年限为无穷大，即收益是永久性的，公式又可变形为：

$$P=\frac{A}{r-g}$$

（5）预期资产将在评估基准日后第 j 年年末以价格 V_j 出售时：

$$V=\sum\frac{A_i}{(1+r)^i}+\frac{V_j}{(1+r)^j}$$

$$V_j=\sum\frac{A_x}{(1+r)^{x-j}}$$

式中：i=1，2，…，j；x=j+1，j+2，…，n。

【例 4-14】对某企业进行预测，得知前 5 年年收益如表 4-4 所示，第 6 年开始每年收益都不变，并开始永续经营，折现率选用 10%，计算收益现值。

表4-4　　　　　　　　　　　　　　**某企业未来5年收益**

收益时间	预期收益额（万元）	折现系数	年现值（万元）
第1年	35	0.9091	31.82
第2年	42	0.8265	34.71
第3年	48	0.7513	36.06
第4年	50	0.6880	34.40
第5年	60	0.6209	37.25
合计	235		174.24

企业第6年开始永续经营，则第6年及以后的收益在第6年本金化为：

60÷0.1=600（万元）

再折算到年初为：

600×0.6209=372.54（万元）

所以该企业预期收益现值为：

174.24+372.54=546.78（万元）

三、收益法的优缺点

（一）收益法的优点

收益法可以比较真实和准确地反映企业资产本金化的价格，而且与投资决策紧密结合，应用此法评估的资产价格易为买卖双方所接受。同时，这种方法从资产经营的根本目的出发，紧扣被评估资产的收益进行评估，真正体现了资产商品化在交易市场上的实际价值。

收益法对具有连续性、高效益的资产，特别是整体资产的评估有独特的优越性。当资产数量大、单项资产数量多时，重置成本法、市场法工作量大，则用收益法较为方便，只需要掌握资产的剩余经济寿命、折现率、预期收益量三项参数，评估过程简单，评估结果准确，特别是一些重置成本法和市场法难以解决的问题，其可以迎刃而解。

（二）收益法的缺点

预期收益预测的难度较大，不仅受主观判断的影响，还直接受到未来收益不可预见因素的影响。收益法一般只适用于企业整体资产和可预测未来收益的单项生产经营性资产的评估，折现率和资本化率比较难以确定。没有独立收益能力，没有连续性收益，或收益达不到一定水平的资产，不能采用收益法。

第四节　资产评估技术方法选择

一、资产业务与资产评估价格匹配原则

不同资产业务在评估中适用不同的价格标准，特定资产业务的目的不同，在评估其现行价格时具体条件也有所不同，因而评估时依据的价格标准和评估的基本方法也不同。资产评估中的价格标准主要有重置成本、现行市价、收益现值和清算价格。这些价格标准分别适用于不同的评估方法、不同的评估目的和不同的评估条件。同时，不同的评估目的和不同的评估条件也必须选择相应的价格标准和评估方法，这是资产评估科学合理的重要保证。

二、资产评估各种评估技术方法比选

（一）三个层面的选择

资产评估技术方法选择本身，实际上包含了不同层面的资产评估技术方法的选择过程，即三个层面的选择。

（1）关于资产评估技术思路层面的选择；

（2）在各种资产评估技术思路已经确定的基础上，对实现各种评估技术思路的具体评估技术方法的选择；

（3）在确定了资产评估具体技术方法的前提下，对运用各种具体评估技术方法所涉及的经济技术参数的选择。

资产评估技术方法的多样性，为资产评估专业人员选择适当的评估技术方法，有效地完成评估任务提供了现实可能。

（二）在评估方法的选择过程中应注意的因素

（1）评估方法的选择要与评估目的、评估时的市场条件、评估对象在评估过程中

所处的状态，以及由此所决定的资产评估价值类型相适应。根据上述条件，当资产评估的价值类型为资产的市场价值时，可考虑按市场法、收益法和成本法的顺序进行选择。

（2）评估方法的选择受到评估对象的类型、理化状态等因素制约。例如，对于既无市场参照物，又无经营记录的资产，只能选择成本法进行评估；对于工艺比较特别且处在经营中的企业，可以优先考虑收益法。

（3）评估方法的选择受到各种评估方法运用所需的数据资料及主要经济技术参数能否收集的制约。每种评估方法的运用都需要充分的数据资料作依据。在一个相对较短的时间内，收集某种评估方法所需的数据资料可能会很困难，在这种情况下，评估专业人员应考虑采用替代的评估方法进行评估。

（4）资产评估专业人员应当清楚，在选择和运用评估方法时，如果条件允许，应当考虑三种基本评估方法在具体评估项目中的适用性，如果可以采用多种评估方法，不仅要确保满足各种方法使用的条件要求和程序要求，还应当针对各种评估方法取得的各种价值结论，分析其可能存在的问题并作相应的调整，确定最终评估结果。

结合三种主要资产评估技术方法的内容和特点，现将它们的公式、适用范围、优缺点等进行比较总结，详见表4-5。

表4-5　　　　　　　　　　　　　主要资产评估技术方法比较表

评估技术方法	主要评估公式	主要适用范围	优点	缺点	资产业务
成本法 1.复原重置成本法 2.更新重置成本法	估值＝重置成本－无形损耗＝重置成本×（1－折旧率）＝重置成本×成新率＝重置成本×（1－综合损耗率）	1.通胀率较大 2.无形损耗较大 3.技术改造使资产使用效果大大提高 4.账实不符（财务管理混乱）	1.实用性强,应用广泛 2.考虑因素比较全面	1.工作量大 2.计算复杂	比较广泛,资产补偿最具代表性
市场法 1.市价折扣法 2.市价比较法 3.物价指数法 4.统计分析法	估值＝相同全新资产市价－应计折旧额 估值＝（相似全新资产市价－应计折旧）×调整系数	1.产权交易 2.投资参股 3.税基评估中,成本法、收益法应用困难时,采用此法	1.结果较准确 2.计算较简单	1.资料和数据不易搜寻 2.参照资产难寻找	税基评估和其他相关评估
收益法 1.有限年限法（折旧法） 2.无限年限法 A.年金法 B.分段法	估值 $V = \sum A_i/(1+r)^i,$ $i=1,2,\cdots,n$	1.能继续使用的生产经营性资产 2.其他因素可量化 3.对整体资产最具代表性	1.结果较准确 2.易为双方接受	1.范围有限 2.收益率、贴现率和资本化率难确定	1.产权转让 2.所有权转让

三、各种资产评估技术方法的程序比较

现在我们对三种评估方法的程序进行简单的比较：

成本法主要是从被评估资产的历史数据出发，通过财务清点和资产成新率的确定，评定、估算出被评估资产按照成本价格标准计价的评估值。

市场法是从相关资产的市场数据出发，通过对一些影响因素的分析和修正，评定、估算出被评估资产按照现行市价标准计价的评估值。

收益法则从被评估资产的历史数据出发，通过对被评估资产收益的预测和折现，结合被评估资产的成新率的确定，评定、估算出按照收益现值标准计价的评估值。

■ 本章小结

目前，资产评估的技术与方法主要有成本法、市场法和收益法，其中：成本法是从待评估资产在评估基准日的复原重置成本或更新重置成本中扣减其各项价值损耗，来确定资产价值的技术方法。成本法涉及资产的重置成本、有形损耗、功能性贬值、经济性贬值等四个基本要素。市场法是指利用市场上同样或类似资产的近期交易价格，经过直接比较或类比分析以估测资产价值的各种评估技术方法的总称。影响现行市价的基本因素包括资产功能、资产的实体特征和质量、市场条件、交易条件等。收益法是以被评估资产在未来剩余经济寿命期限内所能获取的收益，按评估基准日进行折现转换为评估资产价值的一种资产评估技术方法。收益法涉及三个基本要素：被评估资产的预期收益；折现率或资本化率；被评估资产取得预期收益的持续时间。不同资产业务在评估中适用不同的价格标准，特定资产业务的目的不同，在评估其现行价格时的具体条件也有所不同，因而评估时依据的价格标准和评估的基本方法也不同。

■ 思考与练习

一、单项选择题

1.市场法所遵循的基本原则是（　　）。

A.贡献性原则　　　　B.合法原则　　　　C.独立性原则　　　　D.替代原则

2.在纯收益按等比级数递增、收益年限为无穷大的条件下，收益法下评估值的计算公式是（　　）。

A.$P=A/r$　　　　B.$P=A/（r-g）$　　　　C.$P=A/r+B/r^2$　　　　D.$P=A/（r+g）$

3.某评估机构以2017年1月1日为基准日对A企业进行整体评估，已知该企业2016年实现净利润100万元，经调查分析，预计该企业自评估基准日起第1年、第2年、第3年内每年的净利润将在前一年的基础上增加4%，自第4年起将稳定在第3年的水平上，若折现率为10%，无限期经营，则该企业评估价值最接近于（　　）万元。

A.1 103　　　　B.1 114　　　　C.1 147　　　　D.1 310

4.某收益性资产，评估基准日后可使用年限为30年，每年收益为20万元，折现率为10%，其评估价值最接近于（　　）万元。

A.178　　　　B.180　　　　C.188　　　　D.200

5.某待估房地产自评估基准日起剩余使用年限为30年，经评估专业人员分析，评估基准日后第1年的预期收益为50万元，其后各年的收益将以2%的比例递增，设定的折现率为10%，则该房地产的评估值最接近于（　　）万元。

A.555　　　　B.560　　　　C.625　　　　D.650

6.评估对象为某企业的无形资产，预计该无形资产在评估基准日后未来5年每年的收益维持在 120 万元的水平，并在第 5 年年末出售该无形资产，专家分析认为，该无形资产在第 5 年年末的预期出售价格为 200 万元，假设折现率为 10%，该无形资产的评估价值最接近于（　　）万元。

　　A.455　　　　　　　B.580　　　　　　　C.655　　　　　　　D.1 324

　　7.评估某企业，经评估专业人员分析预测，该企业评估基准日后未来 3 年的预期净利润分别为 200 万元、220 万元、230 万元，从未来第 4 年至第 10 年，企业净利润将保持在 230 万元的水平上，企业在未来第 10 年年末的资产预计变现价值为 300 万元，假定企业适用的折现率与资本化率均为 10%，该企业的股东全部权益评估值最接近于（　　）万元。

　　A.1 377　　　　　　B.1 493　　　　　　C.1 777　　　　　　D.1 900

　　8.某待估生产线设计生产能力为年产 10 000 台产品，每台正常市场售价为 1 000 元，现因市场竞争激烈以及市场需求变化，要保持 10 000 台生产能力，每台售价只能达到 800 元，该生产线尚可使用 3 年，折现率为 10%，企业所得税税率为 25%，该生产线经济性贬值最可能为（　　）万元。

　　A.333　　　　　　　B.497　　　　　　　C.164　　　　　　　D.288

　　9.成本法主要适用于（　　）前提下的资产评估。

　　A.继续使用　　　　B.公开市场　　　　C.预期收益　　　　D.交易

　　10.运用成本法评估一项资产时，若分别选用复原重置成本和更新重置成本，则应当考虑不同重置成本情况下具有不同的（　　）。

　　A.功能性贬值　　　B.经济性贬值　　　C.收益性贬值　　　D.实体性贬值

　　11.重新购置设备一台，现行市场价格为每台 80 000 元，运杂费为 2 000 元，直接安装成本为 1 500 元，其中材料费 500 元，人工费 1 000 元，经计算，该项安装工程应承担的企业间接费用为单位人工成本 1.20 元，则该设备重置成本为（　　）元。

　　A.84 700　　　　　B.84 300　　　　　C.83 700　　　　　D.83 500

　　12.被评估资产甲生产能力为 60 000 件/年，参照资产乙的重置成本为 5 000 元，生产能力为 30 000 件/年，设规模经济效益指数 x 取值 0.7，被评估资产的重置成本最接近于（　　）元。

　　A.7 300　　　　　　B.6 500　　　　　　C.7 212　　　　　　D.8 123

　　13.某项资产购建于 2008 年，账面原值为 10 万元，于 2014 年评估，若取得时定基物价指数为 100%，评估时定基物价指数为 140%，该资产最可能的评估值为（　　）元。

　　A.120 000　　　　　B.150 000　　　　　C.140 000　　　　　D.110 000

二、多项选择题

　　1.市场法评估的基本前提条件主要是（　　）。

　　A.要有一个活跃的公开市场

　　B.公开市场上要有可比资产及其交易活动

　　C.有充分时间进行分析判断

　　D.有可预测的资产收益

　　2.收益法评估的基本前提条件主要是（　　）。

A.被评估的资产的未来预期收益可以预测并可以用货币衡量

B.未来市场交易条件可预测

C.资产拥有者获得预期收益所承担的风险也可以预测并可以用货币衡量

D.被评估资产预期获利年限可以预测，资产未来预期收益可预测

3.资产评估中，收益法中的收益额是指（　　）。

A.资产的历史收益

B.资产的未来收益

C.资产的客观收益

D.资产的实际收益

4.成本法评估的基本前提条件主要是（　　）。

A.被评估资产处于继续使用状态

B.具备可利用的历史资料

C.形成资产价值的耗费是必须的

D.资产机会成本可预测

三、判断题

1.采用市场法评估资产价值时，需要以类似或相同的资产为参照物，选择的参照物应该是与被评估资产的成新率相同的资产。　　　　　　　　　　　　　　　（　　）

2.对被评估的机器设备进行模拟重置，按现行技术条件下的设计、工艺、材料、标准、价格和费用水平进行核算，这样求得的成本称为复原重置成本。　　　　（　　）

3.对于一项科学技术进步较快的资产，采用价格指数法往往会比采用重置核算法估算的重置成本高。　　　　　　　　　　　　　　　　　　　　　　　　　（　　）

4.收益法涉及的参数主要有三个：收益额、折现率和收益期限。　　　　（　　）

5.复原重置成本与更新重置成本相比较，设计差异、功能差异、技术差异和标准差异均是两者之间的主要差异。　　　　　　　　　　　　　　　　　　　　　（　　）

四、计算题

1.某被评估资产2013年购建，账面价值为60万元，2017年进行评估，2013年、2017年该类资产的定基物价指数分别为120%、170%，则被评估资产的重置成本为多少万元？

2.现评估某企业某类通用设备，首先抽样选择具有代表性的通用设备6台，估算其总重置成本为45万元，从会计记录中查得这6台设备的历史总成本为60万元，该类通用设备的账面历史总成本为600万元，则该类通用设备重置成本为多少万元？

3.某被评估的生产设备每月可生产8 000件产品，生产每件产品的工资成本为20元，而目前的新式同类设备生产每件产品的工资成本仅为16元。假定待评估设备与新设备的运营成本在其他方面相同，待评估设备还可以使用6年，所得税税率为25%，适用的折现率为12%。根据上述调查资料，求被评估资产相对于同类新设备的功能性贬值。

4.某类设备的价值和生产能力之间成非线性关系，市场上年加工2 500件产品的该类全新设备价值为35万元，现已八成新的年加工1 600件产品的被评估设备的价值为多少万

元？其中规模效益指数为0.6。

5.预计某企业未来5年的税后资产净现金流分别为25万元、32万元、38万元、45万元、50万元，假定该企业资产可以永续经营下去，且从第6年以后各年收益均为50万元，折现率为10%，确定该企业持续经营假设下的评估价值。

第四章参考答案

第五章

资产评估行业管理

学习目标

1. 掌握资产评估机构的分类、设立条件和资产评估执业质量管理的主要内容；
2. 熟悉资产评估从业人员管理的内容以及资产评估协会会员的权利和义务；
3. 了解资产评估行业政府管理和自律管理的主要内容。

我国资产评估行业是现代高端服务业，其特点主要体现为专业技术的复杂性、业务领域的广泛性、服务对象的多样性。国家许多部门将资产评估作为现代服务业的重要组成部分，将资产评估提高到了一个前所未有的高度。随着全面深化改革的稳步推进和各项改革措施的不断出台，资产评估行业面临的环境发生了很大变化，这也对资产评估行业行政管理提出了更高要求。

第一节　资产评估行业监督管理

一、资产评估行业管理体制变革

随着我国资产评估行业的发展以及影响的不断扩大，1995年，经外交部批准，中国资产评估协会代表中国资产评估行业加入了国际评估准则委员会；1999年，中国资产评估协会当选为国际评估准则委员会常务理事，并成为其专业技术委员会的委员；2005年，经外交部批准，中国资产评估协会加入世界评估组织联合会并成为其常务理事。

在国家积极推进简政放权、加快行政体制改革的大背景下，资产评估行业管理发生重大变革，主要表现在如下几方面：

一是政府管理职能。国务院发布了《关于取消和调整一批行政审批项目等事项的决定》（国发〔2014〕27号）文件，取消了注册资产评估师等准入类职业资格，改为水平评价类职业资格。根据《资产评估法》的规定，评估机构的设立由审批制改为备案制，同时赋予资产评估行政管理部门备案权、检查权、调查权、处罚权以及行业监管制度制定权，要求资产评估行政管理部门依法加强对资产评估行业的监督管理，监督管理的重点从事前监管向事中监管和事后监管转变。

二是自律管理。政府通过职业资格管理方式的改革，将资产评估师水平考试、管理等政府职能交给行业协会。评估机构设立方式的改变也赋予协会更多的管理职责，行业协会将会承担更大的责任。在新政策的研究和行业制度设计方面，特别是行政职能承接、行业管理模式、人员考试培训、会员登记和机构管理等关键问题上，协会的自律管理职能在不断强化。

三是行业管理。在连续取消多项行政审批项目后，国务院在2015年召开的首次常务会议中继续简政放权，减少政府管制，对资产评估等服务业提出更高的要求，在国务院近期发布的《服务业发展"十二五"规划》《国务院关于加快发展生产性服务业促进产业结构调整升级的指导意见》《国务院办公厅关于金融服务"三农"发展的若干意见》等文件中，资产评估为社会经济服务的功能越来越被国家重视，但资产评估行业的发展水平与市场经济发展的要求相比还有差距，加快资产评估行业转型升级和自主发展，需要在转变观念、创新管理和提升能力上主动布局、积极作为。

二、资产评估行业的监督管理

《资产评估法》第六章监督管理相关条款明确规定：国务院有关评估行政管理部门组织制定评估基本准则和评估行业监督管理办法；设区的市级以上人民政府有关评估行政管理部门依据各自职责，负责监督、管理评估行业，对评估机构和评估专业人员的违法行为依法实施行政处罚，将处罚情况及时通报有关评估行业协会，并依法向社会公开；评估行政管理部门对有关评估行业协会实施监督检查，对检查发现的问题和针对协会的投诉、举报，应当及时调查处理；评估行政管理部门不得违反本法规定，对评估机构依法开展业务进行限制；评估行政管理部门不得与评估行业协会、评估机构存在人员或者资金关联，不得利用职权为评估机构招揽业务。

为落实《资产评估法》规定的对资产评估行业的监督管理要求，体现"简政放权、放管结合"的改革精神和"既不缺位也不越位"的监管原则，2017年4月21日，财政部制定印发了《资产评估行业财政监督管理办法》（财政部令第86号，以下简称《办法》），自2017年6月1日起施行。2011年8月11日印发的《资产评估机构审批和监督管理办法》（财政部令第64号，以下简称财政部第64号令）同时废止。

（一）《办法》出台的背景

一是贯彻和实施《资产评估法》的需要。《资产评估法》巩固改革成果，进一步推动资产评估机构的设立从审批制改为备案制，同时赋予资产评估行政管理部门备案权、检查权、调查权、处罚权以及行业监管制度制定权，要求资产评估行政管理部门依法加强对资产评估行业的监督管理，监督管理的重点从事前监管向事中、事后监管转变。财政部第64号令规定的机构审批相关内容已经与《资产评估法》不相适应。

二是贯彻国家对资产评估行业监管改革精神的需要。2014年以来，国务院先后取消了注册资产评估师职业资格的行政许可和认定，将资产评估机构等的设立管理由前置审批改为后置审批，要求取消行政机关与行业协会商会的主办、主管、联系和挂靠关系等。为此，财政部先后印发了《关于调整资产评估机构审批有关事项的通知》和《关于调整资产评估机构审批有关事项的补充通知》，并与人力资源和社会保障部联合制定了《资产评估师职业资格制度暂行规定》，调整了现行的资产评估行业管理制度。结合《资产评估法》的立法情况，资产评估行业监管改革的举措需要进一步予以制度化。

三是促进资产评估行业多元化发展的需要。随着资产评估行业在市场经济中发挥的作用越来越重要，资产评估机构多元化发展的需求越来越强烈，资产评估机构执业过程中涉及的经济行为更趋复杂，加强对资产评估机构事中事后监管更显重要。财政部第64号令关于资产评估机构业务范围、股东和合伙人条件、分支机构的设立条件等规定限制了行业多元化发展，亟需依法制定新的规章，并相应增加行政监督管理、法律责任等方面的规定。

（二）《办法》出台的意义

一是构建了财政部门对资产评估行业的行政监管体系。按照中央深化改革的精神、《资产评估法》等法律法规的要求和国务院有关规定，对资产评估行业的管理思路、监督管理对象、机构设立和管理方式、监督检查和调查处理内容以及法律责任，在新形势下都有了新要求。《办法》按照新要求构建了新的资产评估行业监督管理体系，建立了行政监管、行业自律与机构自主管理相结合的管理新原则，明确了对评估专业人员、评估机构和评估协会的监管内容和监管要求，明确了各级财政部门的行政监管分工和职能，细化了资产评估法律责任的相关规定。新监管体系的建立，厘清了资产评估行业有关主体的运行规则，使资产评估行业有关主体在规则的框架内运行。

二是建立了资产评估行业健康发展的制度保障。《办法》对评估专业人员、评估机构和评估协会如何保障权利、履行义务和承担责任作出明确规定，有利于激发全体评估专业人员的创造力和创业热情，以及评估行业践行"大众创业，万众创新"的活力。《办法》明确资产评估机构自主管理和备案管理的内容，将组织形式和设立条件、质量控制和内部管理、独立性、集团化、职业风险金等作为机构自主管理范围，在备案管理中充分利用信息化手段提升管理效率，挖掘资产评估机构自身潜力，加强资产评估机构质量和风险防控，鼓励评估机构多元化发展和做优做强做大。《办法》明确资产评估协会作为资产评估机构和资产评估专业人员的自律性组织，应充分发挥行业协会参与和实施社会治理的重要作用。

三是提供了适应市场经济发展的评估领域协调体制。《资产评估法》立足我国评估行业实际，创新性地按照各行政管理部门分别管理的现行体制，将不同专业评估管理统一在一部法律框架之下予以规范，要求对行业发展中产生的新问题，建立沟通协作和信息共享机制，共同促进评估行业健康有序发展。《办法》在明确财政部门按职责分工对资产评估行业进行监督管理的基础上，特别注重资产评估财政监督管理与其他评估领域行政监管的协调。在备案管理方面，规定备案信息管理系统要与其他相关行政管理部门实行信息共享。在行政检查方面，规定有关财政部门可以联合其他相关评估行政管理部门进行检查。在投诉举报处理方面，对投诉、举报事项同时涉及其他行政管理部门职责的，建立会同处理机制。协调制度的设计不仅满足了行政管理"不冲突、不越位"的基本要求，更有利于落实资产评估法要求，有利于整个评估市场的协调发展。

（三）《办法》的主要内容

《办法》共8章72条，分别为总则、资产评估专业人员、资产评估机构、资产评估协会、监督检查、调查处理、法律责任和附则。主要内容：一是明确《办法》适用于按照职责分工由财政部门监管的资产评估行业、资产评估业务、资产评估专业人员、资产评估机构和资产评估协会；二是对资产评估专业人员的要求；三是详细规定了资产评估机构自主管理、协会对其自律管理以及行政备案管理等内容；四是按照政社分开、权责明确、依法自治的原则，根据《资产评估法》有关规定，明确了对资产评估行业协会的管理要求；五是财政部门监督检查工作的职责、内容和要求；六是财政部门调查处理工作的内容和要求；七是法律责任等相关规定；八是外商投资的资产评估机构安全审查相关规定，以及设区的市级以上有关主管部门监管权等规定。

（四）《办法》对资产评估专业人员与评估机构的设立要求

《资产评估法》将评估专业人员分为评估师和其他评估从业人员。《办法》基于财政监管范围，将资产评估专业人员分为资产评估师（含珠宝评估专业，下同）和具有资产评估专业知识及实践经验的其他资产评估从业人员。同时，按照"放管结合"原则，其他评估行政管理部门管理的其他专业领域评估师，如果从事《办法》第二条规定的资产评估业务，也应当接受财政部门的监管。

关于资产评估机构及分支机构备案管理，《办法》主要规定了以下内容：第一，通过信息管理系统实施备案，并简化资产评估机构备案材料，减轻申请人负担。但考虑到信息系统的安全运行有待检验，同时要求提供纸质材料，未来视情况可考虑取消纸质材料。第二，明确了省级财政部门在备案管理中的职责，对于备案信息或材料不齐全的，省级财政部门应当在接到备案材料5个工作日内一次性告知需要补正的全部内容，并给予指导；对于备案材料齐全的，省级财政部门收齐备案材料即完成备案，并在20个工作日内将有关信息以公函编号向社会公开。第三，考虑到资产评估机构分支机构的实际情况，明确了资产评估机构设立分支机构的，由资产评估机构向分支机构所在地省级财政部门备案。同时，为方便资产评估机构完成备案，由分支机构所在地省级财政部门将分支机构备案情况告知资产评估机构所在地省级财政部门。第四，明确了机构重要事项变更手续、机构跨省迁移经营场所备案手续、注销备案等内容。第五，规定的资产评估机构未按本办法规定备案的，依法承担法律责任。

（五）《办法》对资产评估协会的要求

按照政社分开、权责明确、依法自治的原则，根据《资产评估法》的规定，《办法》进一步细化了对资产评估行业协会的要求。一是规定资产评估协会是资产评估机构和资产评估专业人员的自律性组织，接受有关财政部门的监督，不得损害国家利益和社会公共利益，不得损害会员的合法权益。二是规定资产评估协会章程应报财政管理部门备案，资产评估协会向财政部门报告会员信用档案、会员自律检查情况和对会员的奖惩情况等。三是规定资产评估协会的自律管理要求，包括应对资产评估机构及其资产评估专业人员执业质量和职业风险防范机制进行自律检查，对机构年度报送的材料进行分析，发现违法情形及时向财政部门报告等。四是规定资产评估协会应当与其他评估专业领域行业协会加强沟通协作，建立会员、执业、惩戒等相关信息的共享机制。

三、资产评估行业的自律管理

我国的资产评估由政府管理逐渐转向在财政部门指导下的行业自律管理。这既是我国政府行政管理体制改革的需要，也是与国际惯例接轨的需要。要充分发挥协会的行业管理作用，必须有一个健全的协会组织体系。为此，1993年12月10日，我国成立了中国资产评估协会，它是一个自我教育、自我约束、自我管理的全国性资产评估行业组织。资产评估协会作为独立的社团组织，具有跨地区、跨部门、跨行业、跨所有制的特点，使资产评估管理工作覆盖整个行业和全社会，它既可把培训评估专业人员、研究评估理论方法、制定评估技术标准和执业标准、进行国内外业务交流合作等作为己任，又可接受政府授权和委托，办理属于政府职能的工作。资产评估协会的建立，标志着我国资产评估行业建设进入了一个新的历史发展阶段。

（一）中国资产评估协会的宗旨

中国资产评估协会的宗旨是：遵守国家宪法、法律、法规和国家政策，遵守社会道德风尚，依法进行行业自律管理；服务会员、服务行业、服务国家经济社会发展，维护社会公共利益和会员合法权益；监督会员规范执业，提升行业服务能力和社会公信力，促进行业持续健康发展。

（二）中国资产评估协会履行的职责

（1）制定会员自律管理办法，对会员实行自律管理。

（2）依据评估基本准则制定评估执业准则和职业道德准则。

（3）组织开展会员继续教育。

（4）建立会员信用档案，将会员遵守法律、行政法规和评估准则的情况记入信用档案，并向社会公开。

（5）检查会员建立风险防范机制的情况。

（6）受理对会员的投诉、举报，受理会员的申诉，调解会员执业纠纷。

（7）规范会员从业行为，定期对会员出具的评估报告进行检查，按照章程规定对会员给予奖惩，并将奖惩情况及时报告有关评估行政管理部门。

（8）保障会员依法开展业务，维护会员合法权益。

（9）组织实施资产评估师职业资格全国统一考试。

（10）法律、行政法规和章程规定的其他职责。

中国资产评估协会最高权力机构为全国会员代表大会，每5年召开一次，选举产生理事会；理事会是全国会员代表大会的执行机构，对全国会员代表大会负责；常务理事会为理事会的常设机构，在理事会闭会期间，行使理事会职权。

理事会下设若干专门委员会和专业委员会。专门委员会是理事会履行职责的专门工作机构；专业委员会是理事会负责行业发展中专业管理及专业技术问题的专业工作机构。各委员会办事机构设在秘书处相关部门或受委托的有关部门。

秘书处为本会日常办事机构，负责落实全国会员代表大会、理事会、常务理事会、会长办公会的各项决议、决定，承担日常工作。秘书长负责秘书处的日常工作。

四、资产评估行业管理趋势

（一）强化市场建设，拓展服务领域

新常态下的中国经济发展仍将总体向好，大有作为。资产评估反映经济发展活力，市场经济越发展，评估新市场和新领域越广阔。一是服务混合所有制经济发展，要积极探索评估行业服务混合所有制发展的具体思路和措施，着力促进经济转型升级。二是服务资本市场完善和金融体制改革，要充分发挥资产评估服务金融企业改制上市、并购重组中公允价值评估的专业功能，积极推进金融衍生品价值评估理论研究和实践模式。三是服务文化科技体制改革，要加快文化企业无形资产价值相关准则建设，为推进文化体制改革和市场建设提供专业支撑，进一步加快科技成果转化。四是服务生态文明建设和环保市场发展，要深入研究评估服务生态环境保护、生态资源价值补偿、碳排放权交易、排污权交易、环境污染第三方治理等领域的内容和方式，拓展评估社会服务功能，促进生态环保机制制度建设和环保市场发展。

（二）加强理论创新，强化准则建设

结合经济新常态下的新市场、新业务，要求进一步完善资产评估理论、方法和技术，动态跟踪新需求。一是加强评估市场研究，积极开展资产评估市场动态和趋势分析研究、国内外评估市场比较研究，为评估市场建设和拓展提供借鉴和参考。二是深化评估理论研究，推进品牌价值评估、央企境外并购资产评估、知识产权质押评估、非物质文化遗产评估、森林资源资产评估等理论研究，为开拓新市场提供专业支撑。三是强化评估准则建设，围绕混合所有制经济发展、国家知识产权战略、文化经济体制改革、国有资本经营预算管理等重点服务领域，加强相关评估准则研究和制定，进一步发挥评估行业维护法治环境、市场秩序的专业作用。

（三）加强执业监管，改善市场环境

随着国家简政放权力度的加大，行业协会等社会组织的自律监管职能将进一步加强。一是要适应监管主体对机构资质管理以及执业能力的新要求，研究制定自律监管的新机制、新措施，执业监管的方法、手段、内容、着力点要与时俱进，关注监管执业中出现的苗头性、倾向性问题。二是要完善评估业务信息报备工作，重点加强证券资格资产评估机构业务报备工作的管理，使监管部门及时掌握第一手业务资料，及时了解市场信息。三是要健全和完善执业监管体制机制，加强对执业人员的事前预警、事中监督和事后监管，加大对执业质量检查工作的表彰与惩戒力度。四是要加强与财政部、中国证监会等相关资产评估政府管理部门的沟通协调，与行政监管和自律监管有机结合，形成合力，营造评估机构规范执业的良好市场环境。

（四）适应改革需求，创新管理模式

以简政放权为核心的行政审批改革将深刻改变资产评估职业资格管理和机构管理方式，资产评估行业要按照政府行政体制改革要求，全力推进行业管理方式改革，提升评估行业的市场化管理水平。一是要坚决拥护和支持改革，正确理解和解读改革，保持评估队伍稳定，保证改革有序稳步推进。二是要根据改革的要求，以创新的思路做好顶层设计，完善资产评估师考试制度，选拔行业人才，解决好考试改革前后制度衔接问题。三是要创新自律管理模式，理顺行业准入、会员管理、机构资质、执业监管、准则建设、人才培养之间的管理链条，构建充满活力的行业管理体制机制，打造适应行业改革要求、满足行业发展需求的行业管理与服务新格局。

（五）打造数据平台，提升信息服务

在大数据时代，谁掌握了数据，就意味着掌握了先机和未来。信息化水平的高低，对资产评估行业未来发展将起着至关重要的作用。未来一段时间内，一是要积极推进资产评估行业信息化建设工作。要随着经济社会的发展、行业的壮大和管理方式的调整，继续加强对行业信息化建设规划的研究，进一步优化、完善资产评估行业信息化建设顶层设计。二是要配合行业管理方式、内容的改革，应用新的信息技术框架及数据标准，进一步完善现有行业管理信息平台，提升行业管理水平。三是要继续开展资产评估行业数据库建设，积极为资产评估执业提供专业信息服务。按照"整体设计，分步实施，统一管理，合作应用，适度超前，注重实用"等原则，在加快推进基础数据库建设的同时，积极探索建设评估基准数据库，打造资产评估行业数据平台。

（六）深化国际交流，增强国际话语权

一是要主动参与国际经济交流与合作，配合中国企业"走出去"战略，通过创造政策环境、争取政策支持、搭建服务平台、加强国际化人才培养等举措，营造良好的制度和政策环境，推动中国评估行业"走出去"和"国际化"，提升中国评估行业的国际形象。二是要积极参与国际评估规则制定，增强中国评估行业的话语权，不断提升评估行业服务能力，使行业地位与中国的大国经济地位相匹配。三是要支持和参与国际评估理论和重大课题研究、评估市场研究、准则建设，为专业创新和行业发展提供参考和借鉴。

（七）强化队伍建设，提升人员素质

要结合国家改革发展大趋势，根据社会经济发展对行业人才的新要求，不断加大人才培养的创新力度。一是要结合管理方式改革，加强行业人才培养机制研究，进一步完善中国资产评估协会、地方协会、评估机构三个层次的资产评估人才培养机制，加大对地方协会和评估机构人才培养指导和评价力度。二是要围绕服务财税体制改革、混合所有制经济发展、企业转型升级和文化市场体系建设等新市场、新业务的特殊要求，加强行业人才知识结构的更新和专业胜任能力的培养。三是要认真落实分层次、分类别的人才培养计划，组织开展行业高端人才、管理人才、师资和业务骨干人才的培养工作。

第二节 资产评估机构管理

在我国现行的资产评估管理体制下，资产评估机构应当自取营业执照之日起30日内向机构所在地省级财政部门备案，资产评估机构及其分支机构备案后，加入资产评估协会，平等享有资产评估协会章程规定的权利。

资产评估的质量将影响委托人及有关当事人的经济决策和经济利益。因此，资产评估机构及从业人员必须具备执业的技术业务素质和职业道德。资产评估机构是由资产评估从业人员构成的，资产评估从业人员必须具备多方面的专业知识、与资产评估相关的丰富的实践经验以及良好的职业道德。

一、资产评估机构分类

从目前发展趋势来看，我国的资产评估机构大致可以从以下两个方面进行分类：

（一）从资产评估机构的执业范围角度，可以划分为混营性资产评估机构和专营性资产评估机构

1.混营性资产评估机构

混营性资产评估机构是指在从事资产评估业务的同时，还从事其他评估业务的资产评估公司，如××土地房地产资产评估公司。一般情况下，混营性资产评估机构的评估业务范围比较广泛，资产评估专业人员比较固定且素质相对较高。

2.专营性资产评估机构

专营性资产评估机构是指专门评估某一种或某一类资产的专项评估机构，如××资产评估公司、××房地产估价公司等。专营性资产评估机构由于评估范围较窄，评估对象的性质、功能比较统一，专业性比较强，因而专业化程度和专业技术水平比较高，具有比较

明显的专业优势。

（二）从资产评估机构的企业组织形式的角度，大致可划分为合伙制的资产评估机构和公司制的资产评估机构

1.合伙制的资产评估机构

合伙制的资产评估机构由发起人共同出资设立，共同经营，对合伙债务承担无限连带责任。

合伙制是国际资产评估公司采用的一种主要形式，从专业服务机构的特点看，资产评估公司的管理特点与合伙制讲究协商文化、共同参与的理念相契合。公司的运营主要靠人的因素而非资本因素，其是由专业人士组成的"人和"企业而非一般的"资合"企业，合伙人的利益分配要综合考虑贡献和出资因素，这都符合合伙制的特征。从外部环境上看，合伙制的资产评估公司应按《资产评估法》的要求建立，但社会也没有建立起作为合伙制存在基础的个人财产申报制度和责任保险制度，使得在合伙制下发生过错的资产评估师为自己的行为承担责任在现实中无法实现，不能对受损失的投资者进行有效的赔偿。在奥地利，WTBC法规定资产评估师和公司必须参加职业责任保险，最低保额为7.3万欧元，未投保或投保不达标的，将被处以吊销注册、暂停营业、罚款等处罚。随着我国专业服务市场的放开和国内体制环境的不断完善，合伙制将会是我国资产评估公司发展的主导方向。

2.公司制的资产评估机构

公司制的资产评估机构按《资产评估法》要求由发起人共同出资设立，评估机构以其全部财产对其债务承担有限责任。公司制的资产评估机构也称为有限责任制的资产评估机构，其核心是公司法人治理结构。规范的法人治理结构由股东大会、董事会、监事会、经理层及相应的职能机构组成。股东大会是公司的最高权力机构；董事会是公司决策机构，受股东大会委托管理公司，成为公司法定代表，全权负责公司的经营管理；经理层是执行机构，经理作为执行董事会决策的代理人，在董事会授权范围内对公司事务行使管理权和代理权，扮演 CEO 的角色；监事会是公司的监督机构。法人治理结构的本质是妥善处理由于所有权经营权分离而产生的委托代理关系，核心是董事会的功能运用以及董事会、监事会、经理班子的制衡机制。

二、资产评估机构的管理特点

资产评估机构作为现代高端服务企业，有它自身的管理特点：

（一）以项目为核心

（1）每一个评估项目是实现公司战略目标的载体。

（2）公司业务是多项目的组合。

（3）机构管理组织核心是基于项目管理的组织管理体系。

（二）资产评估机构的管理主要是对人的管理

资产评估机构不是一般的"资合"企业，而是由专业人士组成的"人合"企业，从内在属性上分析是从事一种高端现代服务业。资产评估机构的运营主要靠人的因素而非资本因素，在机构利润形成的过程中，人力资源起了决定性作用，是评估机构生存与发展的根本。作为知识密集型的现代高端服务行业，如果离开了专业技术人员的智力投入，机构将无利润可言。同时，同其他现代服务业一样，信誉是机构生存和发展的生命线，信誉的建

立取决于资产评估专业人员的执业质量，而执业质量的高低主要取决于资产评估专业人员自身的专业胜任能力、专业判断、实践经验及职业道德水平等。因此，资产评估机构的日常管理主要是对人的管理。

（三）风险管理在资产评估机构内部管理中占有特殊重要的地位

资产评估机构从事的行业是高风险行业，评估报告的完整性、公允程度、报告使用者的利益取向，都会成为影响资产评估机构承担风险的重要因素。客户支付报酬委托资产评估机构进行评估，是希望资产评估专业人员能够以专业知识和专业判断对其资产价值作出公允的估计，然而，资产评估专业人员专业判断的主观性，使得判断不好量化，风险难以避免。通常，公众的期望值越高，资产评估机构的风险成本也就越大。

（四）资产评估机构提供评估及相关服务时，必须以社会公共利益为重

独立、客观、公正是资产评估行业的灵魂，评估专业人员绝不能为了迎合客户的需求而歪曲事实，践踏职业道德。评估专业人员只能在职业操守规定的范围内，运用合理的专业判断来体现委托人的合法权益，维护社会的公共利益。这与营利性公司"以客户为上帝"的管理宗旨有本质上的区别。

三、资产评估机构的设立

根据《办法》的相关条款，所谓资产评估机构是指依法设立、从事资产评估业务的机构。资产评估机构应当依法采用合伙形式或者采用公司形式设立。资产评估机构的设立必须具备以下条件：

（一）设立合伙形式的资产评估机构的条件

设立合伙形式的资产评估机构，除符合国家有关法律法规规定外，还应当具备下列条件：第一，有2名以上评估师。第二，其合伙人2/3以上应当是具有3年以上从业经验且最近3年内未受停止从业处罚的评估师。

（二）设立公司形式资产评估机构的条件

设立公司形式资产评估机构，除符合国家有关法律法规规定外，还应当具备下列条件：第一，有8名以上评估师和两名以上股东。第二，其中2/3以上股东应当是具有3年以上从业经验且最近3年内未受停止从业处罚的评估师。

（三）资产评估机构和分支机构登记备案管理

1.资产评估机构备案材料

资产评估机构应当自领取营业执照之日起30日内向所在地省级财政部门备案，并提交下列材料：（1）资产评估机构备案表。（2）营业执照复印件。（3）经工商行政管理机关登记的合伙协议或公司章程。（4）资产评估机构合伙人（股东）信息汇总表、资产评估机构合伙人（股东）简历、由资产评估机构为其自然人合伙人（股东）缴纳社会保险费的复印件（内退、下岗、退休人员除外），有法人合伙人（股东）的，还应当提交资产评估机构法人合伙人（股东）信息表、法人合伙人（股东）营业执照复印件。（5）资产评估专业人员情况汇总表、资产评估师转所表、其他专业领域的评估师资格证书复印件。（6）《办法》规定的资产评估机构质量控制制度和内部管理制度。

2.资产评估机构办理分支机构备案材料

资产评估机构办理分支机构备案，应当提交以下材料：（1）资产评估机构设立分支机

构备案表。（2）分支机构营业执照复印件。（3）资产评估机构授权分支机构的业务范围。（4）资产评估机构分支机构负责人简历以及由资产评估机构或分支机构为其分支机构负责人缴纳社会保险费的复印件（内退、下岗、退休人员除外）。（5）资产评估专业人员情况汇总表、资产评估师转所表。

3. 备案规定

省级财政部门应当根据《办法》的有关规定收齐备案材料。对于资产评估机构申报的资产评估师信息，省级财政部门应当在公开前向地方资产评估协会核实，其中资产评估师（珠宝）由地方资产评估协会转中国资产评估协会核实。对于备案材料不齐全或者不符合要求的，应当在5个工作日内一次性告知需要补正的全部内容。资产评估机构或分支机构应当根据省级财政部门的要求，在15个工作日内补正。逾期不补正的，视同未备案。备案材料完备且符合要求的，省级财政部门收齐备案材料即完成备案，并在20个工作日内将资产评估机构或分支机构备案信息，在备案信息管理系统中进行备案确认，同时以公函编号向社会公告。资产评估机构分支机构完成备案的，资产评估机构分支机构所在地省级财政部门，还应当通过备案信息管理系统，告知资产评估机构所在地省级财政部门。公告信息应当载明以下信息：（1）资产评估机构名称及组织形式；（2）资产评估机构的合伙人或者股东及其出资的基本情况；（3）资产评估机构的首席合伙人或者法定代表人；（4）申报的资产评估专业人员基本情况。

（四）资产评估机构及分支机构的变更和终止

资产评估机构的名称、执行合伙事务的合伙人或者法定代表人、合伙人或者股东、分支机构的名称或者负责人发生变更，以及发生机构分立、合并、转制、撤销等重大事项的，应当自变更之日起15个工作日内，向有关省级财政部门办理变更手续。需要变更工商登记的，自工商变更登记完成之日起15个工作日内向有关省级财政部门办理变更手续。

资产评估机构办理合并或者分立变更手续的，应当提供合并或者分立协议。合并或者分立协议应当包括以下事项：（1）合并或者分立前资产评估机构评估业务档案保管方案；（2）合并或者分立前资产评估机构职业风险基金或者职业责任保险的处理方案；（3）合并或者分立前资产评估机构评估业务、职业责任的继承关系。

合伙制资产评估机构转为公司制资产评估机构，或者公司制资产评估机构转为合伙制资产评估机构，办理变更手续应当提供合伙人会议或股东（大）会审议通过的转制决议。转制决议应当载明转制后机构与转制前机构的债权债务、档案保管、资产评估业务、执业责任等承继关系。资产评估机构跨省级行政区划迁移办公场所，应当书面告知迁出地省级财政部门。资产评估机构在办理完迁入地工商登记手续后15个工作日内，向迁入地省级财政部门办理迁入备案手续。迁入地省级财政部门办理迁入备案手续后通知迁出地的省级财政部门，迁出地的省级财政部门应同时予以公告。

已完成备案的资产评估机构或者分支机构有下列情形之一的，省级财政部门予以注销备案，并向社会公开：（1）注销工商登记的；（2）被工商行政管理机关吊销营业执照的；（3）主动要求注销备案的。

注销备案的资产评估机构及其分支机构的资产评估业务档案，应当按照《中华人民共和国档案法》和资产评估档案管理的有关规定予以妥善保存。

（五）资产评估机构监督检查

财政部统一部署对资产评估行业的监督检查，主要负责以下工作：（1）制定资产评估专业人员、资产评估机构、资产评估协会和相关资产评估业务监督检查的具体办法；（2）组织开展资产评估执业质量专项检查；（3）监督检查资产评估机构从事证券期货相关资产评估业务情况；（4）检查中国资产评估协会履行《资产评估法》第三十六条规定的职责情况，并根据工作需要，对地方资产评估协会履行职责情况进行抽查；（5）指导和督促地方财政部门对资产评估行业的监督检查，并对其检查情况予以抽查。

省级财政部门开展监督检查，包括年度检查和必要的专项检查，对本行政区域内资产评估机构包括分支机构的下列内容进行重点检查，并将检查结果予以公开，同时向财政部报告：（1）资产评估机构持续符合《资产评估法》规定条件的情况；（2）办理备案情况；（3）资产评估执业质量情况。

财政部门开展资产评估行业监督检查，应当由本部门两名以上执法人员组成检查组。检查时，财政部门认定虚假资产评估报告和重大遗漏资产评估报告，应当以《资产评估准则》为依据，组织相关专家进行专业技术论证，也可以委托资产评估协会组织专家提供专业技术支持。

（六）资产评估机构法律责任

资产评估有下列行为之一的，由对其备案的省级财政部门对资产评估机构予以警告，可以责令停业1个月以上6个月以下；有违法所得的，没收违法所得，并处违法所得1倍以上5倍以下罚款；情节严重的，通知工商行政管理部门依法处理；构成犯罪的，移送司法机关处理：（1）未取得资产评估师资格的人员签署法定资产评估业务资产评估报告的；（2）承办并出具法定资产评估业务资产评估报告的资产评估师人数不符合法律规定的；（3）受理与其合伙人或者股东存在利害关系业务的。

资产评估机构分支机构超过资产评估机构授权范围从事评估业务并造成不良后果的，由其分支机构所在地的省级财政部门责令改正，对资产评估机构及其法定代表人或执行合伙事务的合伙人分别予以警告；没有违法所得的，可以并处资产评估机构1万元以下罚款；有违法所得的，可以并处资产评估机构违法所得1倍以上3倍以下、最高不超过3万元的罚款；同时，通知资产评估机构所在地省级财政部门。

资产评估机构未按照《办法》规定备案或者备案后不符合资产评估设立规定条件的，由资产评估机构所在地省级财政部门责令改正；拒不改正的，责令停业，可以并处1万元以上5万元以下罚款，并通报工商行政管理部门。

资产评估机构未按照《办法》规定办理分支机构备案的，由其分支机构所在地的省级财政部门责令改正，并对资产评估机构及其法定代表人或者执行合伙事务的合伙人分别予以警告，同时通知资产评估机构所在地的省级财政部门。

四、资产评估机构从事证券、期货业务规定

（一）关于证券、期货业务评估资格的申请条件

（1）资产评估机构从事证券、期货业务，应当按照规定取得证券、期货相关业务评估资格（以下简称"证券评估资格"）。

（2）资产评估机构申请证券评估资格，应当符合下列条件：

①资产评估机构依法设立并取得资产评估资格3年以上，发生过吸收合并的，还应当自完成工商变更登记之日起满1年；

②质量控制制度和其他内部管理制度健全并被有效执行，执业质量和职业道德良好；

③具有不少于30名资产评估师，其中最近3年持有资产评估师证书且连续执业的不少于20人；

④净资产不少于200万元；

⑤按规定购买职业责任保险或者提取职业风险基金；

⑥半数以上合伙人或者持有不少于50%股权的股东最近在本机构连续执业3年以上；

⑦最近3年评估业务收入合计不少于2 000万元，且每年不少于500万元。

（3）资产评估机构申请证券评估资格，应当不存在下列情形之一：①在执业活动中受到刑事处罚、行政处罚，自处罚决定执行完毕之日起至提出申请之日止未满3年；②因以欺骗等不正当手段取得证券评估资格而被撤销该资格，自撤销之日起至提出申请之日止未满3年；③申请证券评估资格过程中，因隐瞒有关情况或者提供虚假材料被不予受理或者不予批准的，自被出具不予受理凭证或者不予批准决定之日起至提出申请之日止未满3年。

（二）关于证券评估资格的申请材料

（1）资产评估机构申请证券评估资格，应当按要求提交下列材料：①资产评估机构关于申请证券评估资格的报告及执业情况总结；②资产评估机构基本情况表；③资产评估机构质量控制制度和其他内部管理制度及执行情况说明；④经中国资产评估协会核实的提出申请前上月末资产评估师情况一览表；⑤由具有证券业务资格的会计师事务所出具的最近3年会计报表的审计报告，审计报告应当披露总收入中的评估收入单项说明；⑥资产评估机构最近3年评估业务和收入汇总表；⑦职业责任保险保单复印件或者累计职业风险基金证明材料；⑧资产评估资格证书副本、营业执照副本复印件。

（2）最近3年内发生过合并行为的资产评估机构，除以上规定材料外，还应当提交下列材料：①合并协议复印件；②由具有证券业务资格的会计师事务所出具的合并各方最近3年年度会计报表的审计报告，审计报告应当披露总收入中的评估收入单项说明；③经中国资产评估协会核实的工商变更登记日合并各方资产评估师情况一览表；④自发生合并行为上年末至合并基准日上月末净资产、职业风险基金变动情况说明；⑤合并各方最近3年评估业务和收入汇总表；⑥合并前各方职业责任保险保单复印件或者累计职业风险基金证明材料。

第三节　资产评估从业人员管理

从事资产评估业务的人员称为资产评估专业人员，对资产评估的专业人员的管理应符合《资产评估法》、《资产评估师职业资格制度暂行规定》、《中国资产评估师协会章程》和《中国资产评估协会执业会员管理办法（试行）》等规定。

一、资产评估师职业资格制度

我国的资产评估师制度大致由资产评估师职业资格考试制度、资产评估师职业资格证书登记服务制度、资产评估师执业管理制度，以及资产评估师年检制度组成。资产评估师职业资格考试制度是指凡欲取得资产评估师职业资格的人员，必须参加资产评估师职业资格考试。人力资源和社会保障部、财政部共同负责资产评估师职业资格制度的政策制定，并按职责分工对资产评估师职业资格制度的实施进行指导、监督和检查。中国资产评估协会具体承担资产评估师职业资格的评价与管理工作。凡具有高等院校专科以上学历的公民，均可以参加资产评估师职业资格考试，考试合格者将获得资产评估师职业资格证书。

资产评估师职业资格证书实行登记服务制度，资产评估师职业资格考试合格的人员应当进行职业资格证书登记。资产评估专业人员有下列情形的，不予登记：（1）不具有完全民事行为能力；（2）因在资产评估相关工作中受刑事处罚，刑罚执行期满未逾5年；（3）因在资产评估相关工作中违反法律、法规、规章或者职业道德被取消登记未逾5年；（4）因在资产评估、会计、审计、税务、法律等相关工作领域中受行政处罚，自受到行政处罚之日起不满2年；（5）在申报登记过程中有弄虚作假行为未予登记或者被取消登记的，自不予登记或者取消登记之日起不满3年；（6）中国资产评估协会规定的其他不予登记的情形。

资产评估师有下列情形之一的，由地方协会报中国资产评估协会注销登记：（1）不具有完全民事行为能力；（2）自愿申请注销登记；（3）死亡或者被依法宣告死亡；（4）中国资产评估协会规定的其他情形。

资产评估师执业管理制度主要由资产评估师执业技术规范和职业道德规范组成。资产评估师执业技术规范原则规定了资产评估师的执业范围、执业技术规程和执业责任。资产评估师职业道德规范具体规定了资产评估师的职业理想、职业态度、职业职责、执业立场、执业者与委托人之间的关系、回避制度，以及专业胜任能力等。

资产评估师后续教育制度是指已经取得了资产评估师职业资格并正在执业的资产评估师必须接受继续教育的制度。在其执业过程中，每年不得少于一定学时的再学习、再教育时间，以保证执业中的资产评估师的知识更新和技术进步。对未接受再学习、再教育以及未完成再学习、再教育规定学时的资产评估师将不予通过年检。

二、资产评估协会会员的权利和义务

根据《中国资产评估协会会员管理办法》的规定，会员分为单位会员和个人会员。单位会员分为评估机构会员（含特别机构会员）和非评估机构会员；个人会员分为执业会员（含评估师执业会员和非评估师执业会员）和非执业会员。资产评估协会设特别会员，包括特别机构会员、资深会员和名誉会员。

（一）单位会员

1.评估机构会员

依法设立并完成备案的资产评估机构，应当加入中国资产评估协会，成为评估机构会员。

依法设立的资产评估机构，按有关规定，向所在地地方协会提出入会申请，并提交有关设立和备案文件，经地方协会核实后，报协会批准，成为评估机构会员。

2.非评估机构会员

中央企事业单位、从事资产评估研究和教学的单位、与资产评估行业相关的其他全国性社会团体、国外及港澳台地区从事评估业务的机构等，按有关规定，向中国资产评估协会提出入会申请，经协会批准后，成为非评估机构会员。

其他非评估机构，向所在地方协会提出申请，经地方协会核实后，报中国资产评估协会批准，成为非评估机构会员。

（二）个人会员

1.评估师执业会员

通过资产评估师（含珠宝专业，下同）资格考试取得《中华人民共和国资产评估师职业资格证书》（以下简称《资产评估师资格证书》），在资产评估机构从事资产评估业务的人员，向所在地方协会提出入会申请，并提交相关材料，经地方协会初审后，报中国资产评估协会协会批准，成为执业会员。执业会员享有以下权利：（1）选举权、被选举权；（2）要求中国资产评估协会维护其执业合法权益；（3）通过中国资产评估协会向政府有关部门反映行业的意见和建议；（4）参加中国资产评估协会举办的学习和专业培训；（5）参加中国资产评估协会组织的有关专业研究和经验交流活动；（6）优先获得中国资产评估协会的资料、书刊及行业网络信息资源；（7）被提名为专门委员会、专业委员会委员候选人；（8）对中国资产评估协会工作有监督、建议权；（9）对中国资产评估协会给予的自律惩戒有陈述权和申诉权；（10）按规定退会。

执业会员应当履行以下义务：（1）遵守中国资产评估协会章程；（2）遵守执业准则、执业规范和执业纪律；（3）执行中国资产评估协会决议和制度；（4）接受中国资产评估协会监督和管理；（5）维护会员团结、行业职业信誉和中国资产评估协会声誉；（6）按规定缴纳会费；（7）按规定接受后续教育；（8）承担或协助完成中国资产评估协会委托的任务。

2.非执业会员

其包括取得《资产评估师资格证书》但未在资产评估机构从事评估工作的人员，不再在资产评估机构继续从事评估工作的非评估师执业会员，从事资产评估管理、研究、教学等工作的人员。在中央国家机关及政府相关部门、中央企事业单位、全国性社会团体、资产评估研究和教学单位、国外及港澳台地区评估行业工作的申请人，按相关规定，向资产评估协会提出入会申请，经协会批准后，成为非执业会员。非执业会员享有以下权利：（1）选举权、被选举权；（2）通过中国资产评估协会向政府有关部门反映行业的意见和建议；（3）参加中国资产评估协会举办的学习和专业培训；（4）参加中国资产评估协会组织的有关专业研究和经验交流活动；（5）优先获得中国资产评估协会的资料、书刊及行业网络信息资源；（6）被提名为专门委员会、专业委员会委员候选人；（7）对中国资产评估协会工作有监督、建议权；（8）对中国资产评估协会给予的自律惩戒有陈述权和申诉权；（9）按规定退会。

非执业会员应当履行以下义务：（1）遵守中国资产评估协会章程；（2）执行中国资产评估协会决议和制度；（3）接受中国资产评估协会监督和管理；（4）维护会员团结、行业职业信誉和中国资产评估协会声誉；（5）按规定缴纳会费；（6）按规定接受后续教育；

（7）承担或协助完成中国资产评估协会委托的任务。

3.非评估师执业会员

未取得《资产评估师资格证书》，在资产评估机构从事资产评估业务的从业人员，向所在地地方协会提出申请，经地方协会核实后，报中国资产评估协会批准，成为非执业会员。

4.特别会员

依法取得证券、期货相关业务评估资格的评估机构，向中国资产评估协会提出申请，并提交《证券、期货相关业务评估资格证书》复印件，经协会核实后，成为特别机构会员。

长期从事资产评估业务或资产评估理论研究，具有较高理论水平和较强专业能力的会员，由本人申请，经中国资产评估协会常务理事会批准，成为资深会员。

对资产评估行业作出重大贡献的社会人士，或境内外知名人士，由秘书处提名，经中国资产评估协会常务理事会批准，成为名誉会员。

三、退会规定

会员有下列情形之一的，其相应会员资格终止：一是申请退会的；二是不符合《中国资产评估协会会员管理办法》规定的会员条件的；三是单位会员的主体资格被依法终止的；四是特别机构会员被取消证券、期货相关业务评估资格的；五是长期不履行会员义务的；六是受到中国资产评估协会取消会员资格惩戒的；七是受到行政处罚、处分，情节严重的；八是受到刑事处罚的。

会员申请退会的，应当按会员管理权限，向中国资产评估协会或所在地地方协会提交退会申请，经协会批准予以退会。

第四节 资产评估执业质量管理

资产评估执业质量管理包括资产评估机构执业质量控制和执业质量检查两方面内容。

一、资产评估机构执业质量控制

（一）基本要求

我国资产评估机构应当结合自身规模、业务特征、业务领域等因素，建立资产评估质量控制体系，保证资产评估业务质量，防范执业风险。

资产评估质量控制体系包括资产评估机构为实现质量控制目标而制定的质量控制政策，以及为政策执行和监控而设计的必要程序。资产评估机构应当针对以下方面制定相应的控制政策和程序：一是质量控制责任；二是职业道德；三是人力资源；四是资产评估业务受理；五是资产评估业务计划；六是资产评估业务实施和评估报告出具；七是资产评估质量监控和改进；八是资产评估质量文件和记录。

资产评估机构制定的质量控制政策和程序，应当形成书面文件。资产评估机构应当记录这些政策和程序的执行情况。资产评估机构对资产评估业务进行质量控制，应当符合《资产评估机构业务质量控制指南》。

（二）质量控制责任

资产评估机构应当合理界定和细分质量控制体系中控制主体承担的质量控制责任，并建立责任落实和追究机制。控制主体通常包括最高管理层、首席评估师、项目负责人、项目审核人员、项目团队成员、资产评估机构其他人员。

最高管理层是指公司制资产评估机构的董事会（执行董事）或者合伙制资产评估机构的合伙人管理委员会（执行合伙事务的合伙人）。最高管理层对业务质量控制承担最终责任。最高管理层应当在股东会（或者合伙人会议）授权的或者章程（或者合伙人协议）规定的范围内行使职权，并承担以下职责：

（1）树立质量管理意识，让全体人员充分认识到业务质量控制的重要性，确保全员参与，以达到质量控制目标；

（2）制定资产评估机构的服务宗旨，确保全体人员理解服务宗旨的内涵，并评审其持续适宜性；

（3）在相关职能部门层次上建立质量目标，质量目标应当具体、可测量和可实现，并与服务宗旨保持一致；

（4）策划组织架构和质量控制体系，并对其进行定期评审，确保其处于适宜、充分和有效的状态；

（5）合理授权分支机构的业务权限，对分支机构的业务开展实施控制。

首席评估师是指最高管理层在质量控制体系方面的代表。首席评估师应当为评估机构的股东（或者合伙人），且应当具备履行职责所需要的经验和能力。首席评估师由最高管理层指定并授予其管理权限，其直接对最高管理层负责。首席评估师承担以下职责：第一，建立、实施和保持质量控制体系；第二，监控质量控制体系的运行情况，向最高管理层报告并提出改进的建议和方案；第三，促进全体人员不断提高业务质量意识。

评估机构应当制定评估业务项目负责人制度。项目负责人应当是具备履行职责所要求职业道德、专业知识、执业能力、实践经验的资产评估专业人员，其中法定评估业务的项目负责人应当为资产评估师；评估机构应当对每项评估业务委派项目负责人。项目负责人承担以下职责：一是评估计划的制订和组织实施；二是评估业务实施中的协调和沟通；三是按照程序报告与评估业务相关的重要信息；四是组织复核项目团队人员的工作；五是合理利用专家工作及工作成果；六是组织编制评估报告，并审核相关内容；七是在出具的评估报告上签字；八是组织处理质量评估报告提交后的反馈意见；九是组织整理归集资产评估档案。

项目审核人员应当具备履行职责的技术专长，具备审核业务所需要的经验和权限，保证审核工作的客观性。项目审核人员承担以下职责：一是审核评估程序执行情况；二是审核拟出具的评估报告；三是审核工作底稿；四是综合评价项目风险，提出出具评估报告的明确意见。

项目团队成员一般包括承担或者参与评估业务项目工作的资产评估专业人员、业务助理人员。项目团队成员承担以下职责：第一，接受项目负责人的领导，了解拟执行工作的目标，理解项目负责人的工作指令；第二，按照评估机构质量控制政策和程序的要求从事具体评估业务工作，形成工作底稿；第三，汇报执行业务过程中发现的重大问题；第四，复核已完成的工作底稿并接受审核。

资产评估机构应当明确处于质量控制体系中的其他人员的职责，该类人员通常包括业务洽谈人员、业务部门负责人、分支机构负责人、人力资源管理人员、信息管理人员、档案管理人员、文秘人员。

（三）职业道德

资产评估机构应当制定政策和程序，以利于全体人员遵守《资产评估职业道德准则》。资产评估机构制定的政策和程序，应当强调遵守《资产评估职业道德准则》的重要性，并通过以下方式予以强化：一是管理层的示范；二是教育和培训；三是监控；四是对违反资产评估职业道德准则行为的处理。

资产评估机构应当按照《资产评估职业道德准则》的要求，恪守独立、客观、公正的原则。针对具体评估业务的特点，资产评估机构应当：

（1）对影响独立性和客观性的利益关系等因素进行分析和判断，最大限度地减少或者消除不利因素，直至放弃评估业务，以使其对独立性和客观性的不利影响降至可接受水平；

（2）要求内部相关人员就有关独立性的信息进行沟通，以确定是否存在违反独立性的情形；

（3）排除影响资产评估专业人员作出独立专业判断的外部因素的干扰。

资产评估机构应当制定保密政策，要求执业人员和其他相关人员对国家秘密、委托人和相关当事人的商业秘密、所在资产评估机构的商业秘密履行保密义务。除委托人或者由委托人书面许可的人，法律、行政法规允许的第三方，具有管辖权的监管机构、行业协会依法从资产评估机构获取和保留的国家秘密及商业秘密外，不得向他人泄露在评估活动中获得的不应公开的信息以及评估结论。执业人员和其他相关人员在为委托人和相关当事人服务结束或者离开所在资产评估机构后，应当按照有关规定或者合同约定承担保密义务。

（四）人力资源

资产评估机构应当配置必需的人力资源，并根据业务的变化，对人力资源进行调整和更新。资产评估机构在制定人力资源政策和程序时，应当考虑人力资源规划、岗位职责和任职要求、招聘与选拔、教育与培训、绩效考评、薪酬制度等内容。

资产评估机构聘请专家和外部人员协助工作的，应当制定利用专家和外部人员工作的政策和程序，使其承担的工作符合项目质量要求。资产评估机构在制定项目团队成员配备的政策和程序时，应当要求项目团队成员具备下列条件：第一，必要的职业道德素质，能够保持独立性；第二，必要的专业知识和实践经验；第三，遵守资产评估机构业务质量控制政策和程序的意识。

（五）资产评估业务受理

资产评估机构应当制定资产评估业务受理环节的控制政策和程序，确保在与委托人正式签订资产评估委托合同之前，对拟委托事项进行必要了解，以决定是否接受委托。资产评估机构应当谨慎地选择客户和业务，在制定业务承接环节的政策和程序时，应当考虑业务洽谈，资产评估委托合同的审核和签订，发生资产评估委托合同变更、中止、终止情形时的处置等情况。

资产评估机构应当规定业务洽谈人员所具备的条件。业务洽谈人员在洽谈业务时，应当了解下列事项：一是资产评估业务基本事项；二是法律、行业法规、资产评估准则的要求；三是拟委托内容；四是被评估单位的情况。

在订立资产评估委托合同之前，资产评估机构应当考虑与资产评估业务有关的要求、风险、胜任能力等因素，正确理解拟委托内容，初步识别和评价风险，以确定是否受理评估。

资产评估机构应当根据业务风险对评估业务进行分类，分类时应当考虑下列因素：一是来自委托人和相关当事人的风险；二是来自评估对象的风险；三是来自资产评估机构及人员的风险；四是资产评估报告使用不当的风险。

当发生资产评估委托合同变更、中止、终止的情形时，资产评估机构应当采取措施进行处置，并保持记录。采取的措施通常包括：对变更、中止、终止的情形进行重新审核；就拟采取的行动及原因与委托人沟通；将信息传达给相关人员。

（六）资产评估业务计划

资产评估机构应当制定资产评估业务计划的控制政策和程序，以确保项目团队成员了解工作内容、工作目标、重点关注领域；项目负责人有效组织和管理资产评估业务；管理层人员有效监控资产评估业务；使委托人和相关当事人了解资产评估计划的内容，配合项目团队工作。

资产评估机构应当针对以下事项制定资产评估业务计划的控制政策和程序：第一，计划编制前对资产评估业务基本事项进一步明确；第二，资产评估计划编制和批准的参与者；第三，资产评估计划的内容和繁简程度；第四，资产评估计划的编制、审核、批准流程。

资产评估机构制定资产评估业务计划环节的控制政策和程序时，应当要求资产评估项目负责人在编制资产评估计划前完成以下事项：为编制资产评估计划、开展后续工作而组织资源；确定是否对委托人和相关当事人进行必要的业务指导；确定是否对项目团队成员进行适当的培训；确定是否开展初步评估活动等事项。对大型、复杂的评估业务，资产评估机构制定计划环节的控制政策和程序时，应当要求编制详细的评估计划。

（七）资产评估业务实施和资产评估报告出具

资产评估机构应当制定资产评估业务实施和资产评估报告出具环节的控制政策和程序，以保证相关法律、行政法规、资产评估准则得以遵守，满足出具资产评估报告的要求。同时，资产评估机构应当针对以下事项制定资产评估业务实施和资产评估报告出具环节的控制政策和程序：一是项目团队组建及工作委派；二是现场调查、评估资料收集和评定估算；三是资产评估报告编制；四是利用专家工作及相关报告；五是疑难问题或者争议事项的解决；六是项目负责人的指导与监督；七是内部审核；八是评估报告签发及提交。

资产评估机构在制定不同特征资产（企业）的现场调查、收集评估资料、评定估算以及编制评估报告的控制政策和程序时，通常考虑现场调查方案的可行性，评估资料的真实性、合法性和完整性，评估方法的恰当性，评估参数的合理性，评估报告的合规性等。

资产评估机构制定的解决疑难问题或者争议事项的控制政策和程序，通常包括疑难问题的内部报告及处理、处理项目执行过程中的意见分歧等内容。只有对分歧意见形成结论，资产评估机构才能出具资产评估报告。

资产评估机构应当制定控制政策和程序，要求项目负责人对项目团队成员的工作进行指导、监督，并对下列事项实施控制：一是项目团队的组建和管理；二是业务时间进度；三是业务沟通；四是业务风险。

资产评估机构应当设置专门部门或者专门岗位实施评估业务的内部审核，内部审核的政策和程序应当确保未经审核合格的事项不进入下一程序。内部审核的政策和程序，应当包括内部审核流程，项目审核人员的专业能力要求，审核的时间、范围和方法。

资产评估机构应当制定评估报告签发的政策和程序。资产评估报告签发的政策和程序应当规定，一旦发现已经提交的资产评估报告存在瑕疵、错误等问题，资产评估机构为挽回不良影响，根据问题的严重程度或者潜在影响程度应当采取的相应措施。

（八）监控和改进

资产评估机构应当制定政策和程序，对质量控制体系运行情况进行监控。监控应当重点关注质量控制体系是否符合资产评估机构业务指南的要求，是否符合资产评估机构的实际；质量控制体系是否达到了质量目标；质量控制体系是否得到有效的实施和保持。

资产评估机构对质量控制体系运行情况的监控措施主要包括：收集、管理和利用不同渠道、来源的相关信息，为评价和改进质量控制体系提供依据；对质量控制体系运行的过程进行监控；对质量控制体系的运行情况进行定期检查和评价。对监控中发现的问题和隐患，质量控制体系中的相关控制主体应当采取适当的纠正措施和预防措施，并对所采取措施的有效性和效率进行评价。资产评估机构应当根据监控和其他方面的信息对质量控制体系的适当性和有效性进行评价，并提出改进意见。

（九）文件和记录

资产评估机构应当制定文件控制政策和程序，确保质量控制体系各过程中使用的文件均为有效版本，防止误用失效或者废止的文件和资料。资产评估机构应当制定政策和程序，保持业务质量控制的相关记录并及时归档。记录控制的政策和程序，应当规定记录的标识、储存、保护、检索、保存期限和超期后的处置所需的控制。业务质量控制记录主要包括评估业务工作底稿、监控和改进记录、质量控制体系评审记录。资产评估业务质量控制记录，应当根据重要性和必要性设计其内容，以符合法律、行政法规和资产评估准则及相关要求。

二、资产评估执业质量检查

资产评估执业质量检查（以下简称"质量检查"）是指中国资产评估协会对资产评估机构和资产评估专业人员遵守资产评估行业有关法律法规、规章、制度和资产评估准则等情况进行的检查。

（一）检查对象

资产评估机构和资产评估专业人员，应当接受并配合资产评估协会组织开展的质量检查工作。资产评估机构应当按照资产评估协会的安排，每5年内至少接受一次质量检查。资产评估协会可以根据本地区行业发展的实际情况，以适当的方式确定年度被检查对象，有以下情形之一的资产评估机构可以作为重点检查对象：一是被投诉、举报或涉及有关部门移交案件的；二是被有关媒体披露、质疑的；三是上年度受到行政处罚或自律惩戒的；

四是内部管理混乱，可能对执业质量造成影响的；五是以恶意降低服务费等不正当手段争揽业务的；六是新设立并已出具评估报告的；七是法定代表人（首席合伙人）变更的；八是50%以上股份的持有股东或50%以上合伙人变更的；九是资产评估协会认为需要重点检查的其他情形。

（二）检查范围与内容

1.检查范围

以被检查对象上一次接受检查至本次检查之间出具的评估报告为主，必要时可延伸到以前年度。

2.检查内容

其包括：资产评估机构和资产评估专业人员遵守资产评估行业有关法律、行政法规、规章和制度的情况；资产评估机构和资产评估专业人员遵守资产评估准则的情况；资产评估机构和资产评估专业人员遵守资产评估职业道德准则的情况；资产评估机构内部质量管理和控制的情况；资产评估协会认为需要检查的其他内容。

（三）检查方式及程序

1.检查方式

资产评估执业质量检查以实地抽样检查的方式为主，必要时也可以采取其他适当的检查方式。

2.检查程序

（1）资产评估协会应当提前10个工作日向被检查资产评估机构发出检查通知书，告知其检查的依据、范围、内容、时间、方式和对被检查机构配合检查工作的具体要求，以及对检查意见如有异议，提出书面反馈意见的时间期限。

（2）被检查资产评估机构应当在检查组到达前，完成检查通知书中要求的准备工作。

（3）检查组应当在实地检查时出示检查通知书，并佩带检查人员工作证件（由地方协会自制）。

（4）检查组应当通过听取被检查资产评估机构汇报、询问相关情况、查阅有关资料等方法，了解被检查资产评估机构的基本情况及其内部管理控制制度的建立和执行情况。

（5）检查组应当充分考虑行业自律检查的特点和要求，依据被检查资产评估机构的有关资料，选取重点检查的评估报告。

（6）检查组应当通过查阅选取的评估报告及工作底稿，检查资产评估机构和资产评估专业人员遵守资产评估行业有关法律、行政法规、规章、制度的情况和遵守《资产评估基本准则》的情况。

（7）检查组应当通过查阅被检查资产评估机构内部管理控制制度，并结合业务检查和与质量检查有关的财务检查等，检查资产评估机构和资产评估专业人员遵守《资产评估职业道德准则》的情况和执行内部质量管理控制制度的情况。

（8）检查组应当将所检查的内容与事项，形成检查工作底稿。检查工作底稿的主要内容包括被检查机构的基本情况、抽查报告名称、文号、检查时间、检查发现的主要问题、检查人员的意见及签名、相关证明材料。相关证明材料上应当有提供者的签名或盖章，未取得提供者签名或盖章的，检查人员应当注明原因。

（9）检查组填制检查工作底稿应当做到内容完整、重点突出、条理清晰、用词准确。相关的证明材料应清晰完整。

（10）检查组组长应当对检查组填制的工作底稿及取得的相关证明材料进行必要的复核。

（11）检查工作底稿应当征求被检查资产评估机构及相关资产评估专业人员意见，并由其签字盖章。被检查资产评估机构和相关资产评估专业人员对检查意见有异议并在资产评估协会检查通知中规定的时间内提出书面意见的，检查组应当予以进一步核查；在资产评估协会检查通知中规定的时间内没有提出异议的，视为对检查意见无异议。

（12）检查组完成实地检查工作后应认真编写质量检查报告，连同质量检查工作底稿一并提交资产评估协会。质量检查报告和工作底稿的所有权归属于资产评估协会。

（四）检查结果的处理

资产评估协会在听取检查组的检查情况汇报和审查检查组提交的质量检查报告后，对在检查中发现问题的资产评估机构和资产评估专业人员，应视其问题的性质或情节的轻重，提出相应的处理意见和建议。对存在问题性质或情节轻微，不足以予以自律惩戒的资产评估机构和资产评估专业人员，应通过发关注函、谈话提醒、举办强制培训班或其他适当的方式，提醒、教育其改正；对存在问题性质或情节较为严重，应予以自律惩戒的资产评估机构和资产评估专业人员，应按照《资产评估执业行为自律惩戒办法》的有关规定作出惩戒决定；对检查中发现的不符合注册条件的资产评估专业人员，应按照资产评估专业人员管理的有关规定进行处理。

■ 本章小结

目前，我国对资产评估行业进行重大改革，调整政府职能，加强政府的监督管理和行业的自律管理。其中，政府管理主要是政府的财政部门对资产评估机构设立条件及执业质量等进行控制，资产评估行业管理主要是资产评估协会日常管理，自律管理主要是资产评估机构内部管理。资产评估机构属于专门从事资产评估业务的高端现代服务业企业。从资产评估主体的执业范围的角度划分，我国资产评估机构包括混营性资产评估机构和专营性资产评估机构两种类型；从资产评估机构组织形式来划分，可以将资产评估机构划分为合伙制资产评估机构和公司制资产评估机构。对资产评估机构的管理具有项目特征：资产评估机构管理主要是对从业人员进行管理；风险管理在资产评估机构内部管理中占有特殊重要地位；资产评估机构提供评估及其相关服务，必须以社会公共利益为重。资产评估从业人员主要是指从事资产评估业务人员，包括资产评估师、房地产估价师和土地估价师及其评估助理人员和管理人员等。资产评估执业质量管理包括资产评估执业质量控制和执业质量检查。其中，资产评估执业质量控制包括基本要求、质量控制责任、职业道德、人才资源、评估业务承接、评估业务计划、评估业务实施和报告出具、评估报告签发及提交、监控与改进、文件与记录等内容；资产评估执业质量检查包括检查对象、检查范围与内容和检查结果处理等内容。

■ 思考与练习

一、单项选择题

1.我国资产评估协会成立的时间是（　　）。

A.1983年12月10日　　　　　　　　B.1989年12月10日

C.1993年12月10日　　　　　　　　D.1995年12月10日

2.中国资产评估协会最高权力机构是（　　）。

A.全国会员代表大会　　　　　　　　B.协会理事会

C.协会秘书处　　　　　　　　　　　D.各专业委员会

3.2014年，国务院取消了注册资产评估师等准入类职业资格，改为（　　）。

A.注册资产评估师考试制度　　　　　B.水平评价类职业资格

C.水平考试类职业资格　　　　　　　D.水平执业类职业资格

4.中国资产评估协会加入世界评估组织联合会成为常务理事的时间是（　　）年。

A.1995　　　　　B.1999　　　　　C.2005　　　　　D.2010

5.资产评估机构的最高管理层在质量控制体系方面的代表是（　　）。

A.首席评估师　　　B.资产评估师　　　C.项目负责人　　　D.项目审核人员

6.资产评估机构制定质量控制政策和程序，应当形成（　　）。

A.书面文件　　　　B.口头文件　　　　C.电子文件　　　　D.法律文件

7.资产评估机构的项目负责人应当具有（　　）资格。

A.资产评估师　　　　　　　　　　　B.注册房地产估价师

C.注册土地估价师　　　　　　　　　D.注册造价工程师

8.资产评估机构应当按照资产评估协会要求，每5年内至少接受质量检查（　　）次。

A.1　　　　　　　B.2　　　　　　　C.3　　　　　　　D.5

二、多项选择题

1.下列属于设立合伙制资产评估公司的条件的有（　　）。

A.有2名以上资产评估师（含合伙人）

B.有2名以上资产评估师（不含合伙人）

C.其合伙人2/3以上应当是评估师

D.其合伙人2/3以上应当是具有3年以上从业经验且最近3年内未受停止从业处罚的评估师

2.下列符合申请证券评估资格的申请条件的有（　　）。

A.资产评估机构依法设立并取得资产评估资格3年以上

B.具备不少于30名资产评估师

C.净资产不少于200万元

D.净资产不少于500万元

3.依据《中国资产评估协会会员管理办法》的规定，会员分为（　　）。

A.单位会员　　　B.个人会员　　　C.执业会员　　　D.非执业会员

4.下列属于资产评估执业质量控制主体的有（　　）。

A.最高管理层　　　　B.首席评估师　　　　C.项目负责人　　　　D.评估机构

5.下列属于资产评估机构项目审核人应该承担的职责的有（　　）。

A.审核评估程序执行情况

B.审核拟出具评估报告

C.审核工作底稿

D.综合评价项目风险，提出出具评估报告的明确意见

三、判断题

1.资产评估机构的设立由审批制改为备案制，将组织资产评估师考试、管理等政府职能交给行业协会。　　　　　　　　　　　　　　　　　　　　　　　　　　　（　　）

2.最高管理层对业务质量控制承担最终责任。　　　　　　　　　　　　　（　　）

3.2003年，经外交部批准，中国资产评估协会加入国际评估准则委员会。　（　　）

4.目前，我国的资产评估机构基本上是合伙制的资产评估机构。　　　　　（　　）

5.首席评估师由最高管理层指定并授予其管理权限，直接对最高管理层负责。（　　）

第五章参考答案

第六章　流动资产评估

学习目标

1.掌握运用市场法、成本法进行存货评估和应收账款评估的内容；

2.熟悉流动资产评估的特点、评估目的及评估程序；

3.了解货币性资产评估的方法。

流动资产是企业进行生产经营的重要物质手段，它和企业的非流动资产一起构成企业资产的全部内容。由于企业流动资产包括库存现金、银行存款、其他货币资金、交易性金融资产、应收票据、应收账款、预付账款、其他应收款、存货及其他流动资产等，许多流动资产在短时间内的价值也会发生变化，因此，在对企业资产进行评估时，流动资产的评估问题不容忽视。

第一节　流动资产概述

一、流动资产及流动资产评估的特点

（一）流动资产及其特点

1.流动资产

流动资产是指可以在1年内或者超过1年的一个营业周期内变现、出售或者耗用的资产。流动资产不同于固定资产，它只能一次或短期地使用于生产和消费过程中，并在一个周期的使用中全部消耗掉。此外，由于低值易耗品、包装物等流动资产使用时间较短、价值较低，所以，虽然它们在周转方式上与固定资产相似，但通常也被划入流动资产范围。

2.流动资产特点

与非流动资产相比，流动资产具有以下显著特点：

（1）流动性。流动性是流动资产的主要特征。流动资产一般都直接参与商品生产和流通的整个过程。在企业的再生产过程中它依次经过购买、生产、销售三个阶段，并分别以货币资产、储备资产、生产资产和成品资产等形态，不断地循环流动。因此，流动资产具有流动性大、周转期限短、形态变化快等特点，其价值也在生产和流通中一次性消耗、转移和实现。

（2）并存性。流动资产不断循环周转，由一种形态向另一种形态转化。企业的再生产过程是连续的，这就要求不同形态的流动资产同时并存于企业再生产的各个阶段，并保持相应的占用比例，即在空间上同时并存。

（3）波动性。由于企业的流动资产一般要不断地经历购买和售卖的全过程，因此它受市场商品供求变化和生产、消费的季节性影响较大。另外，其还会受到外部经济环境、经

济秩序等因素的制约，从而导致其占用总量以及不同形态的构成比例呈现出波动性。

（4）多样性。企业的流动资产不仅形式多样、品种繁多，而且不同的行业由于生产经营的特点，其流动资产的构成及占用的比重有很大的不同。例如，商业企业从事商品流通，它的结构特点是大部分流动资金占用在商品储备上，小部分流动资金占用在非商品资金和结算资金上。而制造企业的流动资产则大部分占用在原材料、在产品和产成品上。

（5）相对性。相对性即流动资产的特点不是绝对的，如低值易耗品、包装物等虽然按照流动资产进行评估，但它们在周转方式上更接近于固定资产。在使用过程中，它们的物质形态不变，其价值可以分次摊入成本。另外，固定资产与流动资产的划分也是相对的。

（二）流动资产评估的特点

流动资产的特点直接反映在流动资产的评估上，广泛地影响着流动资产评估工作的顺利进行。与固定资产相比，流动资产在周转方式、存在形态、变现性能等方面具有明显的区别，这使得流动资产评估具有如下特点：

1.流动资产最大的特点就是流动性

流动资产不能长久地保持在一种使用形态上，而是随着生产过程的不断进行，不断地由一种形态转化为另一种形态。另外，流动资产能在较短的时间内变现。这些特点要求在评估流动资产时，必须合理确定评估时点，并且严格在规定时点上进行资产清查，确定被评估资产数量，避免出现重复登记或遗漏现象。

2.流动资产价值具有一次性全部转移性

由于流动资产具有周转快、时间短的特点，其一般不存在有形损耗的问题，更无须考虑折旧、成新率等因素。但是，在对流动资产进行评估时，要考虑物价、汇率变动、质量磨损及各种损耗因素对价值的影响。

3.流动资产一般无须重估价值

由于材料、在产品、产成品等存货资产的使用时间、存放时间较短，其价值受通货膨胀和技术进步因素的影响较小，故资产账面价值基本上可以反映出流动资产的现值。在选择评估技术方法时，可适当考虑这一点，在可能的情况下，可采用历史成本法来进行评估。

4.流动资产的概念具有相对性

同一种资产，无论其价值大小、形态如何，作为企业生产的对象或企业的产品时，就是该企业的流动资产；作为企业的劳动手段或劳动资料时，则是该企业的固定资产。如作为产成品的机器设备，在生产厂家属于流动资产；到了使用单位后，如果属于自用的机器设备，则当作固定资产来处理。当然也有例外，如低值易耗品、包装物等，虽然按流动资产评估，但在功能上更接近于固定资产，在使用过程中不改变原有的物质形态，其价值也可以多次摊入成本。因此，在进行资产评估时，要注意划清固定资产与流动资产的界限。

5.几种评估标准的差异较小

较好的流动性使流动资产的变现价格、清算价格与重置价格基本上统一于一个十分活跃的生产资料市场，尽管其价格可能还有差异，但产生差异的原因主要不是市场性质的区别，而是价格标准本身构成的区别，因而差异的幅度就小得多。

6.对流动资产会计核算资料的依赖程度高

由于流动资产处于企业生产经营过程之中，不便于实地盘点，因而通常由企业配合，在相对静止的条件下进行清查盘点和检测。另外，流动资产种类繁多、数量巨大，许多价格因素只有通过会计资料才能了解。这使得流动资产评估具有一个重要的特点，即对企业流动资产会计核算资料的依赖程度很高。

7.在流动资产评估时，既要认真地进行资产清查，又要分清主次，掌握重点

为保证评估结果正确，评估之前必须进行认真仔细的资产清查，但流动资产一般具有数量巨大、种类繁多的特点，考虑到评估的时间要求和评估成本，应根据不同企业的生产经营特点，在被评估资产中分清重点和一般，选择不同的技术方法来进行清查和评估。

二、流动资产评估的程序

（一）确定评估对象与范围

进行流动资产评估前，首先要确定被评估资产的对象和范围，这是节约工作时间、保证评估质量的重要条件之一。流动资产一般作为单独的评估对象，不需要以其综合获利能力进行综合性价值评估。流动资产评估对象和评估范围应依据经济活动所涉及的资产范围而定。同时，主要应做好下列工作：

1.鉴定流动资产类型

弄清被评估流动资产范围，必须注意划清流动资产与其他资产的界限，防止将不属于流动资产的机器设备等作为流动资产，也不得把属于流动资产的低值易耗品等作为其他资产，以避免重复评估和漏评估。

2.查核流动资产产权

企业中存放的外单位委托加工材料、代保管的材料物资等，尽管存在于该企业中，但不得将其列入流动资产评估范围。此外，根据国家有关规定，抵押后的资产不得用于再投资，如该企业的流动资产已作为抵押物，则不能将其再转让或投资，这类流动资产也不得列入评估范围。

3.核实流动资产资料

一份准确的被评估资产清单是正确估价资产的基础资料，被评估资产的清单应以实存数量为依据，而不是以账面记载情况为标准。

（二）对实物性流动资产进行质量检测和技术鉴定

对企业需要评估的材料、半成品、产成品、库存商品等流动资产进行检测和技术鉴定，目的是了解这部分资产的质量状态，以便确定其是否尚有使用价值，并核对其技术情况和等级状态与被评估资产清单的记录是否一致。对被评估资产，特别是那些有时效要求的存货，如有保鲜期要求的食品和有有效期要求的药品、化学试剂等，进行技术检测是正确估计资产价值的重要基础。存货在存放期内质量发生变化，会直接影响其市场价格，因此评估必须考虑各类存货的内在质量因素。对各类存货进行技术质量检测，可由被评估企业的有关技术人员、管理人员与评估专业人员合作完成。

（三）对权益性流动资产的基本情况进行分析

根据对被评估企业与债务人经济往来活动中的资信情况的调查，了解每一项债权资产的经济内容、发生时间的长短及未清理的原因等因素，综合分析确定这部分债权、票据等

回收的可能、回收的时间、回收时将要发生的费用及风险。

（四）选择合理的流动资产评估技术方法

对流动资产评估技术方法的选择有两种：一是根据评估目的选择；二是根据不同种类流动资产的特点选择。如前所述，根据不同流动资产的特点，从评估角度将流动资产划分为四种类型，不同类型的流动资产对评估技术方法的选择有很大影响。对于实物性流动资产，可以采用市场法和成本法；对于存货中价格变动较大的，要考虑市场价格；对于买入价较低的，要按现价调整；对于买价提高的，除考虑市场价格外，还要分析最终产品价格是否相应提高，或存货本身是否具有按现价出售的现实可能性。对于货币性流动资产，其清查核实后的账面价值本身就是现值，不需要采用特殊技术方法进行评估，只需要对外币存款按评估基准日的国家外汇牌价进行折算。对于债权性流动资产只能按可变现净值进行评估。对于其他流动资产的评估，应分别不同情况进行，其中有物质实体的流动资产，则应视其价值情形，采用与机器设备等相同的技术方法进行。

（五）评定估算流动资产，得出评估结论

经过上述评估程序对流动资产进行评估后，就可以得出相应的评估结论，出具评估报告。

第二节　货币性资产评估

众所周知，资产评估主要是对非货币性资产而言的，货币性资产不会因时间的变化而发生差异。因此，对现金和各项存款的评估，实际上是对现金和各项存款的清查确认。首先，通过清查盘点及与银行对账，核实现金和各项存款的实有数额；然后，以核实后的实有额作为评估值。如有外币存款，还应按当时的国家外汇牌价折算成人民币值。

一、现金评估

现金评估主要是通过实地盘点的技术方法，核实库存现金的实存数，然后再与库存现金日记账的账面余额相核对，确定账存数与实存数是否相等，以查明库存现金的盈亏情况。

评估专业人员对库存现金进行清查时，出纳人员必须在场，现金由出纳人员经手盘点，评估专业人员从旁监督。在清查时，除应查清库存现金账实是否相等外，还需要清查库存现金是否超过银行规定的库存现金限额，有无坐支情况。

二、银行存款评估

银行存款评估主要是通过与开户银行核对账目的方式来进行，即将本单位的银行存款日记账与开户银行转来的对账单进行逐笔核对，来查明银行存款的实有数额，检查双方账目是否相符。

评估前，应先详细检查单位银行存款日记账的正确性和完整性，然后将单位的银行存款日记账与银行定期送来的对账单进行逐笔核对，以查明账实是否相符。同时，将被评估单位评估基准日的银行存款余额对账单与银行询证函回函核对，确认是否一致。

三、其他货币资金评估

其他货币资金包括企业到外地进行临时或零星采购而汇往采购地银行开立采购专户的

款项所形成的外埠存款、企业为取得银行汇票按照规定存入银行的款项所形成的银行汇票存款、企业为取得银行本票按照规定存入银行的款项而形成的银行本票存款、信用卡存款和信用证保证金存款等。评估其他货币资金时，应注意以下几点：

第一，复核银行汇票存款、银行本票存款、信用卡存款、信用证保证金存款、存出投资款、外埠存款等加计是否正确，并与总账数和日记账明细账合计数核对是否相等；

第二，检查非记账本位币的其他货币资金的折算汇率及折算是否正确；

第三，对银行汇票存款、银行本票存款、信用卡存款、信用证保证金存款、存出投资款、外埠存款等期末余额函证，编制其他货币资金函证结果汇总表，检查银行回函；

第四，取得被评估单位银行对账单，检查被评估单位提供的银行对账单是否存在涂改或修改的情况，确定银行对账单金额的正确性，并与银行回函结果核对是否一致；

第五，检查其他货币资金存款账户存款人是否为被评估单位，如果存款人非被评估单位，应获取该账户户主和被评估单位的书面声明。

第三节　债权性资产评估

债权性流动资产包括应收账款、预付账款、应收票据、交易性金融资产等。

一、应收账款的评估

应收账款是由于赊销商品或提供劳务而应向客户收取款项的一种短期债权，通常是赊欠两个月左右，最长不超过1年的债权。对应收账款的评估可采用因素分析法。在使用因素分析法计算时，应先计算坏账损失额，然后再按贴现率来计算应收账款的现值。

（一）坏账损失额的计算

估计坏账损失额的技术方法主要有直接按销货或赊销净额百分比估价和间接按应收账款估价两种。

1.销货或赊销净额百分比法

这种评估技术方法并不考虑有哪些应收账款将会变成坏账，而是根据以往经验，估计出坏账损失约占销货或赊销净额的百分比，然后用本期实际销货或赊销净额乘以此百分比，求出可能发生的坏账损失额。其评估计算公式为：

估计坏账百分比＝前期坏账损失÷前期赊销（或销货）净额×100%

本期坏账损失＝本期实际销货或赊销净额×估计坏账百分比

【例6-1】某企业本期的赊销款为80 000元，前期坏账损失为2 800元，赊销净额为70 000元，则：

估计坏账百分比＝2 800÷70 000×100%＝4%

本期估计的坏账损失＝80 000×4%＝3 200（元）

2.应收账款的评估技术方法

应收账款的评估技术方法目前主要有个别估价法、账龄分析法两种。

（1）个别估价法。个别估价法是逐一根据客户的偿债能力和信用程度来估计坏账损失额。这一技术方法的优点是比较客观，缺点是手续麻烦。

（2）账龄分析法。经验表明，应收账款账龄越长，坏账损失的可能性越大。因此，应收账款可以按账龄的长短分成几组，按组估计坏账损失的可能性，进而计算出坏账损失金额。

【例6-2】某企业在评估时，核实有应收账款70 000元。根据表6-1提供的资料，计算出坏账损失。

表6-1 采用账龄分析法估计应收账款的坏账 单位：元

应收账款账龄	余额	估计坏账百分比（%）	坏账损失
未到期	36 000	1	360
过期1~30天	20 000	3	600
过期31~60天	8 700	10	870
过期61~90天	2 000	20	400
过期90天	3 300	50	1 650
合计	70 000		3 880

（二）应收账款价值的评估

坏账损失计算出来后，可以根据现行贴现率计算出应收账款的价值，计算公式为：

评估价值=（账面价值-预计坏账损失）×（1-月贴现率×月数）

【例6-3】某企业在评估时，应收账款账面数为40 000元。预计发生的坏账损失额为1 000元。已知评估时点的月贴现率为6‰。应收账款的平均回收期为3个月，试评估该企业应收账款的价值。

应收账款的价值=（40 000-1 000）×（1-6‰×3）=39 000×（1-0.018）=38 298（元）

二、预付账款的评估

企业的预付账款是指评估基准日之前企业已经支付，但在评估日之后才能产生效益的款项，如企业交纳的保险金、各类租金、电话费等。

预付账款评估的主要依据是预付账款在未来可以产生效益的时间的长短。如果预付账款产生的经济效益在评估基准日之前已经全部体现，只是因为各种原因被分期摊销，则这种预付账款的评估价值为零。只有那些在评估基准日之后仍然发挥作用的预付账款才是被评估的真正对象。显然，企业预付账款的实质是企业未来取得服务的权利，因此，对预付账款的评估也就是对这种权利的评估。

【例6-4】评估人拟对某企业的预付账款进行单项评估，评估基准日为2017年6月30日，其他有关资料如下：

（1）半年前企业预付了1年的保险金96 000元，现已摊销21 000元。

（2）预付办公室房租租金250 000元，已摊销70 000元，根据租约，始租时间为2015年6月30日，租约终止期为2020年6月30日。

（3）以前年度应结转但因成本太高而未结转的费用为24万元。

试对该企业上述预付账款进行评估。

评估技术方法如下：

（1）预付保险金的评估：

每月应该分摊额=96 000÷12=8 000（元）

应该预留的保险金（即评估值）=8 000×6=48 000（元）

而不是：96 000-21 000=75 000（元）

（2）预付办公室房租的评估：

根据租约，租期为5年，每年应付租金50 000元（250 000÷5），尚有3年使用期，因此，3年使用权的评估值为150 000元（50 000×3），而不是180 000元（250 000-70 000）。

（3）以前年度应该结转而未结转的费用24万元的评估价值为0，因为这一款项已经不再发挥作用，不能产生经济效益。

上述三项预付款项评估价值=48 000+150 000+0=198 000（元）

三、应收票据的评估

（一）票据定义及种类

票据是由出票人签名，无条件地承诺以一定金额于指定日期付给收款人，或见票即付的书面凭证，它包括期票和汇票两种。

期票是债务人向债权人签发的，承诺在约定期限支付一定款项给债权人的支付承诺书。期票分无息期票和有息期票两种。有息期票到期除支付票面金额外，还应加付欠款期间的利息；无息期票一般是近期票据，只支付票面金额。

汇票是债权人向债务人签发的，命令后者在约定期限支付一定款项给第三人或持票人的支付命令书。汇票包括商业汇票和银行汇票两种。根据承兑人的不同，商业汇票又分为商业承兑汇票和银行承兑汇票。商业汇票可向银行贴现，也可依法背书转让。银行汇票是由银行签发的一种汇款凭证，多由付款人寄给或自行带给异地收款人，收款人凭此收取货款。

（二）票据的具体评估

1.到期无息应收票据的评估

由于无息票据到期后，只能按票面金额收回款项，所以其评估价值等于票面金额。

2.到期有息应收票据的评估

到期有息应收票据的评估价值，应在票面金额的基础上加上利息，计算公式为：

票据评估价值=票据票面金额+利息=票据票面金额×（1+利率）

【例6-5】某企业收到3个月期、年利率为8%、票据金额为5 000元的票据一张，试评估票据到期时的价值。

票据到期时的评估价值=5 000×（1+8%×3÷12）=5 100（元）

3.未到期无息应收票据的评估

未到期无息应收票据应以票据的贴现收入作为票据的评估价值。所谓票据贴现，就是在票据未到期之前，收款人为获得现款，而向其开户银行贴付一定利息所作的票据转让。其计算公式是：

贴现收入=到期价值-贴现息=到期价值×（1-贴现率×贴现天数÷360）

式中：贴现天数=到期天数-持票天数

【例6-6】某企业持有的应收票据为90天的无息票据，金额为5 000元，在持票30天时对其进行评估，贴现率为7.2%，则这张票据的评估值为：

贴现天数=90-30=60（天）

到期价值=5 000（元）

票据评估值=贴现收入=5 000×（1-7.2%×60/360）=4 940（元）

4.未到期有息应收票据的评估

未到期有息应收票据与未到期无息应收票据的区别在于前者的到期价值应在票面金额的基础上加上利息。

【例6-7】某企业收到120天到期的票据一张，票面金额为50 000元，年利率为9%，持票30天时进行评估，评估时银行贴现率为7.2%，则票据的评估价值为：

贴现天数=120-30=90（天）

到期价值=50 000×（1+9%×120÷360）=51 500（元）

票据评估值=贴现收入=51 500×（1-7.2%×90÷360）=50 573（元）

四、交易性金融资产的评估

交易性金融资产主要是指为了近期内出售而持有的金融资产。企业利用正常营运中暂时多余的资金，购入一些不是企业本身业务需要但能随时变现的有价证券进行短期性的投资，其目的是既能满足企业现金支付的需要，又可获得一定的收益，例如企业以赚取差价为目的从二级市场购入的股票、债券、基金等。

在交易性金融资产评估中，对于公开挂牌交易的有价证券，可按评估基准日的收盘价计算确定其评估值；对于不能公开交易的有价证券，可按其本金加持有期利息计算确定其评估值。

第四节　实物性资产评估

实物性流动资产包括各种材料、在产品、产成品及库存商品等。实物性流动资产评估是流动资产评估的重点。

一、材料评估

（一）材料评估的内容与步骤

企业中的材料可以分为库存材料和在用材料。在用材料在生产过程中形成产品或半成品，已不再作为单独的材料存在。因此，评估库存材料时，要考虑库存材料实物数量与评估时点的市场价格。

库存材料包括各种主要材料、辅助材料、燃料、修理用备件、包装物、低值易耗品等。库存材料的特点是品种多，金额大，而且性质各异，计量单位、计价和购进时间、自然损耗各不相同。根据库存材料的特点，评估时可按下列步骤进行：

第一，账、表与实物数量应相符，并查明有无霉烂、变质、毁损的材料，有无超储积压的材料等。

第二，根据不同评估目的和待评估资产的特点，选择适应的评估价值类型和技术方法。一般来说，根据不同的经济行为，材料评估可以适用现行市价、重置成本、收益现值和清算价格等价值类型，但在技术方法应用上，则更多地采用成本法、市场法。因为材料等流动资产的功效高低取决于自身，而且是生产过程中的"消费性"资产，所以，即使在发生投资行为的情况下，仍可采用市场法和成本法。就这两种技术方法而言，在某种材料市场畅销、供求基本均衡的情况下，二者可以替代使用，但如不具备上述条件，则应分析使用。

第三，运用企业库存管理的 ABC 管理法，按照一定的目的和要求，对材料排序，分清重点，着重对重点材料进行评估。

（二）库存材料评估的技术方法

对库存材料进行评估时，可以根据材料购进情况，选择与其相适应的评估技术方法。

1.近期购进库存材料的评估

近期购进材料，库存时间短，在市场价格变化不大的情况下，其账面值与现行市价基本接近。评估时，可以采用历史成本法，也可以采用市场法评估。评估时对于购进时发生的运杂费的处理如下：如果是从外地购进的原材料（本地没有这种材料），因运杂费发生额较大，评估时应将由被评估材料分担的运杂费计入评估值；如果是从本市购进，运杂费发生额较少，评估时则可以不考虑运杂费。

2.购进批次间隔时间长、价格变化大的库存材料评估

对这种材料进行评估时，可以采用最接近市场价格的材料价格或直接以市场价格作为其评估值。

【例 6-8】某企业要求对其库存的特种钢材进行评估。该特种钢材是分两期购进的，第一批购进的时间是去年 12 月，购进 1 000 吨，每吨 3 800 元。第二批是今年 6 月购进的，数量 100 吨，每吨 4 500 元。今年 7 月 1 日评估时，经核实去年购进特种钢材尚存 500 吨。今年 6 月购进的尚未使用。因此，需评估特种钢材的数量是 600 吨，价格可采用每吨 4 500 元计算，确定评估值为：

特种钢材评估值=600×4 500=2 700 000（元）

在本例的评估中，因评估基准日 7 月 1 日与今年 6 月购进时间较近，直接采用 6 月份的购进材料价格。如果近期内该材料价格变动很大，或者评估基准日与最近一次购进时间间隔期较长，期间价格变动很大，评估时应采用评估基准日的时价。另外，由于材料分期购进，且购价各不相同，各企业采用的核算技术方法不同，如先进先出法、加权平均法等，其账面余额就不一样。但核算技术方法的差异不应影响评估结果，评估时关键是核查库存材料的实际数量，并按最接近市场的价格计算确定其评估值。

3.购置时间早，市场已经脱销，没有准确市场现价的库存材料评估

这类材料的评估，可以通过寻找替代品的价格变动资料来修正材料价格；也可以在市场供需分析的基础上，确定该项材料的供需关系，并以此修正材料价格；还可以通过市场同类商品的平均物价指数进行评估。

4.超储积压物资的评估

超储积压物资是指从企业库存材料中清理出来，需要进行处理的那部分资产。由于长期积压，时间较长，可能会因为自然力作用和保管不善而造成使用价值的下降。对这类资产的评估，首先应对其数量和质量进行核实和鉴定，然后区别不同情况进行评估。评估时，对其中失效、变质、残损、报废、无用的部分，应通过分析计算，扣除相应的贬值额后，确定评估值。

另外，根据会计账面反映的库存材料，还有盘盈、盘亏材料，评估时应以有无实物存在为原则进行评估，评估技术方法与其他类型材料评估相同。

二、在产品评估

这部分流动资产包括制作过程中的在产品、已加工完成入库但不能单独对外销售的半成品（可直接对外销售的自制半成品视同产品评估，在此不做介绍）。在对这部分资产进行评估时，应结合其特点，按照重置时的合理费用进行估价。具体评估技术方法有以下两种：

（一）成本法

这种技术方法是根据技术鉴定和质量检测的结果，按评估时的相关市场价格及费用水平重置同等级在产品及自制半成品所需投入合理的料工费计算评估值。这种评估技术方法只适用于生产周期在半年以上或1年以上，仍需继续生产、销售并且有盈利的在产品等的评估。对生产周期短的在产品主要以其发生成本为计价依据。在没有变现风险的情况下，可根据其账面价值进行调整。具体技术方法有以下几种：

1.按价格变动系数调整原成本

对生产经营正常、会计核算水平较高的企业的在产品的评估，可参照实际发生的原始成本，根据到评估日的市场价格变动情况，调整成重置成本。评估的过程是：

（1）对被评估在产品进行技术鉴定，将其中超出正常范围的不合格在产品成本从总成本中剔除；

（2）分析原成本，将非正常的不合理费用从总成本中剔除；

（3）分析原成本中材料从其生产准备开始到评估日止市场价格变动情况，并测算出价格变动系数；

（4）分析原成本中的工资薪酬、燃料、动力等制造费用从开始生产到评估日有无大的变动，是否做了调整，并测算出调整系数；

（5）根据技术鉴定、原始成本分析及价格变动系数的测算，调整成本，确定评估值，必要时还要从变现的角度修正评估值。

基本计算公式如下：

$$\begin{array}{l}某项或某种在产品、\\自制半成品评估值\end{array} = \begin{array}{l}原合理\\材料成本\end{array} \times \left(1 + \begin{array}{l}价格变动\\系数\end{array}\right) + \begin{array}{l}原合理工资\\薪酬、费用\end{array} \times \left(1 + \begin{array}{l}合理工资薪酬、\\费用变动系数\end{array}\right)$$

需要说明的是，在产品成本包括材料成本、工资薪酬和其他费用三部分。其他费用属间接费用，工资薪酬费用尽管是直接费用，但也同间接费用一样较难测算，因此评估时将工资薪酬和其他费用合为一项费用。

2.按社会平均工艺定额和现行市价计算评估值

按重置同类资产的社会平均成本确定被评估资产的价格。用这样的技术方法对在制品等进行评估需要掌握以下资料：①被评估在产品的完工程度；②被评估在产品有关工序的工艺定额；③被评估在产品耗用物料的近期市场购买价格；④被评估在产品的合理工时费率（这个数据要采用正常情况下生产经营的工时费率）。

计算评估值的基本公式如下：

$$\begin{array}{l}某在产品\\评估值\end{array} = \begin{array}{l}在产品\\实有数量\end{array} \times \left(\begin{array}{l}该工序单件材料\\工艺定额\end{array} \times \begin{array}{l}单位材料\\现行市价\end{array} + \begin{array}{l}该工序单件\\工时定额\end{array} \times \begin{array}{l}正常工资薪酬、\\费用\end{array}\right)$$

对于工艺定额的选取，有行业的平均物料消耗标准的，可按行业标准计算；没有行业统一标准的，按企业现行的工艺定额计算。

3.按在产品的完工程度计算评估值

因为在产品的最高形式为产成品，因此，计算确定在产品评估值时，可以在计算产成品重置成本的基础上，按在产品完工程度计算确定在产品评估值。其计算公式为：

在产品评估值=产成品重置成本×在产品约当量

在产品评估值=产成品重置成本×在产品完工率

在产品约当量、在产品完工率可以根据其完成工序与全部工序的比例、生产完成时间与生产周期的比例确定。当然，确定时应分析完成工序、完成时间与其成本耗费的关系。

（二）市场法

采用市场法是按同类在产品和半成品的市价，扣除销售过程中预计发生的费用后计算评估值。这种技术方法适用于因产品下马，在产品和自制半成品只能按评估时的状态向市场出售的情况下的评估。一般来说，被评估资产通用性好，尚能用于产品配件更换或用于维修，评估的价值就比较高。对不能继续生产，又无法通过市场调剂出去的专用配件只能按废料回收价格进行评估。

计算评估值的基本公式如下：

某在产品评估值=该种在产品实有数量×可接受的不含税的单位市场价格-预计过程中发生的费用

如果在调剂过程中有一定的变现风险，还要考虑设立一个风险调整系数，计算可变现的评估值。

某报废在产品评估值=可回收废料的重量×单位重量现行的回收价格

三、产成品与库存商品的评估

这部分流动资产包括完工入库和已完工并经过质量检验但尚未办理入库手续的产成品、商业企业的库存商品等，应依据其变现的可能性和市场接受的价格进行评估。适用的技术方法有成本法和市场法。

（一）成本法

采用成本法对生产及加工工业的产成品评估，主要根据生产、制造该项产成品全过程中发生的成本费用确定评估值。具体应用过程中，可分以下两种情况进行：

（1）当评估基准日与产成品完工时间较接近，成本升降变化不大时，可以直接按产成品账面成本确定其评估值。其计算公式为：

产成品评估值=产成品数量×单位产成品账面成本

（2）当评估基准日与产成品完工时间相距较远，制造产成品的成本费用变化较大时，产成品评估值可按下列公式计算：

① $\dfrac{产成品}{评估值}=\dfrac{产成品实有}{数量}×\left(\dfrac{合理材料}{工艺定额}×\dfrac{材料单位}{现行价格}+\dfrac{合理工时}{定额}×\dfrac{单位小时合理}{工时工资、费用}\right)$

② $\dfrac{产成品}{评估值}=\dfrac{产成品}{实际成本}×\left(\dfrac{材料成本}{比例}×\dfrac{材料综合}{调整系数}+\dfrac{工资薪酬、}{费用成本比例}×\dfrac{工资薪酬、费用}{综合调整系数}\right)$

【例6-9】对某企业进行资产评估，经核查，该企业产成品实有数量为12件，根据该企业的成本资料，结合同行成本耗用资料分析，合理材料工艺定额为500千克/件，合理工时定额为20小时。评估时，由于生产该产成品的材料价格上涨，由原来的60元/千克涨至62元/千克，单位小时合理工时工资薪酬、费用不变，仍为15元/小时。根据上述分析和有关资料，可以确定该企业产成品评估值为：

产成品评估值=12×（500×62+20×15）=375 600（元）

【例6-10】某企业产成品实有数量60台，每台实际成本58元。根据会计核算资料，生产该产品的材料费用与工资薪酬、其他费用的比例为60：40，根据目前价格变动情况和其他相关资料，确定材料费用综合调整系数为1.15，工资薪酬、其他费用综合调整系数为1.02。由此可以计算该产成品的评估值为：

产成品评估值=60×58×（60%×1.15+40%×1.02）=3 821.04（元）

（二）市场法

市场法是指按不含价外税的可接受市场价格，扣除相关费用后计算被评估产成品评估值的技术方法。制造业的产品以卖出价为依据，流通业一般以买进价为依据。

应用市场法评估产成品，在选择市场价格时应注意考虑下面几项因素：

第一，产品及库存商品的使用价值。根据对产品本身的技术水平和内在质量的技术鉴定，确定产品是否具有使用价值以及产品的实际等级，以便选择合理的市场价格。

第二，分析市场供求关系和被评估产成品的前景。

第三，所选择的价格应是在公开市场上所形成的近期交易价格。非正常交易价格不能作为评估依据。

第四，对于产品技术水平先进，但外表存有不同程度的残缺的产成品，可根据其损坏程度，通过调整系数予以调整。采用市场法评估产成品时，现行市价中包含了成本、税金和利润的因素，如何处理待实现的利润和税金，就成为一个不可忽视的问题。

对此，评估界有不同的看法：有人认为，用市场法评估的产成品价格，应以扣除流转税、所得税和相应的销售费用后的余额作为评估价格；也有人认为，只应扣除流转税和相应的销售费用，不应扣除所得税；还有人认为，只应扣除销售费用，不必扣除各种税。

■ 本章小结

流动资产一般作为单独的评估对象，不需要以其综合获利能力进行综合性价值评估，常用清查盘点、函证、抽查、访谈等核实方法。在资产评估实务中，对流动资产进行评估时应以单项资产为评估对象，而评估基准日尽量选在会计期末。从评估角度出发，分别从实物性资产、货币性资产和债权性资产三个角度对流动资产进行评估。实物性流动资产包括各种材料、在产品、产成品及库存商品和包装物等。进行实物性流动资产评估时，应根据实际情况选用成本法和市场法，其中以成本法最为常见。非实物性流动资产包括货币性和债权性流动资产。其中，货币性流动资产因本身就是资产价值的等价物，一般无须采用特殊的资产评估技术方法进行评估。债权性流动资产包括应收账款、预付账款、应收票据、短期投资及其他费用等。其中，对应收项目的评估关键在于对坏账损失的估算，主要采用余额百分比法和账龄分析法。

■ 思考与练习

一、单项选择题

1. 下列不属于流动资产特性的有（　　）。

A.周转速度快　　　　B.变现能力强　　　　C.风险大　　　　D.形态多样化

2.某企业产成品实有数量80台，每台实际成本94元，该产品的材料费与工资、其他费用的比例为70：30，根据目前有关资料，材料费用综合调整系数为1.20，工资、其他费用综合调整系数为1.08。该产品的评估值应接近于（　　　）元。

A.9 745　　　　　　B.8 753　　　　　　C.7 520　　　　　　D.8 800

3.某企业对其应收账款进行评估，评估基准日应收账款金额为72万元。已知前5年应收账款余额为100万元，坏账发生额为5万元，预期应收账款的变现成本为0.6万元，企业的应收账款评估值为（　　　）万元。

A.36.0　　　　　　B.70.56　　　　　　C.68.4　　　　　　D.67.80

4.某低值易耗品账面价值1 200元，按五五法摊销，账面余额600元，预计可使用1年，实际已使用9个月，现行市场价格为1 500元，该低值易耗品评估值最可能为（　　　）元。

A.1 125　　　　　　B.750　　　　　　C.375　　　　　　D.300

5.A企业在产品评估基准日的账面总成本为300万元，评估专业人员经核查，发现其中有100件产品为超过正常范围的废品，其账面成本为1万元，估计可回收的废料价值为0.2万元，另外，还将前期漏转的费用5万元计入了本期成本，该企业在产品的评估值接近（　　　）万元。

A.294.2　　　　　　B.197　　　　　　C.295　　　　　　D.299.2

二、多项选择题

1.评估流动资产时无须考虑功能性贬值，是因为其（　　　）。

A.周转速度快　　　　B.变现能力强　　　　C.形态多样化　　　　D.库存数量大

2.在产品评估包括的内容有（　　　）。

A.制作过程中的在制品

B.作为半成品的制作过程已完成，但尚未入库的半成品

C.已加工完成入库但不能对外销售的半成品

D.库存的可直接对外销售的半成品

3.用成本法评估在产品时，是根据技术鉴定和质量检测的结果，按评估时的相关市价及费用水平重置同等级的在制品及自制半成品所需投入合理的料工费计算评估值。这种评估方法只适用于（　　　）。

A.生产周期在半年以下　　　　　　　　B.生产周期在半年或1年以上

C.仍需继续生产、销售　　　　　　　　D.有盈利

E.生产周期在半年以上、1年以下

4.对于购进时间早，市场已脱销，没有准确市场现价的库存材料评估，可以采用的评估方法有（　　　）。

A.可以通过市场同类商品的平均物价指数进行评估

B.可以通过材料的账面价值进行评估

C.可以通过寻找替代品的价格变动资料来修正材料价格

D.可以在市场供需分析的基础上，确定供需情况，并以此来修正材料价格

5.流动资产包括（　　）。

A.原材料　　　　　B.存货　　　　　C.长期待摊费用　　　D.厂房

三、判断题

1.流动资产由于其周转速度快、变现能力强、形态多样化等原因，一般不考虑其功能性贬值。（　　）

2.在流动资产评估中，经抽查核实发现原始资料或清查盘点工作可靠性较差时，需重新对已评估过的流动资产进行评估。（　　）

3.资产的实体性贬值的计算只适用于低值易耗品以及呆滞、积压流动资产的评估，而在其他流动资产评估中一般不计算。（　　）

4.债权性流动资产如应收账款、应收票据等资产只适合按市场价格进行评估。（　　）

5.将外币存款折算为人民币时，一般应按评估基准日当日外汇牌价折算。（　　）

四、计算题

1.被评估对象为1 000件在产品，完工程度为80%，此时账内产成品价值为每件100元，其中原材料占60%，工资费用占25%，制造费用及其他费用占15%。清查鉴定后有100件为废品，可回收价值为1 000元。经调查了解，在评估基准日，原材料、人员工资、制造及其他费用的价格水平分别是企业入账时的1.1倍、1.2倍和1.12倍。不考虑其他因素，求其评估值。

2.甲企业被其他企业兼并，生产全面停止，现对其库存的在产品A、B、C进行评估。有关的评估资料如下：

（1）在产品A已从仓库中领出，但尚未进行加工处理。这批在产品A共有800件，账面价值为25 000元，经调查，该在产品如完好无损地出售，单位市价为50元/件。

（2）在产品B已加工成部件，共有500件，账面价值为5 500元，可通过市场调剂且流动性较好。据调查了解，该在产品的市场可接受价格为10元/件，调剂费用为100元，但调剂存在风险，预计能够实现调剂价格的90%。

（3）在产品C已加工成部件，账面价值为3 000元，但是对于兼并后的企业来说，在产品C已经没有继续加工的价值，而且也无法调剂出去。经分析，该在产品只能作为报废的在制品处理，可回收的价格为700元。

根据以上资料，试用市场法确定该企业在产品的评估值。

3.某企业评估化工类库存材料，经核实材料库存量为100吨，原始购入成本为200万元，根据进货情况，材料的平均库存期为3个月。经技术鉴定，其中的一种材料已全部报废，数量为2.5吨，购进单价为2万元，无回收价值，此外，根据该企业生产用该类材料的实际月耗量计算，库存的该材料有25%为超额储存，这部分超储的原料比其他原料多支付利息费用、占地租金费用、保管费用等平均每吨400元。根据有关权威部门公布的信息，该类材料每月价格上涨系数为2%，试确定该类化工原料的评估值。

4.某企业评估基准日2017年12月31日账面预付费用余额为558 200元，其中当年1月31日预付未来1年的保险金120 000元，已摊销700 130元；尚待摊销的低值易耗品为243 200元，此外，该企业已经对全部低值易耗品进行了评估；2017年7月1日预付未来1

年房租 300 000 元，已摊销 150 000 元；前几年因成本高而未结转的费用有 115 000 元。试评估该企业预付费用的价值。

5.对某公司的应收账款进行评估：经查明，未到期的有 50 万元，拖欠 1 年以内的有 20 万元，拖欠 1~2 年的有 17 万元，拖欠两年以上的有 8 万元。根据企业的历史资料和经营经验，确定坏账比例如下：未到期的坏账率为 1%，拖欠 1 年以内的坏账率为 10%，拖欠 1~2 年的坏账率为 20%，拖欠两年以上的坏账率为 30%。预计收款费用 1 万元。试评估该应收账款的价值。

第六章参考答案

第七章 长期投资性资产评估

学习目标

1.了解长期投资性资产概念与评估的特点；

2.熟悉股票和长期股权投资评估；

3.掌握长期投资性资产评估的评估方法。

投资是通过分配来增加财富或谋求其他经济利益而将资产让渡给其他单位所获得的另一项资产。所谓长期投资性资产是指不准备随时变现，持有时间超过1年的投资性资产。其包括债券投资、股票投资和长期股权投资等。

第一节 长期投资性资产评估概述

一、长期投资性资产评估的特点

由于长期投资性资产是以对其他企业享有的权益而存在的，因此，长期投资性资产评估主要是对长期投资性资产所代表的权益进行评估。其主要特点是：

1.长期投资性资产评估是对资本的评估

长期投资性资产评估中的长期股权投资是投资者在被投资企业所享有的权益，虽然投资者的出资形式有货币资金、实物资产和无形资产等，但是，一旦该项资产被转移到被投资企业，即被作为资本的象征。因此，对长期股权投资的评估实质上是对被投资单位资本的评估。

2.长期投资性资产评估是对被投资企业获利能力的评估

长期投资性资产评估中的长期股权投资是投资者不准备随时变现、持有时间超过1年的对外投资。其根本目的是获取投资收益和实现投资增值。因此，被投资企业的获利能力就成为长期投资性资产评估的决定因素。

3.长期投资性资产评估是对被投资企业偿债能力的评估

由于长期投资性资产评估中的持有至到期投资到期应收回本息，被投资企业偿债能力的大小直接影响着投资企业债权到期收回本息的可能性，因此，被投资企业偿债能力就成为持有至到期投资评估的决定因素。

二、长期投资性资产评估程序

1.明确长期投资性资产评估的具体内容

在进行长期投资性资产评估时，应明确长期投资性资产的种类、原始投资额、评估基准日余额、投资收益计算方法、历史收益额、长期股权投资占被投资企业实收资本的比重以及相关会计核算方法等。

2.进行必要的职业判断

在进行长期投资性资产评估时，应判断长期投资性资产预计可收回金额计算的正确性和合理性，判断被评估的长期投资性资产余额在资产负债表上列示的准确性。而要对这些金额的合理性进行判断，需要必要的职业判断能力。

3.根据长期投资性资产的特点选择合适的评估技术方法

对于可以在证券市场上市交易的股票和债券，一般采用市场法进行评估，按评估基准日的收盘价确定评估值；对于非上市交易及不能采用市场法评估的股票和债券，一般采用收益法进行评估。评估专业人员应根据综合因素选择适宜的折现率，确定评估值。

4.测算长期投资性资产价值，得出评估结论

根据长期投资性资产不同的种类，选择相应的评估技术方法，得出相应的评估结论。

第二节　长期债券性投资评估

债券是政府、企业、银行等债务人为了筹集资金，按照法定程序发行的并向债权人承诺于指定日期还本付息的有价证券。债券投资主要具有投资风险较小、安全性较强、到期还本付息、收益相对稳定、有着较强的流动性等特点。

第一，从投资时间来看，不论长期债券投资，还是短期债券投资，都有到期日，债券必须按期还本；

第二，从投资种类来看，因发行主体身份不同，债券投资分为国家债券投资、金融债券投资、企业债券投资等；

第三，从投资收益来看，债券投资收益具有较强的稳定性，通常是事前预定的，这一点尤其体现在一级市场上投资的债券上；

第四，从投资风险来看，债券要保证还本付息，收益稳定，投资风险较小；

第五，从投资权利来看，在各种投资方式中，债券投资者的权利最小，无权参与被投资企业经营管理，只有按约定取得利息、到期收回本金的权利。

债券作为一种有价证券，从理论上讲，它的市场价格是收益现值的市场反映。当债券可以在市场上自由买卖、变现时，债券的现行市价就是债券的评估值。但是，如果企业购买的是不能在证券市场自由交易的债券，就需要通过一定的评估技术方法进行价值评估。

一、上市交易债券的评估

上市交易债券是指可以在证券市场上交易、自由买卖的债券，对此类债券一般采用市场法进行评估，按照评估基准日的收盘价确定评估值。如果在特殊情况下，某种可上市交易的债券市场价格严重扭曲、不能代表实际价格，就应该采用其他的评估技术方法进行价值评估。运用市场法评估债券时，债券价值的计算公式为：

债券评估值=债券数量×评估基准日债券的收盘价

【例7-1】某评估公司受托对某企业的长期债权投资进行评估。其长期债权投资账面余额为12万元，购买债券1 200张，面值100元/张，年利率10%，期限3年，已上市交易。在评估前，该债券未计提减值准备。根据市场调查，评估基准日的收盘价为120元/张。据评估专业人员分析，该价格比较合理，其评估值为：

债券评估值=1 200×120=144 000（元）

二、非上市交易债券的评估

对于非上市交易债券，不能直接采用市场法进行评估，应该采取相应的评估方法进行价值评估。对于距评估基准日1年内到期的债券，可以根据本金加上持有期间的利息确定评估值；对于超过1年到期的债券，可以根据本利和的现值确定评估值。但对于不能按期收回本金和利息的债券，评估专业人员应在调查取证的基础上，通过分析预测，合理确定评估值。对于通过本利和的现值确定其评估值的债券，宜采用收益法进行评估。根据债券付息方法，债券又可分为到期一次还本付息债券和分次付息、到期一次还本债券两种。评估时应采用不同的评估技术方法。

（一）到期一次还本付息债券的价值评估

对于到期一次还本付息的债券，其评估价值的计算公式为：

$P=F/(1+r)^n$

式中：P为债券的评估值；F为债券到期时的本利和；r为折现率；n为评估基准日到债券到期日的间隔（以年或月为单位）。

本利和F的计算还可区分单利和复利两种计算方式。

1.债券本利和采用单利计算

$F=A(1+m×r)$

2.债券本利和采用复利计算

$F=A(1+i)^m$

式中：A为债券面值；m为计息期限；i为债券利息率。

债券利息率、计息期限、债券面值在债券上均有明确记载，而折现率是评估专业人员根据评估时的实际情况分析确定的。折现率包括无风险报酬率和风险报酬率。无风险报酬率通常以银行储蓄利率、国库券利率或国家公债利率为准；风险报酬率的大小则取决于债券发行主体的具体情况。国库券、金融债券等有良好的担保条件，其风险报酬率一般较低；对于企业债券，如果发行企业经营业绩较好，有足够的还本付息能力，则风险报酬率较低，否则应以较高风险报酬率调整。

【例7-2】某评估公司接受委托对某企业拥有的A公司债务进行评估，被评估债券面值50 000元，系A公司发行的3年期一次还本付息债券，年利率5%，单利计息，评估基准日距离到期日两年，当时国库券利率为4%。

评估专业人员经分析调查，发现A公司经营业绩尚好，财务状况稳健，两年后具有还本付息的能力，投资风险较低，取2%的风险报酬率，以国库券利率作为无风险报酬率，故折现率取6%。根据前述公式，该债券的评估价值为：

$F=A(1+m×r)=50\ 000×(1+3×5\%)=57\ 500$（元）

$P=F/(1+r)^n=57\ 500÷(1+6\%)^2=57\ 500×0.8900=51\ 175$（元）

（二）分次付息、到期一次还本债券的评估

前已述及，分次付息、到期一次还本债券的价值评估宜采用收益法，其计算公式为：

$$P=\sum_{i=1}^{n}R_i(1+r)^{-i}]+A(1+r)^{-n}$$

式中：P为债券的评估值；R_i为第i年的预期利息收益；r为折现率；A为债券面值；i为评估基准日距收取利息日期限；n为评估基准日距到期还本日期限。

【例7-3】承【例7-2】，假定该债券是每年付一次息，到期一次还本。其评估值为：

50 000×5%×（1+6%）$^{-1}$+50 000×5%×（1+6%）$^{-2}$+50 000×（1+6%）$^{-2}$

=2 500×0.9434+2 500×0.8900+50 000×0.8900=49 083.50（元）

第三节　长期股权性投资评估

长期股权性投资按投资方式的不同，可以分为股票投资和股权投资。股票投资是指企业通过购买等方式取得被投资企业的股票而实现的投资行为；股权投资则是指投资主体将现金资产、实物资产或无形资产等直接投入到被投资企业，取得被投资企业的股权，然后通过控制被投资企业来获取利益的投资行为。

股票投资具有高风险、高收益的特点，如果被投资的企业破产，股票投资人不仅没有红利可分，而且有可能"血本无归"。股票按不同的分类标准，可分为记名股票和不记名股票，有面值股票和无面值股票，普通股股票和优先股股票，公开上市股票和非上市股票等。股票的价格包括票面价格、发行价格、账面价格、清算价格、内在价值和市场价格。股票的价值评估通常与股票的票面价格、发行价格和账面价格的联系并不紧密，而与股票的内在价值、清算价格和市场价格有着较为密切的联系。

股票的清算价格是公司清算时公司的净资产与公司股票总数的比值。在因经营不善或者其他原因被清算时，该公司的股票价值就相当于公司股票的清算价格。

股票的内在价值，是一种理论价值或模拟市场价值，它是根据评估专业人员对股票未来收益的预测，经过折现得到的股票价值。股票的内在价值主要取决于公司的财务状况、管理水平、技术开发能力、公司发展潜力，以及公司面临的各种风险等。

股票的市场价格是证券市场上买卖股票的价格。在证券市场比较完善的条件下，股票的市场价格基本上是市场对公司股票内在价值的一种客观评价，在某种程度上可以将市场价格直接作为股票的评估价值。当然，当证券市场发育尚未成熟、股票市场的投机成分太大时，股票的市场价格就不能完全代表其内在价值。因此，在具体进行股票价值评估时，也就不能不加分析地将其市场价格作为股票的评估值。对于股票的价值评估，一般分上市交易股票和非上市交易股票两类进行。

一、上市交易股票的价值评估

上市交易股票是指企业公开发行的、可以在证券市场上市交易的股票。对上市交易股票的价值评估，正常情况下，可以采用现行市价法，即按照评估基准日的收盘价确定被评估股票的价值。所谓正常情况是指股票市场发育正常，股票自由交易，不存在非法炒作的现象。此时，股票的市场价格可以代表评估时点被评估股票的价值；否则，股票的市场价格就不能完全作为评估的依据，而应以股票的内在价值作为评估的依据。通过对股票发行企业的经营业绩、财务状况及获利能力等因素的分析，总体判断股票内在价值。除此之外，对于以控股为目的而长期持有的上市公司的股票，一般可采用收益法评估其内在价值。

根据对股票市场价格评估的结果，应在评估报告中说明所采用的评估技术方法，并说明该评估结果应随市场价格变化而予以适当调整。

二、非上市交易股票的价值评估

对于非上市交易的股票，一般应采用收益法评估，即综合分析股票发行企业的经营状况及风险、历史利润水平和分红情况、行业收益等因素，合理预测股票投资的未来收益，并选择合理的折现率确定评估值。对于非上市交易股票，应按普通股和优先股的不同而采用不同的评估技术方法。普通股没有固定的股利，其收益大小完全取决于企业的经营状况和盈利水平；优先股是在股利分配和剩余财产分配上优先于普通股的股票。优先股的股利是固定的，一般情况下，都要按事先确定的股利率支付股利。在这方面，优先股与债券很相似，二者的区别在于：债券的利息是在所得税前支付，而优先股的股利是在所得税后支付。

（一）普通股的价值评估

对非上市普通股的价值评估，实际是对普通股预期收益的预测，并将其折算成评估基准日的价值。因此，需要对股票发行企业进行全面、客观的了解与分析。首先，应了解被评估企业历史上的利润水平。其次，应了解企业的发展前景，其所处行业的前景、盈利能力、企业管理人员素质和创新能力等因素。最后，应分析被评估企业的股利（利润）分配政策，因为企业的股利分配政策直接影响着被评估股票价值的大小。股份公司的股利分配政策，通常可以划分为固定红利型、红利增长型和分段型等三种类型。在不同类型的股利政策下，其股票价值的评估方法也不完全相同。

1.固定红利型股利政策下股票价值的评估

固定红利型是假设企业经营稳定，分配红利固定，并且今后也能保持固定水平。在这种假设条件下，普通股股票评估值的计算公式为：

$$P=R/r$$

式中：P为股票评估值；R为股票未来收益额；r为折现率。

【例7-4】假设被评估企业拥有C公司的非上市普通股10 000股，每股面值1元。在持有期间，每年的收益率一直保持在20%左右。经评估专业人员了解分析，股票发行企业经营比较稳定，管理人员素质高、管理能力强。在预测该公司以后的收益能力时，按稳健的估计，今后若干年内，其最低的收益率仍然可以保持在16%左右。评估专业人员根据该企业的行业特点及当时宏观经济运行情况，确定无风险报酬率为4%（国库券利率），风险报酬率为4%，则确定的折现率为8%。

评估值=R/r=10 000×16%÷8%=20 000（元）

2.红利增长型股利政策下股票价值评估

成长型企业发展潜力大，收益率会逐步提高。该类型的假设条件是发行企业并未将剩余收益分配给股东，而是用于追加投资扩大再生产，因此红利呈增长趋势。在这种假设前提下，普通股股票评估值的计算公式为：

$$P=R/（r-g）\qquad（r>g）$$

式中：P为股票评估值；R为股票未来收益额；r为折现率；g为股利增长率。

股利增长率g的计算方法有如下两种：（1）统计分析法。统计分析法是根据过去股利的实际数据，利用统计学的方法计算出平均增长率，作为股利增长率的一种方法。（2）趋势分析法。趋势分析法是根据被评估企业的股利分配政策，以企业剩余收益中用于再投资的比率与企业净资产利润率相乘确定股利增长率的一种方法。

【例7-5】某评估公司受托对D企业进行资产评估。D企业拥有某非上市公司的普通股股票20万股，每股面值1元，在持有股票期间，每年股票收益率在12%左右。股票发行企业每年以净利润的60%用于发放股利，其余40%用于追加投资。评估专业人员根据其对企业经营状况的调查分析，认为该行业具有发展前途，该企业具有较强的发展潜力。经过分析后认为，股票发行企业至少可保持3%的发展速度，净资产收益率将保持在16%的水平，无风险报酬率为4%（国库券利率），风险报酬率为4%，则确定的贴现率为8%。该股票评估值为：

P=R/（r-g）=200 000×12%÷［（4%+4%）-40%×16%］=1 500 000（元）

3.分段型股利政策下股票价值的评估

前两种股利政策中，一种股利固定，另一种增长率固定，均过于模式化，很难适用于所有股票。在实际中，采用分段型股利政策模型对股票的价值进行评估更具客观性。其原理是：第一段，指能够较为客观地预测股票的收益期或股票发行企业的某一经营周期；第二段，以不易预测收益的时间为起点，企业持续经营到永续。

将两段收益现值相加，得出评估值。实际计算时，第一段以预测收益直接折现；第二段可以采用固定红利型或红利增长型，收益额采用趋势分析法或其他方法确定，先资本化再折现。

（二）优先股的价值评估

在正常情况下，优先股在发行时就已规定了股息率。评估优先股主要是判断股票发行主体是否有足够的税后利润用于优先股的股息分配。这种判断是建立在对股票发行企业的全面了解和分析的基础上的，包括股票发行企业的生产经营情况、利润实现情况、股本构成中优先股所占的比重、股息率的高低，以及股票发行企业的负债状况等。如果股票发行企业资本构成合理，企业盈利能力强，具有很强的支付能力，评估专业人员可以根据事先确定的股息率，计算出优先股的年收益额，然后进行折现计算，即可得出评估值。其计算公式如下：

$$P=\sum_{i=1}^{\infty} R_i(1+r)^{-i} = A/r$$

式中：P为优先股的评估值；R_i为第i年的优先股收益；r为折现率；A为优先股的年等额股息收益。

三、股权投资的评估

股权也称股东权益，是指投资人因投资而享有的权力。股权投资是投资主体以现金资产、实物资产或无形资产等直接投入到被投资企业，取得被投资企业的股权，从而通过控制被投资企业获取收益的投资行为。股权投资具有投资期限长、投资金额大、风险高的特点。股权投资的目的或是对被投资企业拥有控制权，或是对被投资企业施加重大影响，或者与被投资企业建立密切关系，以分散经营风险。

对股权投资进行评估，必须了解具体投资形式、收益获取方式和占被投资企业实收资本或所有者权益的比重，然后根据不同情况，采取不同的评估方法。其中投资收益的分配形式，常见的有如下几种类型：（1）按投资额占被投资企业实收资本的比重，参与被投资企业净利润的分配；（2）按被投资企业销售收入或利润的一定比例提成；（3）按投资方出资额的一定比例支付资金使用报酬等。

投资合同或协议一般规定有投资期限，有期限的投资届满时投入资本的处理方式通常有：按投资时的作价金额返还；以实物资产返还；按期满时的实投资产的变现价格作价以现金返还等。

长期股权投资评估是采用企业价值评估方法对被投资企业在某一评估基准日股东权益价值所作出的评判和估算，它不同于单项资产或资产组合评估，它是从价值形态上以法定货币尺度估测长期股权投资公允价值的一种手段。在母公司资产负债表中，长期股权投资金额相对较大，因此母公司发生经济行为需要确定其股东价值时，必然要评估其长期股权投资的价值。在新《企业会计准则》引入公允价值计量属性后，对长期股权投资的初始确认和后续计量中的减值测试等，需要资产评估专业人员给予评估意见，以作为会计入账与调整的依据。

长期股权投资评估通常按照股权投资的类型分为非控股型股权投资评估和控股型股权投资评估。

（一）非控股型股权投资（少数股权）评估

（1）对于非控股型股权投资评估，可以采用收益法，即根据历史收益情况和被投资企业的未来经营情况及风险，预测未来收益，再用适当折现率折算为现值得出评估值。

（2）对于合同、协议明确约定了投资报酬的长期投资性资产评估，可将按规定应获得的收益折为现值，作为评估值。

（3）对于到期收回资产的实物投资，可将约定或预测出的收益折为现值，再加上到期收回资产的现值，计算评估值。

（4）对于不是直接获取资金收入，而是取得某种权利或其他间接经济效益的投资，可通过了解分析，测算相应的经济效益、折现价值。

（5）对于明显没有经济利益，也不能形成任何经济权利的投资，则按零价值计算。在未来收益难以确定时，可以采用重置价值法进行评估，即通过对被投资企业进行评估，确定净资产数额，再根据投资方所占的份额确定评估值。

（6）如果进行该项投资的期限较短，价值变化不大，被投资企业资产账实相符，则可根据核实后的被投资企业资产负债表上的净资产数额，再根据投资方所占的份额确定评估值。

对非控股型股权投资也可以采取成本法评估。

不论采用何种评估方法评估非控股型股权投资，都应考虑少数股权因素对评估值的影响。

（二）控股型股权投资评估

对于控股型股权投资，应对被投资企业进行整体评估后再测算股权投资的价值。整体评估应以收益法为主，特殊情况下，可以单独采用市场法，对被投资企业整体进行评估，基准日与投资方的评估基准日相同。

评估控股型和非控股型股权投资，都要单独计算评估值，并记录于长期股权投资项目下，不能将被投资企业的资产和负债与投资方合并处理。

评估专业人员评估股东部分权益价值时，应当在适当及切实可行的情况下考虑由于控股权和少数股权等因素产生的溢价或折价。资产评估专业人员应当在评估报告中披露是否考虑了控股权和少数股权等因素产生的溢价或折价。

【例7-6】某资产评估公司受托对甲企业拥有的乙公司的股权投资进行评估，采用整体评估后再测算股权投资价值的方法。甲企业两年前曾与乙企业进行联营，协议约定联营期10年，按投资比例分配利润。甲企业投入资本30万元，其中现金资产10万元，厂房作价20万元，占联营企业总资本的30%。合同约定，合营期满，以厂房返还投资。该厂房年折旧率为5%，净残值率为5%，评估前两年的利润分配方案是：第1年实现净利润15万元，甲企业分得4.5万元；第2年实现净利润20万元，甲企业分得6万元。目前，联营企业生产已经稳定，今后每年20%的收益率（按照投入资本计算的收益率）是能保证的，期满后厂房折余价值10.5万元。经调查分析，折现率为15%，试评估该股权投资价值。

股权投资价值 $= 300\,000 \times 20\% \times (P/A, 15\%, 8) + 105\,000 \times (1 + 15\%)^{-8}$

$\qquad = 303\,562.5$（元）

注意：这里严格来讲，应该说厂房折旧20年，净残值率为5%，从而能够计算出折旧率为 $(1 - 5\%)/20 = 4.75\%$。从而10年的折旧为 $20 \times 4.75\% = 0.95$ 万元，联营期满后折余价值为 $20 - 0.95 = 19.05$ 万元。如果按照题目给定折旧率为5%计算，则10年的折旧为 $20 \times 5\% = 1$ 万元，联营期满后折余价值严格来讲应该是10万元（$20 - 20 \times 5\% \times 10$）。

■ 本章小结

长期投资性资产是指不准备随时变现、持有时间超过1年的投资性资产。长期投资性资产评估按其投资的性质，可分为长期股权投资、持有至到期投资和混合性投资等。长期债券性投资按债券能否在公开市场上进行自由交易，有不同的评估方法。上市交易债券一般用市场法进行评估，评估基准日的收盘价即为它的评估值。非上市交易债券不能在证券市场上进行交易，不能用市场法进行评估，一般采用收益法。长期股权性投资按投资方式的不同，可以分为股票投资和股权投资。对股票价值的评估，一般分上市交易股票和非上市交易股票来进行。上市交易股票在正常市场条件下，可以采用市场法进行评估。对非上市交易股票的评估一般采用收益法。

■ 思考与练习

一、单项选择题

1.股票的内在价格属于股票的（　　　）。

A.账面价格　　　　B.市场价格　　　　C.发行价格　　　　D.理论价格

2.下列长期投资中，属于实物资产长期投资的是（　　　）。

A.机器设备　　　　B.专有技术　　　　C.商标权　　　　D.购买的股票和债券

3.被评估债券为非上市企业债券，3年期，年利率为17%，按年付息到期还本，面值100元，共1 000张。评估时债券购入已满1年，第1年利息已经到账，当时1年期国库券利率为10%，1年期银行储蓄利率为9.6%，该被评估企业债券的评估值最接近于（　　　）元。

    A.112 159   B.117 000   C.134 000   D.115 470

    4.在企业股权投资中，被投资企业经过评估，净资产额为负值，则对该企业的直接投资的评估值为（　　　）。

    A.账面价值

    B.该负值按投资比例计算应负担数值

    C.零

    D.清算价值

    5.作为评估对象的长期待摊费用的确认标准是（　　　）。

    A.是否已摊销   B.摊销方式

    C.能否带来预期收益   D.能否变现

二、多项选择题

    1.长期投资的价值主要体现为它的获利能力的大小，而获利能力的大小，主要取决于（　　　）。

    A.长期投资的数量   B.长期投资者的偿债能力

    C.长期投资的风险   D.长期投资者的财务状况

    2.企业对外长期投资的根本目的是（　　　）。

    A.规避风险   B.获取收益   C.随时变现   D.资本增值

    3.直接投资的收益分配形式主要有（　　　）。

    A.以股息的形式参与分配   B.按投资比例参与净收益分配

    C.按一定比例从销售收入中提成   D.按出资额的一定比例收取使用费

    4.债券评估的风险报酬率的高低与（　　　）有关。

    A.债券的到期年限   B.发行企业的财务状况

    C.投资者的竞争能力   D.行业风险

    5.红利增长型股票增长率g的计算方法主要有（　　　）。

    A.重置核算法   B.市场比较法

    C.历史数据分析法   D.发展趋势法

三、判断题

    1.国债由于有政府的信用为其担保，所以不存在任何风险。（　　　）

    2.当市场利率大于票面利率时，债券的发行价格大于其面值。（　　　）

    3.由于优先股在分配公司盈利、剩余财产权等方面有优先权，所以一般来说，其收益要高于普通股。（　　　）

    4.如果不考虑影响股价的其他因素，零成长股票的价值与市场利率成反比，与预期股利成正比。（　　　）

    5.投资者要求的报酬率是进行股票评价的重要标准，而市场利率由于其无风险，所以可作为投资者要求的报酬率。（　　　）

四、计算题

    1.被评估单位拥有B企业发行的4年期一次还本付息债券30 000元，年利率15%，评估时债券的购入时间已满3年，当年的国库券利率为10%。评估专业人员通过对B企业调查，认为该债券风险不大，考虑按2%作为风险报酬率。分别以单利和复利计息方式计算该债券的评估值。

2.被评估债券为非上市企业债券，3年期，年利率为17%，按年付息，到期还本，面值100元，共4000张。评估时债券购入已满1年，第1年利息已经收账，评估时1年期国库券利率为7%，1年期银行储蓄利率为6.6%，经过分析确定债券发行企业的风险报酬率为3%。求该被评估债券的评估值。

3.某被评估企业持有B公司发行的优先股1000股，每股面值6元，年股息率为15%。评估时国库券利率为8%，B公司的风险报酬率经评估专业人员调查分析确定为2%。

（1）如果被评估企业没有出售该优先股的可能性，评估这批优先股的价值；（2）如果B公司优先股有可能上市，该企业打算持有3年后将这批优先股出售，若出售时市场利率上升2个百分点，其他情况不变，试评估这批优先股的价值。

4.对某企业进行评估，它拥有某股份有限公司非上市普通股股票10万股，每股面值1元。在持有期间，每年的股利收益率保持在16%左右。评估专业人员对该股份公司进行调查了解，认为前3年保持16%的收益率是可能的；第4年有一条专业生产线交付使用，可使收益率提高4个百分点，并使之保持下去。折现率设定为12%。试计算该批股票的评估值。

5.被评估企业以机器设备向B企业直接投资，投资额占B企业资本总额的20%，双方协议联营10年，联营期满B企业将机器设备折余价值20万元返还给投资方。评估时双方联营已有5年，前5年B企业的税后利润保持在50万元的水平，投资企业按其在B企业的投资额分享收益，评估专业人员认定B企业未来5年的收益水平不会有较大变化，折现率设定为12%。试评估被评估企业直接投资的价值。

6.被评估企业以无形资产向A企业进行长期投资，协议规定投资期为10年，A企业每年以运用无形资产生产的产品的销售收入的5%作为对投资方的回报，10年后投资方放弃无形资产产权。评估时此项投资已满5年，评估专业人员根据前5年A企业产品销售情况和未来5年的市场预测，认为今后5年A企业产品销售收入保持在200万元水平，折现率为12%。试评估该项长期投资性资产的价值。

第七章 参考答案

第八章 机器设备评估

学习目标

1.了解机器设备的概念、特点和分类；

2.熟悉机器设备评估的原则、程序、方法及注意事项；

3.掌握机器设备评估成本法和市场法的应用技巧。

第一节 机器设备概述

一、机器设备的定义和分类

（一）机器设备的定义

机器设备，是指利用机械原理制造的，将机械能或非机械能转换为便于人们利用的机械能，以及将机械能转换为某种非机械能，或利用机械能来做一定工作的装备或器具。其一般有三个基本特征：（1）由零部件组成；（2）零部件之间有确定的相对运动；（3）有能量转换。

在资产评估领域，从自然属性和资产属性两个方面对机器设备进行定义，即机器设备是指人类利用机械原理以及其他科学原理制造的、特定主体拥有或者控制的有形资产，包括机器、仪器、器械、装置以及附属的特殊建筑物等资产。

（二）机器设备的分类

机器设备种类繁多，分类方法十分复杂。按不同的分类标准，机器设备可以分为不同的类别。不同分类方式满足不同领域或管理需要。固定资产管理中和会计核算中使用的分类方法，经常在资产评估实践中使用。

1.固定资产管理中机器设备的分类

我国固定资产管理中使用的是国家技术监督局于1994年1月24日批准发布的《固定资产分类与代码》（GB/T14885—94）。该标准的适用范围包括国内的企业、事业单位、社会团体、军队和武警部队以及各级有关管理部门的固定资产管理、清查、登记、统计等。国内编制的机器设备价格资料及价格指数也大都采用了这种分类方法，即将其分为通用设备，专用设备，交通运输设备，电气设备，电子产品及通信设备，仪器仪表、计量标准器具及量具、衡具，文艺体育设备等。这种分类方法是资产评估中使用的最基本的分类方法。评估实践中，资产评估机构使用的机器设备评估明细表就考虑了这种分类要求，既符合资产占有单位的资产管理制度，为机器设备清查、评估信息填报和根据评估结果进行账务处理提供了便利，又有利于资产评估专业人员开展资产核实和资料收集工作。

2.会计核算中机器设备的分类

目前，我国企业会计核算领域，按使用性质将机器设备分为以下六大类：一是生产机器设备，指直接为生产经营服务的机器设备。二是非生产机器设备，指企业所属的福利部门、教育部门等使用的设备。三是租出机器设备，指企业出租给其他单位使用的机器设备。四是未使用机器设备，指企业尚未投入使用的新设备、库存的正常周转用设备、正在修理改造尚未投入使用的机器设备等。五是不需用机器设备，指已不适合本单位使用，待处理的机器设备。六是融资租入机器设备，指企业以融资租赁方式租入使用的机器设备。

此外，在资产评估领域，按机器设备的组合形式，将机器设备分为单台机器设备和机器设备组合。

在资产评估实践中，应当注意企业对机器设备的分类信息，便于在制订评估计划时了解机器设备在企业资产中的重要程度，对评估对象进行ABC分类，确定需重点关注设备的核实及评估方法。例如，一些制造类企业通常将机器设备分为机械设备和动力设备，机械设备又分为金属切削设备、锻压设备、起重运输设备、工程机械设备、通用设备、木工铸造设备、专业生产设备及其他机器设备，动力设备又分为动能发生设备、电器设备、工业炉窑及其他动力设备等。有些企业也常根据设备的大小、重要程度、精密等级等对机器设备进行分类，将设备分为大型设备、精密设备、关键设备、稀有设备等，如表8-1固定资产管理中机器设备分类一览表所示。

表8-1　　　　　　　　　固定资产管理中机器设备分类一览表

门类	代码 （第一层）	固定资产分类名称
通用设备	06	锅炉及原动机
	07	金属加工设备
	08	起重设备
	09	输送设备
	10	给料设备
	11	装修设备
	12	泵
	13	风
	14	气体压缩机
	15	气体分离及液化设备
	16	制冷空调设备
	17	真空获得及其应用设备
	18	分离及干燥设备
	19	减速机及传动装置
	20	金属表面处理设备
	21	包装及气动工具等设备

续表

门类	代码 （第一层）	固定资产分类名称
专用设备	25	探矿、采矿、选矿选团设备
	26	炼焦和金属冶炼轧制设备
	27	炼油、化工、橡胶及塑料设备
	28	电力工业专用设备
	29	非金属矿物制品工业专用设备
	30	核工业专用设备
	31	航空航天工业专用设备
	32	兵器工业专用设备
	33	工程机械
	34	农业和林业机械
	35	畜牧和渔业机械
	36	木材采集和加工设备
	37	食品工业专用设备
	38	饮料加工设备
	39	烟草加工设备
	40	粮油作物和饲料加工设备
	41	纺织设备
	42	缝纫、服饰、制革和毛皮加工设备
	43	造纸和印刷机械
	44	化学药品和中成药制炼设备
	45	医疗器械
	46	其他行业专用设备
	47	武器装备
交通运输设备	52	铁路运输设备
	53	汽车、电车（含地铁车辆）、摩托车及非机动车辆
	54	水上交通运输设备
	55	飞机及其配套设备
	56	工矿车辆
电气设备	60	电机
	61	变压器、整流器、电抗器和电容器
	62	生产辅助用电器
	63	生活用电器和照明设备
	64	电器机械设备
	65	电工、电子专用生产设备

续表

门类	代码 （第一层）	固定资产分类名称
电子产品及 通信设备	68	雷达和无线电导航设备
	69	通信设备
	70	广播电视设备
	71	电子计算机及其外围设备
仪器仪表、计量标 准器具及量具、 衡器	74	仪器仪表
	75	电子和通信测量仪器
	76	专用仪器仪表
	77	计量标准器具及量具、衡器
文艺体育设备	80	文艺设备
	81	体育设备
	82	娱乐设备

二、机器设备的经济管理

（一）机器设备的磨损与补偿

1.机器设备的磨损

机器设备在使用或闲置过程中，由于物理或技术进步的原因会逐渐发生磨损而降低价值。机器设备的磨损分为有形磨损和无形磨损两种形式。

（1）有形磨损，又称物质磨损，是指设备在实物形态上的磨损。按产生原因的不同，有形磨损可分为两种：

①在使用过程中，设备的零件由于摩擦、振动、腐蚀和疲劳等产生磨损。这种磨损称为第Ⅰ种有形磨损，通常表现为机器设备零部件的原始尺寸、形状发生变化，公差配合性质改变，精度降低以及零部件损坏等。

②设备在闲置过程中，由于自然力的作用而腐蚀，或由于管理不善和缺乏必要的维护而自然丧失精度和工作能力，使设备遭受有形磨损，这种有形磨损称为第Ⅱ种有形磨损。

第Ⅰ种有形磨损与使用时间和使用强度有关，而第Ⅱ种有形磨损在一定程度上与闲置时间和保管条件有关。

有形磨损的技术后果是机器设备的使用价值降低，到一定程度可使设备完全丧失使用价值。有形磨损的经济后果是生产效率逐步下降，消耗不断增加，废品率上升，与设备有关的费用也逐步提高，从而使所生产的单位产品成本上升。当有形磨损比较严重时，如果不采取措施，将会引发事故，从而造成更大的经济损失。

（2）无形磨损，是指由于科学技术进步而不断出现性能更加完善、生产效率更高的设备，致使原有设备价值降低；或者是生产相同结构的设备，由于工艺改进或生产规模扩大等，其重置价值不断降低，导致原有设备贬值。无形磨损也可分为两种形式：

①由于相同结构设备重置价值的降低而带来的原有设备价值的贬值，称为第Ⅰ种无形磨损。

②由于不断出现性能更完善、效率更高的设备而使原有设备在技术上显得陈旧和落后所产生的无形磨损，称为第Ⅱ种无形磨损。

在第Ⅰ种无形磨损情况下，设备技术结构和经济性能并未改变，设备尚可继续使用，一般不需要更新。

在第Ⅱ种无形磨损情况下，由于出现了生产率更高、经济性能更好的设备，原设备经济效果降低。这种经济效果的降低，实际上反映了原设备使用价值的部分或全部丧失，当设备的贬值达到一定程度时，就需要用新设备来代替原有设备或对原有设备进行技术改造。第Ⅱ种无形磨损也称为功能性磨损。

2.机器设备磨损的补偿

机器设备遭受磨损以后，应当进行补偿。设备磨损形式不同，补偿的方式也不一样。例如，当机器设备的有形磨损是由零件磨损造成时，一般可以通过修理和更换磨损零件，使磨损得到补偿；当设备产生了不可修复的磨损时，则需要进行更新；当设备遭受第Ⅱ种无形磨损时，可采用更新、更先进的设备，或对原有设备进行技术改造。

（二）机器设备的利用率

机器设备利用率，是指每年度设备实际使用时间占计划用时的百分比，是反映设备工作状态及生产效率的技术经济指标。常用的设备利用率指标有时间利用率和能力利用率。

1.时间利用率

设备时间的利用好坏将直接影响生产能力的发挥，从而影响设备的效率。为了分析设备的时间利用情况，可对设备时间作如下划分：

（1）日历时间，指按日历日数计算的时间。

（2）制度时间，取决于设备的工作制度。当采用连续工作制时，制度时间就是日历时间；当采用间断工作制时，制度时间是日历时间扣除节假日、公休日及不工作的轮班时间后，设备应工作的时间。

（3）计划工作时间，是从制度时间中扣除计划停开后的工作时间。

（4）实际工作时间，是从计划工作时间中扣除因事故、材料供应、电力供应等原因造成的停工时间。

设备时间利用情况通常用两个指标反映，即设备计划时间利用率和设备日历时间利用率，其计算公式为：

计划时间利用率=实际工作时间/计划工作时间×100%

日历时间利用率=实际工作时间/日历时间×100%

上述两式分别表示计划规定时间的利用情况和全年日历时间（最大可能时间）的利用情况。

2.能力利用率

设备的数量和时间利用指标从不同的角度反映了设备的利用情况。但是，有时可能出现设备的数量和时间虽得到充分利用，而产品的实际生产量却并不高的情况。其原因是设备能力没有全部发挥出来。通常可以采用设备能力利用率来反映生产设备能力的利用情况。设备能力利用率是设备在单位时间内的平均实际产量与设备在单位时间内的最大可能产量之比，其计算公式为：

设备能力利用率=单位时间内平均实际产量/单位时间内最大可能产量×100%

最大可能产量是按设备设计能力计算的，如果由于设备改进或生产技术提高，设备已突破了原设计能力，则最大可能产量就应根据改进后设备的生产能力来计算。

如果企业时间利用率或能力利用率过低，则评估专业人员应当关注其原因。比如，是否因故障率高、使用状态不佳而需要耗费大量时间进行维护保养，或因市场原因导致开工不足。

（三）机器设备的维护、检查、修理、更新与技术改造、淘汰报废

1.设备的维护

设备的维护，是指为了使设备处于良好工作状态，延长其使用寿命所进行的日常工作，包括清理擦拭、润滑涂油、检查调校，以及补充能源、燃料等消耗品等。设备维护分日常维护和定期维护两种。

2.设备的检查

设备的检查，是指按规定的标准、周期和检查方法，对设备的运行情况、技术状况、工作精度、零部件老化程度等进行检查。设备检查分为日常检查、定期检查、精度检查和法定检查等。

3.设备的修理

设备的修理是指通过修复或更换磨损零件，调整精度，排除故障，恢复设备原有功能而进行的技术活动。

按照设备的修理策略，可分为预防性修理、事后修理、改善修理和质量修理。其中，预防性修理是指按事先的计划和相应的技术要求所进行的修理活动，其目的是防止设备性能、精度的劣化，从而降低故障率。预防性修理可分为小修、中修、大修和项修。小修理（简称小修）通常只需修复、更换部分磨损较快和使用期限等于或小于修理间隔期的零件，调整设备的局部机构，以保证设备能正常运转到下一次计划修理。中修理（简称中修）是对设备进行部分解体，修理或更换部分接近失效的主要零部件和其他磨损件，并校正机器设备的基准，使之恢复并达到技术要求。大修理（简称大修）是对设备进行全部拆卸和调整，更换或修复所有磨损零部件，全面恢复设备的原有精度、性能及效率，以达到设备出厂时的水平。

4.设备的更新与技术改造

设备更新，是指用技术性能更高、经济性更好的新型设备来代替原有的落后设备。设备的技术改造，是指应用现代科学技术的新成果，对旧设备的结构进行局部改革，如安装新部件、新附件或新装置使设备的技术性能得到改进。对设备的技术改造是补偿第Ⅱ种无形磨损的重要方法。

5.设备的淘汰报废

设备由于有形磨损、无形磨损或其他原因而不能继续使用并"退役"的，称为设备报废。设备报废绝大多数是由于长期使用造成设备的零部件变形、变质、减重、老化，使结

构损坏、性能劣化，精度不能满足生产工艺的要求；也有的是因为人为事故或自然灾害，使设备损坏而报废；也有的是因为耗能高、污染严重，国家要求强制淘汰。

根据《中华人民共和国节约能源法》和《中华人民共和国环境保护法》的规定，国家实行淘汰能耗高的老旧技术、工艺、设备和材料的政策，不符合的机器设备应立即报废或限期报废。许多在用设备因不符合能源、环保要求而报废或在一定时间内退出使用，甚至包括一些没有出库的新设备。

1982 年以来，国家有关部门通过公布节能机电产品和淘汰落后机电产品、落后生产工艺及落后产能目录等举措，推动产业升级和设备更新换代。1997 年，根据《中华人民共和国大气污染防治法》和全国人大环境与资源保护委员会关于落实修改后的大气污染防治法的有关要求，国家公布了第一批 15 项严重污染环境（大气）的淘汰工艺与设备名录。1999 年，国家经济贸易委员会先后公布了两批淘汰落后生产能力、工艺和产品的目录，第一批涉及 10 个行业的 114 个项目，第二批涉及 8 个行业的 119 个项目，第三批涉及 13 个行业的 117 个项目。

2009—2014 年，国家工业和信息化部陆续发布《高耗能落后机电设备（产品）淘汰目录》（第一批至第三批）；国家发展和改革委员会陆续发布了《产业结构调整目录》《外商投资产业指导目录》《中西部地区外商投资优势产业目录》《国家重点节能技术推广目录》《国家鼓励发展的环保产业设备（产品）目录》，以及行业准入条件、各行业淘汰落后生产能力等公告，以限制高能耗、落后产能（设备、工艺），进而推广节能、先进产能（设备、工艺）。

三、机器设备寿命

机器设备寿命是指机器设备从开始使用到被淘汰所经历的时间期限，可分为自然寿命、经济寿命和技术寿命。

（一）机器设备自然寿命

机器设备的自然寿命是指设备从开始使用到因自然磨损不能正常使用所经历的时间。设备在存放和使用过程中，自然力侵蚀、摩擦、振动和疲劳等均可产生自然磨损。其磨损形式往往不是以单一形式表现出来，而是共同作用于机器设备。设备自然寿命的终结往往是因为上述综合磨损。

（二）机器设备经济寿命

机器设备的经济寿命是指机器设备从开始使用到因遭受有形磨损和无形磨损，继续使用在经济上已不合适而被淘汰所经历的时间期限。关于机器设备经济寿命的基本观点有两种：一种认为设备的经济寿命是指设备从开始使用到其年均费用最小的年限。使用年限超过设备经济寿命，设备的年均费用将上升，所以设备使用到其经济寿命年限就进行更新最为经济。另一种则认为，对生产设备来说，衡量设备经济寿命的长短不能单看年均费用的高低，而是要以使用设备时所获得的总收益的大小来决定。要在经济寿命这段很有限的时间内获得最大的收益。

（三）机器设备技术寿命

机器设备的技术寿命是指机器设备从开始使用到因技术进步导致其功能落后被淘汰所经历的时间期限。数字化技术的出现导致使用模拟技术的移动通信设备被替代，使用胶片技术的影像设备被相关数码设备取代等，这些都是技术进步缩短被替代设备技术寿命的生动例证。

机器设备的技术寿命主要是由其无形磨损决定的，它一般要短于自然寿命，而且科学技术进步越快，技术寿命越短。在经济可行的条件下，通过实施现代化改造也可延长设备的技术寿命。

第二节　机器设备评估概述

一、机器设备评估的概念

机器评备评估是指资产评估机构及其资产评估专业人员遵守相关法律法规及《资产评估准则》的要求，根据委托对在评估基准日特定目的下单独的机器设备或者作为企业资产组成部分的机器设备价值进行评定、估算，并出具评估报告的专业服务行为。

二、机器设备评估的特点

第一，机器设备类资产一般是企业整体资产的一个组成部分，它通常与企业的其他资产，如房屋建筑物、土地、流动资产、无形资产等，共同完成某项特定的生产任务。机器设备类资产一般不具备独立的获利能力，在进行机器设备评估时，收益法的使用受到很大限制，通常采用成本法和市场法。

第二，整体性的机器设备，是为了实现某种功能，由若干机器设备组成的有机整体。在对其进行价值分析时，应注意资产之间的有机联系对价值的影响，整体的价值不仅仅是单台设备价值的简单相加。

第三，机器设备有一部分属于不动产或介于动产与不动产之间的固置物，它们需要永久地或在一段时间内以某种方式安装在土地或建筑物上，移动这些资产可能导致机器设备的部分损失或完全失效。

第四，影响机器设备磨损的因素有很多，设备的磨损、失效规律不易确定，个体差异较大，确定贬值时，往往需要逐台地对设备的实体状态进行调查、鉴定。

第五，设备的贬值因素比较复杂，除实体性贬值外，往往还存在功能性贬值和经济性贬值。科学技术的发展，国家有关的能源政策、环保政策等，都可能对设备的评估价值产生影响。

三、机器设备评估的原则

（一）替代原则

在机器设备评估过程中，在评估基准日可能实现的或实际存在的价格或价格标准有多种，应选择最低的一种。这是因为在同时存在几种效能相同的机器设备时，最低价格的需求量最大。

（二）变化原则

资产价值是随着情况或环境的变化而相应地变化的。机器设备的价值一方面会随着使用年限的增加因损耗而降低；另一方面又受到通货膨胀的影响而升值，也有可能因性能更好的新设备问世或政府发布严格的环境保护或能源消耗法规而贬值。正是这些原因综合作用形成了机器设备的价值。评估专业人员在评估过程中应全面考虑市场中可能影响资产价值的现有和预期的变化。不过，变化是持续不断的，所以，评估价值只有按评估基准日计算才有效。

（三）供求原则

资产的价格随供求状况的变化而变化，这是市场经济的基本法则。在对机器设备进行评估时，应充分考虑机器设备的特点及其本身的供求状况，选用适当的评估方法。

（四）最佳使用原则

机器设备通常是为专门用途而设计的。机器设备能否以最佳方式被使用与其价值是相关的。这种在最佳效益的状态下持续使用的方式正符合机器设备的设计目的、用户的当前需要或将来的可能需要。因此，应根据最佳使用方式判断机器设备的价值。

四、机器设备评估程序

从资产评估专业人员和评估机构的角度来讲，科学、合理、实用的机器设备评估程序应包括以下阶段：

（一）接受委托

客户有意委托资产评估专业人员作某项机器设备评估时，资产评估专业人员应向客户了解被评估资产的背景、现状，评估的目的和评估报告的用途，以及该项评估涉及的其他因素。这些因素影响整个评估过程、评估的结果和评估质量。

（二）评估准备

资产评估专业人员（机构）在签订了资产评估委托协议后，明确了资产评估目的、评估对象和评估范围，就应着手做好评估的准备工作，具体包括：

1.要求委托方提供资产评估的基础资料

要求委托方提供的资产评估的基础资料包括填写的待评估机器设备清册及分类明细表，被评估机器设备的自查和盘盈、盘亏事项的调整资料，机器设备产权资料，以及有关经济技术资料等。

2.制订具体评估工作计划

分析研究委托方提供的待评估资产清册及有关表格，明确评估重点和清查重点，制订合理的评估作业计划，落实人员安排，并设计主要机器设备的评估技术路线。

3.收集评估中所需数据资料

广泛收集被评估机器设备的有关技术资料及相关市场行情资料，为机器设备价值的评定估算做好准备。

（三）现场工作阶段

现场勘察是机器设备评估工作的重点，这个阶段的主要任务是清查核实评估对象，对待评估机器设备进行技术鉴定，了解其使用现状、磨损程度和匹配状况等技术参数。

1.逐台（件）核实评估对象，确保评估对象真实可靠

要求委托方根据现场清查核实的结果，调整或确定其填报的待评估机器设备清册及相关表格，并以清查核实后的待评估机器设备作为对象。

2.按照评估重点或人员安排，对评估对象进行分类

当评估对象种类数量较多时，为了突出重点，更好地发挥评估专业人员的专长，可对

评估对象进行必要的分类，以便有效地收集数据资料，合理地配备评估专业人员。

3.机器设备鉴定

对机器设备进行鉴定是现场勘察工作的重点，包括对机器设备的技术鉴定、使用情况鉴定、质量鉴定以及磨损鉴定等。在鉴定过程中，机器设备的生产厂家、出场日期、设备负荷和维修情况等是基本素材。

（1）对机器设备的技术情况进行鉴定，主要是对机器设备满足生产工艺的程度、生产精度、废品率以及各种耗费和污染情况的鉴定，判断设备是否技术过时和功能落后。

（2）对机器设备的使用情况进行鉴定，主要是了解机器设备是处于在用状态还是闲置状态，使用中机器设备的运行参数、故障率、零配件保证率，机器设备闲置的原因和维护情况等。

（3）对机器设备的质量进行鉴定，主要是了解设备的制造质量，设备所处的环境条件对设备质量的影响，设备现时的完整性外观和内部结构情况等。

（4）对机器设备的磨损程度进行鉴定，主要是了解和掌握机器设备的有形损耗（如锈蚀损伤、精度下降等），以及无形损耗（如功能不足、功能过剩等）。

现场勘察工作要有完整的记录，特别是机器设备的鉴定工作更要有详细的记录，这些记录将是评估机器设备价值的重要数据，也是工作底稿的重要组成部分。

（四）评定估算

根据评估目的、评估价值类型的要求，以及评估时的各种条件，选择适宜的评估途径及方法，运用恰当的技术、经济参数对待评估机器设备的价值进行评定估算。在评定估算过程中，应始终使评估目的、评估价值类型、评估假设前提、评估参数与评估结果保持内在联系，应尽可能选择高效直接的评估途径和方法，使机器设备评估工作快速、合理、低成本、低风险。

在评定估算阶段，要注意与委托方有关人员进行信息交流，沟通评估中遇到的问题和困难。在保证资产评估独立性的前提下，可以听取和吸纳委托方的合理化建议，以保证评估结果的相对合理性。

（五）撰写评估报告及评估说明

按照当前有关部门及行业管理组织对评估报告撰写的要求，在评定估算过程结束后，应及时撰写评估报告和评估说明。

（六）评估报告的审核和报出

评估报告完成后，要进行必要的审核，包括审核人的审核、项目负责人的审核和评估机构负责人的审核。在三级审核确认评估报告无重大纰漏后，再将评估报告送达委托方及有关部门。

第三节　机器设备评估的成本法

一、成本法的适用范围

成本法是机器设备评估的一种常用的方法，它适用于继续使用假设前提下不具备独立获利能力的单台机器设备或其他机器设备的评估。其具体表现为：

第一，对在用、续用的机器设备可直接运用成本法进行评估，无须做较大的调整，如为了会计记账，对一台正在服役的车床进行价值评估；

第二，当运用成本法评估改用续用或移地续用机器设备时，则需做适当的调整才能得出较合理的结果；

第三，在非继续使用假设前提下，若待评估机器设备无市场参照物，可按成本法评估思路加以评估，但对成本项目构成需做必要的调整，以取得非续用重估价值。

二、机器设备重置成本的测算

（一）机器设备重置成本的定义

运用成本法评估机器设备价值，首先要估算机器设备的重置成本。机器设备的重置成本通常可以分为复原重置成本和更新重置成本两种。

复原重置成本是指按现行价格购置或制造一台完全相同的设备所需的成本。

更新重置成本是指按现行的价格购建一台不论何种类型，但能提供同样服务和功能的新设备替代现有设备所需的成本。

复原重置成本仅在两种情况下适用：一种是技术进步慢或购建不久的机器设备；另一种是自制非标准机器设备。前者由于无形损耗小对设备的价格影响不大，后者则是由于缺乏可以参照的技术且十分先进的机器设备。一般地讲，在技术进步快，技术进步因素对设备价格的影响较大，或者被评估设备已被淘汰（原企业不再生产）的情况下，应选择计算更新重置成本。

资产评估专业人员在运用重置成本法评估机器设备价值时，要求能准确把握所使用的重置成本的确切含义，并特别注意两种重置成本对机器设备功能性贬值及成新率的不同影响。

（二）机器设备重置成本要素

由于使用成本法评估机器设备一般以继续使用为假设前提，因此机器设备的重置成本应包括设备处于在用状态下发生的全部成本，包括直接费用和间接费用。机器设备的直接费用包括设备的购置价或建造价、运杂费、安装调试费、必要的配套费，以及进口设备的关税、增值税、银行手续费等。机器设备的间接费用通常包括为购置、建造设备而发生的各种管理费用，总体设计制图费用，资金成本，以及人员培训费用等。如果被评估设备是企业闲置的拟转让设备，则需从设备变现的角度评估其价值，即变现价减去变现成本。

机器设备取得的方式和渠道不同，其重置成本的构成项目也不一致。

1. 外购国产设备重置成本构成项目

（1）设备自身购置价格；（2）设备运杂费；（3）设备安装调试费；（4）大型设备一定期限内的资金成本；（5）其他费用，如手续费、验车费、牌照费等。

2. 进口设备重置成本构成项目

（1）国际市场价格（离岸价格）；（2）境外途中保险费；（3）境外运费；（4）进口关税；（5）增值税；（6）相关手续费；（7）国内运杂费；（8）安装调试费；（9）大型进口设备资金成本。

3. 自制设备重置成本构成项目

（1）制造费用；（2）安装调试费；（3）大型设备合理的资金成本；（4）合理利润；

（5）其他必要的合理费用，如设计费、制图费等。

在明确了重置成本构成项目的基础上，可以分别按外购国产设备、进口设备和自制设备进行重置成本的测算。

（三）外购国产机器设备重置成本的测算

外购国产机器设备是指企业购置的由国内厂家生产的各种通用设备和专用设备。该类设备在企业的机器设备中占的比重最大，是机器设备评估中最主要的内容。对该类机器设备重置成本的评估应根据不同情况采取不同的方法。

（1）对于目前仍在生产和销售的机器设备，应采用重置核算法计算其重置成本，即以市场价格为基础，加上运杂费和安装调试费求得其重置成本。市场价格可以直接向制造商或销售商询问，也可以从商家的价格表、正式出版的价格资料、广告、互联网上公开的价格信息等渠道获取。但是通过各种渠道获得的市场价格信息可能与设备的真实价格有一定的差异，分析后方可使用。

评估时评估专业人员必须考虑的问题还有：①根据替代原则，同等条件下选择可获得的最低售价；②通过了解近期成交价，剔除报价水分；③注意折扣因素对成交价的影响；④市场价格是否反映了评估基准日时的价格水平等。

【例8-1】A公司2012年购建一台账面原值为480 000元的机器设备，2017年进行评估，经市场调查询价，该设备2017年市场销售价格为382 000元，运杂费为1 000元，安装调试费为2 400元，则该设备重置成本为：

重置成本=382 000+1 000+2 400=385 400（元）

（2）对于无法直接取得现行购置价或建造费用的设备，如果能够寻找到现有同类设备的市价、建造费用、运杂费、安装调试费，就可采用功能成本法计算设备的更新重置成本。采用此方法应重点对被评估对象与所选择的机器设备的功能与重置成本之间的关系进行分析判断，根据不同的情况采取不同的计算方法。

①当机器设备的功能与成本之间呈线性等比关系或近似等比关系时：

$$被评估机器设备重置成本=参照物机器设备现行成本×\frac{被评估机器设备功能}{参照物机器设备功能}$$

②当机器设备的功能与成本之间呈指数关系时：

$$被评估机器设备重置成本=参照物机器设备现行成本×\left(\frac{被评估机器设备功能}{参照物机器设备功能}\right)^x$$

式中：x为功能价值指数（或规模效益指数），它是用来反映机器设备成本与其功能之间关系的具体指标。在国外经过大量数据检验，其取值范围是0.4～1，一般为0.6～0.7。

【例8-2】某企业2012年购建一套年产50万吨某产品的生产线，账面原值1 000万元，2017年进行评估，评估时选择了一套与被评估生产线相似的生产线，该生产线2016年建成，年产同类产品75万吨，造价3 000万元。经查询，该类生产线的规模效益指数为0.7，根据被评估生产线与参照物生产能力方面的差异，计算2017年被评估生产线的重置成本。

重置成本=3 000×（50÷75）$^{0.7}$=2 259（万元）

以上根据生产能力调整得到的重置成本，还需要考虑将有关因素调整到基准日水平。由于无法获取评估基准日该生产线的价格指数，不能直接将生产线的2016年重置成本调整为2017年评估基准日的重置成本。因此，将该生产线划分为主要装置成本、辅助装置成本、工艺管道成本、仪表仪器成本、建筑安装费和管理费6大项，并按被评估生产线原始成本中上述6项各占比重作权数，对2016年至2017年上述6项的价格变动系数加权求得生产线价格调整系数。

假设上述6项在生产线原始成本中的比重为：主要装置成本70%，辅助装置成本5%，工艺管道成本5%，仪表仪器成本5%，建筑安装费10%，管理费5%。2016年至2017年上述6项价格及费用变动率为：主要装置成本5%，辅助装置成本3%，工艺管道成本10%，仪表仪器成本2%，建筑安装费15%，管理费10%。则续用前提下的重置成本为：

重置成本=2 259×（1+70%×5%+5%×3%+5%×10%+5%×2%+10%×15%+5%×10%）

= 2 400（万元）

（3）对于既无法直接取得机器设备现行购置价或建造成本，也无法获得同类机器设备的购置价或建造成本的，可以采取物价指数调整法计算其复原重置成本。

这种方法是在被评估机器设备历史成本基础之上，通过现时物价指数确定其重置成本：

$$机器设备重置成本=机器设备账面原值×\frac{评估基准日定基物价指数}{购建时定基物价指数}$$

或　机器设备重置成本=机器设备账面原值×历年环比物价指数的乘积

式中：物价指数应首先选择同类设备（最好是同一厂家产品）的物价指数，其次是同一大类资产的物价指数，再次是整个工业产品的物价指数。指数概括的范围越宽，其误差可能越大。

评估专业人员还应注意：①对设备重置成本的各个构成部分，如购置价、运杂费、安装费等，应采用各自的物价指数分别计算；②对于进口设备，应使用设备生产国的分类物价指数；③对于在不同时期投入资金进行技术改造的设备，一般根据分类物价指数将不同时期投入的资金分别折算成现行价格，然后加总确定其重置成本。

【例8-3】某被评估设备2010年购进，账面原值10万元，2017年进行评估，2010年和2017年定基物价指数分别为109.6和143.2，2011年至2017年环比物价指数分别为119.7%、109.5%、106.3%、101.6%、98.1%、97%、97%，则按两种物价指数计算只计购置费的重置成本为：

（1）用定基物价指数计算：

被评估设备重置成本=100 000×（143.2÷109.6）=130 657（元）

结果取整（百元）为130 700元。

（2）用环比物价指数计算：

被评估设备重置成本=100 000×（119.7%×109.5%×106.3%×101.6%×98.1%×97%×97%）

= 130 661.5（元）

结果取整（百元）为130 700元。

物价指数法只是按物价的变化将已知的历史成本转变为基准日的成本，没有考虑技术进步和市场变化的影响，所以结果是复原重置成本。

（四）进口机器设备重置成本评估

1.进口设备重置成本基本计算公式

按照进口设备重置成本的构成，可以得到以下基本计算公式：

$$\begin{aligned}重置\\成本\end{aligned} = \begin{aligned}现行国际市场\\的离岸价（FOB）\end{aligned} + \begin{aligned}境外途中\\保险费\end{aligned} + \begin{aligned}境外\\运杂费\end{aligned} + \begin{aligned}进口\\关税\end{aligned} + 消费税 + 增值税 + \begin{aligned}银行及其他\\手续费\end{aligned} + \begin{aligned}国内\\运杂费\end{aligned} + \begin{aligned}安装\\调试费\end{aligned}$$

其中，各组成要素的计算过程如下：

（1）离岸价（FOB）指卖方在出口国家的装运港口交货的价格，包括运至船上的运费及装船费；到岸价（CIF）是离岸价、境外途中保险费、境外运杂费的加总。

（2）境外途中保险费=（FOB+海运费）×保险费率

（3）境外运杂费可按设备的重量、体积及海运公司的收费标准计算，也可按一定比例收取，计算公式为：

境外运杂费=FOB×海运费率

海运费率：远洋一般为5%～8%，近洋一般取3%～4%。

（4）进口关税=进口设备完税价格×海关税率

进口设备完税价格一般采用到岸价（CIF）；关税税率按国家发布的关税税率表计算。

（5）如果进口机器设备属于消费税的征收范围（如汽车），还要计算消费税。

消费税=（进口设备完税价格+关税）×消费税税率÷（1-消费税税率）

（6）增值税=（进口设备完税价格+关税+消费税）×增值税税率

注：减免关税，同时减免增值税。

（7）银行及其他手续费一般包括银行财务费、外贸手续费等。如果进口的是车辆，还包括车辆购置附加费。银行财务费以离岸价为基数计算，外贸手续费以到岸价为基数计算，车辆购置附加费以"CIF人民币数+关税+消费税"为基数计算。

（8）进口设备的国内运杂费是指进口设备从进口国运抵我国后，从所到达的港口、车站、机场等地，将设备运至使用目的地的现场所发生的港口费用、装卸费用、运输费用、保管费用、国内运输保险费等各项运杂费，不包括在运输超限设备时发生的特殊措施费。

（9）进口设备安装调试费可用以下公式计算：

进口设备安装调试费=相似国产设备原价×国产设备安装调试费

或　进口设备安装调试费=进口设备到岸价×进口设备安装调试费率

由于进口设备原价较高，进口设备的安装调试费率一般低于国产设备的安装调试费率。机械行业建设项目概算指标中规定：进口设备的安装调试费率可按相同类型国产设备的30%～70%选用，进口设备的机械化、自动化程度越高，取值越低，反之越高。特殊情况下，如设备的价格很高，而安装调试很简单，应低于该指标；设备的价格很低，而安装调试较复杂，应高于该指标。

2.进口单台机器设备重置成本的评估

（1）可查询到进口机器设备现行离岸价（FOB）或到岸价（CIF）的，按公式计算。

（2）无法查询到进口设备的现行FOB价格或CIF价格的，若可以获取国外替代产品的现行FOB价格或CIF价格的，可采用功能价值法或比较法来估测被评估进口机器设备的重置成本；若没有其国外替代品的现行FOB价格或CIF价格的，可利用国内替代设备的现行市价或重置成本推算被评估进口设备的重置成本。

（3）若以上几种渠道都行不通的话，可利用物价指数调整法估测进口设备的重置成本。但是，用物价指数调整法评估进口机器设备的重置成本有其限制范围：①对于那些技术已经更新的进口设备不宜采用物价指数法，因为一旦技术更新，旧型号设备很快会被淘汰，其价格会大幅度下降。只有那些技术更新周期较长、该型号设备仍在国外大量使用、在技术上未被淘汰的设备，适宜采用物价指数法。②运用物价指数调整法计算进口设备重置成本时，其中原来用外币支付的部分（原来的CIF价格），应使用设备生产国的物价变动指数来调整，而不是用国内价格变动指数来调整，但对原来的国内费用（进口关税、增值税、银行手续费、运杂费、安装调试费等）都应按国内的物价变动指数来调整。

采用物价指数法估测进口设备的重置成本的公式如下：

$$\frac{重置}{成本} = \frac{账面原值中的到岸价值}{进口时的外汇汇率} \times \frac{进口设备生产国同类}{资产价格变动指数} \times \frac{评估基准日}{外汇汇率} \times (1 + \frac{现行进口}{关税税率}) \times$$

$$(1 + \frac{其他}{税费率}) + \frac{设备原值中支付}{人民币部分价格} \times \frac{国内同类资产}{价格变动指数}$$

假定进口设备的到岸价格全部以外汇支付，其余均为人民币支付。如实际情况与此假设不符，应加以调整。

被评估进口设备的账面原值中的到岸价值除以进口时的外汇汇率，相当于按进口时的汇率将以人民币计价的进口设备到岸价值调整为以外币计价的设备到岸价值。"进口设备生产国同类资产价格变动指数"，可根据设备生产国设备出口时的同类资产价格指数与被评估时点同类资产的价格指数的比值求取，在实际操作过程中，这两项资料均不易取得。所以，实际运用公式时，往往以进口设备生产国在设备出口时的价格水平为基期价格水平，再根据设备生产国从基期到评估时点每年的价格变化率，将生产国出口设备价值从原值调整为现值，用"1+设备生产国从设备出口到评估时点的价格变化率"代替"进口设备生产国同类资产价格变动指数"。

"其他税费率"中的税费包括增值税、消费税的税率。依照进口设备的性质、种类的不同，按评估基准日海关的税收手册所规定的税率纳税。

"设备原值中支付人民币部分价格"主要是指国内运杂费和安装调试费等项目。这部分费用可利用国内价格变动指数直接将其原值调整为现值。

【例8-4】2017年年底，评估某合资企业2011年从德国某公司进口的纺织设备，进口合同中的FOB价格是50万欧元。评估时，评估专业人员了解到德国已不再生产这种设备，其替代产品是全面采用计算机控制的新型设备，新型设备的现行FOB报价为70万欧元。针对上述情况，评估专业人员经与有关纺织专家共同分析研究确定了新型设备与被评估设备在技术性能上的差别，以及对价格的影响。最后其认为，按照通常情况，实际成交价为报价的70%~90%，故按德方FOB报价的80%作为FOB成交价。针对新型设备在技术性能上优于被评估的设备的情况，估测被评估设备的现行FOB价格约为新型设备FOB价格的70%，30%的折扣主要是由功能落后造成的。评估基准日人民币对欧元的汇率为1欧元3.5元人民币。境外运杂费按FOB价格的5%计，保险费率为0.5%，关税与增值税因为符合合资企业优惠条件，予以免征。银行手续费按CIF价格的0.8%计算，国内运杂费按

"CIF价格+银行手续费"的3%计算，安装调试费用包括在设备价格中，由德方派人安装调试，不必另付费用。由于该设备安装周期较短，故没有考虑利息因素。

根据上述分析及数据资料，被评估设备的重置成本计算过程如下：

FOB价格=70×80%×70%=39.2（万欧元）

境外运杂费=39.2×5%=1.96（万欧元）

保险费=（39.2+1.96）×0.5%=0.20（万欧元）

CIF价格=FOB价格+运费+保险费=39.2+1.96+0.20

=41.36（万欧元）=144.76（万元人民币）

银行手续费=144.76×0.8%=1.16（万元人民币）

国内运杂费=（144.76+1.16）×3%=4.38（万元人民币）

被评估设备重置成本=144.76+1.16+4.38=150.30（万元人民币）

3.进口机组设备重置成本的评估

进口机组与国产机组的重置成本，与进口单台设备的成本构成基本上一致，只是通常机组是根据客户要求单独设计制造的，批量生产的并不多，给直接询价带来一定困难。如果采用物价指数调整法估测机组重置成本，应注意合理分解机组的各个构成部分，明确哪些是需要利用设备生产国价格变动指数调整的，哪些是需要利用国内价格变动指数调整的。分解后各部分的计算与单台设备的计算相同。当然，当进口机组的技术已经过时时，就不宜采用物价指数调整法估测其重置成本。

【例8-5】某企业2012年从美国引进一条生产线，该生产线当年安装试车成功正式投入生产。设备进口总金额为90万美元，2017年进行评估。经评估专业人员对该生产线进行现场勘察和技术鉴定，以及向有关部门进行调查了解，认为该生产线的技术水平在国内仍居先进行列，在国际上也属普遍使用的设备，故决定采用物价指数调整法对该机组重置成本进行评估。按照国内及国外价格变动对生产线的不同影响，评估专业人员先将生产线分成进口设备主机、进口备件、国内配套设施、其他费用四大部分，分别考虑国外、国内不同部分价格变化率并予以调整。经调查询价了解到，从设备进口到评估基准日，进口设备主机在其生产国的价格上升了50%，进口备件的价格上升了30%，国内配套设施价格上升了60%，其他费用上升了50%。按评估基准日的国家有关政策规定，该进口设备的进口关税等税收额为30万元人民币。评估时点美元对人民币汇率为1：6.3。从被评估机组进口合同中得知，进口设备主机原始价值75万美元，进口备件15万美元。另外从其他会计凭证中查得国内配套设施原始价值为45万元人民币，其他费用原值为18万元人民币。根据上述数据，估算被评估机组的重置成本如下：

重置成本=（75×1.5+15×1.3）×6.3+45×1.6+18×1.5+30=960.6（万元人民币）

（五）自制设备重置成本测算

自制设备可分为标准设备与非标准设备。对于标准设备的重置成本可参考专业生产企业的标准设备价格。非标准自制设备的市场价格资料一般难以获得，故经常采用重置核算法来计算其重置成本。如果以原来的材料、工艺重新制造同类型的设备，则计算得到的是复原重置成本；如果按新材料、新工艺重新制造同类设备，则计算得到的是设备的更新重置成本。以下两例分别计算的是复原重置成本和更新重置成本。

【例8-6】某企业有一台自制设备，账面原值11万元，市场无可替代产品，试评估其重置全价。

该设备在市场上没有可替代产品，且又是自制性质，符合前面所说的情况（服役时间不长和自制的设备适合按复原重置成本评估），因此，可按复原重置成本评估该设备。

评估专业人员核查企业提供的账表得知，该自制设备账面原值11万元的构成如下：

（1）制造费用10万元，其中：钢材消耗24吨，1 250元/吨，计3万元；铸铁消耗25吨，400元/吨，计1万元；外协件15吨，2 000元/吨，计3万元；消耗5 000工时，定额工时4元/工时，计2万元；管理费用，每定额工时分摊2元，计1万元。

（2）安装调试费1万元，其中：水泥消耗8吨，250元/吨，计0.2万元；钢材消耗4吨，1 250元/吨，计0.5万元；消耗500工时，定额工时4元/工时，计0.2万元；管理费用，每定额工时分摊2元，计0.1万元。

经市场调查和测算，现行使用单价，钢材为1 600元/吨，铸铁为500元/吨，外协件为2 400元/吨，水泥为250元/吨；定额工时为5元/工时，每定额工时分摊管理费用2元。根据现价和费用标准以及该设备原自制和安装调试的量耗资料，重估价格如下：

（1）制造费用重置全价12.19万元，其中：钢材消耗24吨，1 600元/吨，计3.84万元；铸铁消耗25吨，500元/吨，计1.25万元；外协件15吨，2 400元/吨，计3.6万元；消耗5 000工时，定额工时5元/工时，计2.5万元；管理费用，每定额工时分摊2元，计1万元。

（2）安装调试费用重置全价1.19万元，其中：水泥消耗8吨，250元/吨，计0.2万元；钢材消耗4吨，1 600元/吨，计0.64万元；消耗500工时，定额工时成本为5元/工时，计0.25万元；管理费用，每定额工时分摊2元，计0.1万元。

综合上述结果：

该自制设备原地续用的重置成本=12.19+1.19=13.38（万元）

【例8-7】某企业一台机器设备需评估其重置全价。有关资料如下：自制设备成本为30万元，其中：钢材占40%，铸铁占20%，人工费占30%，管理费占10%。按现行技术条件更新自制设备，钢材和铸铁均可节约20%，人工可节省10%。通过调查得知，自制设备自制造以来，钢材价格上升80%，铸铁价格上升50%，工时成本上涨100%，管理费按工时分摊的额度上升40%。

经过评估专业人员分析，现行技术条件下，该自制设备的结构大有改进的必要，改进后能节约用料，而其功能仍能保持，根据这种情况，可按更新重置法进行评估。估算过程如下：

材料成本：17.28+7.2=24.48（万元）

其中：钢材：30×40%×（1-20%）×（1+80%）=17.28（万元）

铸铁：30×20%×（1-20%）×（1+50%）=7.2（万元）

人工成本：30×30%×（1-10%）×（1+100%）=16.2（万元）

管理费用：30×10%×（1-10%）×（1+40%）=3.78（万元）

该自制设备的更新重置全价=24.48+16.2+3.78=44.46（万元）

三、机器设备贬值的测算

（一）实体性贬值估算

机器设备的实体性贬值是从设备制造完毕后就开始发生的。设备在使用过程中产生的损耗与其工作负荷、工作条件、维修保养状况有关。即使机器设备没有投入使用，在闲置和存放过程中也会产生损耗，这种损耗与闲置存放的时间、存放的环境、存放的条件有关。

设备实体性贬值的程度可以利用设备的价值损失与重置成本之比来反映，称为实体性贬值率。全新设备的实体性贬值率为零，完全报废设备的实体性贬值率为100%。在不考虑设备残值的条件下：

实体性贬值率=被评估资产实体性贬值额÷资产重置成本

实体性贬值=资产重置成本×实体性贬值率

评估中常定义"1-实体性贬值率"为"成新率"，成新率与实体性贬值率之和为1，即：

成新率=（资产重置成本-实体性贬值额）÷资产重置成本

　　　=1-实体性贬值率

计算设备实体性贬值的常用方法有观察分析法、使用年限法和修复费用法。

1.观察分析法

观察分析法就是评估专业人员通过现场观察，查阅机器设备的历史资料，向操作人员询问设备的使用情况、使用精度、故障率、磨损情况、维修保养情况、工作负荷等，对所获得的信息进行分析、归纳、综合，依据经验判断设备的磨损程度及贬值率的一种方法。

运用观察法应观测的主要指标包括设备的现时技术状况、设备的实际使用时间、设备的正常负荷率及原始制造质量、设备的维修保养及技改情况、设备重大故障（事故）经历、设备的工作环境和条件、设备的外观和完整性等。

评估专业人员进行评估时，应广泛听取各专家组及一线人员的介绍和评判，进行综合分析后判断机器设备的实体性贬值率（见表8-2）。

表8-2　　　　　　　　　　　　　　　　**实体性贬值率参考表**

设备状态		贬值率（%）
全新	全新，刚刚安装，尚未使用，资产状态极佳	0
		5
很好	很新，只轻微使用过，无须更换任何部件或进行任何修理	10
		15
良好	半新资产，但经过维修或更新，处于极佳状态	20
		25
		30
		35
一般	旧资产，需要进行某些修理或更换一些零部件，如轴承之类	40
		45
		50
		55
		60
尚可使用	处于可运行状况的旧资产，需要大量维修或更换零部件，如电机等	65
		70
		75
		80
不良	需要进行大修理的旧资产，如更换运动机件或主要结构件	85
		90
报废	除了基本材料的废品回收价值外，没有希望以其他方式出售	97.5
		100

2.使用年限法

使用年限法是从使用寿命角度来估算贬值，也称为寿命比率法。这种方法假设机器设备在整个使用寿命期间内，设备实体性贬值额与时间呈线性递增关系，因此，设备的实体性贬值率也可以用使用寿命消耗量与总使用寿命之比来表示。

$$成新率=\frac{机器设备尚可使用年限}{机器设备已使用年限+机器设备尚可使用年限}$$

或

$$成新率=\frac{机器设备的总使用年限-机器设备已使用年限}{机器设备的总使用年限}$$

（1）机器设备的总使用年限。

机器设备的总使用年限指机器设备的使用寿命。机器设备的使用寿命通常可分为物理寿命、技术寿命和经济寿命。物理寿命是指机器设备从开始使用到报废为止所经历的时间，物理寿命的长短主要取决于机器设备本身的质量、使用保养和正常维修情况。技术寿命是指机器设备从开始使用到技术过时所经历的时间，技术寿命的长短在极大程度上取决于社会技术进步、更新的速度和周期。经济寿命是指从开始使用到因经济上不合算而停止所经历的时间，经济寿命与机器设备本身的物理性能以及物理寿命、技术进步速度、设备使用的外部环境的变化等均有直接的联系。

当采用机器设备的总使用年限估算设备的成新率或有形损耗率时，通常首选机器设备的经济寿命作为其总使用年限，但也不排除将机器设备的物理寿命和技术寿命作为机器设备总使用年限的可能性。我们应根据机器设备评估的总体思路和总体要求，在保证影响机器设备评估值的各经济技术参数前后一致、协调的前提下，可以使用机器设备的物理寿命或技术寿命作为设备的总使用寿命。

（2）机器设备已使用年限。

机器设备已使用年限是指机器设备从开始使用到评估基准日所经历的时间。一般而言，机器设备已使用年限应根据设备运行的记录资料，结合考虑设备维修、保养水平据实估测。

采用已使用年限确定机器设备的成新率或有形损耗率时应注意：第一，运用使用年限法估算机器设备成新率或有形损耗率的前提条件是：机器设备的使用遵循正常使用时间和正常使用强度（例如，各种加工设备一般是以两班制生产为前提）。因此，在实际评估中，当运用已使用年限指标时，应特别注意机器设备的实际已使用时间（而不是简单的日历天数）以及实际使用强度。第二，已使用年限与会计中的已提折旧年限不完全相同，机器设备的已提折旧年限并不一定能全面反映设备的磨损程度。因此，使用已提折旧年限作为已使用年限来估算设备成新率时，应注意已提折旧年限与设备的实际磨损程度、机器设备评估的总体构思是否吻合，并注意使用前提和使用条件。

（3）机器设备的尚可使用年限。

机器设备的尚可使用年限也称机器设备的剩余使用寿命，应该通过技术检测和专业技术鉴定来加以确定。但在实际评估中，往往难以对每一台机器设备进行技术检测和专业技术鉴定，所以一般采用"总使用年限-实际已使用年限"来确定。这种方法适合较新设备的评估，具有简单易行、前后易于统一的优点，但是它对已使用较长时间的老设备不适用，因为有些老设备已达到甚至超过了预计的设备总使用年限。在这种情况下，评估专业人员需根据设备的实际状态和长年积累的专业经验直接估算其尚可使用年限。另外，对国家明文规定限期淘汰、禁止超期使用的设备，其尚可使用年限不能超过规定的禁止使用日期（不论设备现时状态如何）。

用使用年限法估算机器设备成新率的假设前提是：机器设备的投资是一次完成的，没有更新改造和追加投资等情况发生。这个假设对于许多机器设备的特定时期来说是符合实际情况的，所以该方法也可称作简单年限法。与此相对应，在机器设备投资分次完成，或经过大修理、技术更新改造和追加投资等情况下，所运用的方法可称作综合年限法。简单年限法和综合年限法都属于使用年限法，只是考虑机器设备的状况不同而已。

利用综合年限法估算设备成新率的公式如下：

$$成新率 = \frac{机器设备尚可使用年限}{机器设备加权投资年限 + 机器设备尚可使用年限}$$

式中：机器设备加权投资年限 = $\sum$加权更新成本/$\sum$更新成本

加权更新成本 = 已使用年限×更新成本

【例 8-8】某企业 2007 年购入一台设备，账面原值为 30 000 元，2012 年和 2014 年进行两次更新改造，当年投资分别为 3 000 元和 2 000 元，2017 年对该设备进行评估，假定从 2007 年至 2017 年年通货膨胀率为 10%，该设备的尚可使用年限经检测和鉴定为 7 年，试估算设备的成新率。

第一步，调整计算现时成本（见表 8-3）。

表 8-3　　　　　　　　　　现时成本计算表

投资年份	原始投资额（元）	环比物价变动指数（%）	现行成本（元）
2007	30 000	2.6	78 000
2012	3 000	1.61	4 830
2014	2 000	1.33	2 660
合计	35 000		85 490

第二步，计算加权更新成本（见表 8-4）。

表 8-4　　　　　　　　　　加权更新成本计算表

投资年份	现行成本（元）	投资年限（年）	加权更新成本（元）
2007	78 000	10	780 000
2012	4 830	5	24 150
2014	2 660	3	7 980
合计	85 490		812 130

第三步，计算加权投资年限。

加权投资年限 = 812 130÷85 490 = 9.5（年）

第四步，计算成新率。

成新率 = 7÷（9.5+7）×100% = 42%

3.修复费用法

修复费用法是假设设备所发生的实体性损耗是可以补偿的，则设备的实体性贬值就应该等于补偿实体性损耗所发生的费用。所用的补偿手段一般是修理或更换损坏部分。例如，某机床的电机损坏，如果这台机床不存在其他贬值，则更换电机的费用即为机床的实体性贬值。

运用该方法，评估专业人员应注意资产的有形损耗可分为可修复性损耗和不可修复性损耗。可修复性损耗指不仅在技术方面具有可修复性，而且在经济上是合算的损耗；不可修复性损耗则指技术上不可修复或技术上可修复但不经济的损耗。不可修复性损耗不能用修复费用法计算贬值。在大多数情况下，设备的可修复性损耗和不可修复性损耗是并存的，应注意分别计算。

$$实体性贬值率=\frac{可修复部分实体贬值+不可修复部分实体贬值}{设备复原重置成本}$$

使用修复法还应注意：修复费用有可能包括了修复功能陈旧的费用，因为机器设备的修复往往同功能改进一并进行，因而不能重复计算修复费用和功能性贬值。

【例8-9】一台数控折边机，重置成本为150万元，已使用2年，其经济使用寿命约20年，现该机器数控系统损坏，估计修复费用2万美元（折合人民币16.5万元），其他部分工作正常。

该设备存在可修复性损耗和不可修复性损耗，数控系统损坏是可修复性损耗，可以用修复费用法计算其贬值，贬值额等于机器的修复费用，约16.5万元人民币；另外，该机器运行2年，可以用年限法来确定由此引起的实体性贬值，此项贬值率为2/20。

所有实体性贬值及贬值率计算过程如下：

重置全价为150万元。

可修复性损耗引起的贬值为16.5万元。

不可修复性损耗引起的贬值：

（150-16.5）×2÷20=13.35（万元）

实体性贬值额=16.5+13.35=29.85（万元）

贬值率=（29.85÷150）×100%=19.9%

（二）功能性贬值估算

新技术的发展，不仅使新机器设备购置成本常常比复原重置成本低，而且使新机器设备的运行效率更高，营运费用更低，从而引起原有设备功能性贬值。机器设备的功能性贬值按照形成的原因可以分为由超额投资成本所致和由超额运营成本所致两种表现形式。

1.由超额投资成本所致的功能性贬值的测算

由于技术进步引起劳动生产率提高，制造与原功能相同的设备的社会必要劳动时间减少，从而使设备的制造成本下降，价值减少，具体表现为原有设备价值中存在不被社会承认的超额投资成本。

从理论上讲，设备的超额投资成本是该设备的复原重置成本与其更新重置成本的差额。

设备超额投资成本=设备复原重置成本-设备更新重置成本

在实际评估中，设备的复原重置成本往往难以直接获得。事实上，设备的更新重置成本已经将被评估设备价值中所包含的超额投资成本部分剔除掉了，因而不必刻意地按照公式计算，这也是强调应尽可能计算设备的更新重置成本的原因。

另外，在评估实务中，被评估设备可能已经停止生产，评估时只能参照其替代设备，而这些替代设备的性能通常优于被评估设备，其价格也会高于被评估设备的复原重置成本。在这种情形下，不应机械照搬公式来测算设备的超额投资成本，而应采用功能系数法测算被评估设备的更新重置成本，即更新重置成本中已同时扣减了设备的超额投资成本和超额运营成本。

2.由超额运营成本所致的功能性贬值的测算

由于技术进步出现了新的性能更优的设备，致使原有设备的功能相对于新设备已经落后，从而导致的价值贬值，称为营运性功能性贬值额。其具体表现为：完成相同任务，原有设备的消耗相对增加，形成超额运营成本。其计算公式为：

$$被评估设备的营运性功能性贬值额=\sum_{t=1}^{n}\frac{C(1-T)}{(1+i)^{t}}$$

式中：C为被评估设备相对于新替代设备每年营运费用增加额；n为设备的尚可使用年限；T为所得税税率；i为折现率；t为使用年份。

测算超额运营成本引起的功能性贬值有以下几个步骤：

（1）选择参照物，并将被评估设备的年运营成本与参照物的年运营成本作比较，计算两者之间的差额（年超额运营成本额）；

（2）估测被评估设备的剩余寿命；

（3）按企业适用的所得税税率计算被评估设备因超额运营成本而抵减的所得税，从而得到被评估设备的年超额运营成本净额；

（4）确定折现率，将被评估设备在剩余使用年限中的每年超额运营成本净额（超额运营成本扣除所得税因素）折现累加，从而求得被评估设备的功能性贬值额。

【例8-10】将某一生产控制装置作为评估对象。该设备正常运行需7名操作人员。目前同类新式控制装置所需的操作人员定额为4名。假设该被评估控制装置与参照物在运营成本的其他支出项目方面大致相同，操作人员人均年收入为12 000元，被评估控制装置尚可使用3年，所得税税率为25%，适用的折现率为10%。试测算被评估控制装置的功能性贬值额。

根据上述资料，被评估控制装置的功能性贬值额测算如下：

（1）计算被评估控制装置的年超额运营成本额：

（7-4）×12 000=36 000（元）

（2）测算被评估控制装置的年超额运营成本净额：

36 000×（1-25%）=27 000（元）

（3）将被评估控制装置在剩余使用年限内的年超额运营成本净额折现累加，估算其功能性贬值额：

27 000×（P/A，10%，3）=27 000×2.4869=67 146.3（元）

（三）经济性贬值估算

如果说实体性贬值、功能性贬值所引起的重置净价下降是由于设备本身内部原因的话，经济性贬值则是由外部因素造成的。这些外部因素通常包括：市场竞争加剧、产品市场需求量减少导致设备开工不足、生产能力相对过剩；原材料供应方式改变，生产成本增高，而生产的产品售价没有相应提高；国家有关能源、环保等法律法规使产品生产成本提高或设备强制报废，缩短了设备的正常使用寿命等。当这些因素发生时，在设备本身没有变化的情况下，会使设备从两方面发生贬值：一是营运成本上升或收益减少从而使设备的经营能力降低；二是开工不足从而使设备生产能力下降。因此，量化机器设备经济性贬值通常有两种方法：收益损失资本金化法和生产能力比较法。

1.收益损失资本金化法

如果由于外界因素变化造成设备收益额减少，在收益减少额可测算的情况下，可利用收益损失资本金化法计算设备的经济性贬值额，用公式表达如下：

经济性贬值额=设备年收益损失额×（1-所得税税率）×（P/A，r，n）

式中：（P/A，r，n）为折现率为r、年限为n的年金现值系数。

【例8-11】某家电生产厂家面临着市场疲软状况，如果不降低彩电生产量，就必须降价销售家电产品。假定原产品售价为2 000元/台，要使10万台产品都能卖掉，产品售价需降至1 900元/台，每台产品损失毛利100元。经估测，该家电厂家的生产设备尚可使用3年，企业所在行业的投资报酬率为10%，试估算该生产线的经济性贬值额。

经济性贬值额=（100×100 000）×（1-25%）×（P/A，10%，3）

=7 500 000×2.4869=18 651 750（元）

2.生产能力比较法

在收益损失额难以预测的情况下，可利用生产能力比较法确定机器设备的经济性贬值。其计算公式为：

$$经济性贬值率=\left[1-\left(\frac{设备预计可利用的生产能力}{设备原设计生产能力}\right)^x\right]×100\%$$

经济性贬值额=（设备的重置成本-有形损耗-功能性贬值）×经济性贬值率

式中：x为规模效益指数，一般介于0.6~0.7之间。

【例8-12】某生产线的设计生产能力为10 000吨，由于市场疲软，企业竞争力下降，预计现实生产能力为8 000吨。经评估，生产线的重置成本为1 500万元，有形损耗为300万元，功能性损耗为150万元，求该生产线的经济性损耗。

（1）扣除有形损耗和功能性损耗以后的价值=1 500-300-150=1 050（万元）

（2）经济性贬值率：

$$经济性贬值率=\left[1-\left(\frac{8\ 000}{10\ 000}\right)^x\right]×100\%$$

当x=0.7时：

经济性贬值率=（1-0.8^{0.7}）×100%=（1-0.86）×100%=14%

（3）经济性贬值额=1 050×14%=147（万元）

值得注意的是，测算机器设备的经济性贬值有一定的范围。一般来说，没有单独获利能力的单台（件）设备不计算经济性贬值，而对生产线、成套设备等具有整体生产能力的设备进行评估时，则应注意要在重置全价中扣减经济性贬值额。

四、机器设备评估值的确定

求得重置成本、实体性贬值额、功能性贬值额和经济性贬值额之后，在重置成本的基础上扣减各个贬值项，就可以得到被评估机器设备的价值了。

机器设备评估值=重置成本−实体性贬值−功能性贬值−经济性贬值

第四节　机器设备评估的市场法

机器设备评估的市场法是指根据市场上类似机器设备的交易价格资料，通过对评估对象和市场参照物之间的差异进行调整，确定被评估机器设备价格的一种方法。

一、市场法的适用范围

运用市场法评估机器设备需具备两个前提条件：市场条件和参照物的可比性。

（1）一个发达活跃的设备交易市场是市场法应用的前提。这种方法是借助于参照物的市场成交价或变现价运作的（该参照物与被评估设备相同或相似），因而市场条件至关重要。

（2）运用该方法确定机器设备市场价值的合理性与公允性，在很大程度上取决于选取参照物的可比性如何。可比性包括两方面的内容：一是被评估机器设备与参照物之间在规格、型号、用途、性能、新旧程度等方面应具有可比性；二是参照物的交易情况（如交易目的、交易条件、交易数量、交易时间、结算方式等）与被评估机器设备将要发生的情况具有可比性。

二、运用市场法评估机器设备的程序

（一）鉴定被评估机器设备

评估专业人员通过鉴定被评估机器设备，了解机器设备的类别、名称、规格型号、生产厂家、生产日期、设备性能、现实技术状况及有效役龄等基本资料，从而为市场数据资料的收集及参照物的选择提供依据。

（二）选择参照物

根据机器设备评估的目的、被评估机器设备的有关经济技术参数，遵循可比性原则选取两个或者两个以上的参照物。选择参照物时，应选择市场上已成交的交易案例中的机器设备；若市场上没有与被评估设备相同或者类似的成交设备，也可考虑选择有标价或报价相同或者相似的设备作为参照物。

（三）对被评估机器设备和参照物之间的差异进行比较、量化和调整

1.销售时间差异的量化

不同交易时间的市场供求关系、物价水平等都会不同，评估专业人员应尽可能选择评估基准日的成交案例，以省去对销售时间差异的量化。若参照物的交易时间在评估基准日之前，可采用物价指数法将销售时间差异量化并调整。

2.结构、性能、品牌差异的量化

机器设备型号间及结构上的差别都会集中反映到设备间的功能和性能差异上，具体体现为生产能力、生产效率、营运成本等方面的差异。同时，不同的品牌由于声誉不同导致市场价格也不一样。对于前者可运用功能成本法等将被评估机器设备与参照物在结构、性

能、型号等方面的差异量化；对于后者，主要是利用历史数据资料辅以市场咨询予以量化。

3.新旧程度差异的量化

被评估设备与参照物在新旧程度上不完全一致，参照物也未必是全新设备。这就要求评估专业人员对被评估机器设备与参照物的新旧程度作出基本判断，取得被评估设备和参照物成新率后，以参照物的价格乘以被评估机器设备与参照物成新率之差得到两个机器设备新旧程度的差异量，即：

差异量=参照物价格×（被评估机器设备成新率−参照物成新率）

4.销售数量、结算方式差异的量化

销售量的大小、付款方式的选择均会对设备成交单价产生影响。对于这两个因素，要根据具体情况作出不同的量化处理。一般来说，付款方式差异主要体现在付款时间的差异上，其量化方法是采用不同时期付款额折现求和。

【例8-13】假设有8台机器设备等待出售，每台售价2万元，如果采用分期付款方式结算，先付2台设备的货款，余下的6台货款在今后的3年每年年末等额支付，现要求量化此种付款方式同一次性即期付款方式的差额。

即期支付额度的现值=8×2=16（万元）

分期支付额度的现值=4+4×（P/A，10%，3）=4+4×2.4869=13.95（万元）

两种付款方式的差额=16−13.95=2.05（万元）

5.地域因素的量化

不同地区市场供求条件等因素不同，机器设备的交易价格会受到影响，选择参照物时应尽可能与被评估机器设备在同一地区，否则要对这种差异进行调整。

（四）汇总各因素差异量化值，调整差异，求出评估值

汇总上述各差异因素量化值，再结合定性分析，最后确定被评估机器设备的评估值。

三、运用市场法评估机器设备的具体方法

（一）直接比较法

机器设备评估的直接比较法是指利用二手设备市场上已经成交的相同机器设备的交易资料，通过与被评估设备的直接比较，调整得到被评估机器设备价值的方法。

此方法运用的前提是市场上有与被评估设备相同且已成交的设备交易数据和资料。这里的"相同"可以理解为基本可比因素相同，仅仅个别因素存在差异。例如，参照物与被评估机器设备在生产厂家、型号、役龄、附属装置等方面均相同，只是成新率方面因使用强度不同而存在差异。这种情况可采用成新率价格法计算评估值。

评估值=参照物的市场价值±差异调整

【例8-14】在评估一辆轿车时，评估师从市场上获得的市场参照物在型号、购置年月、行驶里程、发动机、底盘及各主要系统的状况基本相同。区别之处在于：

（1）参照物的右前大灯破损需要更换，更换费用约300元；

（2）被评估车辆加装CD音响一套，价值1 500元。

若参照物的市场售价为75 000元，则：

评估值=75 000+300+1 500=76 800（元）

使用直接比较法的前提是评估对象与市场参照物基本相同，需要调整的项目较少，差异不大，并且差异对价值的影响可以直接确定。如果差异较大，则无法使用直接比较法。

（二）类比分析法

机器设备类比分析法是指利用与被评估设备相似的且已经在市场上成交的设备的交易数据和资料，通过对评估对象机器设备与参照物之间可比因素的对比分析，计算调整系数或调整值来确定机器设备的评估值。

【例8-15】使用类比分析法对某车床进行评估。

（1）评估专业人员首先对被评估对象进行鉴定，基本情况如下：

设备名称：普通车床

规格型号：CA6140×1500

制造厂家：A机床厂

出厂日期：2009年2月

投入使用时间：2009年2月

评估基准日：2017年3月31日

（2）评估专业人员对二手设备市场进行调研，确定与被评估对象较接近的三个市场参照物，见表8-5。

表8-5 评估对象与参照物对比表

比较	评估对象	参照物A	参照物B	参照物C
设备名称	普通车床	普通车床	普通车床	普通车床
规格型号	CA6140×1500	CA6140×1500	CA6140×1500	CA6140×1500
制造厂家	A机床厂	A机床厂	B机床厂	B机床厂
出厂日期/役龄	2009年/8年	2009年/8年	2009年/8年	2009年/8年
安装方式	未安装	未安装	未安装	未安装
附件	仿形车削装置、后刀架、快速换刀架、快速移动机构	仿形车削装置、后刀架、快速换刀架、快速移动机构	仿形车削装置、后刀架、快速换刀架、快速移动机构	仿形车削装置、后刀架、快速换刀架、快速移动机构
状况	良好	良好	良好	良好
实体状态描述	传动系统、导轨、进给箱、溜板箱、刀架、尾座等各部位工作正常，无过度磨损现象，状态综合分值为6.1分	传动系统、导轨、进给箱、溜板箱、刀架、尾座等各部位工作正常，无过度磨损现象，状态综合分值为5.7分	传动系统、导轨、进给箱、溜板箱、刀架、尾座等各部位工作正常，无过度磨损现象，状态综合分值为6.0分	传动系统、导轨、进给箱、溜板箱、刀架、尾座等各部位工作正常，无过度磨损现象，状态综合分值为6.6分
交易市场		评估对象所在地	评估对象所在地	评估对象所在地
市场状况		二手设备市场	二手设备市场	二手设备市场
交易背景及动机	正常交易	正常交易	正常交易	正常交易
交易数量	单台交易	单台交易	单台交易	单台交易
交易日期		2017年2月10日	2017年1月25日	2017年3月10日
转让价格（元）		23 000	27 100	32 300

（3）确定调整因素，进行差异调整。

①制造厂家调整。所选择的3个参照物中，1个与评估对象的生产厂家相同，另外2个为B厂家生产。在新设备交易市场，A、B两个制造商生产某相同产品的价格分别为4.0万元和4.44万元。

②出厂年限调整。被评估对象出厂年限是8年，参照物A、B、C的出厂年限均为8年，故无须调整。

③实体状况调整。

参照物A的调整系数=6.1÷5.7=1.07

参照物B的调整系数=6.1÷6.0=1.02

参照物C的调整系数=6.1÷6.6=0.92

④时间因素调整。因参照物的交易时间与评估基准日接近，不考虑物价变动，因此无须调整。

（4）计算评估值。计算评估值见表8-6。

表8-6 评估值计算过程

	参照物 A	参照物 B	参照物 C
交易价格（元）	23 000	27 100	32 300
制造厂家因素调整	1.0	0.90	0.90
出厂年限因素调整	1.0	1.0	1.0
实体状态因素调整	1.07	1.02	0.92
时间因素调整	1.0	1.0	1.0
调整后结果（元）	24 610.00	24 878.80	26 744.4

被评估对象的评估值 =（24 610 + 24 878.8 + 26 744.4）÷3≈25 411（元）

■ 本章小结

本章主要介绍了机器设备的分类、机器设备的特点以及不同特点对评估业务的影响，这些有利于把握机器设备评估工作的内容，便于开展机器设备评估工作。为了提高机器设备评估工作的效率，避免失误，结合现实性和可操作性特点，可以将机器设备评估程序分为6个阶段，每一阶段规定了工作任务、进度和具体操作方法，最常用的机器设备评估技术方法是成本法和市场法，有时还必须以两种或两种以上不同的方法进行评估以求得可以相互验证的评估结论。

■ 思考与练习

一、单项选择题

1.修复费用法适用的可修复费用是指（　　　）。

A.修复在技术上可行　　　　　　　　B.修复在经济上和技术上都可行

C.技术上可行但经济上不可行　　　　D.经济上可行但技术上不可行

2.一台数控机床，重置成本为200万元，已使用2年，其经济寿命为20年，现在该机床的数控系统损坏，估计修复费用为20万元，其他部分工作正常。该机床的实体性贬值额为（　　）万元。

A.38　　　　　　　　B.18　　　　　　　　C.20　　　　　　　　D.30

3.下列贬值属于功能性贬值的是（　　）。

A.由于大量产品积压，某车间由三班倒改为两班倒而造成开工不足

B.由于设备生产厂家采用新技术，使某厂使用的车床相对物耗上升了20%

C.由于市场疲软，某车间的10台机床只有6台使用，造成4台闲置

D.由于原材料紧俏，某厂处于半停产状态，造成设备闲置

4.复原重置成本与更新重置成本之差表现为（　　）。

A.超额营运成本　　　　　　　　B.超额投资成本

C.功能性贬值　　　　　　　　　D.与功能贬值无关

5.判断设备已使用年限，不需考虑的因素是（　　）。

A.设备更新改造情况　B.设备利用情况

C.技术进步情况　　　　　　　　D.设备磨损情况

6.某被评估设备目前已不再生产，该设备与更新后的新设备相比，在完成相同生产任务的前提下，多使用3名操作工人，每年多耗电100万度，如果每名操作工人的工资及其他费用为每年1.8万元，每度电的价格为0.45元，自评估基准日起该设备尚可使用8年，折现率为10%，企业所得税税率为25%，不考虑其他因素，则该设备的功能性贬值最接近于（　　）万元。

A.130　　　　　　　　B.202　　　　　　　　C.310　　　　　　　　D.338

7.某被评估实验室设备已投入使用5年，按设计标准，在5年内应正常工作14 600小时。由于实验室利用率低，如果1年按365天计算，在过去的5年内平均每天只工作4个小时。经专家分析，若按正常使用预测，自评估基准日起该设备尚可使用15年，若不考虑其他因素，则该设备的成新率最接近于（　　）。

A.72%　　　　　　　　B.75%　　　　　　　　C.82%　　　　　　　　D.86%

8.某被评估生产线由于市场原因在未来5年内每年收益的损失额为3.7万元，假定折现率为9%，所得税税率为15%，则该生产线的经济性贬值最接近于（　　）万元。

A.15.73　　　　　　　B.12.23　　　　　　　C.18.5　　　　　　　D.14.39

9.在机器设备评估方法中，市场法不适用于（　　）。

A.大型设备　　　　　　　　　　B.有实体性贬值的设备

C.自制非标准设备　　　　　　　D.进口设备

10.对于参照物与被评估设备基本相同，只是个别因素有所差异的情况，可以选用（　　）进行评估。

A.直接匹配法　　　B.因素调整法　　　C.成本比率法　　　D.功能成本法

11.在机器使用过程中，在一定程度上与闲置时间和保管条件有关的磨损是（　　）。

A.第Ⅰ种有形磨损　　　　　　　B.第Ⅱ种有形磨损

C.第Ⅰ种无形磨损　　　　　　　D.第Ⅱ种无形磨损

12.每年度设备实际使用时间占计划用时的百分比，是反映设备工作状态及生产效率的技术经济指标，它是（　　）。

A.时间利用率　　　　B.能力利用率　　　　C.设备维修率　　　　D.机器设备利用率

13.某设备上1年的计划工作时间为8 000小时，实际工作时间为7 500小时，实际生产工件数量为3 000件，而其1年最大可能生产工件量为3 500件，则该设备的时间利用率为（　　），能力利用率为（　　）。

A.93.75%；116.67%　　　　　　　　　　B.106.67%；85.71%

C.106.67%；116.67%　　　　　　　　　　D.93.75%；85.71%

二、多项选择题

1.评估机器设备时，自制非标准设备的本体的重置成本通常包含（　　）等。

A.材料费　　　　　　B.燃料动力费　　　　　　C.税金

D.安装费　　　　　　E.设计费

2.按照设备的修理策略，可分为（　　）。

A.预防性修理　　　　B.事后修理　　　　　　　C.改善修理

D.更换修理　　　　　E.质量修理

3.实体性贬值的常用方法有（　　）。

A.观察分析法　　　　B.使用年限法　　　　　　C.修复费用法

D.物价指数法　　　　E.重置核算法

4.进口设备的重置成本除包括到岸价外，还应包括（　　）。

A.进口关税　　　　　B.海关监管手续费　　　　C.境外途中保险费

D.公司手续费　　　　E.国内运输费

5.设备的实体性贬值与设备使用过程中的（　　）有关。

A.工作负荷　　　　　B.工作条件　　　　　　　C.技术水平

D.维护保养　　　　　E.经济环境

6.在采用市场法评估机器设备的过程中，将被评估设备与参照物进行比较时，交易因素包括（　　）。

A.交易地区　　　　　B.交易动机及背景　　　　C.交易时间

D.交易数量　　　　　E.新旧程度

7.关于设备寿命的说法，正确的有（　　）。

A.设备的经济寿命是从经济观点确定的设备更新的最佳时间

B.设备的使用年限越长，设备的经济性越好

C.设备的合理维修和保养可以避免设备的无形磨损

D.设备的技术寿命主要是由设备的无形磨损决定的

E.设备的自然寿命是由设备的综合磨损决定的

三、判断题

1.由于机器设备数量多、规格复杂、情况各异，所以设备评估以整套设备为对象。

（　　）

2.一般在技术进步快、技术进步因素对设备价格的影响较大的情况下，应选择计算复

原重置成本。 （　　）

3.市场法的运用必须首先以市场为前提，它是借助于参照物的市场成交价或变现价运作的（该参照物与被评估设备相同或相似）。 （　　）

4.在用使用年限法估算设备成新率时，机器设备的已使用年限可以用会计中的已提折旧年限来直接代替。 （　　）

四、计算题

1.某进口设备离岸价为 12 000 000 美元，关税税率为 10%，增值税税率为 17%，银行财务费费率为 0.4%，公司代理费率为 1%，国内运杂费率为 1%，安装费率为 0.6%，基础费率为 1.4%。设备从订货到安装完毕投入使用需要 2 年时间，第 1 年投入的资金比例为 30%。假设每年的资金投入是均匀的，银行贷款利率为 5%，美元对人民币汇率为 1：6.93。

要求：计算该设备的重置成本。

2.某化工设备，1980 年建造，建筑成本项目及原始造价成本见表 8-7。

表 8-7　　　　　　　　**化工设备的建筑成本项目及原始造价成本表**

序号	成本项目	原始成本（元）	备注
1	主材	50 160	钢材 22.8 吨
2	辅材	11 200	铝、橡胶、聚乙烯、铜等
3	外购件	13 800	电机、阀
4	人工费	29 900	598 工时×50 元
5	机械费	13 650	136.5 小时×100 元
	成本小计	118 710	
6	利润	17 807	15%
7	税金	25 529	18.7%
	含税完全成本价	162 046	

在评估基准日：钢材价格上涨了 23%，人工费上涨了 39%，机械费上涨了 17%，辅材现行市价合计为 13 328 元，电机、阀等外购件现行市场价为 16 698 元，假设利润、税金水平不变。此外，由于制造工艺的进步，导致主材利用率提高，钢材的用量比过去节约了 20%，人工工时和机械工时也分别节约 15% 和 8%。

要求：试计算该设备超额投资成本引起的功能性贬值。

3.某企业拥有多艘运输船舶，其中一艘为 5 年前购买，该船舶动力为柴油内燃机，签订建造合同时，柴油内燃机的价格为 1 150 000 元（不含税），购置后即投入运行，每天运行 10 小时，年运行 300 天。

从监测和日常维护的情况看，该船舶内燃机处于相对稳定运行状态，预计可按当前状况再使用 15 年，其不可修复性磨损引起损失率符合年限法。

该内燃机标定功率为 900 千瓦，每天运行消耗燃油 2 100 升，目前该内燃机市场替代产品的技术性能大大提高，相同运行强度的时间下，每天燃油消耗减少 20 升，该型号内燃机的销售价格还降低了 50 000 元。

已知所得税税率为 25%，1 吨柴油折合 1 200 升柴油；柴油价格为 7.5 元/升；折现率为 10%，15 年折现系数为 7.6061。

要求：（1）说明内燃机存在何种贬值，计算贬值金额。

（2）计算该内燃机后评估值（不考虑运输安装的其他费用；不存在可修复性的有形磨损）。

第八章参考答案

第九章 | 不动产评估

学习目标

1.了解不动产的价格体系及价格影响因素；
2.熟悉不动产评估的成本法、市场法和收益法应用技巧；
3.掌握不动产评估的概念、基本理论与评估程序。

第一节　不动产评估概述

一、不动产评估的定义与特点

（一）不动产评估的定义

各国对动产与不动产概念的界定也是有区别的。目前国际上并不是单纯地把是否能移动及如移动是否会造成价值的贬损作为界定动产与不动产的唯一标准，而是综合考虑物的价值大小、物权变动的法定要件等因素。例如飞机、轮船等，因为其价值较大、办理物权变动时要到行政机关进行登记等，国际上通常将其界定为不动产。

民法学上的物是指存在于人身之外，能够满足人们的社会需要而又能为人所实际控制或支配的物质客体。按照不同的分类标准，可将物划分为动产与不动产，流通物与限制流通物，特定物与种类物，主物与从物，可分物与不可分物，原物与孳生物，有主物与无主物等。其中：动产与不动产的划分，是以物是否能够移动并且是否因移动而损坏其价值作为划分标准的。动产是指能够移动而不损害其价值或用途的物。不动产是指不能移动或者若移动则损害其价值或用途的物。电脑、电视机、书桌这样的东西平时是不动的，但其并不是不动产。因为这些东西都是可以移动并且不会因移动而造成价值上的贬损。这些东西在现实中不移动，是因为持有者不想移动，而不是不能移动。动产和不动产有时是可以互变的。例如，果园中果树上的果实，挂在果树上时是不动产，但是如果采摘了下来，那就变成了动产。钢材、水泥等是动产，但是用其做成了房屋，就变成了不动产。在资产评估中，不动产主要是指房地产，包括土地、建筑物、房地综合体、房地及其他所有定着物的综合体四种呈现形态，不动产评估主要是指房地产评估，即对这四种形态的房地产进行评估。

在不动产评估概念中，不动产既是指依自然性质或法律规定不可移动的土地、土地定着物、与土地尚未脱离的土地生成物、因自然或者人力添附于土地并且不能分离的其他物，也是指不能移动或者如果移动就会改变性质、损害其价值的有形资产，既包括土地及其定着物，也包括物质实体及其相关权益。

（二）不动产评估的特性

要了解不动产评估的概念，还有必要把握不动产评估的本质，这样有助于加深对不动产评估对象的进一步认识，从而在不动产评估实务中，选择合适的评估技术方法。

1.土地的自然属性

（1）不可位移性。土地作为地产是不动产，它具有位置上的固定性，它不像其他资产那样可以随便移动：一台机器，当购买者通过交易获得其产权时，便可以将其实物形式带走，而地产却不一样，它不能随着权利、价值的变动而变换其位置。也正是由于它的这种自然特性，便衍生了不动产评估的其他特性，如个体差异、区域性等。同时，由于土地的不可位移性，其交易必须以相关的法律制度来予以强制确认，否则，就会引起权利与土地实物的空间错位，从而影响正常的市场交易秩序。

（2）永久使用性。土地不像其他资产那样，会随着人为的使用或自然力的作用而逐渐从实体上损耗直到灭失。土地虽然属于不可再生资源，但却可反复利用。以前的农业用地可能变为现在的城市用地，而以前的城市用地可能随着时代的变迁而变为农业用地，但是，土地依然是土地，只要人们注意合理利用，它可以生生不息地充当人类衣食住行的源泉。当然，由于人们的滥用导致地质变迁，如土地沙漠化等可能会急剧地缩短土地为人类使用的年限。

（3）稀缺性。经济学上所说的稀缺性是一个相对的概念，即供给相对于需求的稀缺。由于土地的不可再生性，土地总数量是有限的，土地的供给明显无弹性。同时，随着人口的增长和人们对生活空间的更高要求，对土地的需求越来越大。因而，土地稀缺性也将越来越突出。

（4）个体差异性。地球表面地形、气候的差别使得每一块土地都有别于其他的地块，具体的地块不仅受自然环境的影响，而且还因周围人文环境的不同而有所差异。土地这种严格的个体差异性导致了地产不可能像其他商品一样在某种程度上具有完全可替代性。土地的个体差异性，对于土地资产评估实务是非常重要的。

2.土地的社会性

（1）可垄断性。在资本主义国家或地区，土地归私人所有，谁拥有某一地块的所有权，谁就获得了这块土地附属的一切排他性的权利，因而也具有这块土地的终身受益权。在我国，土地归国家和集体两级所有，任何单位和个人只拥有土地使用权，国家在出让土地使用权时限定使用年限，便是垄断土地所有权的体现。

（2）政策敏感性。在我国，由于土地所有权由国家垄断，因此国家政策对土地资产价值的影响较大。政府基于公共利益，可以运用公共行政权力限制某些土地的使用，如城市规划对土地用途、建筑容积率、建筑密度、建筑高度等的规定，又如政府对土地使用权出让底价的限定等，都会对土地价格造成直接的影响。

（3）保值增值性。一般而言，随着社会的进步，人口的增长，人们对生活空间的更高要求，对土地的需求量必然会日益增加，但又由于土地总面积是固定的，所以土地资产价格必然会不断上涨，土地资产具有保值和增值的作用。同时需指出的是，我国不动产评估市场中土地资产价格实际上是有限期的土地使用权价格，随着使用期的耗用，土地使用权价格会逐渐下降。但这只是相对于单位或个人而言的，对国家而言，其所有权价格应该是上升的。因此，从国家的整体和长远来看，土地应该是不断增值的。

3.不动产的特性

从某种意义上说，正是由于有了房屋资产才赋予了土地资产的形式。因此，研究房产和地产作为一个整体的特性对于评估不动产的整体价值更具有指导意义。一般地，不动产评估还具有以下四个方面的特性：

（1）房地不可分割性。房屋建筑物必须建立在土地的基础上，而不可能成为"空中楼阁"。任何人出售、出租或转让房屋、建筑物，必然包括所占土地，同样，出售、出租或转让地皮，也必然包含地皮上的房屋、建筑物。因此，正常情况下，一宗不动产评估交易应该是房地合一的交易。

（2）投资大额性。不动产评估不像其他动产评估，往往具有数额巨大的特点。因此，加强对不动产评估市场的调控与监管，对于稳定国民经济有着重大的意义。了解不动产评估的这一特性，对于深化土地使用制度改革，加速实现由对土地的实物管理向价值管理转变也有着重要的现实和理论意义。

（3）明显区域性。不动产评估具有很强的区域性特点，这是由土地的不可位移性决定的。即使是质量、规格、设计风格都完全相同的房屋也会因土地的地区差异而使其价格迥然不同。因此，在评估不动产价值时，必须把房产与地产综合起来考虑，认真分析其区域性因素对不动产评估价值的影响。

（4）价格互动性。房产与地产的不可分割性造成了房价影响地价、地价影响房价的必然联系。房价应是在特定地产上的房价，地价也应是在特定房产下的地价，房产和地产的这种价格互动性决定了在评估不动产时必须遵循房地分估合一原则。

（三）影响不动产评估价格的主要因素

不动产评估的最终目的是要确定不动产最可能实现的价格，要达到上述目的就必须深入地分析影响不动产评估价格的各种因素。鉴于地产和房产各自的特殊性，将分别介绍影响地产和房产的各种因素，以期对不动产评估价格的形成有更加深刻的认识。当然，某些影响地产价格的因素，同时也是房产价格的影响因素。

按照马克思劳动价值论和地租理论的观点，土地价值是指土地资源价值和土地资本价值。前者主要是地租量，后者是土地资本的回收量，或是土地投资后所取得的土地级差收益。地价是人类对土地投入劳动后得到的土地级差收益的资本化。因此，能够影响土地提供的地租量、影响土地投资所得收益及其还原利息率的所有因素，都会直接或间接地影响地产价格评估。而实践中，影响地产价格的因素要复杂得多，具体体现在如下几方面：

1.一般因素

影响不动产价格的一般因素是指对全社会范围内的整体地价水平有较显著影响的整体宏观性因素。根据我国的具体情况，可分为行政因素、社会因素、经济因素和政策因素。

（1）行政因素

①土地制度。我国宪法规定任何单位和个人只能依法受让土地使用权而不具有土地所有权，并对土地使用权的受让期限作了明确的规定，这就决定了我国二级地产市场的地产价格只能是使用权价格，而不是所有权价格。

②住房制度。我国传统的住房制度实行的是低租金的国家福利制度，不动产评估市场化程度太低，房租并不能反映真正的地租和地价。实行商品房制度改革后，不动产评估在

市场的牵引下开始走向良性循环，从而带动了地价的正常浮动。

③城市规划。城市规划中对土地利用方向、容积率、建筑密度等的规定对地价有重大的影响。土地利用方向的设定促进了城市土地的功能分区，从而造成各类用地的地价差异；容积率是指建筑用地中总建筑面积与总占地面积之比，容积率越大，意味着单位用地面积上的建筑面积越大，则土地利用率越高，从而地价也越高；建筑密度是指底层建筑面积与总用地面积的比例，规定建筑密度可强制改善环境条件，有利于地面绿化和提供充足的地面活动空间，从而间接地提高了地价。

④出让方式。政府在一级市场上出让国有土地的使用权主要有协议、招标和拍卖三种方式。其中：采用协议方式出让的地价最低，采用拍卖方式出让的地价最高，而采用招标方式出让的地价居中。由于一级市场价格构成了二级市场价格的成本基础，因此，出让方式对不动产评估市场上地产的价格有着较大的影响。

⑤交通管制。交通管制是指实行单行道、禁止某类车通行、限制通行时间等规定。交通管制可以改变道路的通达度和便利度，增强交通安全感和改善生活环境，从而提高不动产的价格。

⑥行政隶属变更。行政隶属的变更一般都会促使当地不动产价格上涨。如某个非建制镇升格为建制镇，或将某个县级市升格为地级市、省辖市，均会促使不动产上涨；类似地，如果将某一落后地区的城市划归另一个较发达的地区管辖，也会促使不动产价格上涨。

（2）社会因素

①政治安定状况。政治安定状况是指国内政治局势的稳定情况。社会处于和平稳定时期，人们对不动产增值保值抱有乐观的预期，这会增强投资者的信心，促使不动产评估市场繁荣，从而带动地价上涨；反之，地价就会下跌。

②社会治安程度。社会治安程度直接影响人们的安全感，从而影响人们投资、消费、居住的意愿。无论是商业区，还是住宅区，社会秩序越好，人们越感到安全可靠，投资、消费、居住的意愿也越强，从而越会带动地价上涨；反之，地价就会下跌。

③城市化进程。工业化发展的结果之一就是促进了城市化的进程。相对而言，城市土地的总面积是不变的，城市化进程越快，城市地区人口密集度也越高，从而地价涨幅也越高。这与城市用地价格普遍高于农业用地的现实是相符的，因此，城市化进程也对城市的整体地价产生了很大的影响。

④人口状况。人口状况是指人口的总数量、密度、综合素质等总体情况。人口增加，则人口密度增加，从而使得单位土地面积上的土地需求上升，导致地价上涨；人口素质的高低会间接影响所在地区的自然环境及人文环境，从而对地价造成影响；家庭规模的大小也直接影响到整个社会对不动产评估的需求，从而影响地价的变动。从近年来的情况看，家庭规模有缩小的趋势，不动产呈现出热销的势态。

⑤心理因素。消费者在购置不动产时的荣耀感、讲究"风水"的习惯以及价值观念的变化等心理因素，都会直接影响到地产市场的兴衰，从而影响地产价格的涨落。

（3）经济因素

①宏观经济状况。国民经济发展处于繁荣时期，意味着财政、金融景气，就业机会增

加，人们预期乐观，社会总投资旺盛，对土地的总需求也不断增加，致使土地价格上涨；反之，如果国民经济低迷，社会总需求不足，投资疲软，不动产评估业也随之降温，土地价格亦随之趋于平缓。

②储蓄、消费及投资水平。国民收入增加意味着经济成长，但并不意味着不动产消费和投资增加。国民生产总值在个人、法人以及政府等之间分配，其中多数用于消费，剩余部分用于投资。国民总支出中用于购买不动产的消费越多，投资于不动产的资金也越多，则必然引起地价上涨。

③利率水平。利率水平与土地的价格成反比。在银行利率较低时，人们容易放弃储蓄而投资于不动产以求更大的增值，由此引起需求增加而带动土地价格上涨。另外，从马克思地价公式"土地价格=地租/利率"中也很容易看出土地价格与利率的这种反向相关的关系。

④市场完善程度。地产作为特殊的商品，其价格同样易受市场完善程度的影响。市场越完善，信息越充分，地产交易就越公平，其价格也越接近其真实价格；否则，不公平的地产交易有可能严重偏离其真实价格。

（4）政策因素

①地价政策。政府出于宏观经济调控的需要可能采取措施对土地价格施加影响。这些措施主要有：制定最高限价，规定交易中可以探及的最高地价，制定基准地价指导市场交易行为，通过征用或抛出一定数量的土地影响土地供给，调整土地使用税或土地增值税的税率。另外，政府还会出于保护国有土地资源的目的而制定土地转让的最低控制价。

②财政货币政策。政府实行紧缩型或开放型的财政政策和货币政策，可以直接推动或抑制社会总需求以及改变社会货币总供给，从而对地产价格产生影响。

③特殊政策。政府采取的某些特殊政策对土地价格有很大影响。在我国沿海经济特区和开放城市，国家为招商引资，采取了许多开放、优惠的特殊政策，大大地改善了这些地区的投资环境，从而导致了地价大幅度上升。

2.区域因素

影响不动产价格的区域因素是指被评估不动产所属地区的自然条件与社会、经济、行政等因素相结合构成的区域特性。区域因素对同一区域内的所有地块都具有基本相同的作用。为更好地分析影响各种用地的区域因素，下面对影响工业、商业和住宅用地地价的区域因素分别进行分析。

（1）影响工业用地地价的区域因素

①交通条件。这是影响工业用地地价的首要因素。工业生产中离不开原材料的采购与产成品的销售，良好的交通条件能给企业争取时间，使其把握市场时机，从而使企业赢得良好的经济效益。工业用地的交通条件包括对内交通和对外交通两个方面，主要体现为工业区内道路通达度和便利度，距火车站、码头、机场远近等方面。

②基础设施完善度。工业生产几乎都离不开供水、供电、排水、排污，供排水的难易程度、电力的保障程度、污水处理设施，都对工业生产有着至关重要的决定作用。另外，商场、银行、邮局等公共服务设施也是工业企业正常运营所必不可少的。因此，地产区域内这些基础设施的完善程度都会直接影响工业用地的价格。

③相关产业集聚度。工业区内相关产业的集中能够降低生产成本，产生集聚经济效益。相关产业群的集中有利于技术互补和生产协作，有利于信息和物资的交流，有利于整体品牌的树立，有利于社会资源的整合。如国家批准建设的中国武汉光谷，聚集了一大批光电子信息企业，其集聚经济效益正在逐步形成，这使得武汉关东工业园、庙山工业区等地的地产价格迅速上涨。

④自然条件状况。工业用地对土地的自然条件要求主要表现在土壤的承载力和耐压力、防洪水淹没条件、长年雨量、温度、湿度及主要风向等方面。自然条件越优越，其地价也就越高。

⑤规划因素。政府出于产业结构协调的需要，可能对工业园区实行整体上的规划与配置，纳入规划的工业园区可以享受更多的政策优惠、设施保证以及对外宣传效应。因此，这样的地产价格比其他未经规划的地产显然要高出很多。当然，在不动产评估实务中，也应考虑到政府可能为鼓励投资创业而给予土地出让方面的优惠条件。

（2）影响商业用地地价的区域因素

①商业繁华程度。商业繁华程度反映了其客流量的数量及质量、消费者的认可程度、功能级别及商业区的集聚规模。越是繁华的商业服务中心，其单位土地面积上的经济效益就越好，其相对于其他偏远地区的级差收益就越大，因而其地价也就越高。

②道路通达状况。道路通达状况对商业用地的地价影响很大，道路通达性越好，经过该商业区的流动人口就越多，客流量越大，商业区的经济效益就越好，这一点，从许多商服中心是沿街分布的情况就可以看出。

③公交便捷度。在同一个商业区内可能同时存在着互相竞争的几个商服中心，这时其竞争优势除了体现在其自身经营特色上面，还与其公交便捷度密切相关，因为在商服中心之间存在近似替代性的情况下，购物便利的商服中心会拥有更多的客流量，其地价也会相对高一些。

④商业环境因素。商业区内的综合环境因素如百货公司的数目与面积、银行等金融机构的数目与面积、旅游景点的数目与面积、娱乐设施状况、顾客流量、平均购买力等因素都会直接或潜在地影响商业区内各单位的经济效益，它们之间能够产生连带效应、集聚效应和衬托效应，从而使地价得到提升。但也存在一些如工厂、仓库等不利于商业发展的因素，它们的存在也能够使地价打一定的折扣。

⑤商业规划因素。政府对商业区的整体规划，有利于使其形成整体特色品牌，有利于改善周边环境，从而提高其单位土地面积创收能力，地价也会随之提高。

（3）影响住宅用地地价的区域因素

①商业繁华度。商业繁华程度对住宅用地的影响主要体现在购物消费娱乐的便利度以及由此而使人们得到的满足感。除此之外，居住在相对繁华的地区的人们还能享受现代城市文明带来的各种优势，如信息成本优势、教育优势等。因此，商业繁华度与住宅用地的地价大致成正相关关系，但在有些黄金地段，其地价可能会远远高出正常水平。

②交通便捷度。交通方便程度关系到居民的生活方便程度，主要包括距离车站的远近，到达市中心的距离，接近商业设施的程度，接近文教、卫生、娱乐设施的程度等，这些因素构成了居民日常户外活动的主要部分，对居民的生活方便程度起决定性作用。因

此，它们与住宅区地价成正相关关系。

③公用设施完备度。居民的日常生活离不开各种公用设施，如中小学、幼儿园、超市、菜场、医院、邮局、银行等，这些设施的完备程度反映了居民日常学习、生活、交流等的便利程度，因而也能对地价产生直接影响。

④生活设施完善度。居民日常的家居生活直接与供水、供电、排水、供气等生活设施密切相关。因此，完善的物业配套设施也能带来地产的升值。

⑤环境质量优良度。住宅用地的环境主要包括自然环境和人文环境。前者主要包括住宅区周围的地面绿化、大气污染、噪声污染、水污染、自然景观等方面的情况；后者主要是住宅区内人口数量、结构、受教育程度，社区道德风气，居民安全感等方面的状况。环境条件的优劣是影响住宅用地的重大因素，一般而言，越是自然环境和人文环境良好的住宅区，其地价越高。

⑥城市规划合理度。城市规划合理度是指政府出于城市总体规划的需要，对住宅小区进行统一规划，以促进物业管理的规范和完善，配合城市整体形象改观而建设各种文明小区。政府的这些规划措施使得住宅区综合环境不断优化，从而地价也要高出正常水平。

3.个别因素

不动产评估除了考虑区域因素的影响之外，还需着重考虑不动产的个别因素对不动产价格的影响。所谓不动产评估的个别因素是指被评估不动产的具体特性，包括不动产的面积、形状、地形地势、地质条件、临街深度、容积率限制等微观区位条件。

（1）面积与形状。宗地面积在一定程度上限定了土地的利用方向。例如，即使是在繁华地段，小块土地因不适于建商业大楼，其地价水平也会打一定的折扣。至于地块的形状，显然规则形状的地块的利用率比不规则地块要高，从而其地价也会产生明显的差异。因此，在使用最佳利用原则评估地产的价格时，应充分考虑到地块面积与形状。

（2）地形与地势。地形是指地表坡面的变化形态，地势则是指地面坡度的大小，这两者直接影响土地能否开发或开发成本的大小。具体地讲，地形的变化影响土地开发的效果，如住宅的朝向、通风等状况，而地势中坡度的大小则影响人类活动的难易、边坡的稳定性和开发的费用。所以，地形、地势条件差的地块因其用途受到限制而地价相应较低，而地形、地势条件好的地块用途广泛，其地价也较高。

（3）地质条件。地质条件主要是指宗地的地基承载力。随着土地稀缺程度的进一步加大，人类向空间发展的趋势不可阻挡，高层楼房、摩天大厦的建设是必然的选择，而土地的地基承载力直接限制了向空间发展的可能性。因此，土地的地质条件越好，越有利于建筑高层大厦，其地基开发费用也相对较小，地价也就较高；地基承载力越小，建筑难度越大，造价相对较高，因而其地价也就越低。

（4）临街深度。临街深度是指具体宗地与街道临街线的距离。一般认为市区各宗地价值与临街深度关系很大，土地价值随临街深度的增加而递减。宗地越接近道路，其单位面积价值越高；距离街道愈远，其价值愈低。

（5）容积率限制。所谓容积率是指一个小区的总建筑面积与用地面积的比率，分为实际容积率和规划容积率两种。通常所说的容积率是指规划容积率，即宗地内规划允许总建筑面积与宗地面积的比值。容积率的大小反映了土地利用强度及利用效益的高低，也反映了地价水平的差异。因此，容积率是城市区划管理中所采用的一项重要指标，也是从微观上影响地价最重要的因素。对于开发商来说，容积率决定地价成本在房屋成本中占的比重，而对于住户来说，容积率直接涉及居住的舒适度。绿化率也是如此，绿化率较高，容积率较低，建筑密度一般也就较低，开发商可用于回收资金的面积就越少，而住户就越舒适。这两个比率决定了是从人的居住需求角度，还是从纯粹赚钱的角度来设计一个社区。一个良好的居住小区，高层住宅容积率应不超过5，多层住宅应不超过3，绿化率应不低于30%。但由于受土地成本的限制，并不是所有项目都能做到。

二、不动产评估的基本原则与程序

（一）不动产评估的基本原则

不动产评估除了要遵循资产评估的一般原则以外，还必须遵循符合其自身特点的特殊原则，其主要有以下四个方面：

1.合法原则

不动产评估的合法原则是指不动产评估必须以不动产评估的合法取得、合法使用、合法交易、合法处分为前提。不动产评估之前必须收集不动产评估的合法产权证明文件，并以之为依据。不动产评估的合法使用一般以国家的法律法规或城市规划为准绳，在进行不动产评估时就必须考虑这些限制条件，并在此限制的前提和范围之内进行。同时，在对城市土地使用权进行评估时，也应以政府的公示价格为基础，合法交易和合法处分主要以有关法规及有关文件、批件、合同、协议为依据。在不动产评估实务中，不动产评估的合法使用是评估专业人员应着重掌握的。

2.不完全可替代原则

不动产评估的这一原则是根据经济学上的可替代原理确定的。经济学的可替代原理表明，同一市场上同质的商品，由于彼此相互竞争，其价格会趋于一致。这里的"同质"主要是针对消费者而言的，即具有相同的使用价值或者能带来相同的效用。例如，市场上性能相近、品质相同的不同品牌的毛巾，其价格是基本相同的。不动产评估与商品之间同样存在这种可替代关系，例如，位于同一居民住宅区内的两宗房产，在面积、功能大致相同的情况下，就能够互为替代。但是，不动产评估特有的区域性和极强的个体差异性，决定了不动产评估不可能像其他商品那样具有近似完全可替代性。也就是说，不动产评估与商品之间只存在不完全可替代性。因此，可替代原理和不完全可替代原则共同构成了不动产评估中使用市场法的理论基础，前者表明运用市场法何以可能，而后者则为实施市场法指明了方向。

3.房地分估合一原则

不动产评估房地分估合一原则是指评估时要针对房产和地产不同的特性分别进行分析评估，然后对二者进行综合分析，最终确定不动产评估的整体价格。进行房地分估的原因在于：

（1）房产和地产价格的性质不同。房屋建筑物价格是以商品价值为基础的一种生产成本价格，而土地不是商品，其现实的价格常常体现为一种使用权价格或收益价格。

（2）房产和地产的折旧特性不同。房屋建筑物一般随着时间的推移而产生折旧，甚至毁损，而土地由于其永久使用性而不存在折旧问题，甚至会由于其稀缺性和社会经济的发展而不断升值。

（3）影响房产和地产价格的因素不尽相同。土地受其区域和区位条件影响较大，而房屋建筑物主要受其建筑质量和环境因素的影响。

上述地产和房产的不同特性决定了在对它们进行评估时必须采取不同的方法和程序，因此，实行房地分估有利于深入地分析各自的价格影响因素，从而使评估的房产和地产的价格更为精细合理。同时，由于房产和地产具有价格互动性，并且在实际交易活动中，房产和地产往往是一起转让的，地价寓于房价之中并通过房价来实现，因此，进行房地综合计价又是必需的。房地综合计价必须以房地分估的结果为基础进行分析和调整。

4.地域原则

地域原则是指在进行不动产评估时应考虑不同地区、城市间经济地理环境的不同，及不动产评估经济价值的不同而合理确定符合本地区、本城市宏观经济环境的评估价格。不动产应在尊重经济现实的前提下进行估价，脱离本地区、本城市的经济现实而评估的价格是难以实现的，从而也是毫无意义的。

《关于中外合营企业建设用地的暂行规定》指出："场地使用费的具体标准，应根据不同条件分等合理确定。原则上沿海地区应高于内地，大中城市应高于中小城镇，城市中心、繁华地段应高于其他区段和郊区等。"这一规定充分体现了地域原则的思想。需要说明的是，地域原则并不否定整体不动产评估价格低的地区或城市其某宗不动产评估价格会超出整体价格高的地区或城市的一般水平。

（二）不动产评估的方法体系

不动产评估是一项兼具科学性和艺术性的活动，要为被评估不动产确定合理的价格，除要求不动产评估专业人员具有较高的业务素质以外，还必须借助一系列科学合理的评估技术方法，而各种技术方法考察的角度、评估的价格类型以及适用的场合均存在较大差异。因此，掌握不动产评估技术方法体系对于正确选择不动产评估技术方法、合理确定不动产评估价格有重大的意义。

所谓不动产评估方法体系是指不动产评估实务的各种方法及其相互关系的总称。按照不动产评估技术方法被使用的频度，可将不动产评估方法体系分成基本方法、衍生方法和其他方法。不动产评估的基本方法有成本法、市场法和收益法三种；不动产评估的衍生方法是指以基本方法的一般原理为依据，运用特殊的手段和工具计算确定被评估不动产价格的技术方法，它主要包括剩余法、路线价法和基准地价法；不动产评估的其他方法有残余法、长期趋势法、购买年法等。

（三）不动产评估程序

不动产评估是一项兼具科学性和艺术性的活动。说它是科学性的活动，是因为不动产评估有其科学的理论基础并借助科学的方法；说它是艺术性的活动，则是因为不动产评估有时候并不像有些活动那样条分缕析、有章可循，它更多地需要不动产评估专业人员的职业分析和判断。因此，面对如此复杂的不动产评估工作，要高质高效地完成不动产评估，必须有一套科学严谨的工作程序。不动产评估的一般程序就是要明确在接受某一宗不动产评估业务时，应该先做什么，再做什么，最后做什么。不动产评估程序应反映整个不动产评估过程中各项工作之间内在的逻辑联系。不动产评估的一般程序主要体现在如下几方面：

1.明确不动产评估的基本事项，签订评估业务委托合同

资产评估机构在收到不动产评估业务委托后，要对不动产评估的基本事项作一定的调查了解，并根据这些情况衡量评估风险，明确评估收费，规定违约责任等。要明确的基本事项主要包括评估对象、评估目的、评估基准日、评估工作期限以及签订评估业务委托合同等。

（1）明确不动产评估的对象。首先，弄清楚被评估的不动产是土地还是建筑物或是房地综合体。若是土地，是生地还是熟地，是空地还是附有建筑物的地。若是附有建筑物的地，则该建筑物是继续保存下去还是短期内拆除。被评估不动产若是建筑物，则需明确家具、设备等是否包含在其内。其次，弄清被评估不动产的名称、坐落、用途、面积、四至、层数、结构、装修、基础设施、使用年限、维修保养状况等。最后，还需明确被评估不动产产权性质及产权归属，即该不动产评估是所有权与使用权合一还是分离，它们各自的权属如何等。

（2）明确不动产评估的目的。明确不动产评估的目的就是要弄清楚是出于何种需要对不动产进行评估。明确不动产评估目的有助于不动产评估专业人员选择恰当的价值类型，从而确定适用的评估技术方法。

（3）明确不动产评估基准日。不动产评估基准日是指不动产评估额所指的具体的时点，一般以年、月、日表示。这个时点既可以是现在，也可以是将来，如为不动产开发进行可行性研究而做的评估。因此，在进行不动产评估之前，应明确不动产评估基准日具体在何时。

（4）明确不动产评估工作期限。资产评估机构在签订不动产评估业务委托合同前，还应明确委托方允许评估机构的最长工作期限及最后提交不动产评估报告的日期，并根据这一期限结合自身的人员数量衡量评估的违约风险。

（5）签订不动产评估业务委托合同。不动产评估双方已就有关重大事项达成一致意见时，应签订不动产评估业务委托合同，以书面的形式明确不动产评估受托方和委托方各自的权利和义务。

2.选择不动产评估的技术方法

签订了不动产业务委托合同后，不动产评估专业人员应根据被评估不动产的价值类型、不动产用途及不动产评估的目的，选择适宜不动产评估的技术方法。及早选择不动产评估技术方法，其目的是收集资料时能做到有的放矢，避免重复劳动，因为不同的评估技术方法所需的资料是不一样的。因此，选择不动产评估技术方法和收集资料是互相补充的，在实际工作中，选择不动产评估技术方法和收集资料往往是交叉进行的。

3.实地勘察不动产，收集不动产评估资料

由于不动产评估具有不可位移性，因此，不动产评估专业人员要实地勘察不动产的有关情况。不动产评估实地勘察内容包括不动产坐落的位置、利用现状、完损程度以及内外装修状况、外观形象以及与周边景观的协调程度、该地区的交通情况、繁华程度、发展前景等。

为确保不动产评估结果的合法性和准确性，不动产评估专业人员在正式实施不动产评

估前可要求委托方提供以下资料：法定代表人身份证明书、项目立项报告和政府主管部门的批复、房屋所有权证、土地使用权证、房屋拆迁许可证、建设工程规划许可证、规划图、建筑图等。除了委托方提供的上述资料外，不动产评估专业人员还应收集各种影响不动产评估价格的相关资料，如国家宏观经济状况、产业政策的变化、货币政策的松紧、社会购买力的构成变化、当地不动产评估市场的行情、通货膨胀的现状及趋势、国家新近公布的基准地价、同类型不动产评估的交易实例等。另外，对于使用不同的评估技术方法和有着不同用途的不动产，还要针对各自价格影响因素收集相关的信息，因为这关系到不动产评估价格的最终确定。

4.成立不动产评估小组，制订并实施评估计划

对于复杂的不动产评估项目，应成立不动产评估小组，并由经验丰富的不动产评估专业人员担任组长。然后，由组长制订评估计划，配备不动产评估专业人员且进行适当的分工。制订评估计划时就要对整个不动产评估过程要进行的工作项目作出日程安排，该日程安排应与评估业务约定中有关评估工作期限的规定一致。在进行人员分工时，也要考虑各位组员的性格、特长等情况，做到人员合理配置，知识能力水平互补。在实施不动产评估计划的过程中，组长还应随时跟踪各不动产评估组员的工作进度，协调、配合全体组员的工作，以确保不动产评估任务按预定进度完成。

5.计算、确定不动产评估价格

在对影响不动产评估价格的各种因素作考察分析后，不动产评估专业人员就可以根据选定的不动产评估技术方法进行具体计算。为提高不动产评估结果的可靠性，不动产评估专业人员可能还会选择一些特殊的不动产评估方法进行测算。这时，对于用几种不动产评估技术方法计算出来的多种评估结果，可采用简单平均法、加权平均法等方法确定一个最终结果，也可以以某一个评估结果为主，其他评估结果作参考。

6.撰写不动产评估报告

不动产评估报告是反映整个不动产评估过程的成果性文件，它表明了评估机构对于该不动产评估业务的专业性意见，也是评估机构执业水平和职业道德的最终体现。

第二节　土地使用权评估

一、土地及其特性

（一）土地的定义

从广义上看，土地是指陆地及其空间的全部环境因素，是由土壤、气候、地质、地貌、生物和水文地质等因素构成的自然综合体。土地具有两重性，因为它不仅是资源，也是资产。尤其是城市土地，其是人类改造自然、经过加工的改良物，凝聚了人类大量的物化劳动，投入了各种基础设施，它是由人类开发和再开发形成的。

土地的供给可以分为土地的自然供给和经济供给两个方面。土地的自然供给是指地球提供给人类的可利用的土地数量，它反映了土地供人类使用的天然特性，其数量包括已利用的土地和未来可供利用的土地。土地的自然供给是相对稳定的，几乎不受任何人为因素或社会经济因素的影响，因此，它是无弹性的。土地的经济供给是指在土地的自然供给的

范围内，对土地进行开发、规划和整治，以满足人类不同需求的土地供给。因此，土地的经济供给是通过人类开发利用而形成的土地供给，土地经济供给数量会受人类社会活动的影响。可见，土地的经济供给是有弹性的，既可以是直接变化，也可以是间接变化。直接变化是指土地经济供给的绝对土地面积的变化或某种用途土地数量绝对面积的变化；间接变化是指单位土地面积上集约率的变化。

（二）土地特性

土地特性可以分为自然特性和经济特性两个方面。

1.土地的自然特性

（1）位置的固定性。土地具有位置的固定性，不能随土地产权的流动而改变其空间的位置。地产交易，不是土地实体本身的空间移动，而是土地产权的转移。土地位置的固定性决定了土地价格具有明显的地域性特征。

（2）质量的差异性。土地的位置不同，造成了土地之间存在自然的差异，这个差异导致土地级差地租的产生。

（3）不可再生性。土地是自然的产物，是不可再生资源，土地资源的利用只有科学合理，才能供人类永续利用。

（4）效用永续性。只要土地使用得当，土地的效用即利用价值会一直延续下去。

2.土地的经济特性

（1）供给的稀缺性。所谓土地经济供给的稀缺性，主要是指某一地区的某种用途的土地供不应求，形成稀缺的经济资源。土地经济供给的稀缺性，与土地问题的有限性、土地位置的固定性、土地质量的差异性等有关。土地经济供给的稀缺性客观上要求人们集约用地。

（2）可垄断性。土地的所有权或使用权都可以垄断。由于土地具有可垄断性，因此，在让渡土地所有权或使用权时，必然要求在经济上有所体现。

（3）土地利用的多方向性。一块土地的用途是多种的，可以作为农田，也可以建住宅或建写字楼，或者造商场。土地利用的多方向性客观上要求在地产评估中确定土地的最佳用途。

（4）效益级差性。由于土地质量的差异性而使不同土地的生产力不同，从而其在经济效益上具有级差性。

二、土地使用权

在我国，城市土地所有权属于国家，农村和城市郊区的土地，除有法律规定属于国家所有的以外，属于农民集体所有，宅基地和自留地、自留山属于农民集体所有。我国实行国有土地所有权与使用权相分离的制度，土地使用者可以拥有和转让土地使用权，因此地价一般是土地使用权的价格。

根据《中华人民共和国土地管理法》（以下简称《土地管理法》）的规定，土地使用权出让的最高年限由国务院确定，土地使用权出让是指国家以土地所有者的身份将土地使用权在一定年限内让与土地使用者，并由土地使用者向国家支付土地使用权出让金的行为。土地使用权出让最高年限按下列用途确定：居住用地70年；工业、教育、科技、文化、卫生体育、综合或者其他用地50年；商业、旅游、娱乐用地40年。

　　土地使用权转让是指土地使用者将土地使用权再转移的行为，包括出售、交换和赠与三种方式，凡未按土地使用权出让合同规定的期限和条件投资开发、利用土地的，土地使用权不得转让。土地使用权转让时，土地使用权出让合同和登记文件中所载明的权利、义务随之转移，土地使用权转让时，其地上建筑物、其他附着物随之转让，土地使用者通过转让方式取得的土地使用权，其使用年限为土地使用权出让合同规定的使用年限减去原土地使用者已使用年限后的剩余年限。地上建筑物、其他附着物的所有人或者共有人，享有该建筑物、附着物使用范围内的土地使用权。土地使用者转让地上建筑物、其他附着物所有权时，其使用范围内的土地使用权随之转让，但地上建筑物、其他附着物作为动产转让的除外。土地使用权和地上建筑物、其他附着物所有权转让，应当依照规定办理过户登记。

　　土地使用权出租是指土地使用者作为出租人将土地使用权随同地上建筑物、其他附着物租赁给承租人使用，由承租人向出租人支付租金的行为。未按土地使用权出让合同规定的期限和条件投资开发、利用土地的，土地使用权不得出租。

　　抵押土地使用权时，其地上建筑物、其他附着物随之抵押。抵押地上建筑物、其他附着物时，其使用范围内的土地使用权随之抵押。土地使用权抵押，抵押人与抵押权人应当签订抵押合同。抵押合同不得违背国家法律法规和土地使用权出让合同的规定。土地使用权和地上建筑物、其他附着物抵押，应当依照规定办理抵押登记。抵押人到期未能履行债务或者在抵押合同期间宣告解散、破产的，抵押权人有权依照国家法律法规和抵押合同的规定处分抵押财产。因处分抵押财产而取得土地使用权和地上建筑物、其他附着物所有权的，应当依照规定办理过户登记。

　　土地使用权有偿使用合同约定的使用期限届满，土地使用者未申请续期或者虽申请续期未获批准的，由原土地登记机关注销土地登记。土地使用权出让合同约定的使用年限届满，土地使用者需要继续使用土地的，应当于届满前1年申请续期，根据公共利益需要收回该土地的，应当予以批准。经批准准予续期的，应当重新签订土地使用权出让合同，依照规定支付土地使用权出让金。土地使用权出让合同约定的使用年限届满，土地使用者未申请续期或者虽申请续期但依照法律规定未获批准的，土地使用权由国家无偿收回。

三、土地价格

（一）土地价格的定义

　　土地价格是为购买获取土地预期收益的权利而支付的代价，即地租的资本化。地价是土地经济价值的反映，土地价格的高低取决于可以获取的预期土地收益（地租）的高低。

　　在土地价格评估时需要说明：估价日期土地实际开发程度；宗地外围目前的土地开发程度；评估日期设定的土地开发程度，设定开发程度可以界定为宗地外围或宗地内外"几通"（指通路、通电、通水、排水、通气、通暖、通信等）和宗地内场地平整；土地用途；土地剩余使用年期和设定使用年期。还要说明外围的开发程度，因为外围的开发程度和周围的地价水平体现着目前的利用状况，反映了设定土地开发程度是否合理。

（二）我国的地价体系

　　我国的地价体系是由若干个既相互联系又互有区别的地价构成的，其共同满足土地市场管理和运行需要的价格系列。科学的地价体系要求性质、用途一致的地价不能被赋予两个不同的概念，也不能用同一概念反映两个不同性质、不同用途的地价。我国的地价体系既要与我国的土地管理制度、土地使用权出让、转让制度等相配套，同时也要满足政府、地产投资者、开发者、使用者等对地价的宏观和微观管理与作用等多重需要。

我国的地价体系包含以下几种价格：

1.基准地价

基准地价是政府对城镇各级土地或均质地域及其商业、住宅、工业等土地利用类型分别评估的土地使用权平均价格，是分用途的土地使用权区域平均价格，对应的使用年期为各用途土地的法定最高出让年期，由政府组织或委托评估，评估结果须经政府认可。

2.标定地价

标定地价是政府根据管理需要，评估的具体宗地在正常土地市场和正常经营管理条件下某一日期的土地使用权价格。标定地价是宗地地价的一种，由政府组织或委托评估，并被政府所认可。

3.土地出让底价

土地出让底价是政府根据正常市场状况下地块应达到的地价水平和相应的产业政策，确定的某一地块出让时的最低控制价格标准。

4.成交地价

成交地价是土地使用权转移双方，按照一定的法律程序，在土地市场中实际达成的交易价格。

上述的四个地价相互影响、相互联系，共同构成了我国的地价体系，同时也在地价体系中起到不同的作用，具有不同的地位，显示出各自不同的特点。基准地价、标定地价、土地出让底价以及由此衍生出的其他宗地地价，是根据过去成交地价及土地收益情况评估得到的评估地价；而成交地价则是在地产交易中直接的现实价格。从地价的特点看，基准地价属于区域平均地价的一种，是目前我国最常见的地区平均地价形式；标定地价、土地出让底价、成交地价及其他派生的地价都是对于具体宗地而言的，都属于宗地地价类型。若按各地价在地价体系中的作用和地位分析，基准地价和标定地价是我国地价体系的核心；标定地价、土地出让底价或成交地价是地价体系的主要组成部分；成交地价是地价体系内最关键的参照指标。

四、土地使用权评估的技术方法

（一）成本法

1.成本法评估土地的基本原理

成本法又称为成本逼近法、承包商法、原价法或重置成本法等，是依据开发待估土地或类似土地所需要的各种必要的正常费用，包括正常的利润、利息和税金，而评估待估土地的价格的方法。成本法评估的土地价格称为土地积算价格。

成本法是不动产评估的基本技术方法之一。其评估原理建立在重置成本的理论基础上。成本法是以假设重新复制被评估的不动产所需要的成本为依据而评估不动产价格的一种方法，即以重置一宗与待估不动产可以产生同等效用的不动产，所需投入的各项费用之和为依据，再加上合理的利润和应纳税费来确定不动产评估价格。该方法认为生产成本与价格之间有密切联系。

　　由于房屋与其所依附的土地具有不同的自然及经济性，如房屋是人类劳动的产物，一般随时间的变化而发生贬值，而城市土地既是大自然的产物，同时又由于人类的改造而凝结着人类的劳动，因此，土地价格评估与房产价格评估的成本法计算公式并不相同。

　　2.成本法评估土地的优缺点

　　（1）成本法有其优点。成本法实际上是一种成本逼近法，一般来说，它比较适用于新开发土地价格的评估，且要求土地开发的各项成本资料真实可靠，适用于成交实例不多、无法利用市场法和收益法等方法进行评估的情况。该方法评估的是新开发地产的成本计算价格。

　　（2）成本法有其缺点。运用重置成本法评估新开发地产的价格，易于操作和理解，且具有深厚的理论基础，与传统的资产价值模式相吻合。但是，重置成本法适用范围狭窄，不能反映土地的市场认可的价格，其评估价格的"可实现性"值得怀疑。

　　在计算土地价格构成时，土地开发投资的利息计入成本价格，而与此同时，开发商利润的计算也是基于这部分投资的回报。这样，当投资资本是自有资金时，就出现了同一笔资金既获得了利息又获得了投资回报的明显的逻辑上的矛盾。所以，在评估计算时，要分析投资来源和风险收益，避免不合理计价。

　　在运用成本法评估土地价格，涉及有关土地折旧或增值情形时，应该注意调整，而不要拘泥于计算的成本价格。

　　3.成本法评估地价的程序与方法

　　成本法是以开发土地所耗费的各项费用之和为依据，再加上一定的利息、利润、税费和土地增值收益来推算土地价格的估价方法。其基本公式为：

　　土地价格=土地取得费+土地开发费+税费+利息+利润+土地增值收益

　　（1）确定土地取得费及有关税费。

　　土地取得费是用地单位为取得土地使用权而支付的各项客观费用。征用农村集体土地时，土地取得费就是征地费用；城镇国有土地的土地取得费是拆迁安置费，主要包括拆除房屋及构筑物的补偿费及拆迁安置补助费；对于从市场购入的土地，其土地取得费是土地的购买价格。

　　征用农村集体土地的土地取得费，是指评估基准日待估宗地所在区域征用同类土地所支出的平均费用，主要包括土地补偿费、安置补助费、青苗及地上物补偿费。征地费用的各项标准可通过以下方式确定：

　　①根据《土地管理法》及土地所在地地方人民政府的有关文件规定，按标准测算，同时结合宗地所在区域的征地案例，分析综合确定。

　　②当地无土地补偿、安置补助、青苗及地上物补偿的具体文件规定，可依据《土地管理法》或省、市级人民政府颁布的《土地管理法实施条例》等文件，调查被评估宗地所处区域或相似区域的征地案例，到当地土地管理局征地处、征地科或统一征地办公室等部门，收集近期征地协议等资料，弄清征地协议中土地取得费所包含的内容，结合被评估宗地所处区域及宗地周边土地或宗地被征用前的土地利用类型，通过现场查勘、调查，确定土地取得费。

　　有关税费是指在征地时按照国家、地方政府有关文件规定必须交的税费，主要包括占用耕地的耕地占用税、占用耕地的耕地开垦费、占用菜地的新菜地开发建设基金、征地管理费等。

在确定有关税费时，每项税费取值都应有法规依据，要指出法规的名称及有关规定、税费标准。这是因为：第一，有些已取消的税费一定要以与基准日最接近的公布文件为依据；第二，有些不合理的税费在取值时要认真分析；第三，有些交叉税费一定要注意不要重复计算，如××市规定：征用蔬菜基地在缴纳新菜地开发建设基金后，就不再缴纳农田水利开发建设基金、防洪保安和重点水利建设专项资金等。属当地一般规定的，要有当地土地管理部门或有关政府部门的证明；涉及当地不同区域的费用标准的，要在充分调查实际情况的基础上，分析后进行确定，并说明原因。

（2）确定土地开发费。

土地开发费是指获得土地后，对其开发的费用，指设定开发程度条件下的土地开发费。该费用按所在区域设定开发程度条件下需投入的各项客观费用计算。宗地红线外的土地开发费要客观计算基础设施配套费、公共设施配套费和小区开发费；宗地红线内的土地开发费一般包括土地平整费和小区设施配套费，根据评估目的和投资主体的不同，宗地红线内的小区设施配套费是否计入也不尽相同。属建成区内已开发完成的宗地，评估设定的开发程度最少应为宗地红线外通路、通水、通电和宗地红线内土地平整。

①确定土地开发费。直接依据当地市、县人民政府印发的《关于征收××城市市政公用设施配套费》的通知，结合评估设定的待评估宗地的开发程度，确定开发费，只是在采用时要弄清公布的配套费以下的具体内容：第一，只是市政配套费，还是包含了公共设施配套费和小区开发配套费；第二，配套费包含"几通一平"："三通一平"还是"五通一平"或"七通一平"或"九通一平"；第三，配套费是按单位用地面积还是单位建筑面积征收等。如当地未公布市政配套费的征收文件或公布征收的配套费标准低于实际开发费的标准，则需参考当地基准地价测算时的土地取得费，同时到城建局、新建开发区、房地产开发公司、公用事业局等土地开发的相关部门调查、分析、测算设定开发程度条件下的开发费。

②确定开发费时需把握的原则。确定被评估宗地开发程度、用地规模、各地具体的开发期限，设定开发程度。设定开发程度不同，开发期限可相同，可不相同，但开发费一定要有差别。在确定开发费时，设定开发程度如均为"五通一平"，但各"通"中如通路，一宗地临主干道（如20～60米宽），为水泥路或柏油路，而另一宗地临土路或砂石路（如3～6米宽），同样是"五通一平"，开发费却不一样，一定要描述清楚，说明原因。

（3）确定土地投资利息。

①利息率的选择。根据评估的目的和土地开发的资金来源情况，利息率可选择存款利息率或贷款利息率。如拍卖底价、抵押评估或土地开发是投资者利用自有资金投入，可采用评估基准日中国人民银行公布的与设定开发周期相应的利息率；如用于联营、入股等目的，或投资者贷款从事土地开发，可采用评估基准日中国人民银行公布的与设定开发周期对应的固定资产贷款利率；还可参照具体项目或当地土地开发投资贷款利息率。根据新的《城镇土地估价规程》（GB/T18508—2014），土地开发周期超过1年的利息需按复利计算。

②投资利息的计算公式。投资利息的计算有三种情况，根据确定土地开发费的方法，来选择投资利息的计算公式。

　　第一，直接采用当地市、县人民政府公布的市政基础设施配套费，且公布的配套费能够达到实际开发费标准时：

投资利息＝（土地取得费及有关税费＋市政基础设施配套费）×［（1＋利息率）^{开发周期}－1］

　　第二，当地市、县人民政府公布的市政基础设施配套费未达到实际开发费标准时：

投资利息＝（土地取得费及有关税费＋市政基础设施配套费）×［（1＋利息率）^{开发周期}－1］＋

（土地开发费－市政基础设施配套费）×［（1＋利息率）^{开发周期}－1］

　　第三，当地市、县未公布配套费标准，但土地开发费是经过调查确定的时：

投资利息＝土地取得费及有关税费×［（1＋利息率）^{开发周期}－1］＋土地开发费×［（1＋利息率）^{开发周期}－1］

　　（4）确定土地投资利润。

　　①投资利润率（或投资回报率）的确定方法。第一，依据被评估宗地土地投资利润，利用以下公式确定：

投资利润率＝利润/总投资

总投资＝土地取得费及有关税费＋土地开发费

　　第二，调查同行业近几年的投资利润率，并结合被评估宗地所在省、市、县的投资利润率（可采用中国统计年鉴数据）确定。

　　②利润的计算公式。第一，如采用年投资利润率，则：

投资利润＝（土地取得费及有关税费＋土地开发费）×开发周期×年投资利润率

　　第二，如采用投资利润率或投资回报率，则：

投资利润＝土地取得费及有关税费×投资回报率

　　（5）确定土地所有权收益。

　　土地增值收益的确定方法及计算公式：

土地增值收益＝土地成本价格×土地增值收益率

　　　　　＝（土地取得费及有关税费＋土地开发费＋投资利息＋投资利润）×土地增值收益率

　　式中：土地增值收益率根据当地土地部门提供的资料确定，经验值介于10%～30%之间。

　　土地增值收益可以用当地市、县人民政府公布的出让金标准代替（但要弄清出让金的内涵，此处是指归政府所有的那部分地价款）。

　　（6）计算土地价格。

　　①如土地增值收益依据土地增值收益率确定，评估地价分别为无限年期土地价格（用 V_N 表示）和设定年限的土地价格（用 V_n 表示），则：

V_N＝土地取得费及有关税费＋土地开发费＋投资利息＋投资利润＋土地增值收益

$V_n = V_N × [1 - 1/(1+r)^n]$

　　式中：V_N 为无限年期土地价格；V_n 为设定年限的土地价格；r 为土地还原利率；n 为被评估宗地设定土地使用年限。

　　②如土地增值收益采用当地市、县人民政府公布的出让金标准，则地价计算公式为：

　　第一，出让金所含土地使用年限与待评估宗地土地使用年限一致时：

V_n＝（土地取得费及有关税费＋土地开发费＋投资利息＋投资利润）×$[1 - 1/(1+r)^n]$＋出让金

　　式中：V_n、r、n 同前。

　　第二，出让金土地使用权年限与待评估宗地土地使用权年限不一致时：

$V_n=\{$（土地取得费及有关税费+土地开发费+投资利息+投资利润）$\times\left[1-1/\left(1+r\right)^n\right]+$出让金$\}\times$
$\left[1-1/\left(1+r\right)^n\right]/\left[1-1/\left(1+r\right)^m\right]$

式中：V_n、r同前；n为被评估宗地土地使用年限；m为出让金规定土地使用年限。

【例9-1】某企业占用一块土地，面积为15 000平方米，已达到"三通一平"，由于该地区土地交易较少，决定采用成本法估价。相关资料如下：

（1）土地取得费包括征地补偿费和土地管理费在内为500元／平方米，其中土地补偿费已包括地上附着物补偿费、青苗补偿费、安置补偿费等；

（2）土地开发费为80元／㎡，土地开发期2年，开发费第1年投入60%；

（3）贷款利率为10%；

（4）利润率为20%；

（5）土地所有权的增值收益率为25%。

要求：估算土地单价和总价。（计算结果以"元"为单位，保留两位小数）

根据以上资料，评估计算过程如下：

1.土地取得费=500元/㎡

2.土地开发费=80元/㎡

3.土地税费=5元/㎡

4.土地利息=（500+5）×10%×2+80×10%×2×12=293（元/㎡）

5.土地利润=（500+80+5）×20%=117（元/㎡）

6.土地所有权增值收益=（500+80+5+109+117）×25%=202.75（元/㎡）

7.估算土地价格

（1）无限所有期土地价格

土地单价=500+80+5+109+117+202.75=1 013.75（元/㎡）

土地总价=15 000×1 013.75=15 206 250（元）

（2）50年土地使用权价格（假设折现率为10%）

土地单价=（土地取得费及有关税费+土地开发费+投资利息+投资利润）$\times\left[1-1/\left(1+r\right)^n\right]$
$=1\ 013.75\times\left[1-1/\left(1+10\%\right)^{50}\right]=1\ 005.13$（元/㎡）

土地总价=15 000×1 005.13=15 076 950（元）

（二）收益法

1.收益法评估土地的基本原理

收益法是指通过估算被评估资产未来预期收益，并折算成现值，借以确定被评估资产价值的一种资产评估技术方法。它服从资产评估中的将利求本的思路，即采用本金化和折现的方法来判断和估算资产价值。该思路认为，任何一个理智的投资者在购置或投资于某一资产时，所愿意支付或投资的数额不会高于所购置或投资的资产在未来能给其带来的回报，即收益额。

运用收益法来评估土地价值，即把土地所有者期望的收益转换成现值，这一现值就是购买者未来能得到的利益的价值体现。用计算公式表示为：

$$现值=\sum_{t=1}^{n}\frac{未来各期收益额}{\left(1+折现率\right)^t}$$

从上式可以看出，收益法利用投资回报和收益折现等技术手段，把评估对象的预期产出能力和获利能力作为评估标的来估测评价对象的价值。因此，从理论上讲，收益法是资产评估中较为科学合理的评估技术方法之一，但它也需要满足一定的基本条件。

2.收益法评估土地的前提基础

（1）收益法是依据土地资产未来预期收益经折现或本金化处理来估测资产价值的方法，它涉及三个基本要素：一是被评估土地资产的预期收益；二是折现率或资本化率；三是被评估土地资产取得预期收益的持续时间。因此，运用收益法必须具备的前提条件是：被评估土地资产必须能用货币来衡量未来期望收益；土地所有者所承担的风险也是可以预测并能用货币衡量的；被评估土地预期获利的年限可以预测。

（2）收益法的适用范围主要是存在收益或潜在收益的土地评估。

3.收益法评估土地的程序

收益法是在评估土地未来每年预期收益的基础上，以一定的还原利率，将评估对象土地在未来每年的纯收益折算为评估基准日收益总和的一种方法，其基本公式为：

$$V_n = a/r \times [1 - 1/(1+r)^n]$$

式中：V_n 为待评估宗地设定年限的土地价格；a 为土地年纯收益；r 为土地还原利率；n 为使用土地的年限或土地收益年限。以上公式的前提条件是：a 每年不变且大于零，r 每年不变且大于零，土地使用年限为 n 年。

使用收益法评估土地价格的程序如下：

（1）确定土地评估总收益。

①确定土地总收益时一般应考虑以下条件：土地总收益是指客观收益（客观收益，包括有形收益和无形收益），而不是待评估土地的实际收益；必须是长期可以固定取得的收益；必须是安全可靠的收益（即风险小的收益）。

②确定收益的技术方法。根据资料收集情况及土地所在地的不动产评估市场情况，收益有土地收益（单纯的土地出租）、房地收益、企业总收益三种。

（2）确定土地评估出租总费用。根据确定的土地收益，分以下几种情况考虑费用：

①计算土地租赁总费用。一般单纯的土地租赁，发生的费用主要有土地税、管理费、维护费等。土地税是指因使用和租赁土地而缴纳的有关税费，如城镇土地使用税等，按各级地方政府有关文件规定取值。管理费是指管理人员的薪水及其他费用，一般以年租金的3%计算。维护费是指维护土地使用所发生的费用，如给排水及道路的修缮费等，通过调查取得或按年租金的 1%～3% 计算。

土地年支出费用＝土地税＋管理费＋维护费

②计算房地出租总费用。房地出租中，年总支出费用为：

年总支出费用＝管理费＋维修费＋保险费＋税金

管理费是指对于出租房屋进行必要管理所需的费用，一般按年租金的 2%～5% 计算。维修费一般按房屋重置价的 1.5%～2% 计算。保险费按房屋重置价或房屋现值乘以保险费率确定，我国房屋的保险费率介于 1.5‰～2‰ 之间。税金应依据被评估土地所在城镇房屋出租时应缴纳的有关税费文件、规定确定，一般有房产税（按年租金的12%或房屋余值的1.2%计）、增值税（按租金的 5% 计）、城市维护建设税（按增值税的 7% 计）、教育费附加（按增值税的3%～5%计）等。

③计算土地经营费用。土地经营费用是指土地经营过程中为获取经营收益而必须支出的一切费用。

（3）计算土地纯收益。土地纯收益可依据土地的不同用途而分别计算：

①土地租赁中土地纯收益的计算。

土地纯收益=租金-（管理费+维护费+税金）

②房地出租中土地纯收益的计算。

土地纯收益=房地评估出租纯收益-房屋出租纯收益

房地评估出租纯收益=房地评估出租总收益-房地评估出租总费用

房屋出租纯收益=房屋现值×建筑物还原利率

式中：房屋现值=房屋重置价-房屋折旧总额

=房屋重置价-年折旧费×房屋已使用年限

=房屋重置价-房屋重置价×（1-残值率）÷耐用年限×房屋已使用年限

或　房屋现值=房屋重置价×成新率

③在土地经营中土地纯收益的计算。

土地纯收益=土地收入-土地成本-土地费用-土地税费

（4）确定还原利率。

（5）确定土地价格。

根据评估设定的被评估宗地年限，确定被评估土地的评估价格。

对于土地年纯收益以一定方式（如前几年按等比例递增或递减等）变化的情况，评估专业人员应遵循收益还原法的评估思路，以被评估土地未来每年纯收益现值的总和来确定评估值。

【例9-2】某房地产开发公司于2011年3月以有偿出让方式取得一块土地50年的使用权，并于2013年3月在此地块上建成一座钢混结构的写字楼，当时造价为每平方米2 000元，经济耐用年限为48年，残值率为2%。目前，该类建筑重置价格为每平方米2 500元。该建筑物占地面积500平方米，建筑面积为900平方米，现用于出租，每月平均实收租金为3万元。另据调查，当地同类写字楼出租租金一般为每月每建筑平方米50元，空置率为10%，每年需要支付的管理费为年租金的3.5%，维修费为建筑重置价格的1.5%，土地使用税及房产税合计为每建筑平方米20元，保险费为重置价的0.2%，土地资本化率为7%，建筑物资本化率为8%。假设土地使用权出让年限届满，土地使用权及地上建筑物由国家无偿收回。试根据以上资料评估该宗地2017年3月的土地使用权价值。

根据以上资料，评估过程如下：

1.选定评估方法

该宗房地产有经济收益，适宜采用收益法。

2.计算房地产年总收益

年总收益=50×12×900×（1-10%）=486 000（元）

3.计算房地产年总费用

（1）年管理费=486 000×3.5%=17 010（元）

（2）年维修费=2 500×900×1.5%=33 750（元）

（3）年税金=20×900=18 000（元）

（4）年保险费=2 500×900×0.2%=4 500（元）

年总费用=（1）+（2）+（3）+（4）=17 010+33 750+18 000+4 500=73 260（元）

4.计算房地产年净收益

房地产年净收益=年总收益-年总费用=486 000-73 260=412 740（元）

5.计算房屋净收益

（1）年贬值额=建筑物重置价/耐用年限=（2 500×900）/48=46 875（元）

（2）房屋现值=房屋重置价-年贬值额×已使用年数

$\qquad$ =2 500×900-46 875×4=2 062 500（元）

（3）房屋年净收益=2 062 500×8%/$[1-(1+8\%)^{-44}]$=170 778（元）

6.计算土地净收益

土地年净收益=房地产年净收益-房屋年净收益=412 740-170 778=241 962（元）

7.计算土地使用权价值

土地使用权价值=241 962×$[1-(1+7\%)^{-44}]$/7%=3 280 510（元）

单价=3 280 510/500=6 561（元）

8.评估结果

本宗土地使用权在2017年3月的土地使用权价值为3 280 510元，单价为每平方米6 561元。

（三）市场法

1.市场法评估土地的基本原理

土地评估的市场法也称为现行市价法、市场比较法，是指在土地交易市场比较发达的条件下，寻找同种或类似土地的近期交易价格作为价格标准，通过比较被评估土地与最近售出类似土地资产的异同，并对类似土地资产的市场价格进行调整，从而确定被评估土地价值的技术方法。

因此，市场法在土地评估中应用主要是根据替代原则，采用比较和类似的思路及其方法来判断土地价值的评估技术规程。该方法基于这样的思想：任何一个理智的投资者在购置某项土地资产时，所愿意支付的价格不会高于市场上具有相同用途和品质的替代品的现行市场价格。运用已被市场检验过的结论来评估被评估对象，易被各当事人接受，因此，它是土地资产评估中最为直接、最具说服力的评估技术方法之一。

2.运用市场法评估土地的前提基础

（1）运用市场法进行土地评估，需具备一定的前提基础：要有一个活跃的、公开的土地市场；有可比土地和交易活动；其可比土地的相关资料可获取。

（2）市场法有一定的适用范围，其主要适用于单项土地资产评估。

3.市场法评估土地的程序与技术方法

市场法是在求取一宗待评估土地的价格时，根据替代原则，将待评估土地与在较近时期内已经发生交易的类似土地交易实例进行对照比较，参照该土地的交易情况、日期、区域及个别因素等差别，修正得出被评估土地评估时日地价的方法。其基本计算公式为：

$$P_d = P_b \times A \times B \times C \times D$$

式中：P_d 为待评估土地的评估价格；P_b 为可比交易实例价格；A 为交易情况修正系数；B 为交易日期修正系数；C 为区域因素修正系数；D 为个别因素修正系数。

应用这种技术方法评估，要参照《城镇土地估价规程》的规定，选择具有替代性的、评估时点为近期的、市场上交易的类似实例，进行因素比较并作适当修正后，确定待评估宗地的土地价格。要求比较实例不得少于 3 个。估价中，除要求选择的实例与估价对象属于同一供应圈、用途一致、在地域上属临近区域或类似区域外，对比较实例选择、比较因子选择、因素条件的比较及因素修正有以下具体要求：

（1）比较土地资产实例选择。所选土地实例应是实际交易土地实例，并说明土地实例的具体坐落（门牌号和宗地号），所选实例要求满足以下条件：

①与被评估宗地属同一供需圈。与被评估宗地属同一供需圈即所选土地与被评估宗地尽量在同区域、属同级别，且基础设施完善程度相近。如同区域无案例，可选择临近区域或同一级土地内类似区域的交易案例，但选择案例的交易价格不能相差太大，根据经验不能超过 25%。

②被评估宗地用途应相同或相似。如无用途相同案例，可选择用途相近的案例。例如被评估宗地用途为商业，则可选择商住，如为工业，可选择仓储，前提是已有 3 个与被评估宗地用途相同的交易案例，以备用途不一致时进行用途修正。

③被评估宗地的交易类型（价格类型）相同。交易类型一般包括出让、转让、股份制改造、租赁、抵押等。如选择交易案例的交易类型与待评估宗地的类型不一致，应进行交易类型的修正。

④日期与被评估宗地的评估基准日接近。第一，如果市场比较稳定且交易较少，比较的有效期限可适当延长，即选择几年前的交易案例用于比较（最长不超过 2～3 年）；第二，如市场变化较快且交易活跃，则比较的有效期要缩短（最长不超过 1～2 年）。

⑤交易案例必须为正常交易或可修正为正常交易。所谓正常交易是指公开、公平、自愿的交易。

（2）比较因子的选择。评估时需确定区域及个别因素的具体比较因子。原则上应根据土地的具体用途，有针对性地选取，不得漏掉重要的因子。一般情况如下（包括但不限于）：

①区域因素各比较因子。基础设施状况（住宅及工业用地必选，用"几通一平"反映）；商业繁华度（商业用地必选，用与城市中心、商业中心距离远近反映）；对外交通便捷度（工业用地必选，用与火车站、长途汽车站、港口码头、机场距离来反映）；道路通达度（工业用地必选，用道路类型、道路宽度反映）；公交便捷度（商住用地必选，用公交路线、站点分布及距离来反映）；环境质量优劣度（住宅用地必选）；产业集聚（工业用地必选）。

②个别因素各比较因子。绿地覆盖率（住宅用地必选）；产业集聚（工业用地必选）；规划限制（视情况可设可不设）；自然灾害状况（视情况可设可不设）；容积率（必选）；土地使用年限（必选）；宗地面积（必选）；宗地形状（必选）；临街状况（商业必选）；地质条件（指坡度、地耐力等，根据影响程度确定是否选择和指标表示方式）；成新情况

（必选）。

（3）因素条件说明。具体说明估价对象和比较实例的各因素条件，具体形式为填列因素条件说明表。因素条件说明时应注意几点：①描述比较因素的具体条件，不能使用相同、较好、接近、较差等无具体含义的用语，能量化的一定要量化。②进行因素条件说明时，要实事求是，即要客观、具体，如把握不准，可先列表将待评估宗地的因素条件予以说明，最后再写个别因素。说明因素条件时，要按规范格式描述，并注意不能同因素分析矛盾。

（4）制定土地资产比较因素条件指数表。为在因素指标量化的基础上进行比较因素修正，必须将因素指标转化为因素条件指数，编制比较因素条件指数表。除估价日期、交易情况、年期及容积率外，应以待评估宗地的各因素条件为基础，相应指数确定为100，将比较实例相应因素条件与估价对象相比较，确定出相应的指数，并说明确定的依据。

（5）实例修正后的地价计算。经过比较分析，求出各比较实例经因素修正后达到估价对象条件时的地价，再依据《城镇土地估价规程》规定的地价确定方法，确定出待评估土地的评估价格。

【例9-3】试用市场法评估宗地A的市场价格。

1.项目基本情况

待估宗地A为住宅型用地，现收集到4宗类似宗地作为可比实例B、C、D、E，待估地产与4宗可比实例情况见表9-1。

表9-1　　　　　　　　　　类似宗地交易情况一览表

宗地	待估A	案例B	案例C	案例D	案例E
交易价格（元/m²）		1 200	1 300	1 400	1 100
交易情况		正常	正常	正常	正常
交易时间		2016.10	2016.12	2017.03	2017.08
使用类型	住宅	住宅	住宅	住宅	住宅
土地使用年限	50	50	40	50	50
容积率	2	2	3	4	2
区域因素					
交通条件		+3%	+2%	−1%	0
福利设施		−2%	0	+2%	+3%
街道环境		+2%	+2%	0	−2%
商业配置		0	+3%	+2%	−3%
个别因素					
面积		+2%	0	−1%	−2%
基础设施		0	0	−1%	+1%
形状		+4%	2%	0	−4%
平整程度		−1%	−1%	0	0

2.容积率修正系数表（详见表9-2）

表9-2 土地容积率修正系数表

容积率	1	2	3	4	5
修正系数	1.0	1.8	2.0	2.2	2.5

3.已知该类土地价格指数自2004年10月以来，每月上涨1%，试计算该宗土地在2017年10月的市场价格

根据上述资料，评估过程如下：

（1）交易情况修正

都是正常情况，无须修正。

（2）交易时间修正

案例B：$(1+1\%)^{12}=112.68\%$

案例C：$(1+1\%)^{10}=110.46\%$

案例D：$(1+1\%)^{7}=107.21\%$

案例E：$(1+1\%)^{2}=102.01\%$

（3）区域因素修正

案例B：100/（100+3-2+2+0）=100/103

案例C：100/（100+2+0+2+3）=100/107

案例D：100/（100-1+2+0+2）=100/103

案例E：100/（100+0+3-2-3）=100/98

（4）个别因素修正

案例B：100/（100+2+0+4-1）=100/105

案例C：100/（100+0+0+2-1）=100/101

案例D：100/（100-1-1+0+0）=100/98

案例E：100/（100-2+1-4+0）=100/95

（5）容积率修正

案例B：1.8/1.8

案例C：1.8/2.0

案例D：1.8/2.2

案例E：1.8/2.5

（6）土地使用年限修正

可比实例B、D、E与待估宗地的使用年限相同，故不需要修正。

可比实例C修正系数：（资本化率为7.5%）

$$k = \frac{1 - \dfrac{1}{(1+7.5\%)^{50}}}{1 - \dfrac{1}{(1+7.5\%)}} = 1.030$$

（7）案例修正计算

案例 B：$1200 \times \dfrac{100}{100} \times \dfrac{112.68}{100} \times \dfrac{100}{103} \times \dfrac{100}{105} \times \dfrac{1.8}{1.8} \times 1 = 1250.26$

案例 C：$1300 \times \dfrac{100}{100} \times \dfrac{110.46}{100} \times \dfrac{100}{107} \times \dfrac{100}{101} \times \dfrac{1.8}{2.0} \times 1.03 = 1231.99$

案例 D：$1100 \times \dfrac{100}{100} \times \dfrac{102.21}{100} \times \dfrac{100}{103} \times \dfrac{100}{98} \times \dfrac{1.8}{2.2} \times 1 = 1216.26$

案例 D：$1100 \times \dfrac{100}{100} \times \dfrac{102.21}{100} \times \dfrac{100}{98} \times \dfrac{100}{95} \times \dfrac{1.8}{1.8} \times 1 = 1205.27$

（8）待估土地的市场价值

待估宗地单价$=$（1 250.26+1 231.99+1 216.6+1 205.27）/4

$\qquad\qquad$ =1 226.03（元/m²）

（四）其他评估地价的技术方法

1.剩余法评估地价

评估土地资产剩余法又称假设开发法，是以被评估不动产假设开发的建筑物的预期收入扣除土地价格以外的有关房屋建筑成本、相关税费以及正常利润后，将其差额作为土地价格的一种地产估价方法。应用此方法评估土地价格时，要依据《城镇土地估价规程》的规定程序进行。

2.路线价法评估地价

路线价是通过对面临特定街道、使用价值相等的市街地，设定标准深度，求取在该深度上数宗土地的平均单价并附设于特定街道上，即得到该街道的路线价。

评估土地时采用路线价估价法是以路线价为基准，配合相应的深度指数估算一定临街深度的宗地价格。该法是对临接道路且可及性相当的土地设定标准深度，选取若干标准宗地求其平均价格，此平均价格称为路线价，然后再配合深度指数和其他价格修正率，计算出临接该道路的其他宗地土地价格的一种资产评估技术方法。

（1）路线价法的基本公式

宗地价格=路线价×深度百分率×宗地面积

运用路线价法时，如遇街道两边的宗地有特殊情况存在（如路角地、两面临街地、三角形地、袋地等），除了应用上述公式外，还需要进行加价或减价修正，此时公式为：

宗地价格=路线价×深度百分率×其他修正系数×宗地面积

或者

宗地价格=路线价×深度百分率×宗地面积+其他修正额

（2）路线价法的操作步骤

第一，确定待估宗地所处的路线价区段和路线价。路线价区段是指具有同一路线价的地段。在划分路线价区段时，可及性相当的地段应分为同一路线价区段。

第二，确定待估宗地的临街深度和其他因素条件。查阅土地登记资料或者进行实地踏勘，调查待估宗地临街深度的具体数值以及临街宽度、使用年期等具体条件。

第三，确定待估宗地的深度修正系数和其他条件修正系数。按照调查到的待估宗地的临街深度和其他条件修正系数，对照深度修正系数表和其他条件修正系数表，分别确定待估宗地的深度修正系数和其他条件修正系数。

第四，估算宗地地价。根据路线价和修订系数，对路线价进行系数修订，得到待估宗地的地价。

（3）路线价的深度修正方法

四三二一法则：该法则又被称为慎格尔法则，是由 J.A.Zengele 提出并最早使用的法则。其含义是：将标准深度 100ft（注：1ft=0.3048 米）4 等分，随着与道路的距离的增加，每一等分的价值占路线价的比重分别为 40%、30%、20%、10%。如果深度超过 100ft，每一等分 25ft 的价值占路线价的比重依次为 9%、8%、7%、6%（详见表 9-3 深度百分比修正系数表）。

表9-3 深度百分比修正系数表

深度（英尺）	25	50	75	100	125	150	175	200
单独深度百分率	40	30	20	10	9	8	7	6
累计深度百分率	40	70	90	100	109	117	124	130
评均深度百分率	160	140	120	100	87.2	78	70.9	65

苏姆斯法则：该法则认为深度为 100ft 深的土地价值，前半街 50ft 部分占全宗地总地价的 72.5%，后半 50ft 部分占 27.5%，后半 50ft 部分占 27.5%，若再深 50ft，则该宗地所增的价值仅为 15%。

霍夫曼法则：该法则是 1866 年由霍夫曼创立的，认为深度为 100ft 的标准宗地，将标准深度 4 等分的情况下，随着与道路距离的增加，每一等分的价值占全部地价的比重分别为 37.5%、29.5%、20.7%、12.3%。

哈柏法则：该法则认为土地的价值与其深度的平方根成正比。

（4）其他宗地条件修正系数编制

宽度修正：对临街土地特别是临街商业用地来说，地块临街宽度不同，其地价是不相等的。由于临街商店街面的宽窄不一，商店对顾客的吸引力会有所差异，进而会影响到商店营业额，所以在路线价估价中，必须考虑宽度修正。其计算方法是同一路线价区中进深相等的样本，考虑在不同宽度情况下反映在土地价格上的变动情况，最后确定宽度条件下的修正系数。

宽深比率修正：一般情况下，大型的商业建筑物，进深较大，随着地块深度的正价，土地价值逐步降低。另一方面，由于商店大、铺面宽、外观醒目，同样会增加对顾客的吸引，所以对大型的商店单独采用宽度修正不太实际，而且也难以操作，因此，采取商店的宽度与深度的比率系数来反映地价的修正情况。

容积率的修正：一般情况下，路线价只是代表一定容积率水平下的地价，随着容积率的增加，地价一般会上升。因此，在同一区段中，抽查不同容积率水平下的平均地价，可得到容积率修正系数。

出让、转让年期修正：

$V = a \div r \times [1 - 1/(1+r)^n]$

式中：V 为地价；a 为年地租；r 为还原利率；n 为出让、出租或转让、转租年期。

朝向修正：对住宅用地而言，建筑物的朝向不同，就决定了房屋的坐落不同，房屋的坐落、朝向又对房屋的销售价格产生影响。那么从房屋售价中扣除成本后所余的地价，也因朝向不同而又所差异，需进行地块环境条件影响修正。

地价分配率修正：地价分配率是将土地单价（或平面地价）调整、分推到各楼层的比率。一般来看，随着楼层数的增高，地价分配呈递减趋势。当趋于某一临界值后，地价分配又呈现增加的势头。为了评估需要，必须制定一个统一的地价分配率以反映依据楼层高低，楼层地价在地块总价中所占的比重。

【例9-4】现有临街宗地A、B、C、D、E，这些宗地都和街道垂直，而且成长方形，深度分别为25英尺、50英尺、75英尺、100英尺和125英尺，宽度分别为5英尺、5英尺、10英尺、10英尺和15英尺。路线价为4 000元，设标准深度为100英尺，试运用"四三二一"法则，计算各宗土地的价值。

宗地总价=标准深度下每单位宽度的路线价×累计深度百分率×临街宽度

A=4 000×0.4×5=8 000（元）

B=4 000×0.7×5=14 000（元）

C=4 000×0.9×10=36 000（元）

D=4 000×1.0×10=40 000（元）

E=4 000×（1.0+0.09）×15=65 400（元）

第三节 房屋建筑物评估

一、房屋建筑物概念及分类

（一）房屋建筑物的概念

房屋及其构筑物统称为房屋建筑物。其中房屋是指供人居住、生产、工作、学习和进行其他社会活动，以及储藏物品等的工程建筑，一般由基础、墙、门、窗、柱和屋顶等主要构件组成；构筑物则是指房屋以外的工程建筑，如道路、水坝、水井、隧道、水塔、桥梁、烟囱、围墙等。

（二）房屋建筑物的分类

为了便于房屋建筑物的评估，可将房屋建筑物按经济用途、结构材料和建筑材料等标准进行分类，具体表现在如下方面：

1.房屋建筑物按经济用途分

房屋建筑物按经济用途大致可分为商业建筑、工业建筑、住宅、公共设施、公共建筑等。我们将房屋及建筑物按经济用途不同划分为若干种类的目的在于，不同用途的房屋建筑物，其获利能力以及影响其市场价值的因素各不相同，对土地使用权的效用发挥的影响也不同，在评估时应充分考虑这一特殊性。

2.房屋建筑物按结构材料分

房屋建筑物的结构材料决定了建筑物的使用性能、使用寿命以及购建成本等，它是房屋建筑物评估中的重要参数。

房屋建筑物的建筑结构按其承重结构的类型又可分为：

（1）框架结构。这种结构用纵梁、横梁及立柱组成框架，作为承重结构。然后在纵梁、横梁间铺上梁板形成楼盖和屋盖。在框架结构中，墙体是作为填充材料（板材或砌体）设置在立柱之间，因而墙体不是承重结构。框架结构平面布置灵活，可以按使用要求任意分割空间，且构造简单、施工方便。因此，不论是钢筋混凝土结构的房屋还是钢结构的房屋，框架结构的应用都十分广泛。框架结构比砌体结构强度高，整体性好。但随着高度的增加，水平荷载（风力、地震力）起控制作用时，水平力将在柱中产生很大的弯矩和剪力，同时产生很大的侧移，故一般只用于不是很高（如10层左右）的房屋。

（2）剪力墙结构。这种结构用纵向及横向的钢筋混凝土墙，以及用做楼盖和屋盖的梁板组成房屋的承重结构，因而称为剪力墙结构。剪力墙结构由于用整个墙体作为承重结构，因此其抗侧移刚度很大，可以用来建筑较高（如10~30层）的房屋。但是，由于布置门、窗需要在墙体上开洞口，影响其强度，因此剪力墙结构的缺点是空间划分不够灵活。

（3）框架-剪力墙结构。这种结构是在框架结构的基础上，沿框架纵、横方向的某些位置，在柱与柱之间设置数道钢筋混凝土墙体作为剪力墙，因此它是框架和剪力墙的有机结合。它综合了二者的优点：一个布置灵活，一个抗侧移能力强。其建筑高度可以比单一的框架结构或剪力墙结构高得多。

（4）筒体结构。用钢筋混凝土墙组成一个筒体作为房屋的承重结构，这就是筒体结构。筒体也可以由密柱和深梁组成，即将柱子密集排列，并在柱间布置深梁（高度较大的梁）使之形成一个筒体。除采用一个筒体作承重结构外，也可以用多个筒体组成筒中筒结构、束筒结构，还可以将框架和筒体联合起来组成所谓的框-筒结构。筒体结构在各个方向的侧移刚度都很大，是目前高层建筑中采用较多的结构形式。

（5）其他还有壳体结构、网架结构、悬索结构等，它们多用于大跨度结构中。

3.房屋建筑物按所用建筑材料分

房屋建筑物按所用建筑材料不同可以分为砖木结构、砖混结构、钢筋混凝土结构和钢结构四大类。

（1）砖木结构。用砖墙、砖柱、木屋架作为主要承重结构的建筑，像大多数农村的屋舍、庙宇等。这种结构建造简单，材料容易准备，费用较低。

（2）砖混结构。砖墙或砖柱、钢筋混凝土楼板和屋顶承重构件作为主要承重结构的建筑，这是目前在住宅建设中建造量最大、采用最普遍的结构类型。

（3）钢筋混凝土结构。钢筋混凝土结构即主要承重构件包括梁、板、柱等全部采用钢筋混凝土结构，此类结构类型主要用于大型公共建筑、工业建筑和高层住宅。钢筋混凝土建筑里又有框架结构、框架-剪力墙结构、框-筒结构等。目前25~30层的高层住宅通常采用框架-剪力墙结构。

（4）钢结构。主要承重构件全部采用钢材制作，自重轻，能建超高摩天大楼，又能制成大跨度、高净高的空间，特别适合大型公共建筑。

二、房屋建筑物评估

（一）房屋建筑物评估技术方法的选择

房屋建筑物的评估技术方法主要有成本法、市场法、收益法等。选择合适的评估技术方法有利于简捷、合理地确定房屋建筑物评估值。房屋建筑物评估技术方法的选择主要考虑下列因素：

1.与不动产评估目的相适应

一般认为，在满足评估环境条件限制的情况下，不动产评估目的一旦确定，则不动产评估技术方法同时也相应确定。

（1）房产转让。房产转让多选用市场法或收益法，有时也可采用成本法，对于待开发不动产的转让价格的评估可采用假设开发法。转让房产时，若土地是以划拨方式取得的，应按照国家法律法规的规定，其转让价格评估中应另外给出所含的土地收益值，并应注意国家对土地收益的处理规定，同时在报告中予以说明。

（2）房产租赁。房产租赁可采用市场法、收益法和成本法。以营利为目的出租划拨土地使用权上的房屋，其租赁价格评估应另外给出租金中所含的土地收益值，并应注意国家对土地收益的处理规定，同时在报告中予以说明。

（3）房产抵押。房产抵押应采用公开市场价值标准，可参照设定抵押时的类似不动产评估的正常市场价格进行，但应在报告中说明未来市场变化风险和短期强制处分等因素对抵押价值的影响。

不动产评估抵押价值应是以抵押方式将不动产作为债权担保时的价值。依法不得抵押的不动产，没有抵押价值；首次抵押的不动产，该不动产评估的价值为抵押价值；再次抵押的不动产，该不动产评估的价值扣除已担保债权后的余额部分为抵押价值。以划拨方式取得的土地使用权连同地上建筑物抵押的，评估其抵押价值时，应扣除预计处分所得价款中相当于应缴纳的土地出让金的数额，可采用下列方式之一进行处理：对出让土地使用权下的不动产的价值进行评估，再扣减出让金，获得抵押价值；用成本法评估，价格构成中不含土地出让金；以享受国家优惠政策购买的不动产评估抵押的，其抵押价值为不动产权利人可处分和收益的份额；以按份共有的不动产抵押的，其抵押价值为抵押人所享有的份额部分的价值；以共有的不动产抵押的，其抵押价值为该不动产评估的价值。

（4）房产保险。房产保险是指房产投保时的保险价值评估，应评估有可能因自然灾害或意外事故而遭受损失的建筑物的价值，评估技术方法宜采用成本法、市场法。房产投保时的保险价值，根据采用的保险形式，可按该房产投保时的实际价值确定，也可按保险事故发生时该房产的实际价值确定；进行保险事故发生后的损失价值或损失程度评估时，应把握保险标的房产在保险事故发生前后的状态，对其中可修复部分，宜估算其修复所需的费用作为损失价值或损失程度。

（5）企业各种经济活动中涉及的房产评估。企业各种经济活动中涉及的房产评估，包括企业合资、合作、联营、股份制改组、上市、合并、兼并、分立、出售、破产清算、抵债中的房产评估。首先，应了解不动产评估权属是否发生转移，若发生转移，则应按相应的房产转让行为进行评估；其次，应了解是否改变原用途以及这种改变是否合法，并应根据原用途是否发生合法改变，按"保持现状前提"或"转换用途前提"进行评估。但应注意破产清算与抵押物处置类似，属于强制处分，属于要求在短时间内变现的特殊情况；在购买者方面，其在一定程度上与企业兼并类似，若不允许改变用途，则购买者的范围受到一定限制，其评估值一般低于公开市场价值。

企业联营一般不涉及房产权属的转移。企业联营中的房产评估，主要为确定以房产作为出资方的分配比例服务，宜根据具体情况采用收益法、市场法，也可采用成本法。

（6）职工住宅的评估。职工住宅的评估应考虑国家的房改政策。

2.与不动产评估对象相适应

不动产评估对象是在城市商业繁华区还是在偏僻的农村，是工业用房还是商业用房，是自有房屋还是租赁房屋，往往要求不同的评估技术方法与之相适应。同时，不动产评估对象的状态不同，所要求的评估技术方法也不同。

3.受可收集数据和信息资料的制约

各种不动产评估技术方法的运用都要根据一系列数据、资料进行分析、处理和转换，没有相应的数据和资料，方法就会失灵。因此，评估师应根据可获资料，以及经努力能收集到的资料满足程度来选择适当的方法。

4.不动产评估技术方法选择要统筹考虑

有时同一房产的评估有几种方法可供选择。这时，评估技术方法的选择主要考虑两个因素：一是充分考虑不动产评估工作的效率，选择简便易行的方法；二是根据不动产评估专业人员的特长进行选择。一般来说，不动产评估技术方法的选择应在评估开始之前予以确定。

（二）房屋建筑物评估准备资料

在不动产评估目的确定的条件下，房屋建筑物评估技术方法亦可初步确定。有了初步的评估技术方法，评估专业人员就要按照评估技术方法来准备相关的文件、资料，向委托方提出需要提供的文件、资料清单。

1.委托方需要提供的房屋建筑物资料清单

因不动产评估技术方法不同，资料清单有所变化，其主要包括：（1）房屋建筑物评估明细表；（2）构筑物及其附属设施评估明细表；（3）地下工程（管、沟）评估明细表；（4）在建工程（土建工程）评估明细表；（5）区域总平面图，室外管线图（包括上水、下水、煤气、暖气、蒸汽、电线、电缆等）；（6）重要建、构筑物工程概（预）算书，工程决算书，工程竣工验收报告，重要建、构筑物竣工图纸；（7）产权证明文件（房产证或城建规划许可证、建筑施工许可证）；（8）当地建筑安装定额标准、调差文件；（9）当地建筑材料参考价格；（10）当地工业与民用各类建筑物的市场行情（售价或建安成本）；（11）评估建筑物照片。

2.评估专业人员需准备的有关文件

房屋建筑物评估涉及的政策性问题多，评估专业人员在到达现场之前，必须熟悉和了解的有关文件如下：（1）城市规划性文件，包括总体规划和分区规划，重点要对评估对象所在位置的详细规划进行深入调查和了解；（2）城市配套设施建设的文件，要结合对象与土地评估师共同研究有关范围和衔接工作；（3）评估对象所在区域的各种优惠政策及设施；（4）行业的有关文件及规定；（5）国家的有关法律及文件。

3.评估明细表的准备

评估专业人员遵照不动产评估的有关准则规定，将"不动产——房屋建筑物清查评估明细表""不动产——构筑物及其他辅助设施清查评估明细表""不动产——管道沟槽清查评估明细表""不动产——土建工程清查评估明细表"等评估明细表提供给委托方或资产占有方，由其填写。

三、现场勘察及鉴定

（一）核对房屋建筑物原始资料

针对房屋建筑物申报单位提供的建筑物明细清单，通过账表核对和询问的方式，了解申报房屋建筑物的形成背景、产权状况、使用情况与分布地点，排除可能存在的重复申报，并将临时或违章建筑物纳入本次评估范围，并初步判断申报房屋建筑物的真实性。在核对、询问与了解后，协助资产申报单位准确、完整地填写房屋建筑物申报评估明细表，使账、证、表对应一致。

（二）房屋建筑物现场勘察

在核对原始资料后，对纳入评估范围内的房屋建筑物进行实地勘察，以进一步查证申报房屋建筑物的数量与存在的真实性，同时了解被评估建筑物的具体分布地点、结构特点、使用效能、当前的维护与成新状况，并对房屋建筑物申报表上某些与实物不相符的部分进行更正，如资产分类名称、数量、建筑结构等。

在进行现场勘察时，评估专业人员需着重观察影响房屋建筑物价值的建筑结构特征、内外装修和内部设施的完好与完善情况，并充分注意被评估建筑物的以下情况：

1.建筑物结构、装修的特点

（1）不同使用功能的建筑物其结构、建筑和内外装修的共性与差异；

（2）相同使用功能的建筑物其结构、建筑和内外装修的共性与差异；

（3）相同使用功能的建筑物因所建地区不同，其结构、建筑和内外装修的共性与差异。

2.房屋建筑物的维护、保养和使用情况

为了确定评估建筑物的成新情况，评估专业人员需逐一对被评估建筑物的以下工程技术状态进行勘察：

（1）房屋建筑物结构方面。针对被评估房屋建筑物已存在的基础形式、基础材料和尺寸，咨询工程设计部门，查阅有关地质报告书，了解建筑物所在地的地震烈度、地质构造、地耐力、地下水位等对其使用安全的影响程度，结合查勘情况对评估对象的安全度予以合理评判；根据结构类型和使用要求，对承重构件梁、板、柱、墙是否存在变形面、有无风化和风化程度等进行较详细的观察和记录。

（2）房屋建筑物装饰方面。这主要查看房屋建筑物内外装修使用的材料、施工质量，有无剥落、开裂和损坏以及是否陈旧和过时，并了解所抽查装饰材料的耐久性。

（3）房屋建筑物内部设施。这着重查看房屋建筑物水、暖、电及通信设施的配置标准、材质，当前是否完好齐全、畅通，有无腐蚀损坏，了解其能否满足使用要求。

（4）围护结构。这查勘非承重墙、门窗、隔断、散水、防水和保温隔热等有无损坏、丢失、腐烂、开裂等情况。

（5）构筑物及管沟。对评估范围的构筑物，需重点查勘有无实物、实物的结构和使用材料、管沟的架设方式及绝缘方式、实物有无损坏及其损坏程度、能否满足使用要求等状况。同时，应查证单独申报的构筑物及管沟类资产与相关房屋价值中已包含的安装工程内容有无重复，若存在这类资产项目则应归入相应房屋类资产中一并评估。

（6）功能性贬值和经济性贬值的勘察与评判。以前，由于确定房屋建筑物的功能性贬值和经济性贬值有一定的难度并且相对复杂，同时，部分评估专业人员认为功能性贬值和经济性贬值对房屋建筑物的评估影响不大，所以常常不考虑功能性贬值和经济性贬值。但是，随着社会的进步，功能性贬值和经济性贬值对拟评估建筑物的影响越来越明显。因此，必须有相应的分析和说明。

四、房屋建筑物评估的技术方法

（一）成本法

1.房屋建筑物评估成本法计算公式

资产评估值=重置成本−实体性贬值−功能性贬值−经济性贬值

或　资产评估值=重置成本×综合成新率

2.房屋建筑物重置成本的测算方法

（1）重编预算法。此法是按工程预算的编制方法，对待评估建筑成本构成项目重新估算其重置成本。该方法的优点是估算的精度相对比较高，缺点是所需的技术经济资料比较多、评估专业人员的工作量大、评估工作周期较长、评估成本过高。在实际操作中，其仅适用于结构简单、竣工时间较短的评估对象。

（2）预决算调整法。此法是以待评估建筑物决算中的工程量为基础，按现行工程预算价格、费率将其调整为按现价计算的建筑工程造价，再加上间接成本，估算出建筑物重置成本。计算公式为：

重置成本=建安综合造价+前期费用+其他费用+资金成本

该方法的优点是不需要对工程量进行重新计算，这会大大缩短评估时间。但该方法建立在原工程量合理并且委托方能够提供比较完整的建筑物工程预决算资料的基础上。这种方法仅适用于竣工时间较短或单价较低的评估对象。

（3）价格指数调整法。它是指根据被评估建筑物的账面成本，运用建筑业产值价格指数或其他相关价格指数推算出建筑物重置成本的一种方法。该方法理论上可行，实际上很难操作：一是具体的价格指数不易取得；二是房屋建筑物建造价值和企业财务账上的历史成本往往不一致（如有的建设单位因资金紧张而通过各种渠道减免税费、购置廉价建筑材料等造成账面成本偏低；也有的建设单位借基建投资而大搞其他建设，最后将不属于该建设工程的费用都加到该工程上，又造成账面成本过高）。故若用价格指数调整法评估，首先要确定账面成本是否准确可靠。正是由于价格指数调整法的上述特点，在推算待评估房屋建筑物成本的准确性方面明显不足，因此对于大型和价格高的房屋建筑物一般不宜采用此方法。

（4）重编概算法。此法是按工程概算的编制方法，对待评估建筑成本构成项目重新估算其重置成本。该法的优点是省时间，速度快。但对复杂、大型的房屋建筑物，计算量较大。另外，重编概算法和编制概算人员的经验、水平密切相关，不排除出现误差的可能性。

（5）概算指标调整法。具体做法是根据建设部门颁发的建设工程概算指标，选取与评估对象结构、面积、用途相似的参考对象，对参考对象的单位工程造价进行建筑工程综合预算定额转换和取费调整计算，从而得出评估对象的重置单价。该方法的优点是计算比较快捷。但也存在一些缺点：一是建设工程概算指标从编制到颁发需要较长的时间，等到建设工程概算指标颁布，工程概算定额和取费标准已发生了较大的变化，再以此作为概算依据又要进行换算和调整，难以控制误差；二是概算指标中对参考对象的具体情况仅做简单的描述，估算时许多对工程造价影响较大的分部工程描述不够，如建筑平面形状、基础做法和深度、有无隔墙、门窗面积等都未说明，针对不同的评估对象很难确定选取的参考对象是否合理，因此计算的结果误差较大。

（6）类比计算法。具体做法是对某些典型的建筑单体，根据上述（1）、（2）、（4）的方法，计算出一个较为精确的结果，对被评估对象与典型的建筑单体进行比较，对与参照物不同的参数和内容进行调整类比计算。这种方法的优点是计算比较快捷，缺点是类比计算时所选用的参数是通过经验数据确定的，计算较为粗糙，结果误差较大。

（7）估算法。具体做法为：根据经验对建筑物造价进行估算。该法的不足之处在于：一是估算缺乏足够的依据；二是估算结果受评估专业人员经验的约束。另外，估算法评估难以形成完整的工作底稿，一旦估算错误引起诉讼则会因无法提供有效的证据而败诉。

3.房屋建筑物各种贬值测算

房屋建筑物各种贬值包括实体性贬值、功能性贬值和经济性贬值三个方面。

（1）实体性贬值。

①使用年限法。使用年限法是指利用建筑物的尚可使用年限与建筑物经济寿命年限的比率作为建筑物的成新率，公式如下：

成新率=建筑物尚可使用年限÷（建筑物尚可使用年限+已使用年限）×100%

②打分法。打分法是指评估师借助于建筑物成新率的评分标准，包括建筑物整体成新率评分标准，以及按不同构成部分的评分标准进行对照打分，得出或汇总得出建筑物的成新率。

成新率=结构部分合计得分×C+装修部分合计得分×S+设备部分合计得分×B

式中：C、S、B分别为结构、装修、设备部分的评分修正系数。不同建筑物评分修正系数不同，应根据建筑物各部分占总造价的具体比重确定。

③综合法。综合法是指在运用多种方法基础上综合确定成新率的方法。具体做法为：同时采用使用年限法和打分法两种方法，并赋予两种方法的测算结果以不同的权数，最后综合确定建筑物成新率。

成新率=使用年限法成新率×权数+打分法成新率×权数

式中：使用年限法中的使用年限为理论年限，非经济寿命年限。

④修复费用法。修复费用法是通过建筑物恢复原有全新功能所需要的修复费用与该建筑物的重置成本（再生产价值）的百分比确定损耗率。

损耗率=修复费用÷重置成本×100%

（2）功能性贬值。功能性贬值是指由于建筑物用途、使用强度、设计、结构、装修、设备配置等不合理造成的建筑物功能不足或浪费形成的价值损失。因此，功能性贬值是指新技术的推广和运用，使企业原有资产与社会上普遍推广和运用的资产相比，技术明显落后，性能降低，其价值也就相应减少。这种损耗称为资产的功能性损耗，也称功能性贬值。房地产的功能性贬值，就是内部技术、性能的变化或者外部管理、市场等使用功能变化引起的价值的减少。

功能性贬值=复原重置成本-更新重置成本

（3）经济性贬值。它指由于外界条件的变化而影响了建筑物效用的发挥，导致其价值贬损。经济性贬值是进行资产评估时需要考虑的重要因素之一。所谓经济性贬值也称为外部损失，是指房屋建筑物本身的外部影响造成的价值损失。

经济性贬值额计算公式：

经济性贬值额=$RC-D_p-D_f$

式中：RC为重置成本；D_p为实体性贬值额；D_f为功能性贬值额。

【例9-5】房屋建筑物采用成本法评估案例

一、评估对象概况

估价对象为某市政府机关办公楼，土地总面积为3 000 ㎡，建筑总面积为10 000 ㎡，建筑物建成于1997年5月，建筑为钢筋混凝土结构。土地为划拨的土地使用权。

二、评估要求

评估该政府办公楼在2017年5月的市场价格。

三、评估方法

该房地产为政府办公楼，既无经济收益，也少有交易实例，故采用成本法进行评估。

四、评估过程

1. 选择计算公式

该评估对象为旧房地产，需要评估的价值应是土地和建筑物的总价值，所以选择的公式为：

旧房地产价格=土地的重新取得费用+建筑物重新构建价格-建筑物折旧

2. 求取土地的重新取得费用

本例中土地的重新取得费用采用市场法求取，收集了多宗与待估对象相类似的土地，从中选择了A、B、C三宗作为可比实例，具体情况和修正过程如表9-4所示。

表9-4　　　　　　　　　　　　类似交易案例修正情况一览表

项目	可比实例A	可比实例B	可比实例C
成交价格(元/㎡)	6 000	7 000	6 500
交易情况修正	100/100	98/100	100/100
交易日期修正	110/100	105/100	101/100
区域因素修正	100/95	100/100	95/100
个别因素修正	105/100	95/100	100/90
修正后价格(元/㎡)	7 295	6 843	6 930

土地单价＝（7 295+6 843+6 930）÷3＝7 023（元/㎡）

土地总价＝7 023×3 000＝2 107（万元）

3. 建筑物重置价格计算

通过调查，在估价时点2017年5月，与估价对象类似的建筑物不包括土地价格在内的重置价格为3 000元/㎡，所以估价对象的总重置价格为：

估价对象的总重置价 = 3 000×10 000 = 3 000（万元）

4.建筑物折旧

采用直线法求取折旧。根据有关规定，钢筋混凝土结构的非生产性用房的耐用年限为60年，残值率为0，土地取得方式为行政划拨，无使用年限的限制，所以房屋耐用年限不受土地使用年限的限制。根据评估师到现场的观察判断，该建筑物的有效年限为20年，剩余经济寿命为40年，因此建筑物的折旧总额为：

估价对象的折旧总额 = 3 000×20÷60 = 1 000（万元）

评估师现场判断，该建筑物的成新度为七成新，与上述计算结果基本吻合。

5.房地产价格计算

待估房地产价格 = 2 107+3 000−1 000 = 4 107（万元）

待估房地产单价 = 4 107×10 000/10 000 = 4 107（元/m²）

因此，某市政府机关办公楼在2017年5月的市场价格为4 107万元，单位建筑面积价格为4 107元/m²。

（二）收益法

1.房屋建筑物运用收益法的前提基础

（1）房屋建筑物具有独立的、能够连续获得预期收益的能力，故适用于租赁用的不动产评估、正在经营的企业的不动产评估和有潜在收益的不动产评估。对机关、学校、公园等无收益的不动产评估，则不适用。

（2）房屋建筑物未来的收益是能够用金额计算的。

（3）房屋建筑物未来的收益应包含风险收益。购置不动产是一项投资，而投资不动产既能取得收益，也要承担风险。投资房地产不仅要支付管理成本，还要承担可能出现资金损失的风险。因预期的未来收益是一个期望值，是投资者在投资时估计到期能够实现的值，因此总是安全因素和风险因素共存。

房屋建筑物预期未来收益超过银行存款利息的那部分就是超额利润。超额利润是需要冒风险才能得到的，因此也称风险收益。风险收益额越大，对于投资者的吸引力也越大，运用收益法的条件就越充分。

2.计算公式

（1）基本公式。

当年收益每年不变、还原利率每年不变且大于零、收益年期为n年时，其计算公式如下：

$$V = (A/R) \times [1-1/(1+R)^n]$$

式中：V为收益价格（元，元/m²）；A为年净收益（元，元/m²）；R为还原利率；n为未来可获收益的年限。

（2）单独求取建筑物的价值。

当利用土地与地上建筑物共同产生的收益单独求取建筑物价值时，在净收益每年不变、可获收益有限、还原利率一定的情况下，应采用下式：

$$V_b = [(A_0-V_1 \times R_l)/R_b] \times [1-1/(1+R_b)^n]$$

式中：A_0为土地与地上建筑物共同产生的净收益（元，元/m²）；V_1为土地价值（元，元/m²）；V_b 为建筑物的价值（元，元/m²）；R_1 为土地还原利率（%），适用于土地评估；R_b 为建筑物还原利率（%），适用于建筑物评估；n 为未来可获收益的年限。

房屋建筑物收益法应用的关键是评估对象年客观纯收益的估算和还原利率的选用。因此，应用收益法进行不动产评估时，必须在获得相关可靠信息的基础上，准确地预测评估对象的年纯收益并采用合理的方法测算出还原利率，才能对评估对象的价格作出正确的、客观合理的判断。

3.房屋建筑物净收益的计算

（1）房屋建筑物净收益应根据房屋建筑物的具体情况按规定求取。

①出租型不动产评估，应根据租赁资料计算净收益，净收益为租赁收入扣除维修费、管理费、保险费和税金。

租赁收入包括有效毛租金收入和租赁保证金、押金等利息收入。

维修费、管理费、保险费和税金应根据租赁契约规定的租金含义来取舍。若保证合法、安全、正常使用所需的费用都由出租方承担，应将四项费用全部扣除；若维修、管理等费用全部或部分由承租方负担，应对四项费用中的部分项目作相应调整。

②商业经营型不动产评估，应根据经营资料计算净收益，净收益为商品销售收入扣除商品销售成本、经营费用、商品销售税金及附加、管理费用、财务费用和商业利润。

③生产型不动产评估，应根据产品市场价格以及原材料、人工费用等资料计算净收益，净收益为产品销售收入扣除生产成本、产品销售费用、产品销售税金及附加、管理费用、财务费用。进行尚未使用或自用的不动产评估时，可比照有收益的类似不动产评估的有关资料按上述相应的方式计算厂商利润。

④计算纯收益。

（2）房屋建筑物潜在毛收入、有效毛收入、运营费用或净收益的求取。房屋建筑物评估中采用的潜在毛收入、有效毛收入、运营费用或净收益，除有租约限制的之外，都应采用正常客观的数据。有租约限制的，租约期内的租金宜采用租约所确定的租金，租约期外的租金应采用正常客观的租金。利用评估对象本身的资料直接推算出的潜在毛收入、有效毛收入、运营费用或净收益，应与正常情况下类似不动产评估的潜在毛收入、有效毛收入、运营费用或净收益进行比较。若与正常客观的情况不符，应进行适当的调整修正，使其符合正常客观的情况。

（3）未来净收益流量的确定。在求取净收益时，应根据净收益过去、现在、未来的变动情况及可获收益的年限确定未来净收益流量，并判断该未来净收益流量属于下列哪种类型：①每年基本上固定不变；②每年基本上按某个固定的数额递增或递减；③每年基本上按某个固定的比率递增或递减；④其他有规则的变动情形。

4.房屋建筑物还原利率确定方法

房屋建筑物还原利率的本质是房屋建筑物投资收益率，而房屋建筑物收益率的大小与投资项目的风险，包括系统风险和个别风险大小直接相关。由于不动产评估具有位置固定等特点，其系统风险因地区不同而异，而个别风险则与不动产评估的类型或用途、投资者进入不动产评估市场的时机等因素相关，因此，不同地区、不同用途、不同时期的不动产评估，其还原利率不尽相同。在求取还原利率时，应注意评估对象在地区、用途、时间等方面的差异。

（1）确定房屋建筑物还原利率的方法。

①市场提取法。应收集市场上3宗以上类似不动产评估的价格、净收益等资料，选用相应的收益法计算公式，求出还原利率。此外，若想得到比较精确的结果，还可以采用加权平均的方法。

②安全利率加风险调整值法。以安全利率加上风险调整值作为还原利率。安全利率可选用同一时期的1年期国债年利率或中国人民银行公布的1年定期存款利率；风险调整值应根据评估对象所在地区的经济现状及未来预测、评估对象的用途及新旧程度等确定。在不考虑时间和地域范围差异的情况下，风险调整值主要与不动产评估的类型相关。通常情况下，商业零售用房、写字楼、住宅、工业用房的投资风险依次减低，风险调整值也依次下降。

③复合投资收益率法。将购买不动产的抵押贷款收益率与自有资本收益率的加权平均数作为还原利率，按下式计算：

$$R=M \times R_m + (1-M) R_e$$

式中：R为还原利率（%）；M为贷款价值比率（%），即抵押贷款与不动产评估价值的比率；R_m为抵押贷款还原利率（%），即第1年还本息额与抵押贷款的比率；R_e为自有资本要求的正常收益率（%）。

④投资收益率排序插入法。找出相关投资类型及其收益率、风险程度。将评估对象与这些投资的风险程度进行比较、判断，确定还原利率。

（2）房屋建筑物还原利率的种类。

房屋建筑物还原利率分为综合还原利率、土地还原利率、建筑物还原利率，它们之间的关系应按下式确定：

$$R_e = L \times R_1 + B \times R_b$$

式中：R_e为综合还原利率（%），适用于土地与建筑物合一的评估；R_1为土地还原利率（%），适用于土地评估；R_b为建筑物还原利率（%），适用于建筑物评估；L为土地价值与房地价值的比率（%）；B为建筑物价值与房地价值的比率（%）。

5.房屋建筑物收益年限的确定

（1）对于单独土地和单独建筑物的评估，应分别根据土地使用权年限和建筑物耐用年限确定未来可获收益的年限，选用对应的有限年的收益法计算公式，净收益中不应扣除建筑物折旧和土地取得费用的摊销。

（2）对于土地与建筑物合一的评估对象，当建筑物耐用年限长于或等于土地使用权年限时，应根据土地使用权年限确定未来可获收益的年限，选用对应的有限年的收益法计算公式，净收益中不应扣除建筑物折旧和土地取得费用的摊销。

（3）对于土地与建筑物合一的评估对象，当建筑物耐用年限短于土地使用权年限时，可采用下列方式之一进行处理：

①先根据建筑物耐用年限确定未来可获收益的年限，选用对应的有限年的收益法计算公式，净收益中不应扣除建筑物折旧和土地取得费用的摊销；然后再加上土地使用权年限超出建筑物耐用年限的土地剩余使用年限价值的折现值。

②将未来可获收益的年限设想为无限年，选用无限年的收益法计算公式，净收益中应扣除建筑物折旧和土地取得费用的摊销。

【例9-6】评估对象房屋建筑物建于1984年，地处××市××北路。估价对象房地产分上下两层，现为商住用途，砖混结构，建筑面积为90㎡。其中，一层为45㎡，二层为45㎡。要求采用收益法于2017年6月30日对该评估对象进行评估。

1.报酬率的确定

本评估采用累加法求报酬率。根据××市房地产行业有关统计资料，以安全利率（现行银行1年期存款利率）为基础，针对评估对象为商住用途的经营性质，考虑其所处地区社会经济环境，比较投资估价对象与投资其他经济行为的风险率，最终确定评估对象综合报酬率为6%。

2.年有效毛收入的确定

现实中与评估对象类似的房地产一般用于出租，因此，本次评估时，假设评估对象在评估时点达到了类似房地产出租的设备设施安装水平、装修水平，在综合分析所收集的市场背景资料、价格影响因素资料以及类似房地产的租金、空置率、运营费用等客观资料后，结合评估对象在使用过程中的正常情况，确定实际所能获得的年有效毛收入。

估价对象地处××市××北路，地理位置较好。根据最高最佳使用原则及替代原则，参照同地段类似房地产租金水平，考虑评估对象的具体定位情况，本次评估中预测该房地产在未来若干年的平均租金价格为一层商业79元/（㎡·月），平均出租率为90%；二层48元/（㎡·月），平均出租率为90%。则评估对象各层年有效毛收入的计算见表9-5。

表9-5　　　　　　　　评估对象各层年有效毛收入计算表

楼层	建筑面积(m²)	租金(元/(m²·月))	出租率	年有效毛收入(元)
一层	45	79	90%	38 394
二层	45	48	90%	23 328
合计				61 722

3.年运营费用的确定

（1）管理费用：根据该物业租赁管理实际情况，按年有效毛收入的2%计算。

管理费用 = 61 722×2% = 1 234.44（元）

（2）维修费用：根据当地一般情况，该类物业维修及维护费按建筑物重置价格的3%计算。根据××市建设安装工程定额和取费标准，参考类似工程的造价，确定该建筑物的重置价格为726元／㎡。

维修费用 = 726×90×3% = 1 960.20（元）

（3）房产税：根据当地一般情况，商住类房产的房产税按年有效毛收入的7%计算。

房产税 = 61 722×7% = 4 320.54（元）

（4）税金及附加：按照××市税费征收政策，按年有效毛收入的5.5%计算。

税金及附加 = 61 722×5.5% = 3 394.71（元）

（5）保险费：考虑该物业存在经营风险、市场风险等，保险费按建筑物重置价格的2%计算，则：

保险费 = 726×90×2% = 1 306.80（元）

估价对象年运营费用 = 管理费用 + 维修费用 + 房产税 + 税金及附加 + 保险费

= 1 234.44 + 1 960.20 + 4 320.54 + 3 394.71 + 1 306.80 = 12 217（元）

4.年净收益

年净收益 = 年有效毛收入 − 年运营费用 = 61 722 − 12 217 = 49 505（元）

5.收益年限

收益法评估中，一般按照建筑物剩余经济寿命和土地使用权剩余年限来确定收益年限，但由于估价对象建于1984年，且土地是通过划拨方式取得，故不能按照上述方式确定收益年限。根据当地相关拆迁补偿暂行管理办法，本次评估不考虑土地使用权取得的不同方式所造成的影响，根据该类房屋的新旧程度确定其收益年限为25年。

6.估价对象的收益价格

$$V = \frac{A}{Y} \times \left[1 - \frac{1}{(1+Y)^n} \right] = \frac{49\,505}{6\%} \times \left[1 - \frac{1}{(1+6)^{25}} \right] \div 10\,000$$

$$= 63.28（万元）$$

（三）市场法

市场法能够充分体现不动产评估的基本原理，直观、适用性强、容易准确把握。在房地产市场比较发达、交易实例资料比较丰富的地区，市场法除可直接用于评估不动产的价格或价值外，还可用于其他评估技术方法中有关参数的求取。例如，可用市场法先求取评估对象房屋的单位售价，再采用假设开发法估算其土地价格；又如，先用市场法求取评估对象房地产的租金水平或净收益，再用收益法估算房屋或土地的价格或价值。

1.房屋建筑物市场法的计算公式

P=P′×A×B×C×D

式中：P为待评估房屋建筑物价格；P′为交易实例价格；A为交易情况修正系数；B为交易日期修正系数；C为区域因素修正系数；D为个别因素修正系数。

2.房屋建筑物交易实例的收集途径

（1）收集房屋建筑物交易实例的途径。拥有大量房屋建筑物交易实例资料，是运用市场比较法评估的先决条件。如果交易实例资料太少，不仅会影响评估结果的准确性和客观性，甚至会使市场比较法无法采用。因此，评估专业人员首先应通过各种途径尽可能多地收集房屋建筑物交易实例：①查阅政府有关部门关于房屋建筑物交易的申报登记资料；②查阅各种报刊上关于房屋建筑物租售的信息；③以房屋建筑物购买者的身份，与房屋建筑物经办人和交易当事人洽谈，了解各种信息；④通过各类房屋建筑物交易展示会，索取资料，掌握信息；⑤同行之间相互提供信息资料；⑥通过其他途径获取资料。

（2）评估专业人员收集房屋建筑物交易实例的内容：①交易双方情况及交易目的；②交易实例房屋建筑物状况；③成交价格；④付款方式。

（3）房屋建筑物可比实例的要求。用作比较参照的交易实例，简称可比实例。选取可比实例就是从已收集和积累的大量交易实例中，选取与评估对象房屋建筑物条件相同或相似的、成交日期与评估基准日相近的、成交价格为正常价格或可修正为正常价格的交易实例。①选取3个以上的可比实例。②可比实例是与评估对象类似的房屋建筑物。③可比实例成交日期与评估对象房屋建筑物的评估基准日应相近。最好选择近期1年内成交的房屋建筑物作为可比实例，如果房屋建筑物市场相对比较稳定，可适当延长间隔时间，但最长时效不宜超过2年。④可比实例成交价格为正常价格或可修正为正常价格。所谓正常价格是指在公开的房屋建筑物市场上，交易双方均充分了解市场信息，以平等自愿的方式达成的交易价格。这类交易实例应当首选为可比实例。如果市场上正常交易实例较少，不得不选择非正常交易实例作为可比实例，也应选取其交易情况明了且可修正的实例作为可比实例。

建立房屋建筑物价格可比基础主要是为后面进行交易情况、交易区域因素、个别因素的修正服务，已选取的若干个可比实例之间及其与评估对象之间，可能在付款方式、成交单价、货币种类、货币单位、面积内涵和面积单位等方面存在不一致，无法进行比较修正。

3.需修正影响房屋建筑物的各项因素

需修正影响房屋建筑物的各项因素包括：（1）交易行为的修正；（2）交易日期的修正；（3）区域因素的修正；（4）个别因素的修正；（5）市场比较法中的修正方法。房屋建筑物市场比较法中的交易情况、交易日期、区域因素和个别因素修正，可采用百分率法、差额法。

①百分率法。它是将可比实例与评估对象房屋建筑物在某一方面的差异折算为价格差异的百分率来修正可比实例价格的方法。

②差额法。它是将可比实例与评估对象房屋建筑物条件的差异所导致的价格差额大小求出来，并在可比实例的价格基础上直接加上或减去一数额，而求得评估对象房屋建筑物价格的修正方法。例如，可比实例房屋建筑物的朝向为面南，成交价格为 2 500 元/m²，评估对象房屋建筑物的朝向为面东，而市场上同类型房屋建筑物朝南和朝东的差价为 500 元/m²，则评估对象的价格=2 500-500=2 000（元/m²）。

4.房屋建筑物评估结果的计算

房屋建筑物评估所选取的若干个可比实例经修正后，综合结果可选用简单算术平均法、加权算术平均法、中位数法、众数法等方法之一计算。

在房地合二为一评估时，可按以上叙述的操作思路进行评估。需要注意的是，在应用成本法时，需考虑土地的重置成本；在应用收益法时，需考虑房地合一所产生的收入和费用，其还原利率为房屋建筑物的综合还原利率；在应用市场法时，各项情况修正均为对房屋建筑物综合情况的修正。

【例9-7】假设【例9-6】的评估对象房屋建筑物采用市场法进行评估，则：

首先调查与评估对象相类似的交易实例，再结合现场勘查的资料，进行交易情况、交易日期、区位状况、权益状况和实物状况调整，加权取值，然后求取估价对象的比准价格。市场法估价的具体公式为：

比准价格＝可比实例成交价格×交易情况修正系数×市场状况调整系数×房地产状况调整系数

假设评估对象选择的三个可比实例A、B、C见表9-6。

表9-6 　　　　　　　　　　　评估对象类似交易案例比较分析表

项 目	可比实例A	可比实例B	可比实例C	估价对象
坐 落	××路××号	××路××号	××路××号	××路××号
楼 层	共2层	共2层	共2层	共2层
建筑结构	砖混	砖混	砖混	砖混
建筑面积	95 m²	94.47 m²	104 m²	90 m²
用 途	商住	商住	商住	商住
装 修	一般	一般	一般	一般
附属设施	较好	较好	较好	一般
交易情况	正常	正常	正常	正常
成交价格	8 100元/m²	8 200元/m²	8 280元/m²	

1.交易情况修正

选择案例均为正常市场价格,故不作交易情况修正。

2.交易日期调整

比较案例均为评估时点的相近时期房地产市场成交价格,故不作调整。

3.房地产状况调整

房地产状况可分为区位、权益和实物三大方面,从而房地产状况调整可分为区位状况调整、权益状况调整、实物状况调整。

(1)区位状况调整。区位状况是对房地产价格有影响的房地产区位因素的状况,调整的主要内容包括:繁华程度、交通便捷度、与市中心距离、环境景观、公共服务设施完备度、临路状况、朝向、楼层等。区位状况调整见表9-7。

表9-7 　　　　　　　　　　评估对象类似交易案例区位状况调整一览表

区位状况	权重	评估对象	可比实例A	可比实例B	可比实例C
繁华程度	0.2	100	100	100	100
交通便捷度	0.2	100	100	100	100
与市中心距离	0.2	100	100	100	100
环境景观	0.1	100	100	100	100
公共服务设施完备度	0.1	100	100	100	100
临路状况	0.1	100	100	100	110
其他	0.1	100	110	110	110
综合	1	100	101	101	102

（2）权益状况调整。权益状况是对房地产价格有影响的房地产权益的状况，权益状况调整的内容主要包括：土地使用年限、城市规划限制条件等。拆迁评估不考虑土地使用权取得的不同方式所造成的影响。权益状况调整见表9-8。

表9-8　　　　　　　　　评估对象类似交易案例权益状况调整一览表

权益状况	权重	评估对象	可比实例A	可比实例B	可比实例C
土地使用年限	0.5	100	100	100	100
规划限制	0.5	100	100	100	100
综合	1	100	100	100	100

（3）实物状况调整。实物状况是对房地产价格有影响的房地产实物因素的状况，实物状况调整的内容，对于土地主要包括：面积大小、形状、基础设施完备程度、土地平整程度、地势、地质水文状况等，对于建筑物主要包括：新旧程度、建筑规模、建筑结构、设备、装修、平面布局、工程质量等。实物状况调整见表9-9。

表9-9　　　　　　　　　评估对象类似交易案例实物状况调整一览表

实物状况	权重	评估对务	可比实例A	可比实例B	可比实例C
建筑结构	0.2	100	110	110	110
临街状态	0.2	100	110	110	110
新旧程度	0.15	100	110	110	110
附属设施	0.1	100	100	100	100
装修标准	0.15	100	120	120	120
平面布局	0.1	100	110	115	120
工程质量	0.1	100	100	100	100
综合	1	100	109.5	110	110.5

4.估价结果

比准价格的计算见表9-10。

表9-10　　　　　　　　评估对象类似交易案例比准价格计算一览表

比较	可比实例A	可比实例B	可比实例C	评估对象
案例坐落	××路××号	××路××号	××路××号	××路××号
交易价格(元/m²)	8 100	8 200	8 280	
交易情况调整	100/100	100/100	100/100	100/100
交易日期调整	100/100	100/100	100/100	100/100
区位状况调整	100/101	100/101	100/102	100/100
权益状况调整	100/100	100/100	100/100	100/100
实物状况调整	100/109.5	100/110	100/110.5	100/100
比准价格(元/m²)	7 324	7 381	7 346	

总比准价格（单价）＝（7 324＋7 381＋7 346）÷3≈7 350（元/m²）

总比准价格（总价）＝7 350×90÷10 000＝66.15（万元）

■ 本章小结

不动产是一种特殊商品，其特殊性主要表现在：房地不可分割性、大量投资性、区域性和价格互动性。其特殊性造成了影响房产和地产价格的因素具有多样性。对于地产评估来说，影响因素主要有一般因素、区域因素和个别因素；对于房产评估而言，主要有基本因素、一般因素和微观因素。这些因素都是在不动产评估中要考虑的重要内容。不动产评估除了要遵循我国资产评估的一般原则以外，还要遵循《房地产估价规范》，必须遵循符合其自身特点的特殊原则，诸如合法原则、不完全可替代原则、房地分估合一原则、地域原则、最佳使用原则等。由于不动产评估是一项兼具科学性和艺术性的复杂活动，因此，不动产评估应按照一定的科学程序和技术方法进行，不动产评估程序反映了整个不动产评估过程中各项工作之间内在的逻辑联系。不动产评估的技术方法主要包括成本法、市场法、收益法，各有其优缺点。因此，在不动产评估中，经过实地查勘后，在评估方法选择上一定要结合不动产评估的主要影响因素和可能收集到的资料，选择合适的不动产评估技术方法。

■ 思考与练习

一、单项选择题

1.某一宗土地用于住宅开发时的价值为300万元，用于商业大楼开发时的价值为500万元，用于工业厂房开发时的价值为280万元。城市规划确认该土地可用于住宅或工业。该宗土地的价值应评估为（　　）万元。

    A.500　　　　　　B.300　　　　　　C.280　　　　　　D.360

2.单位建筑面积地价是指平均到每单位建筑面积上的土地价格，称为（　　）。

    A.单位地价　　　B.土地使用权价格　　C.总价格　　　D.楼面地价

3.某房地产土地价值为600万元，建筑物价值为1 400万元，综合资本化率为8.5%，建筑物资本化率为10%，则土地资本化率最可能为（　　）。

    A.8%　　　　　　B.6%　　　　　　C.5%　　　　　　D.4%

4.某宗土地的取得成本为500万元，土地开发费为1 000万元，土地开发期为1年，银行1年期贷款利率为8%。该土地投资利息为（　　）万元。

    A.120　　　　　　B.79　　　　　　C.60　　　　　　D.100

5.运用市场法评估房地产价值时，交易日期修正的主要目的是将参照物价格修正为（　　）的价格。

    A.评估时期　　　B.参照物交易时　　C.评估基准日　　D.未来预期

6.某待评估宗地规划容积率为5，选择的比较案例宗地的容积率为2，评估基准日比较案例宗地的市场交易价格为1 000元/平方米，如果容积率为2和5所对应的容积率的修正系数分别为1.5和3，仅考虑上述条件，待评估宗地每平方米的价格最接近于（　　）元。

    A.1 250　　　　　B.1 500　　　　　C.2 000　　　　　D.3 333.33

7.基准地价是按照城市土地级别或均质地域分别评估商业、住宅、工业等各类用地和综合（　　）的土地使用权的平均价格。

A.绿地　　　　　　　　B.土地级别　　　　　　C.用地　　　　　　　　D.公共用地

二、多项选择题

1.土地的自然特性包括（　　）等。

A.稀缺性　　　　　　　　　　　　　　B.位置的固定性

C.质量的差异性　　　　　　　　　　　D.利用的多方向性

2.下列价格中，属于按房地产实物形态划分的有（　　）。

A.楼面地价　　　　　B.土地价格　　　　C.建筑物价格　　　　D.房地产价格

3.影响房地产价格的一般因素主要包括（　　）。

A.经济因素　　　　　B.社会因素　　　　C.地理位置因素　　　D.行政因素

4.运用收益法评估地产价格时，涉及的基本因素主要有（　　）。

A.地产的实际收益　　　　　　　　　　B.地产的客观收益

C.地产剩余使用权年限　　　　　　　　D.地产的资本化率

5.新建房地产评估中的开发成本主要包括（　　）。

A.土地取得费　　　　　　　　　　　　B.前期工程费

C.基础设施建设费　　　　　　　　　　D.公共配套设施建设费

6.以替代原则为理论基础的房地产评估方法有（　　）。

A.路线价法　　　　　B.收益法　　　　　C.基准地价修正法　　D.市场法

三、判断题

1.评估在建工程使用的成本法，是在求取被评估在建工程的价格时，将被评估在建工程按其开发完成后的价值，扣除后续的开发费用、销售费用、销售税金及开发利润，以估算被评估在建工程价格的一种评估方法。　　　　　　　　　　　　　　　（　　）

2.运用剩余法评估待拆迁改造的待开发房地产时，其开发建筑成本费用包括建筑承包商的利润、建筑设计费、拆迁费用和劳动安置费用。　　　　　　　　　　　（　　）

3.运用市场比较法评估地产时，在选择参照物时应注意在交易类型、用地性质和供需圈等方面与评估对象保持一致。　　　　　　　　　　　　　　　　　　　　　（　　）

4.在评估操作实务中，评定房屋建筑物成新率最常用的方法是年限法和打分法。

（　　）

5.正确的房地产评估程序应该是：选用评估方法估算、拟订评估方案、明确基本事项、实地勘察收集资料、确定评估结果、撰写评估报告。　　　　　　　　　　（　　）

四、计算题

1.被评估对象为一宗待开发商业用地，土地面积为5 000平方米，该宗土地的使用权年限自评估基准日起为40年，当地城市规划规定，待评估宗地的容积率为5，覆盖率为60%。评估师根据城市规划的要求及房地产市场现状及发展趋势，认为待评估宗地的最佳开发方案为建设一幢25 000平方米的大厦，其中1~2层为商场，每层建筑面积为3 000平方米，3层及3层以上为写字楼，每层建筑面积为1 900平方米。评估师根据相关资料，经分析、测算得到如下数据资料：

（1）将待评估宗地开发成"七通一平"的建筑用地需要投资500万元，开发期为1年，投资在1年内均匀投入；

（2）大厦建设期为2年，平均每平方米建筑面积的建筑费用为3 000元，所需资金分2年投入，第1年投入所需资金的60%，第2年投入所需资金的40%，各年投资均匀投入；

（3）专业费用为建筑费用的10%，资金投入方式与建筑费用相同；

（4）预计大厦建成后即可出租，其中1~2层每平方米建筑面积的年租金为2 000元，出租率可达100%，3~5层（即写字楼部分的1~3层）平均每天每平方米建筑面积租金为2元，6层及以上各层平均每天每平方米建筑面积租金为2.5元，写字楼平均空置率约为10%；

（5）管理费用为租金的5%，税金为租金的17.5%，保险费为建筑费及专业费用的0.1%，维修费用为建筑费用的1%，年贷款利率为5%，复利计息；

（6）开发商要求的利润为建筑费用、专业费用、地价及土地开发费用之和的25%；

（7）房地产综合资本化率为8%；

（8）每年按365天计算；

（9）本项目不考虑所得税因素。

要求：根据上述条件，试对该宗土地的价值进行评估（要求：评估结果保留两位小数）。

2.某房地产的总使用面积为1万平方米，以前年度的年租金是7元/平方米，预计年租金为7元/平方米。以前每年度的房租损失费为年租金总收入的4%，预计年房租损失费为年预期租金总收入的5%，房产税为年预期租金总收入的12%，管理费、修缮费为年预期租金总收入的6%，房屋财产保险费为0.3万元/年。预计该房地产尚可以使用10年，折现率为12%。

要求：（1）计算该房地产的年租金总收入；（2）计算该房地产的年出租费用；（3）计算该房地产的年纯收益；（4）计算该房地产的评估值。

3.现有临街宗地A、B、C、D、E，这些宗地都和街道垂直，而且成长方形，深度分别为30米、60米、90米、120米和150米，宽度分别为5米、5米、10米、10米和15米。路线价为4 000元，设标准深度为120米。

要求：试运用"四三二一"法则，计算各宗土地的价值。

4.（1）评估对象情况：待评估不动产为一写字楼，建筑面积为10 000平方米，剩余使用年限为40年，适用资本化率为6%，评估基准日为2017年6月30日。

（2）参照物的情况及其说明：

①现收集A、B、C、D四个房地产交易案例，均为与待评估房地产在同一供需圈内的可比写字楼。评估对象与各参照物比较因素的对比情况见表9-11。

表9-11　　　　　　　　　　　　评估对象与各参照物比较因素的对比情况

不动产	单价（元/m²）	交易日期	交易情况	容积率	区位状况	实物状况	剩余可使用年限
评估对象		2017.6.30	0	3.4	0	0	40年
A	2 500	2016.6.30	−1%	3.2	+5%	−2%	38年
B	2 800	2015.6.30	+2%	3.6	0	+4%	40年
C	2 600	2014.6.30	−3%	3.4	+2%	0	39年
D	2 700	2013.6.30	+5%	3.2	−3%	+2%	38年

②表中数据说明：表中各参照物的交易情况、区位状况、实物状况的数据均是以待评估房地产为基准确定的差异率。其中：交易情况中"+"表示案例交易价格偏高，"–"表示案例交易价格偏低，区位状况及实物状况中"+"表示交易案例条件优于被评估对象，"–"表示交易案例条件比被评估对象差。

（3）其他相关数据：

①从2012年至2017年待评估房地产所在区域内的同类写字楼价格每年平均增长5%；

②容积率修正系数取值：当容积率为3时，容积率修正系数为100，容积率每增加0.1，容积率修正系数增加1。

要求：根据上述资料运用市场法评估该不动产的价值。

注：（1）以根据各交易案例修正后得出的单位建筑面积价格的算术平均值作为待评估对象单位建筑面积的最终价格。（2）土地年限修正系数计算结果保留四位小数，其他各步骤计算结果保留两位小数。

第九章参考答案

第十章 | 无形资产评估

学习目标

1.了解无形资产的概念、功能特征及分类；

2.熟悉成本法和收益法在无形资产评估中的应用；

3.掌握无形资产评估的前提以及价值影响因素。

第一节 无形资产评估概述

一、无形资产的概念、功能特征及分类

（一）无形资产的概念

无形资产是指特定主体所拥有或者控制的，不具有实物形态，能持续发挥作用且能带来经济利益的资源。无形资产发挥作用的方式明显区别于有形资产，因而在资产评估时需把握其固有的特性。

1.非实体性

无形资产不具有具体的物质实体形态，是隐形存在的资产，无形资产的非实体性是其在物理形态上的本质特征。相对于有形资产而言，它不占用空间，以其特定的表现形式隐形存在于有形资产之中，如专利文件、商标标记、技术图纸和工艺文件等。无形资产与有形资产的根本区别在于：有形资产的价值取决于其有形要素的贡献，无形资产的价值则取决于其无形要素的贡献。

2.控制性

无形资产应当为特定主体所拥有或控制，那些能产生效益，但不能给特定主体创造效益的公知技术，不能被确认为无形资产。

3.效益性

并非所有不具有具体物质实体形态的资源都是无形资产，成为无形资产的前提是其必须能够以一定的方式，直接或间接地为控制主体创造效益，而且必须能够在较长时期内持续产生经济效益。

（二）无形资产的功能特征

1.共益性

无形资产区别于有形资产的一个重要特点是，它可以作为共同财产。一项无形资产可以在不同的地点、同一个时间、由不同的主体所使用，而一项有形资产则不可能在不同地点、同一时间、由不同的主体所控制和使用。

2.积累性

无形资产的积累性体现在：无形资产的形成要基于其他无形资产的发展，同时无形资产自身的发展也是一个不断积累和演进的过程。因此，一方面，无形资产总是在生产经营的一定范围内发挥特定的作用；另一方面，无形资产的成熟程度、影响范围和获利能力也处在变化之中。

3.替代性

在承认无形资产具有积累性的同时，还要考虑到它的替代性，如一种技术取代另一种技术，一种工艺替代另一种工艺等，其特性不是共存或积累，而是替代、更新。无形资产的创造和产生是替代性和积累性共同作用的结果，没有积累，就不存在继承，很难创造出和以前没有任何联系的新产品；没有替代，产品就没有创新，就不会进步。一种无形资产总会被更新的无形资产所取代，因而必须在无形资产评估中考虑它的作用期间，尤其是尚可使用年限。在无形资产评估中，必须考虑无形资产的成熟性、先进性和未来收益的可持续性等诸多因素。

4.依附性

无形资产没有实物形态，必须依附于一定的实物载体才能存在并发挥作用。无形资产虽然是一种没有物质实体的资产，但其作用的发挥及其价值的体现与相关实体资产或载体有着密切的联系。如商誉需要通过整体企业的经营管理水平和效益体现，著作权通常需要借助于影视作品、小说、图书、软件等物质载体表现其客观存在。无形资产所依附的载体可分为直接载体和间接载体，直接载体包括专利证书、商标标记、注册商标、图纸资料、工艺文件等实物主体，间接载体是与此项无形资产相关的有形资产及其他资产，主要通过内容和价格表现整体的价值。

（三）无形资产的分类

无形资产种类很多，可以按不同标准进行分类。

1.按取得无形资产的方式，分为自创的无形资产和外购的无形资产

自创的无形资产是由特定主体研究创造获得的以及由客观原因形成的，如自创专利、专有技术、商标权、商誉等；外购的无形资产则是以一定代价从其他单位或个人处购入的，如外购专利权、商标权等。

2.按无形资产能否独立存在，分为可辨认无形资产和不可辨认无形资产

凡是具有专门名称，能够从实体企业中分离或拆分出来，可单独取得、转让或出售的无形资产，称为可辨认的无形资产，如专利权、商标权等；不可辨认、不可单独取得，离开企业实体就不复存在的无形资产，称为不可辨认的无形资产，如商誉，它的价值包含在企业整体价值之中，其评估通常需要基于企业整体价值评估而进行。

3.按无形资产权益是否独立，分为权利型、关系型、组合型和知识产权型无形资产

国际评估准则委员会在其颁布的《国际评估准则评估指南四——无形资产》中，将无形资产分为权利型无形资产（如租赁权）、关系型无形资产（如顾客关系、客户名单等）、组合型无形资产（如商誉）和知识产权型无形资产（包括专利权、商标权和版权等）。

二、影响无形资产价值的主要因素

进行无形资产评估，首先要分析影响无形资产价值的因素。一般情况下，影响无形资

产价值的主要因素有：

（一）产权因素

知识产权是无形资产的主要组成部分，作为一种法律赋予的权利，知识产权的获得及在经济活动中的运用，必然受到相关法律条款的约束，从而影响知识产权的价值。知识产权的权属属性直接影响知识产权的价值。

（二）获利因素

获利因素是指无形资产的预期收益能力，也就是一项无形资产预期所能带来的超额收益。这是影响无形资产评估价值的最重要的因素之一。一项无形资产，在环境、制度允许的条件下，获利能力越强，其价值越高；获利能力越弱，价值越低。有的无形资产，尽管其研发成本很高，但不为市场所需求，或收益能力低微，其价值就很低。在分析获利能力因素对无形资产评估价值的影响时，主要着眼点如下：被评估无形资产的获利能力因素，包括技术因素、法律因素、经济因素；被评估无形资产的获利方式；被评估无形资产获利的取得与其他资产的相关性；收益与成本费用、现金流量；收益期限；收益风险因素等。

（三）技术因素

技术因素主要影响技术型无形资产的评估价值，技术型无形资产包括专利权及专有技术等。对于商标等知识产权的价值，技术因素的影响程度较小。技术成熟程度及国内外该种无形资产的发展趋势、更新换代情况和速度等因素都将影响技术型无形资产的价值。专利技术和专有技术的成熟程度如何，也会直接影响技术型无形资产的评估价值。

（四）风险因素

无形资产从开发到受益会遇到多种类型的风险，包括开发风险、转化风险、实施风险、市场风险等，这些风险因素使无形资产价值的实现存在一定的不确定性，从而对无形资产价值产生影响。

（五）成本因素

无形资产与有形资产一样，其取得也有成本，只是相对于有形资产而言，其成本的确定不是十分明晰，且不易于计量。对于企业的无形资产来说，外购无形资产较容易确定成本，而自创无形资产的成本计量较为困难。无形资产的成本主要包括开发成本、转化成本、获取及维权成本、交易成本等。一般来说，一项无形资产成本越高，价值就越高，这是运用成本法估算无形资产价值的理论基础，但这个规律并不是绝对的。

（六）机会成本

无形资产的机会成本是指因将无形资产用于某一确定用途后所导致的不能将无形资产用于其他用途所受的损失。

（七）市场因素

1.无形资产市场供需状况

无形资产的评估价值也会受到市场因素的制约和影响。例如市场供需状况，它一般反映在两个方面：一是无形资产市场需求情况及无形资产的适用程度。对于可出售、可转让的无形资产，其价值随市场需求的变动而变动。市场需求大，评估价值就高；市场需求小，评估价值就低。二是无形资产的供给，即是否有同类无形资产替代。供给越大，替代无形资产越多，无形资产的评估价值就越低。

2.同类无形资产的价格水平

同类无形资产的市场价格与无形资产相关产品或行业的市场状况也会影响无形资产的价值。与被评估无形资产类似的无形资产的市场价格，直接制约着被评估无形资产的价值。由于评估一般是以市场价值为基础的，也就是在公开市场上进行的交易价格，因此，买方对相关无形资产的市场价格是有充分了解的。根据经济人假设，他不可能在偏离该市场价格很多的情况下购买被评估无形资产，这样，相关无形资产的市场价格将极大地制约被评估无形资产的市场交易价格，也就影响了其评估价值。相关无形资产及相关行业的市场状况，是指市场容量的大小、市场前景、市场竞争状况及产品供需状况等因素，这些因素将影响被评估无形资产的获利额，从而对无形资产价值评估造成影响。

（八）使用期限

每一项无形资产一般都有一定的使用期限。无形资产的使用期限，除了应考虑法律保护期限外，更主要的是考虑其具有实际超额收益的期限。例如，某项发明专利保护期为20年，但由于无形损耗较大，拥有该项专利实际能获超额收益期限为10年，则这10年即为评估该项专利时所应考虑的期限。在我国，注册商标有效期为10年，有效期满后希望继续使用的，需要办理注册续展。但实际上，对于某种产品的商标，其使用期限既受产品寿命的影响，也受到企业寿命的影响。对于商誉的评估来说，商誉使用期限受企业的寿命影响比较明显。

（九）其他因素

除了上述因素将对无形资产的价值产生影响外，其他因素如宏观经济政策、转让内容等也会影响被评估无形资产的价值。从转让内容看，无形资产转让有完全产权转让和许可使用两种，在转让过程中有关条款的规定会直接影响其评估价值。同一无形资产完全产权转让的评估价值高于许可使用的评估价值。在技术贸易中，同样是使用权转让，由于许可程度和范围不同，评估价值也不同。

三、无形资产评估要素

资产评估的基本要素通常包括评估主体、评估对象和范围、评估目的、评估程序、评估方法、评估基准日、价值类型及评估假设等。对于无形资产，其在评估目的、评估对象和范围、评估假设等方面表现出一定的特殊性。

（一）评估目的

评估目的是无形资产评估过程中的关键评估因素。无形资产因评估目的不同，其评估的价值类型和选择的方法也不一样，评估结果自然也不同。评估目的由发生的经济行为决定，通常情况下，无形资产评估需以产权利益主体变动为前提。当前，无形资产评估的目的包括：

1.出资

无形资产出资是指出资人按照公司法的规定将无形资产作为非货币性资产出资设立一家公司或者向一家公司增资。在实务中，常用于出资的无形资产有：商标权、专利权、专有技术、著作权等。

2.交易

以交易为目的的无形资产评估主要用于单项无形资产或无形资产组合的所有权或使用

权转让。其中，无形资产使用权转让又可分为：独占使用权、排他使用权、普通使用权等不同类型的使用权转让。

3.质押

当企业利用无形资产质押向金融机构贷款时需要对质押标的价值进行评估。一般情况下，以质押为目的的无形资产评估选用市场价值作为价值类型，同时结合质押率进行无形资产价值确定。

4.法律诉讼

以法律诉讼为目的的无形资产评估通常包括以下四种情形：一是因无形资产侵权损害而导致的无形资产纠纷；二是因毁约导致的无形资产损失纠纷；三是因无形资产买卖交易等引起的仲裁；四是因公司、合伙关系解散或者股东不满管理层的经营决策而导致的无形资产纠纷。

5.财务报告

以财务报告为目的的无形资产评估主要涉及商誉减值测试、可辨认无形资产减值测试等业务。以财务报告为目的的无形资产评估已成为企业资产管理的重要环节。

6.税收

以税收为目的的无形资产评估主要适用于企业重组涉税、内部无形资产转移等情形。根据税法规定或者纳税筹划需要，以税收为目的的无形资产评估能够为企业提供无形资产公允价值的合法证据。

7.保险

以保险为目的的无形资产评估主要包括：一是在投保前，对被保险无形资产的价值进行评估，可以为投保人确定投保额；二是一旦发生损失，通过评估被毁损无形资产的价值，确定赔偿额，为保险机构提供赔付依据。

8.管理

以管理为目的的无形资产评估主要服务于政府部门和企业主体。前者体现为政府部门基于行政事业单位资产管理、国有资产保值增值等需要所产生的无形资产评估需求；后者体现为企业基于资产经营管理、实现价值提升等需要所产生的无形资产评估需求。

9.租赁

租赁根据具体目的的不同，可分为经营租赁和融资租赁两种。以经营租赁为目的的无形资产评估，主要是为出租方将无形资产使用权租赁给承租方提供价值参考。以融资租赁为目的的无形资产评估主要有两种情形；一种是在租赁期满后，无形资产所有者将无形资产所有权转给承租方；另一种是在租赁期满后，无形资产出租方将无形资产收回。在评估业务中，评估专业人员应区分具体租赁形式，并根据具体形式判断无形资产状态和选择合适的评估方法。

（二）评估对象和范围

1.无形资产评估对象的确认

对无形资产进行评估时，评估专业人员首先应对被评估的无形资产进行确认，这是进行无形资产评估的基础工作，会直接影响评估的范围和评估价值的科学性。通过无形资产的确认，可以解决以下问题：一是确认无形资产的存在；二是区分无形资产种类；三是明确无形资产有效期限。

（1）确认无形资产是否存在。确认无形资产是否存在主要是验证无形资产来源是否合法，产权是否明确，经济行为是否合法、有效，评估对象是否已形成了无形资产。具体确认工作可以从以下几个方面进行：

①查询被评估无形资产的内容、国家有关规定、专业人员评价情况、法律文书（如专利证书、商标注册证、著作权登记证书等），核实有关资料的真实性、可靠性和权威性。

②分析无形资产使用所要求的与之相适应的特定技术条件和经济条件，鉴定其应用能力。

③核查无形资产是否为委托者所拥有，还是为他人所有。

④分析评估对象是否形成了无形资产。如果有的专利并没有实际经济意义，尽管已经获得了专利证书，或者有的商标还没有使用，在消费者中还没有影响力，那么这些专利、商标就没有形成无形资产。

（2）区分无形资产种类。区分无形资产种类主要是确定无形资产的种类、具体名称和存在形式。有些无形资产是由若干项无形资产综合构成的，评估时应加以确认，避免重复评估和遗漏评估。例如，有的专利技术必须和与其相配套的其他专利技术及专有技术一起构成一项有实际效果的技术，而单就专利技术一项而言，则难以发挥实际作用，这时，就应将其整体一并作为一项无形资产进行评估。

（3）明确无形资产有效期限。无形资产有效期限是其存在的前提。有的专利权超过法律保护期限，就不能作为专利资产进行评估；有的专利未交专利年费，被视为撤回，专利权失效。可见，有效期限对无形资产评估价值具有很大的影响，比如有的商标，历史越悠久，价值就越高。

2.明确评估范围

在进行无形资产评估业务时，需明确无形资产的评估范围，即关于评估无形资产对象的具体内容，它不仅包含无形资产具体名称的内涵和外延，也包括评估无形资产的具体数量。

（1）单项无形资产的评估范围。单项无形资产主要是单项可辨认无形资产，其评估范围包括该无形资产权属的不同种类、同类权属的不同限制条件下的权利以及该无形资产所受具体限制等内容。

（2）可辨认组合类无形资产的评估范围。其除了含有与单项无形资产一致的评估范围之外，还需要考虑所包含的各种单项无形资产的种类和数量。

（3）其他组合类无形资产的评估范围。其他组合类无形资产的评估范围除包含不同单项无形资产的种类、数量的具体内容外，还包括不可辨认无形资产——商誉的有关内容，同时也会涉及所依托的有形资产的种类、数量等具体内容。

（三）评估假设

无形资产总是处于不断变化之中，其最终估算价值会因经营环境和评估条件的改变而改变，因而需要建立一系列评估假设作为评估结果合理的前提条件。

1.持续使用假设

持续使用假设是对无形资产使用状态的一种假定性描述，指无形资产能够为企业持续经营所使用，并且它能够对企业其他资产作出贡献。在作出持续使用假设时，需考虑无形资产是否尚有显著的剩余使用寿命。

2.公开市场假设

公开市场假设是指无形资产可以在公开的市场上交易，交易双方地位平等，并且有足够的时间收集信息。只有在公开市场假设的前提下，运用现行市价法等方法进行评估才能具有有效的参考依据，才能对无形资产价值进行合理的评估。

3.清算假设

当企业面临被迫出售时，单项无形资产不是作为持续经营企业的一部分处置，而是分开处置。其假设无形资产须快速变现。通常在破产清算企业或单项资产出售价值大于企业整体出售价值的情况下，无形资产评估应采用清算假设。

四、无形资产评估的程序

无形资产评估的程序是指无形资产评估的操作规程。无形资产评估程序既是无形资产评估工作规律的体现，也是提高无形资产评估工作效率、确保无形资产评估结果科学有效的保证。无形资产评估与其他资产评估程序就工作环节而言基本相同，其中较为重要的环节主要有无形资产评估信息收集、无形资产清查核实、无形资产评估信息分析和无形资产评估方法选择。

（一）无形资产评估信息收集

需要收集的无形资产的相关资料主要包括：无形资产的法律文件或其他证明材料、成本资料、效益资料、收益期限、技术成熟度、权属转让、许可内容与条件、市场供需状况、行业盈利水平与风险。

按照信息来源渠道的不同，其可分为内部和外部两大类信息。

1.与无形资产相关的内部信息

（1）与无形资产权利相关的法律文件、权属有效性文件或其他证明文件

无形资产权利的法律文件或者其他证明资料是确定无形资产存在以及以何种方式存在的主要依据，也是评价无形资产价值的重要出发点。评估专业人员在执行无形资产评估业务时，应当要求委托人和相关当事方提供无形资产的所有权或者其他财产权利的法律权属资料，并对法律权属资料及其来源予以必要的查验。

不同的无形资产有不同的权利法律文件或其他证明资料，在评估时，评估专业人员应当充分考虑这些文件所载明的具体无形资产权利对价值的影响，避免高估或者低估无形资产的价值。

（2）能够体现无形资产带来的显著、持续的可辨识经济利益的相关资料

从本质上来说，无形资产的价值是能为特定持有主体带来经济利益的能力，亦即无形资产的获利能力。通常情况下，这种获利能力表现为企业的超常收益能力，或者表现为能够给企业带来超额收益。因此，无形资产评估就是对获利能力的评估。评估专业人员执行无形资产评估业务时，应当关注无形资产的获利能力，辨别申报的智力成果是否能带来显著、持续的可辨识经济利益，从评估对象中剔除无经济利益的智力成果，以恰当地确定被评估对象的范围，以免陷入"无形"的陷阱。

（3）反映无形资产性质和特征、目前和历史发展状况的相关资料

无形资产的性质是无形资产本质特征的表现，通过对无形资产性质的了解和掌握，有

利于把握其本质，并可对其进行科学的分类和价值构成要素的分析。不同类型的无形资产，其性质和特征千变万化，在企业经营活动中发挥作用的角度也不同。评估专业人员执行无形资产评估业务，应当关注所评估的无形资产属于哪一类无形资产，具有什么样的特征，只有把握各种无形资产的性质和特征，才能抓住重点，客观、有效率地完成评估工作。

无形资产历史发展状况是指无形资产的形成、发展、管理过程，无形资产的目前状况反映其管理现状。评估专业人员执行无形资产评估业务时，要收集无形资产的目前和历史发展状况的信息，对其形成过程、成熟程度、发展状况和开发支出等情况进行分析，以合理预测研发成本、利润和相关税费，对比分析无形资产预期收益、收益期限、成本费用、配套资产、现金流量、风险因素，从而正确评估其价值。

（4）反映无形资产的剩余经济寿命和法定寿命、保护措施的相关资料

评估专业人员在执行无形资产评估业务时，应该关注无形资产的收益年限，一般在法律寿命和经济寿命之中选择较低的一个。

我国相关法律对智力成果的申请、实施、保护期限均作出规范，对智力成果的权益进行法律保护，保障权利人在合法的地域、范围、时间期限内独享权益以促进智力成果转化应用，这些法律对专利权等无形资产授予的保护期限即是此类智力成果的法定寿命。

无形资产权利人利用法律保护能够独享专属、领先收益，这种垄断性的技术领先产生的收益通常会超过所属行业平均收益水平。为了追求专属、领先产品带来的高收益，行业内更多的企业会增加人、财、物的投入，充分竞争的结果是替代产品的出现和技术的进步，或是无形资产保护期满，该无形资产成为公知智力成果，则原无形资产专属、领先收益不再独享或者利润不再领先，无形资产收益随之接近于行业平均水平。无形资产从开始实施获取专属、领先利润，到达到行业平均收益率水平的时间阶段，即是该无形资产经济寿命。

（5）无形资产实施的地域范围、领域范围、获利能力与获利方式、所受国家法律法规或者其他资产的限制的相关资料

评估专业人员在执行无形资产评估业务时，应当关注无形资产实施的范围。无形资产受到法律保护，虽然无形资产的实施不受地域限制，但法律的效力是有地域限制的。不同无形资产其实施领域方位也有所不同，无形资产的使用范围、领域范围不同，其获利能力与获利方式也不同。评估专业人员要对有关无形资产的应用范围和收益情况的信息进行收集分析，不仅要把握无形资产的现时应用范围，也要了解无形资产可能的应用地域和领域，还要分析无形资产的潜在获利能力，方能正确测算其价值。

（6）无形资产以往的评估及交易情况、类似无形资产的市场价格信息等相关资料

了解无形资产以往的评估情况和交易情况对于本次评估十分必要，一方面可以进一步了解该无形资产的历史状况和有关资料，另一方面可以验证过去进行的评估所做的未来预测与其实际情况是否吻合，并可对存在较大差异的原因进行分析，为本次评估积累有用的资料，提高评估结果的可靠性。

（7）无形资产转让、出资、质押等可行性的相关资料

知识形态的智力成果能够为权利人带来经济利益，是无形资产交易的必要条件，有这

样的条件才存在质押的可能。评估专业人员在执行无形资产评估业务时，应当收集有关无形资产实施的技术成熟程度、无形资产产品市场需求状况、无形资产实施的条件限制等信息，分析无形资产实施条件及实施后的经济效益状况，估算是否具有经济价值，判断无形资产转让、出资、质押等的可行性。

2.无形资产相关的外部信息

（1）宏观经济资料。无形资产实施需要通过企业来实现，企业的运营受国民经济宏观环境影响。国家出台的财政、货币、税收、产业政策等宏观调控措施，不仅会影响到无形资产实施产品的市场供求关系，也会影响到实施企业的经营成本，所以宏观经济环境直接和间接地影响着无形资产价值的实现。宏观经济和行业前景的好坏，通过对实施无形资产企业的经营前景的影响，对该无形资产的价值产生重大影响。

（2）无形资产实施应用的行业状况及发展前景资料。评估专业人员在执行无形资产评估业务时，应当分析评估基准日行业状况及未来发展，并作为合理假设，特别是在运用收益法评估时，应考虑行业状况及发展前景对无形资产未来盈利预测、收益期间及折现率的影响。无形资产实施应用所属的行业景气，则无形资产的实施前景向好，若不景气，则行业竞争加剧，无形资产的实施前景不乐观或者经济价值大幅降低。

（3）无形资产所属领域发展水平、市场交易、替代无形资产竞争对手相关资料。评估专业人员在执行无形资产评估时，应当关注无形资产政策、经营条件、生产能力、市场状况、产品生命周期等因素变化对无形资产效能的制约，并分析上述因素对无形资产产品的销售数量、销售收入、销售价格、销售成本、期间费用的影响程度，把握盈利预测期间的未来发展趋势，合理判断其对无形资产价值的影响。

（4）无形资产相关外部监管、法律法规资料。无形资产的实施应当借助于其他资产，实施无形资产的企业要满足所在地法律、税收、原材料供应、交通、环保等要求。评估专业人员执行无形资产业务时，应当了解无形资产实施过程中所受到的国家法律、法规或者其他资产限制的具体情形，方能把握实施条件限制对无形资产价值的影响。

（二）无形资产清查核实

对于没有实物形态的无形资产，清查核实的目的主要是明确评估对象并确认无形资产的存在性，了解评估对象特征，核实其价值实现的方式、途径和可行性，分析对应的价值影响因素，收集内外部信息，为分析量化这些价值影响因素并形成最终评估结果提供支持。

无形资产清查核实的主要方法包括查验资料、访谈、函证、现场勘查等，方法本身与清查核实其他资产没有差别，只是在方法的具体应用过程中要符合无形资产特征。

1.查验资料

（1）查验权属证明文件。在进行无形资产评估时，要检查、核实评估对象有关权利的情况。有关无形资产权利的法律文件或其他证明资料是确定无形资产是否存在以及以何种方式存在的主要依据，也是评估无形资产价值的重要出发点。不同的无形资产有不同的权利法律文件或其他证明资料，同一无形资产也有不同权利的法律文件或相当于法律文件的其他证明资料。权属证明查验除采用通常的核对原件外，还可以充分利用政府网络平台，通过查询知识产权局、商标局、版权局的信息等进行。

（2）查验生产经营资料。只有了解了无形资产的生产经营条件，才能对其形成过程、成熟程度、发展状况和开发支出等情况进行分析，从而正确评估其价值。因此，评估专业人员在进行无形资产评估时，应当对与无形资产实施相关的生产经营资料进行查验。对于已经实施应用的无形资产，需要查验提供的资料与实际情况的一致性；对于尚未实施的无形资产，则需要分析相关资料的可行性。

（3）查验财务资料。无形资产相关财务资料与企业经营财务资料不同，往往不是单独核算，需要从相关账表甚至原始凭证等财务资料中筛选获取。因此，如果委托人提供了相关无形资产财务资料，对这些资料的真实性、合理性进行核实查验，是下一步合理利用财务资料的基础工作。不进行查验就无法直接判断无形资产成本构成的内容、金额，也难以合理测算其重置成本。

2.访谈。评估专业人员在进行无形资产评估时，需要走访无形资产所有者和相关人员，并进行访谈。访谈一般包括对管理人员的访谈、对无形资产发明创造人的访谈、对利用无形资产进行加工生产人员的访谈、对客户的访谈。

3.函证。在一些情况下，为核实无形资产销售收入的真实性，或者核实无形资产许可费的合理性，评估专业人员可能需要采用函证的方法。

4.现场查勘。一般来说，对无形资产研发、实施或将要实施的企业进行现场查勘，通过观察其日常经营，或许可以得到比仅仅从财务报表或其他书面材料中收集到的信息更具实质性的内容。实地调查的目的是获得对目标企业及其经营范围的总体感性认识，同时可以补充必要的细节。

（三）无形资产评估信息分析

1.收集信息资料的分类整理

（1）定性分析整理的分类整理与初步分析

评估专业人员收集的宏观经济、行业情况、无形资产所属领域发展水平、市场交易、替代无形资产、竞争对手相关资料等，大部分属于与无形资产未来收益预测、风险判断、寿命期确定、交易因素调整等进行定性分析相关的资料。对于这些资料，需要按照相关性高低、信息来源级别、资料时效性进行分类整理，合理使用。

（2）定量分析整理的整理与数据提取

无形资产评估涉及的定量数据包括：无形资产清查评估明细表中无形资产的数量、规模标准、使用年限、原始成本、退废数据；收益预测表中的历史和预测的销售收入、销售收入增长率、成本费用金额、比率等。

定量数据查验通常包括数据准确性检查、数据完整性检查、数据的记录。

2.建立信息资料与评估方法、评估参数之间的关联

（1）支持评估对象的信息资料的分析

评估专业人员需要确定作为评估对象的无形资产的存在性。与确认评估对象存在性相关的资料包括权属证明材料、相关开发协议合同、相关许可使用合同、政府部门公告等。除具有权属关系外，作为资产还应该具有预期带来收益的能力，因此关于无形资产能够实施并带来经济收益的资料也应该在此考虑。

（2）支持评估方法选择的信息资料的分析

无形资产评估方法的选择主要取决于评估目的、评估对象及方法应用所需要资料的完备性。

当评估对象是无形资产使用权时，信息资料应当是对应使用权的；当评估对象是所有权时，信息资料应该是与所有权相关的；当评估对象是财产权益中的某一项或几项的所有权或使用权时，信息资料也应该是与财产权益相关的。

无形资产成本构成明细、开发研究实践、无形资产预期经济寿命数据、各种编制的确认和量化资料是采用成本法所必需的；无形资产未来预期收益是否能够合理预测、贡献资产收益是否可以合理扣除、未来预期收益期限是否明确及收益实现风险是否能够量化，这些相关资料是是否能够采用收益法的基础；具有可比信息是决定采用无形资产市场法的关键。

（3）支持评估参数的信息资料的分析

如果具有各种方法所需的相关资料，则需要进一步分析这些信息，确定是否能够直接确定各方法中的参数，或者可以采用合理的量化工具得出参数数据。

（4）限制及瑕疵事项的信息资料分析

相关法律法规、合同协议、质押担保、法律诉讼等事项对无形资产使用的限制，制约了无形资产权利运用的程度、范围、期限、方式等，这些影响有些是比较明确的，可以作为对评估参数影响的资料，有些影响则难以量化或者是或有事项，需要在评估报告中进行披露，这部分支持报告披露的资料需要归入此类。

（5）建立索引关系，形成完整逻辑链条

上述不同类别的评估资料需要与分析形成的结论间建立对应关系，编制索引是一种比较有效的方法。索引可以按照逻辑推理方式分为不同层级，对于支持多个分析结论的材料，还可以进行交叉索引。建立索引关系，能在所有收集的资料与相关结论之间形成完整的逻辑链条。

（四）无形资产评估方法选择

无形资产的评估方法主要包括市场法、收益法和成本法。应根据无形资产的具体类型、特点、评估目的、评估前提条件、评估原则及外部市场环境等具体情况，选用合适的评估方法。

采用市场法评估无形资产，特别要注意被评估无形资产必须符合运用市场法的前提条件，确定具有合理比较基础的类似无形资产交易参照对象，收集类似无形资产交易的市场信息和被评估无形资产以往的交易信息。当与类似无形资产具有可比性时，根据宏观经济、行业状况和无形资产变化情况，考虑交易条件、时间因素、交易地点和影响价值的其他各种因素的差异，调整确定评估值。

采用收益法时，要注意合理确定超额获利能力和预期收益，分析与之有关的预期变动、收益期限，关注与之有关的资金规模、配套资产、现金流量、风险因素及货币时间价值。注意使被评估无形资产收益额的计算口径与折现率口径保持一致，不要将其他资产带来的收益误算到被评估无形资产收益中；要充分考虑法律法规、宏观经济环境、技术进步、行业发展变化、企业经营管理、产品更新和替代等因素对无形资产收益期、收益额和折现率的影响，当与实际情况明显不符时，要分析产生差异的原因。

采用成本法进行评估时，要注意根据现行条件下重新形成或取得该项无形资产所需的全部费用（含资金成本和合理利润）确定评估值，在评估中要注意扣除实际存在的功能性贬值和经济性贬值。

（五）得出无形资产评估结论并撰写无形资产评估报告

无形资产评估报告是对无形资产评估过程的总结，也是无形资产评估者履行无形资产评估义务、承担法律责任的依据。无形资产评估报告要简洁、明确，避免产生误导，应符合相关要求。需要特别强调的是，无形资产评估报告中要注重评估过程的陈述，明确说明评估结论产生的前提、假设及限定条件，并给出各种参数的选用依据、评估方法使用的理由及逻辑推理方式。

五、无形资产评估的基础与对象

（一）无形资产评估的基础

在评估无形资产价值时，必须首先确定无形资产价值基础。无形资产的价值基础是指它将参与何种经济活动（如转让、许可、质押及合资等形式），以及如何参与这些经济活动（如许可的方式及合资的规模等）。对于无形资产而言，价值基础不同，评估价值自然也就大不相同。因此，在评估无形资产时，应当使用合理的假设基础。

（二）一般应以产权变动为前提条件

当出现无形资产投资转让、企业整体或部分资产并购及类似经济活动时，资产评估师可以接受委托，执行无形资产评估业务。这里强调无形资产评估业务发生的两种常态：一是指无形资产的拥有者或控制者以无形资产的完全产权或部分产权进行转让交易或对外投资，需要对无形资产进行评估，这种情况一般表现为单项无形资产的评估；二是指在企业整体或部分发生变动时，如企业股份制改造、合作、兼并等，需要对企业资产中包括的无形资产进行评估，这种情况相对复杂一些。

（三）对无形资产获利能力的评估

无形资产只有能给购买者带来新增收益，才能根据带来的新增收益确定无形资产的价值。需要说明的是，无形资产能够带来超额收益是一种理论抽象，即指在其他条件保持社会平均经营水平的情况下，能够获得高于社会平均经营水平的收益。而在实际生活中，由于评估参照对象并不一定具备社会平均经营水平，因而其超额收益也就不一定表现为高于社会平均经营水平的利润，往往表现为带来的追加利润。在实践中，常有这样的情形——获得和运用某项无形资产是某企业正常运行必不可少的条件，特别是在使该企业起死回生时。在这类情形下，应根据无形资产对利润增长的影响来评估无形资产的价值。还有一种能够带来垄断利润的情形，是指购买方由于购入和运用无形资产形成市场垄断，通过垄断价格实现垄断利润。在这种情况下，就可以根据市场垄断的不同条件，通过对利润的测算来评估无形资产的价值。

第二节　专利资产评估

一、专利资产的概念与特征

（一）专利与专利权

专利是一个法律概念，一般情况下是专利权的简称。专利是由国家专利局或代表几个国家的地区机构认定，根据法律批准授予专利所有人在一定期限内对其发明创造享有的独占使用权、转让权、许可权等权利。在我国，专利权申请由申请人向国家知识产权局提出，经国家知识产权局法定程序审查批准后获得。根据《中华人民共和国专利法》的规定，专利可分为发明专利、实用新型专利和外观设计专利。

（二）专利资产

专利资产是专利权资产的简称，指专利权人拥有或控制的，能持续发挥作用并且能带来经济利益的专利权益。专利需要具有以下三点关键要素才能成为专利资产：其一，能持续发挥作用，即该项专利在经营活动中可以在一段时间内持续发挥作用；其二，能带来经济利益，即该项专利在发挥作用的过程中可以为专利权拥有人带来经济利益；其三，专利的获利能力是通过法律保护获得的。法律在对专利实施保护的同时，也对专利获得保护的条件作出了明确的规定，即专利权成为资产，必须符合法律的相关规定。此外，法律同时对专利获得保护的范围及时限作出了明确规定。因此，专利资产一定是已经经过法定程序审查批准并在专利权保护有效期内的一项专利权。

（三）专利资产的特征

1. 法律特征

（1）专利资产具有时间性。专利资产的时间性是指其权利的时限是由法律确定的。《中华人民共和国专利法》（以下简称《专利法》）对三种专利的保护期限作出了明确的规定，也就是说，一旦超过规定的保护期限，《专利法》将不再提供保护，则该技术将成为公知技术，不再为其权利所有者带来超额经济收益，也就不具有无形资产价值。在此需要指出的是，资产评估中的无形资产价值不包括该项专利资产带来的社会价值。

（2）专利资产具有地域性。专利资产的地域性，是指一项技术仅在其获得专利权的国家或地区，依靠当地专利法的规定获得保护。由于专利法属于国内法，所以专利资产的地域性特征对国外专利技术及国内专利技术在国际市场的价值有决定性影响。

（3）专利资产具有约束性。根据我国《专利法》的规定，专利权垄断的法定边界是"专利权利要求书"记载的范围，即专利资产的范围是由"权利要求书"确定的。对于专利资产而言，它的资产范围是依法获得的保护范围，因此需要通过对专利文件——"权利要求书"进行分析，确定它的资产范围。如果没有对"权利要求书"进行全面的分析，将导致评估对象与实际情况相差甚远。

2. 技术特征

（1）专利资产的技术公开性。专利法的实质是以给专利权人一段时间的技术垄断换取技术的公开，从而促进技术进步及科技创新，因此专利资产具有技术公开性。

（2）专利资产的技术可能存在不完整性。专利资产的技术不完整性主要是由于企业及个人在申请专利过程中，会或多或少保留一些技术诀窍，这些技术诀窍可能不会妨碍该项专利权的获得，但会对专利资产的技术完整性产生影响，从而影响技术的价值。

（3）专利资产的技术可能存在不成熟性。根据《专利法》的规定，每项专利的批准均需要相当长一段时间，因此企业及个人在申请专利时，技术方案可能并不完善、不成熟。此外，随着专利战略日益受到各国及企业的重视，"产品未到，专利先行"已成为当今各企业的基本战略之一，这也使得很多专利技术在申请时并不成熟。

3.经济特征

（1）专利资产具有垄断收益。专利权是一种法定的垄断权，其他企业及个人未经专利权人的许可，不能使用该专利技术，这是该专利获得超额经济收益的保证，专利权人因此享有相应的垄断收益权。

（2）专利资产收益能力具有不确定性。与有形资产相比，专利资产的收益能力具有一定的不确定性。这种不确定性主要体现在专利资产在应用过程中存在风险，包括技术风险、市场风险、资金风险及管理风险。另外，由于专利资产属于无形资产，与有形资产相比，其交易存在一定的困难，相应也就增加了专利资产价值实现的难度。这些困难包括：专利技术交易价格的不确定性、专利技术移植的难度及专利技术交易的多样性。评估专业人员在对专利资产进行评估的过程中，必须充分考虑其收益能力不确定的特性，并将其体现在评估参数的选取上。

（3）专利资产的研发成本不易界定。一般而言，技术研发的成本往往与技术价值没有直接的对应关系，而且研发的成本难以核算。根据我国的企业会计准则，专利资产的研究开发成本不能完全资本化，各个企业一般将其中部分成本费用化，计入历史各期损益，很难将其重新剥离。另外，由于各个企业往往从事多项研究，难以分离某一特定专利资产的成本，从而导致专利资产的研发成本较难界定。

（4）专利资产之间的可比性差。专利资产应具有新颖性、创造性和实用性，因此每项专利均具有独特性，专利资产之间的可比性不强。

二、专利资产评估的目的

专利资产评估要根据专利权发生的不同经济行为，按照特定目的确定其评估的价值类型和方法。在不同情形下的专利权以及转让形式不同，确定的评估方法也不相同。专利权转让一般有两种情形：一种是刚刚研究开发的新专利技术，专利权人尚未投入使用就直接转让给接受方；另一种是转让的专利已经过长期的或一段时间的使用，是行之有效的成熟技术。

专利权转让形式很多，但总的来说，可以分为全权转让和许可使用权转让。许可使用权转让往往通过专利许可证贸易的形式进行，这种使用权的权限、时间期限和地域范围都需在专利许可合同中加以明确。

（一）专利资产使用权限

按使用权限的大小，专利权可分为独占使用权、排他使用权和普通使用权。独占使用权是指在许可合同所规定的时间和地域范围内，卖方只把专利权许可给某一特定买方，买方不得再次转让，卖主自己也不得在合同规定范围内使用该专利和销售使用该专利生产的产品，这种转让的卖方报价会比较高；排他使用权亦称独家使用权，是指卖方在合同规定的时间和地域范围内只把专利授予买方使用，同时卖方自己保留使用权和相应产品销售权，但不再将该专利转让给第三者；普通使用权是指卖方在合同规定的时间和地域范围内可以向多个买方转让专利，同时卖方自己也保留专利使用权和相应产品销售权。

（二）专利资产地域范围

专利许可合同大多数都规定明确的地域范围（如某个国家或地区），买方的使用权不得超过这个地域范围。

（三）专利资产时间期限

专利许可合同一般都规定有效期限，有效期限的长短因技术而异。一项专利技术的许可期限一般要与该专利的法律保护期相适应。

三、专利资产的评估程序

（一）确认专利资产的存在

专利资产的确认包含三个方面内容：专利权的有效性、专利权的保护范围以及专利权的专利权人。一般应收集证明专利资产存在的资料，有专利说明书、权利要求书、专利证书、有关法律性文件和专利年费缴费凭证等。

1.专利权的有效性

专利资产凭借法定的垄断权，为特定权利主体带来经济收益。对专利资产有效性进行分析，是对专利权进行核实，也就是判断该技术是否享有法定的垄断权。对专利技术有效性的判断包括两个层次：

（1）核实该专利是否为有效专利，专利项目是否属实。对专利权的核实，不能仅凭专利证书判断，专利证书虽然是依法授予专利权的凭证，但在授权以后，专利权随时可能因各种原因而失效，如未交年费或是经过特定程序都可能导致丧失专利权。根据我国专利管理制度，专利失效后，国家知识产权局通过专利公报的形式予以公告，但作废的专利证书并不收回。因此，不能仅以专利证书来证明专利权的有效性，还必须要求委托方提供相关专利管理机构出具的确认证明，或通过检索确认该专利权的法律状态是否有效。对于正在受理的专利申请，要核实国家知识产权局发出的受理通知和缴费凭证等资料。

（2）核实该专利是否具有专利性。由于我国对实用新型专利实行"初步审查"制度，很多已授权的实用新型专利并不符合专利法的实质性要求。因此，即使是有效的实用新型专利，仍有可能因不具备"三性"，经过无效程序后丧失专利权。在无效程序中，关键是对技术专利性的判断。评估专业人员在评估之前，必须对评估对象的权利稳定性进行分析，由于实用新型专利的稳定性很差，很有可能被专家判断为无效专利，丧失专利权，实质上也就丧失了作为资产的条件，不再具有评估意义上的价值。

2.专利权的保护范围

根据我国《专利法》的规定，专利权垄断的法定边界是专利权利要求书记载的范围，即专利资产的范围是由权利要求书确定的。有形资产由于具有确定的形态，它的资产范围是直观的，一般不需要通过额外的法律文件进行确认。对于专利资产而言，它的资产范围是依法获得的保护范围，因此需要通过对专利文件——权利要求书进行分析，确定它的资产范围。如果没有对权利要求书进行全面的分析，将导致评估对象与实际情况相差甚远。造成这种差异的原因主要有以下三种：

第一，专利文件的撰写质量问题，导致专利权利人希望获得的权利范围与实际获得的保护范围存在明显的差异。

第二，根据《专利法》的规定，该法保护的是技术方案，对于一些不属于技术方案的描述不提供保护。

第三，如果评估对象的权利要求中存在侵害他人在先权利的要求，则不受《专利法》保护。

由于目前普遍存在对专利认识的不足，仅从专利证书及权利人的介绍来确定专利的保护范围，而没有认真分析专利的权利要求书，这种做法严重破坏了专利资产评估的科学性及准确性。评估专业人员在进行价值评估时，必须按照被评估专利技术实际获得的保护范围进行。

3.专利权的专利权人

专利证书中的专利权人是最初获得该专利权的权利人，而该专利权在日后是否已转让给他人，在专利证书中并没有记载，往往需要通过查询专利登记簿来获得该专利权最新的专利权人情况。另外，还应注意是否该专利权已转让但未在国家知识产权局进行备案。

（二）确定评估技术方法与收集专利资产相关资料

依据无形资产评估的操作规范，我国专利资产评估一般采用三种方法：成本法、收益法和市场法。在评估专利资产时，由于专利资产的特性，实际选取评估方法时必须考虑其使用前提条件及评估的具体情况。在评估操作实务中，应注意以下问题对评估方法选取的影响：对还不能确认为资产的技术，如处于研发阶段，其能否达到发明目的尚不确定的，不能进行评估；对处于研制、调试阶段，技术研发仍未完成，但可预见其技术能取得成功，但其未来市场参数、财务参数、投资参数的不确定性较大时，不宜采用收益法进行评估；对于委估专利资产的发明与研发成本无关而重要的是发明思想的情形，不应选取成本法进行评估。

专利资产评估应用收益法的情形较多。收益法的运算过程在前面已经详述，重要的任务之一是收集相关资料，以确定方法运用中的各项技术参数和指标。评估专业人员应收集以下资料：

1.技术资料

技术资料包括：①专利全套资料，包括专利登记簿副本、专利证书或专利受理通知书、专利说明书、权利要求书、说明书及附图等；②具体技术方面资料，包括技术总结报告、技术产品检测报告、技术鉴定报告、技术产品简介、专家咨询意见书、专利查询检索报告、专利权使用合同等。

2.经济及市场资料

经济及市场资料包括：①专利技术研制开发费用表；②以前年度该专利技术产品销售收入成本统计表；③企业现有的生产能力资料；④企业准备扩建的生产能力资料；⑤企业的销售网络资料；⑥项目可行性研究报告；⑦企业的税收政策；⑧企业的合同订单资料；⑨类似专利的转让公告；⑩委估技术产品所在的行业状况、市场容量、市场前景等资料；⑪国内外同行业投资收益率、平均成本利润率、资金利润率等。

3.法律法规资料

法律法规资料包括：①经济法律法规，特别是国有企业改制、合资合作、技术贸易等涉及的法规；②与专利相关的法律法规；③资产评估法规；④评估对象所处的行业政策。

4.资产占有方管理方面的资料

资产占有方管理方面的资料包括：①企业合同、章程、简介、企业基本情况；②企业会计制度或会计核算方法；③内部管理制度，包括生产经营、劳动管理、工资奖励、劳保福利及财产物资管理制度等；④企业所有权人及经营决策管理者关于经营管理和财务会计等重要问题的历次决议及决定。

（三）对收集的资料进行分析与评定估算

上述资料是专利资产评估的基础资料，评估专业人员应认真地核实、分析专利资产的技术状况和收益能力，为下一步的评定估算工作做好充分的准备。就收益能力分析而言，其包括是否具有获利能力、获利表现为收入增长型还是成本费用降低型等分析步骤。由于待评估的专利资产存在尚未应用和已实际应用两种情形，因此在预测销售成本时，需要区分已实施专利和未实施专利两种情况。

（四）确定评估参数与形成评估报告

专利权评估报告是专利资产评估结果的最终反映，但这种结果是建立在各种分析、假设基础之上的。为了说明评估结果的有效性和适用性，评估报告中应详尽说明评估过程中的有关内容。

四、专利资产评估的技术方法

前面已经提到，专利资产评估的主要技术方法有收益法、成本法和市场法。下面主要介绍在我国采用较多的收益法和成本法。

（一）收益法

收益法的使用已在前面的有关章节中做了详细介绍，而将收益法应用于专利资产评估，根本的问题还是如何寻找、判断、选择和测算评估中的各项技术指标和参数，即专利资产的收益额、折现率和获利期限。专利资产的收益额是指直接由专利资产带来的预期收益，其计量通常可以通过直接测算超额收益和利润分成率获得。由于专利资产收益的来源不同，可以将专利资产划分为收入增长型专利和费用节约型专利来测算，也可以用分成率方法来测算。采用利润分成率测算专利资产收益额，即以专利资产投资产生的收益为基础，按利润分成率确定专利资产的收益。利润分成率反映了专利资产对整个利润额的贡献程度。那么，将利润分成率确定为多少才合适呢？据联合国工业发展组织对印度等发展中国家引进技术价格的分析，认为利润分成率为16%～27%是合理的；在挪威召开的许可贸易执行会议上，多数代表提出利润分成率为25%左右较为合理；美国学者认为，利润分成率为10%～30%是合理的；我国理论工作者和评估专业人员通常认为利润分成率为25%～33%较合适。这些基本观点在实际评估业务过程中具有参考价值，但更重要的是，对被评估专利资产进行切合实际的分析，才能最终确定合理的、准确的利润分成率。

利润分成是将资产组合中专利对利润的贡献分割出来，实际操作过程中也可以采用一种变通的方法，即以销售收入分成率替代利润分成率，相应的分成基础也就由利润变成销售收入了。尽管销售收入分成率和利润分成率之间存在一定关系，并可以通过数学关系进行互换，但销售收入分成率保持合理性的基础仍然是利润分成率。

1.专利资产折现率的估测

根据资产评估的特点和收集资料的情况，可采用国际通用的社会平均收益率模型来估测评估中的适用折现率，即：

折现率=无风险报酬率+风险报酬率

无风险报酬率一般应考虑采用社会平均报酬率，对我国的资产进行评估时，一般选取当年中国人民银行发行的1年期国债利率，将其换算为以复利计算的年利率。

对于专利资产投资而言，风险报酬率（风险系数）由技术风险系数、市场风险系数、资金风险系数及经营管理风险系数之和确定。根据无形资产的特点及目前评估惯例，各个风险系数的取值在一定范围之内，而具体的数值则根据评测表求得。当其中任何一项风险大到一定程度时，不论该项风险在总风险中的比重多小，该项目都没有意义，即每项风险达到一定程度后都是定性指标。

（1）专利技术风险。专利技术风险取值时应考虑的因素有技术转化风险、技术替代风险、技术权利风险及技术成熟风险。

（2）专利市场风险。专利市场风险取值时应考虑的因素有市场容量风险及市场竞争风险。

（3）专利资金风险。专利资金风险取值时应考虑的因素有固定资产融资风险及流动资金风险。

（4）专利经营管理风险。专利经营管理风险取值时应考虑的因素有经营管理团队风险、生产控制风险及经营管理制度风险。

2.专利资产分成率的确定

利用综合评价法确定分成率，主要是通过对分成率的取值有影响的各个因素（即法律因素、技术因素及经济因素）进行评测，确定各因素对分成率取值的影响程度，再根据由多位专家确定的各因素权重，最终得到分成率。在确定评价指标体系时，首先应对分成率及它的各种影响因素进行系统分析。在前面对专利资产价值影响因素的分析中可以看出，专利资产价值主要受四个因素的影响，即法律因素、技术因素、经济因素及风险因素，其中，风险因素对专利资产价值的影响主要在折现率中体现，其余三个因素均可在分成率中得到体现。

下面通过案例说明专利资产评估过程。

【例10-1】南宁某科技发展公司5年前自行开发了一项电热转换体及其处理技术，并获得了发明专利证书，专利保护期为20年。现在，该公司准备将该专利资产出售给桂林某企业，需要对该项专利资产进行评估。评估分析和计算过程如下：

（1）评估对象和评估目的。由于南宁某科技发展公司是出售该项专利，因此，转让的是专利技术的所有权。

（2）专利资产确认。该项技术已申请专利，该技术所具备的基本功能可以从专利说明书以及有关专家鉴定书中得到。此外，该项技术已在南宁某科技发展公司使用了5年，产品已进入市场，并深受消费者欢迎，市场潜力较大。因此，该项专利技术的功能较好。

（3）评估方法选择。该项专利技术具有较强的获利能力，而且同类型技术在市场上被授权使用的情况较多，分成率容易获得，从而为测算收益额提供了保证。因此，决定采用收益法进行评估。

（4）判断确定评估参数。根据对该类专利技术的更新周期以及市场上产品更新周期的分析，确定该专利技术的剩余使用期限为5年。根据对该类技术的交易实例的分析，以及该产品生产的贡献性分析，采用的销售收入的分成率为3%。

根据过去经营绩效以及对未来市场需求的分析，评估专业人员对未来5年的销售收入进行了预测，预期销售收入测算结果见表10-1。

表10-1　　　　　　　　　　　　　**预期销售收入测算结果**　　　　　　　　　单位：万元

年度	销售收入
第1年	500
第2年	750
第3年	900
第4年	900
第5年	1 000

根据当期的市场投资收益率，确定该专利资产评估中采用的折现率为10%。

（5）计算评估值。得出的结论见表10-2。

表10-2　　　　　　　　　　　　　　　**评估值计算表**　　　　　　　　　　　单位：万元

年度	销售收入	分成额 （分成率=3%）	收益现值 （折现率=10%）
第1年	500	15	13.64
第2年	750	22.5	18.60
第3年	900	27	20.29
第4年	900	27	18.44
第5年	1 000	30	18.63
合计			89.60

因此，该专利资产转让价的评估值为89.60万元。

（二）成本法

专利资产的成本与专利资产可以带来的额外收益间没有必然的联系。评估专利的重置成本，主要是为了向侵权者索赔，有时也可以按财务制度的规定按照成本摊销补偿。此外，当专利资产的预期收益难以测定，也没有什么依据表明预测收益的本金化价格将大大偏离重置成本时，重置成本可以作为专利投资确定底价的参考因素。重置成本法的基本公式为：

评估值=重置成本×成新率

将成本法应用于专利资产的评估，其重点在于分析其重置完全成本构成、数额以及相应的贬值率。专利资产分为外购和自创两种，外购专利资产的重置成本确定比较容易，自创专利资产的成本构成相对要复杂一些。

1.专利资产成本构成

外购专利资产的成本主要包括购置价、专利年费、转让费、税金、利润和法律诉讼费等。自创专利资产的成本一般由下列项目构成：

（1）研制成本。研制成本包括直接成本和间接成本两大类。直接成本是指研制过程中直接投入发生的费用，间接成本是指与研制开发有关的费用。①直接成本。直接成本一般包括：材料费用（即为完成技术研制所耗费的各种材料费用）；工资费用（即参与研制技术的科研人员和相关人员的费用）；专用设备费（即为研制开发技术所购置的专用设备的费用或专用设备费用的摊销）；资料费（即研制开发技术所需的图书、资料、文献、印刷等费用）；咨询鉴定费（即为完成该项目发生的技术咨询、技术鉴定费用）；协作费（即项目研制开发过程中某些零部件的外加工费以及使用外单位资源的费用）；培训费（即为完成本项目，委派有关人员接受技术培训的各种费用）；差旅费（即为完成本项目发生的差旅费用）；其他费用。②间接成本。间接成本主要包括：管理费（即为管理、组织本项目开发所负担的管理费用）；非专用设备折旧费（即采用通用设备、其他设备所负担的折旧费）；应分摊的公共费用及能源费用。

（2）交易成本。交易成本是指发生在交易过程中的费用支出，主要包括：技术服务费（即卖方为买方提供专家指导、技术培训、设备仪器安装调试及市场开拓的费用）；交易过程中的差旅费及管理费（即谈判人员和管理人员参加技术洽谈会及在交易过程中发生的食宿、交通费等）；手续费（即有关的公证费、审查注册费、法律咨询费等）；税金（即无形资产交易、转让过程中应缴纳的增值税）。

（3）专利费。专利费是指为申请和维护专利权所发生的费用，包括专利代理费、专利申请费、实质性审查请求费、维护费、证书费、年费等。

（4）机会成本。机会成本是指由于专利权许可或转让而使供给方失去在买方所在地全部或部分产品投资或销售机会而产生的成本。

由于评估目的不同，其成本构成内涵也不一样，在评估时，应视不同情形考虑以上成本的全部或一部分。

2.重置成本的估算

重置成本是指在现实条件下，重新购置、建造或形成与被评估资产完全或基本相同的全新资产所花费的成本。专利资产重置成本的估算方法主要有重置核算法、物价指数法。

3.成新率的估算

无形资产的贬值表现为功能性贬值和经济性贬值两方面。功能性贬值是指由于科学技术的进步，或该无形资产的普遍使用等原因，使该项无形资产获取超额利润的能力减弱，从而造成其价值降低。经济性贬值是指由于无形资产外部环境的变化，导致使用该项无形资产的产品价值或需求降低，进一步导致其经济价值降低。

专利资产成新率的估算，也就是无形资产成新率的估算，可以采用专家鉴定法和年限法。专家鉴定法是通过有关技术领域专家对作为评估标的物的无形资产的特征进行分析，判断其剩余经济使用寿命，从而确定其成新率。其计算公式为：

成新率=无形资产剩余经济使用年限÷（无形资产已使用年限+无形资产剩余经济使用年限）

【例10-2】A企业由于经营管理不善，企业经济效益不佳，亏损严重，将要被同行业的B股份有限公司兼并，为此需要对A企业全部资产进行评估。A企业有一项专利技术（实用新型）为2年前自行研制开发，并获得专利证书，现需要对该专利资产进行评估。

评估分析和计算过程如下：

（1）确定评估对象。该项专利资产由A企业自行研制开发并获得专利证书，该企业对其拥有所有权。被兼并的A企业资产中包括该项专利技术，因此，确定的评估对象是专利资产的完全产权。

（2）技术功能鉴定。该专利资产的专利权证书、专利权利要求书、说明书及其附图、缴纳专利费用凭证、技术检验报告书均齐全。根据专家鉴定和现场勘察，有一定效果。该专利技术还未实际应用于生产之中，技术还有待完善，技术产品的售价、成本及参数还难以取得，但该技术从实验效果反馈来看，将会对未来的生产产生积极的促进作用。

（3）评估方法选择。鉴于该专利技术的鉴定结论，应用成本法能反映该项专利资产的价值，故选用成本法。

（4）各项评估参数的估算。

①分析测算其重置完全成本。该项专利技术系自创形成，其开发形成过程中的成本资料可从企业中获得，具体如下：

材料费用50 000元

工资费用8 000元

专用设备费3 000元

资料费1 000元

咨询鉴定费5 000元

培训费3 500元

差旅费2 100元

管理费分摊2 000元

非专用设备折旧费分摊9 600元

专利费用及其他3 600元

合计87 800元

②根据专利技术开发的过程分析，各类消耗仍按过去实际发生定额计算，对其价格可按现行价格计算。根据考察、分析和测算，近2年生产资料价格上涨指数分别为6%和7%。因生活资料物价指数资料难以获得，且该专利技术开发中工资费用所占份额很小，因此可以将全部成本按生产资料价格指数调整，即可估算出重置完全成本。

重置完全成本=87 800×（1+6%）×（1+7%）=99 583（元）

③确定该项专利资产的贬值率。该项实用新型专利技术，法律保护期限为10年，尽管还有8年保护期限，但根据专家鉴定分析和预测，该项专利技术的剩余使用期限仅为6年，由此可以计算贬值率为：

2÷（2+6）×100%=25%

（5）该专利权的评估值为：

99 583×（1-25%）=74 687.25（元）

第三节 商标资产评估

一、商标资产

（一）商标的概念、特点及分类

商标是商品或服务的标记，是商品生产者或经营者为了使自己的商品或服务区别于他人的同类商品或服务，在商品上或服务中使用的一种特殊标记。这种标记一般由文字、图形、字母、数字、三维标志和颜色等要素组成。

商标与其他无形资产相比，具有以下几个特点：第一，商标是工商业中使用的标志。商标使用者通常是商品制造、销售或提供服务的企业和个人。第二，商标是一种区别商品或服务来源的标志，表明商品的生产者或其质量、种类，以供购买人识别。商标与叙述性标志不同，叙述性标志又称非经营性标志，是在政府部门、慈善机构和军队等部门使用的标志，如路标、防水、气象等标志。第三，商标是由文字、图形、字母、数字、三维标志和颜色等要素组合而成的一种标志。多数国家的商标法均规定商标的设计要突出其显著性，以便于区别。同时，在设计商标时，不要出现歧义，也不要模仿，要展现企业的风格且内涵要丰富。

商标的种类很多，可以依照不同标准予以分类：

1.按商标是否具有法律的专用权，可以分为注册商标和未注册商标

《中华人民共和国商标法》（以下简称《商标法》）规定："经商标局核准注册的商标为注册商标，包括商品商标、服务商标和集体商标、证明商标；商标注册人享有商标专用权，受法律保护。"我国商标权的评估，一般指的是注册商标专用权的评估。

2.按商标的构成，可以分为文字商标、图形商标、符号商标、文字图形组合商标、色彩商标、三维标志商标等

3.按商标的不同作用，可以分为商品商标、服务商标、集体商标和证明商标等

集体商标是指以团体、协会或者其他组织名义注册，供该组织成员在商事活动中使用，以表明使用者在该组织中的成员资格的标志；证明商标是指由对某种商品或者服务具有监督能力的组织所控制，而由该组织以外的单位或者个人使用于其商品或者服务，用以证明该商品或者服务的原产地、原料、制造方法、质量或者其他特定品质的标志。

（二）商标权及其特点

商标权是指商标经注册或被认定为驰名商标而获得法律保护，形成排他使用等权利。绝大部分的商标权是通过商标注册获得的。商标注册后，商标所有者依法享有的权益，受到法律保护，未注册的商标不受法律保护。因《驰名商标认定和保护规定》的存在，驰名商标可能是个例外，即注册和非注册的驰名商标都会受到法律保护。从某种意义上讲，驰名商标本身也是一种商标权。商标权一般包括排他专用权（或独占权）、转让权、许可使用权、继承权等。

1.排他专用权

排他专用权是指注册商标的所有者享有禁止他人未经其许可而在同一种商品服务或类似商品服务上使用其商标的权利。

2.转让权

转让权是商标所有者作为商标权人，享有将其拥有的商标转让给他人的权利。《商标法》规定："转让注册商标的，转让人和受让人应当签订转让协议，并共同向商标局提出申请。受让人应当保证使用该注册商标的商品质量。转让注册商标经核准后，予以公告。受让人自公告之日起享有商标专用权。"

3.许可使用权

许可使用权是指商标权人拥有的依法通过商标使用许可合同允许他人使用其注册商标的权利。商标权人通过使用许可合同，转让的是注册商标的使用权。

4.继承权

继承权是指商标权人将自己的注册商标交给指定的继承人继承的权利，但这种继承必须依法办理有关手续。

商标权的价值是由注册商标所带来的效益决定的，带来的效益越大，商标权的价值就越高；反之则越低。从表面上看，商标价值似乎来自于设计和广告宣传，但实际并非如此。尽管在商标设计、制作、注册和保护等方面都需要耗费一定的费用，但这些费用只对商标价值起影响作用，而不是决定作用，起决定作用的是商标所能带来的超额收益。

（三）商标资产

1.商标资产的概念

商标资产是指商标权利人拥有或者控制的，能够持续发挥作用并且能带来经济利益的注册商标权益。因此，商标需要满足以下两个条件才能成为商标资产：一是，作为商标资产，其区别企业商品或服务的功能及作用能够通过营销使消费者形成独特的联想，并产生经济利益；二是，以法律保护的形式将商标标识作用所带来的经济利益赋予商标所有者。所以，商标资产是指能够获取超额收益的商标权，当商标权的使用能够为其所有者或者拥有者带来超额收益时，商标权即转化为商标资产。

2.商标资产的特征

（1）形式特征

商标资产通常被视作商品商标权和服务商标权。商品商标权和服务商标权是自然人、法人或其他经济组织对其生产经营的商品或提供的服务项目申请注册的商标，具有专用性和排他性的特征。当商品商标和服务商标得到消费者的认可，并在经济上有所体现时，商品商标和服务商标就能转化为商标资产。商标资产通常体现为商品商标和服务商标，说明商标资产必须具备专用性和排他性的特征。

商标资产通常具有驰名商标。驰名商标、著名商标和知名商标基本具备了区别商品和服务提供者的功能和获得超额收益的能力，它们在获得法律保护之后是最典型的商标资产。商标资产通常为驰名商标、著名商标和知名商标的现象，表明商标资产必须具备市场竞争力、消费者认可、能够获得超额收益的能力等特征。

商标资产可以是独立的商标权或以商标权为核心的资产组合。从商标资产的存在形式上看，商标资产可以是独立商标权，也可以是以商标权为核心的资产组合，这种资产组合通常以商标权为核心，辅以支撑该商标拥有超额收益能力的相关技术和管理。

（2）价值特征

其对商标标识的商品或服务的数量和质量具有相对依附性。商标的知名度、信誉度及市场影响力是通过所标识的特定商品或服务的质量、品质和便利性等逐步实现的。大部分商标资产的价值在很大程度上与其所标识的商品或服务的质量与水平存在紧密的关系或依附关系。普通商标资产和驰名商标资产与其标识的商品或服务的依附关系或紧密程度可能会存在某些差别。

商标资产需要相关技术和管理支撑。商标资产的价值是由其所标识的商品或服务的品质和信誉决定的，而商品或服务的品质与其生产技术和管理紧密相关，尤其是商品的商标资产。许多商标资产并不单单有着商标权，其往往是若干技术和管理围绕着该商标权形成的商标资产组合。商标权是一种法律概念，而商标资产是一种无形资产。商标权可以通过设计和申请注册实现，而商标资产必须通过经营管理实现。

广告宣传和营销管理对商标资产的价值具有维持和助推作用。商标在很大程度上发挥着广告的功能，商标是连接产品与市场、产品与消费者的桥梁和纽带，是商品展示自我、介绍自我、宣传自我的重要载体，具有极强的广告作用。商标资产的价值虽然不是由广告和营销决定的，但是好的广告宣传和好的营销管理对于商标的市场影响力的形成是有推动作用的，进而会对商标资产的价值产生维持和推动作用。

商标资产具有逻辑扩展能力。商标资产的逻辑延伸通常是指将商标应用在与已经建立的应用有直接联系的产品或服务中，对于具有良好市场认可度和品牌忠诚度的商标而言，诵过既有商标名称，商标可以延伸到相关产品或服务上。

（3）法律特征

商标资产具有时效性。在我国，注册商标的有效期为10年，有效期满需要继续使用的，商标注册人应当在期满前12个月按照规定办理续展手续；在此期间未能办理的，可以给予6个月的宽展期。每次续展注册的有效期为10年，自该商标上一届有效期满的次日起开始计算。10年届满如果没有申请续展，则商标的注册将被注销，商标权失效，不再具有经济价值。

商标资产具有约束性。注册商标的专用权以核准注册的商标和核定使用的商品为限。因此，评估商标资产时，要注意商标注册的商品种类及范围，要考虑商品使用范围是否与注册范围相符合，商标权只有使用于核定的商品时才受到法律保护，对超出注册范围部分所带来的收益不应计入商标资产的预期收益中。

二、影响商标资产价值的因素分析

商标资产的经济价值体现为它能获得超额收益，若不能带来超额收益，商标"走出家门"也就不具有经济价值。商标能够带来超额收益，是它所代表的企业的商品质量、性能、服务等效应的综合性、重复性的显示，甚至是一定的效用价格比的标志。它实际上是对企业生产经营的情况，尤其是对技术状况、管理状况、营销技能的综合反映。另外，商标资产的评估技术还与评估基准日的社会状况、经济状况以及评估目的等因素密切相关。因此，商标资产价值的评估应重点考虑如下方面：

（一）商标的法律状态

1.商标注册情况

商标资产评估即是对商标专用权的评估，而商标专用权是注册商标所专享的权利。我国实行的是"不注册使用与注册使用并行，仅注册才能产生专用权"的商标专用权制度。按照这种制度，只有获得了注册的商标，使用人才享有专用权，才有权排斥他人在同类商品上使用相同或相似的商标，也才有权对侵权活动起诉。因而，只有注册了的商标才具有经济价值，未注册的商标即便能带来经济效益，法律也不为其提供必要的保护（驰名商标除外），其经济价值也得不到确认，而且没有必要对其经济价值予以确认。

2.商标的使用情况

（1）商标权的失效。在我国，注册商标的有效期是10年，如果有效期届满后没有申请续展，则商标的注册将被注销，商标权失效。另外，以下情况也可能导致商标权的失效：自行改变注册商标的；自行改变注册商标的注册人名称、地址或者其他注册事项的；自行转让注册商标的；连续3年停止使用的。商标权一旦失效，原商标所有人不再享有商标专用权，其也就不再具有经济价值。

（2）商标权的续展。商标注册人按期提出续展申请，经商标局核准，商标权可以无限续展。在合法续展的情况下，商标权可成为能产生永久性收益的无形资产，驰名商标权的价值一般与其寿命成正比，寿命越长，价值越高。如果没有商标续展的规定，一个驰名商标在临近保护期的前一年进行评估，其评估值可能不如一个刚刚注册、有效期还有10年的非驰名商标。但实际上，由于有续展期的规定，没有人愿意出高价购买非驰名商标，原因是驰名商标通过续展可以长期为购买者带来比较高的超额收益。

（3）商标权的地域性。商标权的地域范围对商标权的价值有很大影响。商标权具有严格的地域性，只在法律认可的一定地域范围内受到保护。由于不同国家存在着不同的商标保护原则，商标权并不是在任何地方都受到保护。商标所有者所享有的商标权，只能在授予该项权利的国家范围内受到保护，在其他国家则不发生法律效力。如果需要得到其他国家的法律保护，必须按照该国的法律规定在该国申请注册，或向世界知识产权组织国际局申请商标国际注册。例如，《商业周刊》公布全球前100名品牌价值最高的企业之一"可口可乐"的商标权价值为696亿美元时，并未特别说明这是该商标权在美国转让还是在世界其他国家转让的价值，而这二者之间可能相差巨大。因此，商标注册的地域范围也是影响商标权价值的因素。

（4）商标权在特定的商品范围内有效。商标注册的商品种类及范围将影响商标权的价值。商标注册申请采用"一类商品、一个商标、一份申请"的原则。评估商标权价值时，要注意商标注册的商品种类及范围，要考虑商品使用范围是否与注册范围相符合，商标权只有在核定的商品上使用时才受法律保护，对超出注册范围部分所带来的收益不应计入商标权的预期收益中。

（二）商标的知名度

商标的知名度，即商标的驰名度。商标的知名度越大，其价值就越高。很多国家对驰名商标的保护力度远大于非驰名商标，对驰名商标的认定一般也有着苛刻的条件和复杂的手续。因此，在通常情况下，取得驰名商标认定的商标，其价值高于普通商标，是否完成驰名商标认定将直接影响商标权的价值评估。

不同的商标可以为商标权人带来不同的收益，同样的商品给企业带来的收益会相差甚远。驰名商标依照《保护工业产权巴黎公约》、世界贸易组织的《知识产权协议》及多数国家的商标法，都享受特殊保护，因此，驰名商标的法律地位也会增加它的价值。

（三）商标所依托的商品

商标权本身不能直接产生收益，其价值大都是依托有形资产来实现的。商标所带来的效益是依托相应的商品来体现的，其主要与以下因素有关：

1.商品所处的行业及前景

一种商品离不开其所在的行业，行业的状况直接影响到商品的生产规模、价格、利润率等经济指标，进而影响到商标的价值。另外，一个行业很难保持长久的繁荣与稳定，总有一些新兴的行业不断产生，一些陈旧的行业不断衰退，甚至消亡。商标所依托的商品所在行业的发展情况，能对商标权的价值产生重大影响。商标权的价值在于其获得超额利润的能力，在销量相同的情况下，新兴行业往往是产品附加值高的行业，其商标权价值也高。

2.商品的生命周期

商标权的价值与所依附的商品所处的生命周期有关。商品的生命周期一般分为研制阶段、发展阶段、成熟阶段和衰退阶段。若有形的商品处于发展或成熟阶段，获得超额利润的能力强，其相应的商标权价值就高；若处于衰退阶段，获得超额利润的能力弱，其商标权价值就低。若处于研制阶段，要考虑商品是否有市场、单位产品可获得的利润等因素综合确定商标权的价值。

3.商品的市场占有率、竞争状况

商品的市场占有率标志着商标权的价值范围。商标权的价值体现在获得超额利润的能力上。在单价相同的情况下，其市场占有率越大，商品销量就越大，利润及超额利润也越大，商标权价值也就越高。竞争状况同样也影响着商标权价值，竞争越激烈，其他知名商标越多，商标权价值也就越低。

4.商品的利润情况

商标权的价值最终体现在能给拥有者带来的超额收益上。商品所带来的利润越大，才越有可能获得更高的超额利润，商标权才越有价值。因此，商品的利润率大小是影响商标权价值的重要因素。

5.商品经营企业的素质

一个商标对于一个企业来说可能是价值连城的无形资产，而对于另一个企业来说则可能一文不值。良好的企业经营素质可为企业带来优秀的管理、良好的商品质量和优良的企业信誉等。可见，企业的经营素质同样影响到商标权的价值。

6.商品的销售业绩

某品牌商品的销售业绩的历史数据将直接影响到未来收益的预测情况。良好的销售业绩预示着未来收益潜力比较大，超额利润才可能有保证，商标权价值也更高；反之，商标权价值将降低。可以说，销售业绩的历史数据是采用收益法评估商标权价值的基础。

（四）宏观经济状况

商标权的价值与宏观经济形势密切相关，在评估基准日，如果宏观经济状况比较景气，评估值相对较高；反之，则较低。另外，宏观经济政策对商标价值评估也有一定影响，财政政策、货币政策是紧是松，尤其是与所评估商标的行业相关的政策走向，是商标评估时必须考虑的因素。

（五）类似商标的交易情况

市场上类似商标的交易情况也会影响商标权的价值。当使用市场法进行商标价值评估时，可比实例及其交易情况对商标价值评估起着决定性的作用。这些因素包括可比实例的交易价格、交易情况、本身情况、交易日期等。

（六）商标声誉的维护

商标权的价值与商标声誉的维护有关。商标声誉的维护时间越长、越受重视，其价值就越大；反之，商标就会贬值。广告宣传是扩大商标知名度、影响力及商标声誉的重要手段。通过广告宣传，可以使大众熟悉该种产品或服务，刺激和维持消费需求，从而扩大产品销量，为企业带来更多超额利润。商标权的价值与商标的广告宣传费的多少有关，但商标权的价值并不等于商标的广告宣传费用。

（七）其他因素

除上述影响商标价值评估的因素外，还有其他一些因素也对商标价值评估构成影响，如商标的购买成本、商标注册时间、有无使用许可等。

三、商标权的评估程序

（一）接受商标权评估委托，明确商标权评估有关事项

商标评估的第一步是接受委托方的委托，明确评估中的以下事项：

1.商标权评估目的

商标权评估目的即商标权发生的经济行为。从商标权发生的经济行为方式来说，可分为商标权转让和商标权许可使用两种。

2.有关情况

一方面是商标的注册、使用等情况；另一方面是商标拥有方、使用方及评估委托方的情况。

3.商标评估的范围

商标评估的范围包括待评估商标的种类、数量及应用的商品种类和地域范围。

4.确定评估基准日

明确待评估商标的价值时点。

5.可能影响待评估商标价值的其他情况

（二）收集有关资料

需要收集的有关资料包括：商标权人概况和经营业绩，包括前3~5年的财务报表；商标概况，包括与商标注册有关的法律性证件、商标权人、注册时间、注册地点、注册证书号、有效期及续展条件、保护内容、商标的适用范围、商标的种类、许可使用和转让情况等；商标权的成本费用和历史收益情况，包括商标权申报或购买、持有等项支出成本，商标许可使用及转让所带来的历史收益；商标的知名度，广告宣传情况，同类产品的名牌商标；商标的预期寿命和收益情况，包括使用该商标产品的预期寿命、单位售价、销售量、市场占有率和利润情况，同种产品单位售价情况，主要竞争对手的市场占有率、盈利情况等；相关产业政策、财税政策等宏观经济政策的影响。

（三）进行商标市场调研和分析

进行的商标市场调研和分析包括：产品市场需求量的调研和分析；商标现状和前景分析；商标产品在客户中的信誉、竞争情况分析；商标产品市场占有率分析；财务状况分析，主要分析判断商标产品现有获利能力，为未来收益发展趋势预测提供依据；市场环境

变化风险分析；其他相关信息资料分析。

（四）确定商标权评估的技术方法与有关参数

商标权评估多采用收益法，但也不排斥采用市场法和成本法。应根据评估方法的不同，收集确定有关参数。

（五）计算、分析与形成商标权评估报告

四、商标权评估技术方法

商标权评估主要有三种方法，比较常用的是收益法。下面主要介绍说明收益法在商标权评估中的应用。

（一）商标资产转让评估

【例10-3】某企业有一项已经使用了10年的注册商标。根据历史资料，该企业近5年使用这一商标的产品比同类产品的价格每件高0.7元，该企业每年生产100万件产品。该商标产品目前在市场上有良好销售，基本上供不应求。根据预测，如果在生产能力足够的情况下，这种商标产品每年可生产150万件，每件可获超额利润1元，预计该商标能够继续获取超额利润的时间是10年，前5年保持目前超额利润水平，后5年每年可获取的超额利润为40万元。请评估这项商标权的价值。

（1）首先计算其预测期内前5年中每年的超额利润：

150×1=150（万元）

（2）根据企业的资金成本率及相应的风险率，确定其折现率为10%。

（3）确定该项商标权价值：

商标权价值=150×1×（P/A，10%，5）+40×（P/A，10%，5）×（P/F，10%，5）

=150×3.7907+40×2.3536

=662.749（万元）

由此确定商标资产转让评估值为663万元。

（二）商标资产使用权评估

【例10-4】南宁电动车厂将"邕江牌"电动车的注册商标使用权通过许可使用合同允许A厂使用，使用时间为6年。双方约定，A厂将每年按使用该商标新增利润的30%付给南宁电动车厂作为商标使用费。请评估该商标使用权价值。

评估过程如下：

首先，预测使用期限内新增利润总额取决于每辆车的新增利润和预计产量。对于产量的预测，应根据许可合同的有关规定及市场情况进行。如果许可合同中有地域限制，在预测时必须予以考虑，否则就可能导致预测量过多，致使评估值失实。根据评估专业人员的预测，每辆车可新增净利润50元，第1年至第6年生产的电动车分别是4.5万辆、5.5万辆、6.5万辆、7万辆、7.5万辆、8万辆。由此确定每年新增的净利润为：

第1年：4.5×50=225（万元）

第2年：5.5×50=275（万元）

第3年：6.5×50=325（万元）

第4年：7×50=350（万元）

第5年：7.5×50=375（万元）

第6年：8×50=400（万元）

其次，确定分成率。按许可合同中确定的30%作为分成率。

再次，确定折现率。假设折现率为14%，由此可以计算出每年新增净利润的折现值（见表10-3）。

表10-3 每年新增净利润的折现值

年份	新增净利润额（万元）	折现系数	折现值（万元）
第1年	225	0.8772	197.37
第2年	275	0.7695	211.6125
第3年	325	0.6750	219.375
第4年	350	0.5921	207.235
第5年	375	0.5194	194.775
第6年	400	0.4556	182.234
合计			1 212.6

最后，按30%的分成率计算确定商标使用权的评估值为：

1 212.6×30%=363.78（万元）

第四节 著作权资产评估

一、著作权资产

（一）著作权的概念

著作权也称版权，是指著作权人对自己的著述和创作的作品所享有的权利。作品是指文学、艺术和科学领域内具有独创性，并能够以某种有形形式复制的智力创作成果。这种作品一般通过某种物质载体的形式来体现，如书籍、照片、录音带、录像带、光盘等。我国《著作权法》所称的作品包括：文字作品；口述作品；音乐、戏剧、曲艺、舞蹈作品；美术、摄影作品；电影、电视、录像作品；工程设计、产品设计图纸及其说明；地图、示意图等图形作品；计算机软件；民间文学艺术作品；法律、行政法规规定的其他作品。

著作权人享有的著作权包括著作权中的人身权和著作权中的财产权，具体划分为：（1）发表权，即决定作品是否公之于众的权利；（2）署名权，即表明作者身份，在作品上署名的权利；（3）修改权，即修改或授权他人修改作品的权利；（4）保护作品完整权，即保护作品不受歪曲、篡改的权利；（5）使用权和获得报酬权，即以复制，表演，播放，展览，发行，摄制电影、电视、录像，或者改编，翻译，注释，编辑等方式使用作品的权利，以及许可他人以上述方式使用作品并由此获得报酬的权利。

署名权、修改权、保护作品完整权的保护期不受法律限制；公民作品的发表权、使用权和获得报酬权的保护期为作者终生及其死亡后50年；其他作品的发表权、使用权和获得报酬权的保护期为首次发表后50年，但作品在创作完成后50年内未发表的，著作权不再受到保护。

《中国人民共和国著作权法实施条例》中对于著作权相关联作品的形式做了界定，其通常包括以下几种：文字作品、口述作品、音乐作品、戏剧作品、曲艺作品、舞蹈作品、杂技艺术作品、建筑作品、美术作品、摄影作品、电影作品和以类似摄制电影的方法创作的作品、图形作品、模型作品。

（二）著作权资产

1.著作权资产的概念

著作权资产是指权利人所拥有或者控制的，能够持续发挥作用并且预期能带来经济利益的著作权的财产权益和与著作权有关权利的财产权益。并非所有的著作权都能成为资产评估中的著作权资产，能够持续发挥作用并且预期能为权利人带来经济利益的著作权才能够成为资产评估中的著作权资产。

2.著作权资产的特征

（1）形式特征

著作权资产与相关有形资产以及其他无形资产共同发挥作用。对于一些特殊著作权资产，其不但与一些有形贡献资产共同发挥作用，甚至还可能与一些无形资产共同发挥作用。例如同样的计算机软件著作权，由于编制软件的公司不同，这些公司拥有的不同的商标、品牌，必然反映在该公司产出的产品中，使得软件著作权产品的销售价格存在较大差异，这个差异可能有部分是由商标、品牌等无形资产产生的，商标的作用与软件著作权的作用是结合在一起的。

著作权资产与演绎作品共同发挥作用。我国《著作权法》规定，演绎作品著作权人行使自身作品著作权时，不能侵犯原创作品的著作权人的权益。当演绎作品著作权人授权电视台播放由演绎作品改编的电视剧作品时，将会为著作权人带来收益，其为演绎作品著作权中的"放映权"和原创作品著作权中的"改编权""摄制权"结合在一起共同发挥作用产生的收益。演绎作品著作权人通常需要通过以下两种方式对受益进行分割：一是采用一次性支付的方式，一次支付原创作品著作权人"购买"许可将原创作品改编为电视剧的权利；二是以收益分账的方式将电视剧播放产生的收益在原创作品著作权人与演绎作品著作权人之间进行分割。

著作权通过与著作权有关权利发挥作用。例如剧场演出的话剧，其剧本是享有著作权的，并且演出不能没有演员，一般情况下，演员具有十分重要的作用。对于这台话剧演出收益来说，不但有剧本作品著作权的贡献，还有演员的贡献。演员享有的权利是属于邻接权范畴的，没有演员邻接权的贡献，演出收益无法实现。因此上述演出收益应该理解为剧本著作权与演员邻接权共同贡献的结果。

（2）法律特征

著作权资产具有时效性。一般情况下，著作权的发表权、使用权和获得报酬权受法律保护是有时间限制的，不同著作权具有不同的法律保护期限。例如，《伯尔尼公约》规定，一般作品的保护期不少于作者有生之年加上50年，摄影作品等实用艺术作品的保护期不少于作品完成后25年，电影作品的保护期不少于同观众见面起50年等。一旦有关的经济权利超过法律保护的期限，其权利自动失效。但是，著作权的精神权利，如署名权、修改权、保护作品完整权等往往不受保护期的限制。我国《著作权法》规定："作者的署名权、修改权、保护作品完整权的保护期不受限制。"此外，我国《著作权法》还规定："法人或者其他组织的作品的著作权（署名权除外），由法人或者其他组织享有的职务作品以及电影作品和以类似摄制电影的方法创作的作品、摄影作品，其发表权及财产权利的保护期为50年，截止于作品首次发表后第50年的12月31日，但作品自创作完成后50年内未发表的，本法不再保护。另外，合作作品的保护期限为最后一个死亡的作者死亡后50年，作者身份不明的作品的保护期限为作品首次发表后的50年。"我国《计算机软件保护条例》规定："软件版权自软件完成之日起产生，自然人的软件版权，保护期为自然人终生及其死亡后50年，截止于自然人死亡后第50年的12月31日。法人或者其他组织的软件版权，保护期为50年，截止于软件首次发表后第50年的12月31日，但软件自开发之日起50年内未发表的，不再受该条例保护。"

著作权资产具有地域性。由于各国对著作权进行保护的法律不尽相同，可能在一个国家或地区受保护的某种项目，在另外一个地区则不受保护，这主要取决于该地区的法律规定。需要注意的是，同一个国家或地区的法律也是在不断调整和变化的。比如我国刚刚颁布《著作权法》的时候，还没加入著作权的国际公约，这就意味着中国作品在国外不受保护，国外的作品在中国也不受保护，除非是外国人的作品在中国首先发表或者出版，才受到中华人民共和国法律的保护。但在我国加入了《伯尔尼公约》及《世界著作权公约》，并且成为世界贸易组织的成员之后，这些国际公约的条款，使著作权受到保护的地域超出了一个国家的范围，国内法变成了区域性法律。目前世界上绝大多数国家都是世界贸易组织的成员，如果在一个国家享有著作权，则可以在世界上绝大多数国家得到相应的保护。

二、著作权资产价值影响因素

（一）宏观经济状况

1.著作权使用区域的社会环境

一个社会的著作权意识和政策导向对著作权价值有重要影响。只有在"政府软件正版化"背景下，通过实施诸如"著作权干部工程""著作权孩子工程""著作权人才工程"，构建由政府引导、社会广泛参与的著作权保护大联盟、大格局，著作权才能有更高的价值。

2.著作权使用区域的经济环境

著作权产业的发展与区域经济发展密切相关，著作权交易发生在经济发达区域，其价值会高于经济落后区域。但是，文化消费又不同于实物消费，其在满足消费者物质需求的同时，还可以满足消费者的心理需求，因此其消费对外部经济环境的反应相对具有弹性，尤其是在经济出现增长缓慢的时期，著作权产业可能会出现逆增长。

（二）市场需求状况

著作权作为一项特殊的资产，参与市场交易时，其价值同样受到市场活跃程度及供求规律的影响。在著作权交易活跃的市场中，著作权价值就容易实现，一些畅销出版物、音像制品等，易发生市场交易。当市场对某项著作权的供应大于需求时，其价值会降低；反之，价值会得到提升。市场相关作品的价值以及新版本作品也会影响所估作品著作权的价值。市场竞争程度也会影响著作权价值的大小，若同类作品的竞争激烈，作品的著作权价值的实现也会受到影响。

（三）著作权所依托的作品

1.作品所处的产业及相关政策

文学、艺术作品作为文化产品的一部分，其受产业政策影响尤其明显。一方面，国家对文化产业大力扶持和发展，出台了一系列相关产业发展政策；另一方面，国家对文化产品的导向作用也有明确的要求，提出文化企业应承担提供精神产品，传播思想信息，进行文化传承的使命，必须始终把社会效益放在首位，实现社会效益和经济效益相统一。

2.作品的类型

不同类型作品的著作权，价值影响因素可能差别很大，例如同样是录音制品，流行音乐和经典音乐就有很大差别；不同类型作品的著作权，其法律规定也不同，例如原创作品和演绎作品的差异；不同作品，其传播方式也不同，因此会影响其传播范围、传播效果及传播收益，例如文字作品可以通过广播方式进行传播，但美术、摄影作品就很难通过同样的方式传播，所以文字作品的广播权价值就比美术作品广播权价值大。

3.作品的内容

（1）艺术性

著作权艺术上的独特性是其获得法律保护的依据，也是形成其价值的重要决定因素。作品的艺术性是指作品对读者产生的一种艺术感染力量，是作品的创作投入、艺术形式、艺术技巧、作者的艺术素养和审美情趣的综合表现。艺术性强的作品，其使用价值相对艺术性弱的作品要高，因此其著作权资产的价值也就比较高。

（2）时代性

作品的时代性主要是指作品应与时代相呼应，顺应时代的要求，能较大程度地满足人们某方面的需求。时代性强的作品相对来说使用价值较高，著作权资产的价值也相对较高。

（3）技术水平

著作权的创造难度大，复制风险也大，技术上的保密性和反侵权能力是衡量其价值的重要标准。

4.作品作者的知名度

有的著作权的价值与创作者的知名度有很大关系，例如文字、摄影、动漫等创意设计作品。创作者知名度高，其作品更受欢迎，市场对其作品需求更大，未来取得收益更多，价值也就更高。

5.作品的生产制作能力

作品是著作权资产的载体，作品的制作能力决定了其供给量的大小。不同类型作品在创作人员、配套资源要求、创作流程等方面都存在差异。在进行著作权资产价值评估时，需要关注实施或运用著作权资产的企业供给能力方面的限制。

6.作品的发表情况

在进行著作权评估的过程中，必须考虑作品的发表状况，其对资产的价值有较大影响。首先，发表状态影响资产的剩余经济寿命；其次，发表状态还会影响作品的影响力和经济利益。发表是作品扩大受众范围的途径，作品通过这种方式能够被更多的受众所接受，扩大其影响力，影响著作权能够带来的经济利益，从而影响其价值。

7.作品已传播的情况

一般来讲，作品已传播的情况是指作品被人观看或者阅读的次数及其范围。随着网络技术的发展，优秀作品的传播速度会进一步加快，对于家喻户晓的作品，其社会影响力大，从而其著作权资产的价值相对较高。

（四）著作权的运营模式

1.不同的著作权运营模式对著作权价值的实现具有较大影响

由于作品著作权涉及的财产权利类型众多，而一种作品可以衍生出更多类型的作品，且这些衍生作品著作权财产权利又以原始著作权权利为基础，从价值上来说，影视作品与衍生作品互相影响，互为基础，因此最优的著作权运营模式就是寻求实现从原始作品至全部衍生作品的全作品链的、各种财产权利价值最大化的模式。

2.不同的运营模式对著作权价值评估有不同的影响

对于致力于产业链较长、比较深入的作品著作权开发的情况，企业通过成熟的运作，使得作品著作权各类权利的充分利用成为可能，同时也使原始作品转化为新作品成为可能。这种情况下，如果涉及著作权的全部财产权利价值，就需要结合企业运营模式，充分考虑各类权利收益的实现途径和金额，并且需要考虑衍生收益的价值。

（五）著作权的法律状态

我国《著作权法》对作品的保护采用自动保护原则，即作品一旦产生，作者便享有著作权，不论登记与否都受法律保护。随着著作权纠纷越来越多，许多作者要求将自己的作品交著作权管理部门登记备案。作品办理登记后，则有了一个法律的初步证据。一旦发生侵权纠纷或权利归属纠纷，登记记录可以作为其是真实权利人的有力证明，降低著作权人在维护合法权益或对抗诉讼中的成本，从而间接影响著作权的价值。在进行著作权的评估时，作品登记证书可以作为该著作权稳定性、可靠性的依据。

三、著作权资产评估的技术方法

著作权资产评估实质上也就是对和著作有关的经济权利的评估。著作权的种类有很多，下面以图书及计算机软件为例说明著作权资产评估的技术方法。

（一）图书著作权资产评估的技术方法

1.市场法

著作权由于具有不可复制性，在参照物的选择上比较困难，所以市场法的选择也受到了限制。按图书出版的惯例，一般有两种稿酬支付方式：一种是按照千字稿酬的方式支付；另一种则是按照版税的方式支付。而按照千字稿酬的方式支付就是对市场法的应用。

【例10-5】教师甲编写了一本资产评估方面的专业教材，共30万字。教师甲在和出版社商谈稿酬时，双方约定采用千字稿酬的方式付酬，由出版社一次性买断出版权。此时，著作权价值由字数和每千字的单价决定。参照该作者以前的著作和市场类似著作的价格，双方商定稿酬为每千字100元，则该著作权的价值为：

$300\ 000 \div 1\ 000 \times 100 = 30\ 000$（元）

这种方法主要适合于销售量不是很大的图书，此时所有的风险一律由出版社来承担。

2.收益法

采用收益法评估著作权资产时，主要考虑收益额、折现率和折现期三个指标。其中，最难确定的是收益额，收益额取决于销售量、销售单价和版税率，而销售单价、销售量和版税率又是相互影响的。一般情况下，图书的销售单价取决于图书的印刷成本、版税成本、发行成本和印刷数量的大小。此外，对于畅销的书籍，还要考虑国家法律对于盗版的打击力度以及读者对于盗版的态度。为了保障作者利益，有时候也可以采用千字稿酬加版税的方式，即出版社先按照千字稿酬的方式支付作者稿酬，在加印时，出版社再按照加印部分销售额的一定比例向作者支付版税。

对于大多数图书而言，其发行和销售都有一个过程，此时就要严格按照收益法的公式进行计算。

【例10-6】预计某图书定价为24元/册，在著作使用权合同10年期内的总发行量估计能够达到50 000册，前5年的年销售量为7 000册，后5年的年销售量为3 000册，版税率（即收入提成率）为10%，稿酬的所得税税率为20%（按应纳税额减征30%），折现率为10%。该著作使用权的价值评估过程为：

①前5年与后5年的年版税收入分别为：

7 000×24×10%=16 800（元）

3 000×24×10%=7 200（元）

②前5年与后5年缴纳所得税后的年版权收入分别为：

16 800－16 800×（1－20%）×20%×（1－30%）=16 800－1 882=14 918（元）

7 200－7 200×（1－20%）×20%×（1－30%）=7 200－806=6 394（元）

③该著作使用权价值为：

14 918×（P/A，10%，5）+6 394×（P/A，10%，5）×（P/F，10%，5）=71 601（元）

（二）计算机软件著作权资产评估的技术方法

计算机软件是作者将其思想通过计算机语言呈现出来的一种结果，其属于著作权的一种，受知识产权的保护。随着计算机技术的迅猛发展和应用领域的极大拓展，计算机软件的重要性日益凸显，保护知识产权的呼声日益高涨，计算机软件的价值也越来越为人们所重视。对计算机软件进行估价是美国IBM公司于1968年首先提出来的，IBM采用了计算机软件单独估价以及硬件与软件价格分离的政策。在此之后，其他一些国家的有关企业也开始了计算机软硬件价格的分离，以进行计算机软件的估价。我国关于计算机软件的估价要晚于西方发达国家。由于我国现阶段正处于软件等高新技术起步建设阶段，面临着与西方发达国家不同的评估背景，因此，在考虑评估方法时，应使评估标准、评估方法的选择与评估目的相匹配，从而使计算机软件的估价更切合实际。

在评估计算机软件价值时，应通过对软件类型、软件规模、软件所处生存阶段以及相应技术文档的确认与读取等过程，选择软件评估方法、评估公式中的参数，以确定软件价值构成。

1.成本法

对于大型系统软件，一般采用成本法进行估价。当用于计算机软件产品定价，或者以计算机软件合资入股确定计算机软件价值时，也可以考虑采用成本法。

用成本法评估计算机软件价值时，具体可采用代码行成本估算法及参数成本法。

（1）代码行成本估算法。代码行成本估算法是把研制费用与有效源代码行数的估算联系起来，用以下两个公式来计算软件成本和工作量：

$$C=L \times a$$
$$E=L \div P$$

式中：C为计算机软件的成本；E为工作量；a为每代码行成本；L为该软件有效代码行总数；P为生产率（行/人·月）。

估算代码行可以采用经验估算和历史数据估算两种方法。所谓经验估算，即将所要估算的软件与一个类似的已完成的程序进行比较，再对其统计行数进行适当调整以反映两者的不同之处，当已完成的类似项目的历史数据有效时，采用这种方法的效率最高。采用历史数据估算代码行，还需要采取某些传统的编码工作才能完成实际的程序，费时费钱，一般情况下只对非常重要的程序进行估算时才使用。

（2）参数成本法。在计算机软件价值评估实务中，通常还可以使用参数成本法，其基本公式为：

$$P=C_1+C_2$$

式中：P为软件估算成本；C_1为软件开发成本；C_2为软件维护成本。

软件的开发成本C_1由软件的工作量M和单位工作量成本W所决定：

$$C_1=M \times W$$

式中：M为软件的工作量；W为单位工作量成本。

工作量M为在现有条件下重新开发此软件所需要的工作量，可采用Doty模型来确定。该模型将软件产品按应用领域分为四类，将代码分成两类，通过大量的统计调查，将样本数据用最小二乘法建立模型，不同的情况采用不同的估算方式，从而得出不同软件所需要的开发时间。估算公式见表10-4。

表10-4　　　　　　　　　　Doty模型估算公式

应用领域	估算公式	
	目标代码	源代码
综合	M=4.790×K0.991	M=5.258×K1.057
控制	M=4.573×K1.228	M=4.089×K1.263
科学	M=4.495×K1.068	M=7.054×K1.109
商业	M=2.895×K0.784	M=4.495×K0.781

注：K为千行源代码条数或目标代码条数。

单位工作量成本W由直接成本、间接成本和期间费用构成，包括硬件购置费、软件购置费、人工费、培训费、通信费、基本建设费、财务费用、管理费用及其他费用。软件的维护成本主要由技术人员的工资以及对软硬件的投入成本构成。

【例10-7】财务软件AMT由宏发公司开发，现欲将该软件转让给A公司。经评估专业人员调查了解，A公司购买该软件的目的主要是节省开发时间，因此本次拟选用成本法进行估价，选用Doty模型。评估过程如下：

评估专业人员通过与宏发公司的开发人员、财务人员和管理人员沟通，对该软件的内部文件进行查阅审核，并通过对该软件开发期间的财务数据进行考查，得到如下信息：

该软件的有效源代码行数K为40千行，经管理人员统计，开发该软件的实际工作量为72.5，开发该软件的直接费用、间接费用和期间费用之和为25 000元。根据Doty模型的估算公式，该软件的开发工作量M为：

$$M=4.495×K0.781=4.495×40×0.781=140.42$$

目前，该系统由于不断地维护更新，能够在较高水平的硬件和软件环境下运行，维护成本大约等于开发成本的25%，因此总的开发工作量C为：

$$C=M×（1+25\%）=140.42×1.25=175.53$$

单位开发工作成本W为：

$$W=25\ 000÷72.5=344.83（元）$$

总的软件评估成本P为：

$$P=175.53×344.83=60\ 528.01（元）$$

2.市场法

对于计算机软件市场、技术市场和资本市场较发达的国家和地区来说，市场法是一种常用的评估计算机软件价值的方法。这种评估方法主要是通过在计算机软件市场、技术市场或资本市场上选择相同或近似的资产作为参照物，针对各种价值影响因素，进行计算机软件的功能类比，将被评估计算机软件与参照物计算机软件进行价格差异的比较调整，分析各项调整结果，以确定评估软件的价值。

（1）直接比较法。当被评估软件在功能、外观、用途、系统条件以及成交时间与评估基准日等方面有相同的参照物时，可以采用直接比较法进行估价。

被评估软件的价值=参照物的交易价格×被评估资产的成新率

（2）类比调整法。当市场上只能找到与被评估软件在功能、外观、用途、系统条件以及成交时间等方面相似的参照物时，可以采用类比调整法进行估价。

被评估软件的价值=参照物的交易价格×综合调整系数×被评估资产的成新率

第五节　商誉评估

一、商誉

（一）商誉的概念

商誉通常是指企业在一定条件下，能获取高于正常投资报酬率的收益所形成的价值。之所以商誉能够为企业带来超额利润，主要是由于企业所处地理位置的优势，或是由于经营效率高、管理基础好、生产历史悠久、人员素质高等多种因素。

20世纪60年代以前，无形资产是一个综合体，商誉则是这个综合体的总称。20世纪70年代以后，随着对无形资产确认、计量的需要，无形资产以不同的划分标准形成各项独立的无形资产。现在所称的商誉，则是指企业所有无形资产扣除各单项可辨认无形资产以后的剩余部分。因此，商誉是不可辨认的无形资产。

（二）商誉的分类

1.合并商誉与自创商誉

根据商誉的不同来源，可以把商誉分为合并商誉和自创商誉。

（1）合并商誉。合并商誉是指在企业兼并与收购过程中形成的商誉。在企业合并时，合并企业所付出合并对价的公允价值可能不等于被合并企业可辨认净资产的公允价值。但合并方之所以愿意以高出被合并方可辨认净资产的公允价值来购买企业，主要是因为其认为并购后可获得超过正常水平的"超额收益"。因此，合并商誉是合并企业认定被合并企业能够在未来时期使其获得超额盈利的资产，是一种对被合并企业未来的良好预期，上述合并过程中需要支付的差额部分就是合并商誉的价值。这部分差额是合并企业为了获取被合并企业拥有的包括良好公共关系、优秀员工队伍、高效的企业组织结构和垄断地位等在内的各项优势而支付的。

（2）自创商誉。自创商誉是企业在经营过程中积累起来的，不需要一次性支付任何款项给他人的能使企业获得未来超额利益的无形经济资源。

自创商誉从表面上看是由多种因素形成的外界对企业的一种好感，如优秀的管理人才、先进的技术、合理科学的组织方式、社会认知度和美誉度高的品牌等，具体表现就是企业具有突出的获取超额收益的能力。

理论上自创商誉的价值等于资产收益与资产成本的差额。自创商誉中所包含的很多无形资产和企业能力的形成具有原因模糊性，企业很难搞清楚是具体哪些投资形成了这些特异资源和能力，以及如何投资才能获得特异资源和能力。因此，自创商誉的价值也就很难与有关的成本费用形成可靠的或可预期的联系。

2.正商誉与负商誉

（1）正商誉。合并成本同被合并企业可辨认净资产公允价值的差额为正时，形成正商誉。正商誉是被合并企业具有的超常盈利能力或未来超常盈利能力本金化的结果。

（2）负商誉。如果企业合并成本低于所取得可辨认净资产公允价值，那么就形成了负商誉。对于负商誉的性质，目前争议较大，缺乏统一的认识。根据我国企业会计准则的规定，负商誉是支付的合并对价低于被合并方可辨认净资产公允价值而形成的当期收益，这种非常利得是企业之间讨价还价的结果。

（三）商誉的特征

1.商誉不能离开企业而单独存在，不能与企业可辨认的资产分开出售。

2.商誉是多项因素共同作用形成的结果，但形成商誉的个别因素不能以任何方法单独计价。

3.商誉本身不是一项单独的、能产生收益的无形资产，它是超过企业可辨认的各单项资产价值之和的价值。

4.商誉是企业长期积累起来的一项价值。

5.商誉具有动态性，商誉属于无形资产中不可辨认的部分，它的范围会随着可辨认的无形资产的变化而变化。同时，商誉的价值会随着时间的推移或增或减，随着企业经营情况、外界环境、企业文化的整合及技术创新能力等条件的变化而变动。

二、商誉价值的影响因素

（一）合并商誉

1.协同效应因素

企业发生合并行为，所购买的往往是被合并企业作为一个有机整体创造未来利润和现金流量的能力，而不是互不相干的各个单项资产的价值。因此，合并企业所支付的合并对价实际上是对被合并企业作为一个有机整体价值的反映，而不是对其账面可辨认净资产公允价值的反映。合并企业从自身利益出发，追求管理、经营和财务方面的协同效应，对合并后协同效应的预期决定了合并商誉的价值。合并企业也往往因为预期合并协同效应的存在而愿意溢价合并目标企业。可见，合并商誉就是合并中双方企业各构成要素在预期的组合方式下期望的协同作用价值。

2.风险因素

一般说来，产权交易中包括商誉在内的企业整体价值的购买者，在购买时不能准确测定合并商誉价值的大小。无论是管理协同还是财务协同，都是合并方的预期，被合并企业要与合并企业不断融合，这种融合是否成功，需要时间来验证。对合并协同效应的预期和多个企业之间的相互竞价是影响合并价格的两个关键因素，合并方对于该项投资风险的预期决定了竞价的高低，进而影响并购商誉的价值。

3.资本市场因素

企业合并主要有现金支付和股票支付两种方式，如果采用股票支付的合并方式，被合并企业的股价水平将决定合并价格。然而，由于不完全有效市场的存在，股价并不仅仅和企业自身价值有关，其波动受制于各种经济、政治因素，并受投资心理和交易技术等影响，而这些因素都是与企业自身价值无关的资本市场因素。因此，股票价格并不能客观公正地反映企业自身的价值，进而以这种方式产生的合并价格也就包含了许多资本市场的因素，即合并商誉也被掺杂了这些资本市场因素。

（二）自创商誉

1.企业的盈利情况

自创商誉是对企业拥有持续竞争优势的综合反映。尽管企业的优势表现在多个方面，但是所有这些竞争优势的最终体现形式都是企业的盈利情况，这种盈利大多表现为超额利润。那些未入账的无形资源和企业能力是企业获得竞争优势不可或缺的一部分，它们是企业获得持续超额利润的根本原因。因此，获取持续超额利润是衡量一个企业有无自创商誉最根本的标准，获利能力的大小也将直接影响自创商誉的价值。

2.企业的历史和文化

企业文化代表一个企业的精神，良好的企业文化可以促进企业内部良好关系的形成，与员工的沟通是否积极到位、员工之间团队协作精神是否强而有效都能从企业文化中表现出来。悠久的企业历史可以成就良好的企业文化，良好的企业文化可以促使整个团队形成一个团结、高效、有机的整体，降低各方面的经营成本，创造超额利润。

3.企业的社会形象

企业良好的社会形象能增强消费者对企业产品的信任，提高企业产品的销路，增加企业的超额收益，这是社会形象对自创商誉贡献的基本方面。同时，企业树立良好的社会形象的行为也会得到社会各界特别是政府的认同，并由此形成较为融洽的公共关系，使企业今后在生产经营过程中有更多的便利，有利于企业的持续高效运行，最终为企业赚取更多利润。

4.企业的资信级别

优秀的资信级别可以降低企业的融资成本，使企业可以优先获得金融界的支持，最快地对市场作出反应，从而扩大企业的市场占有率，取得其他企业无法得到的回报，有利于企业的未来经营发展。因此，企业的资信级别是当今企业商誉价值构成的重要内容和有机组成部分。

三、商誉评估的技术方法

（一）割差法

割差法是将企业整体评估价值与可辨认的各单项资产评估值之和进行比较确定商誉评估值的方法。其基本公式是：

商誉的评估值=企业整体评估价值-企业可辨认的各单项资产评估值之和

企业整体评估价值可以通过预测企业未来收益并进行折现或资本化获取；对于上市公司，也可以按股票市价总额确定。采取上述评估方法的理论依据是，企业整体评估价值与企业可辨认的各单项资产价值之和是两个不同的概念。如果有两个企业，其可辨认的各单项资产价值之和大体相当，但由于经营业绩相差悬殊，预期收益相差悬殊，其企业整体评估价值自然相去甚远。企业中的各项单项资产，包括有形资产和可辨认的无形资产，由于其可以独立存在和转让，因此其评估价值在不同企业中趋同。但在不同的组合形式下，由于不同的使用情况和管理，运行效果各不相同，导致由其组成的企业整体评估价值不同，各类资产组合后产生的超过各项单项资产价值之和的价值，即为商誉。

【例10-8】某企业进行股份制改造，根据企业过去经营情况和未来市场形势，预测其未来5年的净利润分别是13万元、14万元、11万元、12万元和15万元，并假定从第6年开始，以后各年净利润均为15万元。根据银行利率及企业经营风险情况确定的折现率和资本化率均为10%，并且采用适当的资产评估方法，评估确定该企业可辨认的各单项资产评估价值之和（包括有形资产和可辨认的无形资产）为90万元，试确定该企业商誉评估值。

采用收益法确定该企业整体评估价值：

企业整体评估价值$=13 \times 0.9091+14 \times 0.8264+11 \times 0.7513+12 \times 0.6830+15 \times 0.6209+15 \div 10\% \times 0.6209$

$$=142.2967（万元）$$

因为该企业各单项资产评估值之和为90万元，由此可以确定商誉评估值，即：

商誉评估值$=142.2967-90=52.2967（万元）$

（二）超额收益法

商誉评估值指的是企业超额收益的本金化价格。把企业超额收益作为评估对象进行商誉评估的方法称为超额收益法。根据被评估企业的不同，超额收益法又可分为超额收益本金化价格法和超额收益折现法。

1.超额收益本金化价格法

超额收益本金化价格法是将被评估企业的超额收益进行本金化还原，以确定该企业商誉价值的一种方法。其计算公式为：

商誉价值=（企业预期年收益额−行业平均收益率×该企业的单项资产评估值之和）÷适用本金化率

或

商誉价值=被评估企业单项资产评估值之和×（被评估企业预期收益率−行业平均收益率）÷适用本金化率

式中：被评估企业预期收益率=（企业预期年收益额÷企业单项资产评估值之和）×100%

【例10-9】 大恒公司的预期年收益额为400万元，该公司的各单项资产的评估值之和为1 600万元，企业所在行业的平均收益率为20%，并以此作为其适用本金化率。试评估该企业的商誉价值。

评估过程如下：

商誉价值=（400−1 600×20%）÷20%=400（万元）

或　商誉价值=1 600×（400÷1 600−20%）÷20%=400（万元）

2.超额收益折现法

超额收益折现法是指对企业可预测的若干年预期超额收益进行折现，把其折现值确定为企业商誉价值的一种方法。其计算公式为：

$$商誉价值=\sum_{i=1}^{n}\frac{R_i}{(1+r)^n}$$

式中：R_i为第i年企业预期超额收益；r为折现率；n为收益年限；i为折现年份。

【例10-10】 某企业预计将在今后5年内保持其超额收益的经营态势，估计年超额收益保持在100 000元的水平上。已知该企业所在行业的平均收益率为12%，试计算该企业的商誉价值。

商誉价值=100 000×0.8929+100 000×0.7972+100 000×0.7118+100 000×0.6355+100 000×0.5674

=360 480（元）

或　商誉价值=100 000×3.6048=360 480（元）

四、商誉评估需要注意的几个问题

商誉本身的特性，决定了商誉评估的困难性。目前，商誉评估的理论和操作方法争议较大，在商誉评估中，至少下列问题应予以明确：

1.商誉只存在于那些长期具有超额收益的企业中

一个企业在同类型企业中超额收益越高，商誉评估值越大。因此，在商誉评估过程中，如果不能对被评估企业所属行业收益水平有全面的了解和掌握，也就无法评估出该企业的商誉价值。

2.商誉评估必须坚持预期原则

企业是否拥有超额收益是判断企业有无商誉和商誉大小的标志，这里所说的超额收益指的是企业未来的预期超额收益，并不是企业过去或现在的超额收益。在评估过程中，对于目前亏损的企业，经分析预测，如果其未来超额收益潜力很大，则该企业也会有商誉存在，这在评估时必须加以综合分析和预测。

3.商誉评估不能采用投入费用累加的方法进行

商誉价值的形成既然是建立在企业预期超额收益基础之上的，那么，商誉评估值高低与企业为形成商誉投入的费用和劳务就没有直接联系，不会因为企业为形成商誉投资越多，其评估值就越高。尽管所发生的投资费用和劳务费用会影响商誉评估值，但其是通过未来预期收益的增加得以体现的。因此，商誉评估不能采用投入费用累加的方法进行。

4.商誉是由众多因素共同作用的结果

商誉是由众多因素共同作用的结果，但形成商誉的个别因素具有不能够单独计量的特征，致使各项因素的定量差异调整难以运作，所以商誉评估也不能采用市场类比的方法进行。当然，完全相同的商誉更为鲜见。在对商誉评估方法的研究中，有一种观点主张按形成商誉的因素将其分解为地缘商誉、人缘商誉、质量商誉、组织商誉和其他商誉等，然后分别测定每个因素带来的超额收益，最后分别进行收益折现或本金化以汇总计算商誉的价值。

5.企业负债与否、负债规模大小与企业商誉没有直接关系

有的观点认为，企业负债累累，不可能有商誉。这种认识显然有失偏颇。在市场经济条件下，负债经营是企业融资策略之一。按财务学原理分析，企业负债不影响资产收益率，而影响投资者收益率，即资本收益率。在资产收益率一定且超过负债资金成本的条件下，增大负债比率，可以增加资本收益率，并不直接影响资产收益率。资产收益率高低受制于投资方向、规模以及投资过程中的组织管理措施。商誉评估值取决于预期资产收益率，而非资本收益率。当然，资产负债率应保持一定的限度，负债比率过大会增大企业风险，最终会对资产收益率产生影响，这在商誉评估时应有所考虑，但不能因此得出负债企业就没有商誉的结论。

6.商誉与商标是有区别的，其反映了两个不同的价值内涵

企业拥有某项评估值很高的知名商标，并不意味着该企业一定就有商誉。为了科学地确定商誉的评估值，注意商誉与商标的区别是非常必要的。

（1）商标是产品的标志，而商誉则是企业整体声誉的体现。商标与其产品相结合，其所代表的产品质量越好，市场需求越大，商标的信誉越高，据此带来的超额收益越大，其评估值也就越大。商誉则是与企业密切相关的，企业经营机制完善并且运转效率高，企业的经济效益就好，信誉就好，其商誉评估值也就越大。可见，商标价值来自于产品所具有的超额获利能力，商誉价值则来自于企业所具有的超额获利能力。

（2）商誉作为不可辨认的无形资产，是与企业及其超额获利能力结合在一起的，不能够脱离企业而单独存在；商标则是可辨认的无形资产，可以在原组织继续存在的同时，转让给另一个组织。

（3）商标可以转让其所有权，也可以转让其使用权，而商誉只有随企业行为的发生实现其转移或转让，没有所有权与使用权之分。

尽管商誉与商标的区别可以列举许多，但商誉与商标在许多方面是密切关联的，二者之间有时存在相互包含的因素。例如，与商誉相对应的企业超额收益中包含商标作用的因素，这也是需要在评估中加以分析确定的。

■ 本章小结

无形资产的评估包括专利权评估、专有技术评估、商标权评估、著作权评估、特许权评估和商誉评估，这些无形资产评估一般应以产权变动为前提，是对其获利能力的评估。

影响无形资产评估价值的因素包括无形资产的取得成本、机会成本、收益因素、市场因素、使用期限、技术因素、法律因素、风险因素、转让内容和条件、无形资产受让方的情况和合同约定的受让方式及其他因素。

无形资产评估程序一般包括明确评估目的、鉴定无形资产、收集相关资料、确定评估方法以及得出评估结论、整理并撰写报告。

■ 思考与练习

一、单项选择题

1 下列选项中，不属于无形资产的是（　　）。

A.债权性质的应收及预付账款　　　　　B.土地使用权

C.计算机软件　　　　　　　　　　　　D.非专利技术

2.下列选项中，不影响无形资产评估价值的因素是（　　）。

A.寿命期限　　　B.机会成本　　　C.市场供求状况　　　D.评估方法

3.在下列无形资产中，属于不可辨认资产的是（　　）。

A.特许经营权　　　B.商誉　　　C.著作权　　　D.商业秘密

4.某企业5年前获得一项专利，法定寿命为10年，现对其价值进行评估。经专家估算，至评估基准日，其重置成本为120万元，尚可使用3年，则该项专利的评估价值为（　　）万元。

A.45　　　　　　　B.50　　　　　　　C.36　　　　　　　D.72

5.A公司将其拥有的某产品商标许可给B公司使用，许可使用期为5年。按许可协议，B公司每年将使用该商标新增利润的30%支付给A公司。B公司拟年产该商标产品10万台，每台市场售价为100元，B公司预期各年销售利润率为15%。若折现率为10%，则该商标使用权的评估值约为（　　）万元。

A.170.60　　　　　B.568.60　　　　　C.1 137.20　　　　　D.225.00

6.甲机械制造厂允许另一地区的乙设备厂使用其专营商标，生产其专营的特种防火器材，时间为6年，双方约定由乙设备厂每年按其销售利润的30%一次性向甲机械制造厂缴纳专营商标使用费。经预测，在使用专营商标期间，乙设备厂在第1年可获取销售利润150万元，第2年至第6年平均每年可获取销售利润200万元。若折现率为10%，则该专营商标使用权的评估价值约为（　　）万元。

A.272.45　　　　　B.825.60　　　　　C.268.36　　　　　D.247.68

二、多项选择题

1.无形资产可以作为独立的转让对象进行评估，其前提是（　　）。

A.能带来正常利润　　　　　　　　　　B.能带来超额利润

C.能带来垄断利润　　　　　　　　　D.能带来非经济性利益

2.下面对无形资产概念的理解正确的有（　　　）。

A.由一定的主体排他性地加以控制

B.对生产经营长期持续发挥作用并能带来经济效益的经济资源

C.不具有实物形态，但又依托于一定的实体

D.对生产经营长期持续发挥作用并能带来经济效益的非经济资源

3.按无形资产产生来源划分，可以将无形资产分为（　　　）。

A.自创的无形资产　　　　　　　　　B.知识产权

C.外购的无形资产　　　　　　　　　D.关系类无形资产

4.无形资产评估中，运用收益法时，无形资产收益额的确定方法有（　　　）。

A.直接估算法　　　　　　　　　　　B.分成率法

C.约当投资分析法　　　　　　　　　D.要素贡献法

三、判断题

1.由于无形资产具有替代性的功能特性，因此在评估时必须考虑无形资产的经济寿命，尤其是其尚可使用年限。　　　　　　　　　　　　　　　　　　　　　（　　　）

2.由于无形资产的成本往往是相对的，特别是一些无形资产的内涵已远远超出了它的外在形式所具有的含义。比如名牌商品的内涵是商品的质量信誉、获利能力等，其内在价值已远远超过商标成本中包括的设计费、注册费、广告费等所体现的价值。因此，无形资产的成本费用具有弱对应性的特点。　　　　　　　　　　　　　　　　　　（　　　）

3.考虑无形资产的共益性，就要求在资产评估时考虑机会成本的补偿问题。（　　　）

4.若无形资产形成时间较短，并且存在另一种类似无形资产可以替代，则成本法较为适用。　　　　　　　　　　　　　　　　　　　　　　　　　　　　　　　（　　　）

5.评估时，需要注意无形资产收益额计算口径与折现率计算口径的一致性。若收益额采用净利润，则折现率应选择投资回收率。　　　　　　　　　　　　　　　（　　　）

四、计算题

1.甲企业将一项专利使用权转让给乙企业，拟采用利润分成的方法。该专利系3年前从外部购入，账面成本为100万元，3年间物价累计上涨50%，该专利法律保护期为10年，已过3年，尚可保护7年。经专业人士测算，该专利成本利润率为400%，乙企业资产重置成本为5 000万元，成本利润率为10%，通过对该专利的分析，技术人员认为该专利剩余使用寿命为5年。另外，通过对市场供求状况及有关会计资料的分析得知，乙企业实际生产能力为年产某型号产品20万台，成本费用每台约为400元，未来5年内产量与成本费用变动不大，该产品由于采用了专利技术，性能有较大幅度提高，未来第1年、第2年每台售价为500元，在竞争的作用下，为保持市场占有率，第3年、第4年售价将下降到每台450元，第5年下降到每台420元，折现率确定为10%。要求根据上述资料确定该专利的评估值（不考虑流转税因素，计算结果保留两位小数）。

2.A企业被B企业兼并，需要对A企业自创的一项技术进行估价。据资料可知：该技术研发时发生原材料费10 000元，辅助材料费4 000元，燃料动力费1 100元，有关人员工资和津贴5 000元，专用设备费1 000元，差旅费500元，管理费1 200元，占用

固定资产的折旧费 3 500 元，人员培训费和资料费等 1 300 元，专利申请费 800 元。该技术的创造性劳动倍加系数为 3，科研平均风险率为 6%，无形资产的贬值率为 20%。据预测，该技术使用后，B 企业每年可新增利润 90 000 元。该专利技术剩余有效期限为 5 年。若提成率为 20%，贴现率为 10%，求该专利技术的重置价值（计算结果保留两位小数）。

第十章 参考答案

第十一章 | 特殊资产评估

学习目标

1.了解二手车评估的基本理论、评估技术方法和财政资金绩效评估基本理论；

2.熟悉森林资源资产评估、珠宝首饰资产评估、金融不良资产评估和财政资金绩效评估四种特殊类型资产评估技术方法；

3.掌握森林资源资产评估、珠宝首饰资产评估、金融不良资产评估、财政资金绩效评估、二手车资产评估等五种特殊类型资产的特点及评估程序。

特殊类型资产评估主要包括森林资源资产评估、珠宝首饰资产评估、金融不良资产评估、财政资金绩效评估和二手车资产评估五种类型。

第一节 森林资源资产评估

一、森林资源资产的概念

（一）森林资源的概念

森林资源是一种可再生的自然资源，包括森林、林木、林地以及依托森林、林木、林地生存的野生动物、植物和微生物。森林资源资产是以森林资源为物质财富内涵的资产，是在现有认识和科学技术水平条件下进行经营利用，能够为产权主体带来一定经济利益的自然资源。森林资源资产是一种特殊资产，除具有一般资产的属性外，还具有可再生性，生长周期长，受自然因素影响大，有着兼具生态、社会和经济效益于一体的特性。森林资源资产培育过程风险大、管护难度大、投资回收期长。现阶段，由于野生动植物及微生物资源、森林生态资源的价值暂时难以计量，森林资源资产主要包括由投资及投资收益所形成的人工林以及依法认定的天然林、林地、森林景观资产等。

资源资产与一般资产的比较见表11-1。

（二）森林资源资产

1.森林资源资产的概念

森林资源资产是指由特定主体拥有或控制并能带来经济利益的，用于生产、提供商品和生态服务功能的森林资源，包括森林、林木、林地、森林景观资产以及与森林资源相关的其他资产。

森林资源资产是以森林资源为物质内涵的资产，但是不是所有森林资源都能成为森林资源资产，资产必须是由特定主体所拥有或控制，并能够带来经济利益的经济资源。没有经济利用价值或在当今知识与技术条件下尚不能确定其有经济利用价值的森林资源不能成为资产，如没有依法认定的森林资源，完全没有经济利用价值的森林资源，在现有技术条

表 11-1　　　　　　　　　　　　　资源资产与一般资产的比较

类别	资源资产	一般资产
形成	主要系天然形成，现在逐步演变为劳动参与与自然环境共同作用形成	形成渠道主要有三种：一是合法认定；二是人们通过自身劳动创造；三是由买卖、租赁等产权交易实现
价值	有使用价值、价值和生态价值	只有使用价值和价值
折旧	一些资源资产使用后无法补偿	价值在生产过程中消耗，并以折旧的方式得到补偿或更新
核算	核算历史较短，在国民经济账户中尚无地位，理论性较强，可操作性差	核算历史长，在国民经济账户中得到体现，可操作性强，理论成熟
市场化	市场化程度低，变现能力差	市场化程度高，变现能力强
使用	目标多，用途广，涉及面广，必须顾及生态等多方面	用途比较单一，目标少
效益	同时具备经济效益、社会效益和生态效益，往往生态效益优先	具有经济效益、社会效益，生态效益弱化
公益性	许多资源资产具有公共产品特征，具有经济外部性	绝大多数一般资产不具有公共产品特征，不具有经济外部性

件下不可计量的森林资源。

2.森林资源资产的特点

（1）经营的永久性。森林资源资产属于可再生资源资产，在没有受到自然灾害和人为破坏时，通过科学合理的森林经营，森林资源资产的消耗可以得到补偿，不存在折旧问题，可长期实现保值增值。

（2）再生的长期性。森林资源资产是可再生性资源资产，其具有生长期长的特点，投入森林资产资源经营的资金一般要几年、几十年，甚至上百年，等林木成熟并进行采伐时，才能收回投资。

（3）分布的辽阔性。森林是陆地生态的主体，分布极为广阔，南方的森林资源资产与北方的森林资源资产不同，山地的森林资源资产与平地的森林资源资产不同。不同地域的森林资源资产有着不同的经营属性，不能对其采用同一经营模式。分布的密集度也直接关系到森林资源资产的价值与功效。

（4）功能的多样性。森林资源资产具有生态、社会和经济三重效益，评估森林资源资产的经济价值时，需要关注生态效益和社会效益对森林资源资产经济价值实现的限制性影响。反之，在特定目的与条件下，森林资源资产的部分生态价值需要纳入评估范围，评估其经济价值。

（5）管理的艰巨性。森林资源资产存在于广阔的林地上，既不能仓储，又难以封闭，大多地处偏远，使其管理十分困难，火灾、虫灾、盗伐等自然或人为的灾害很难控制，增加了发生风险损失的可能性。

3.森林资源资产分类

按其形态可划分为森林生物资源资产、森林土地资源资产和森林环境资源资产。

（1）森林生物资源资产包括森林、林木及以森林为依托的动植物、微生物资源资产。林木资产是指林地上尚未被伐倒的树木，包括活立木和枯立木。

（2）森林土地资源资产包括有林地、疏林地、宜林荒山荒地。

（3）森林环境资源资产包括森林景观资源资产、森林生态资源资产等。森林景观资源资产是指通过经营能为其经营主体带来经济收益的森林景观资源，主要包括森林公园、森林游憩地、以森林为依托的野营地、森林浴场或具有森林环境特征的旅游地等。

按经营管理的形式划分为公益性森林资源资产和经营性森林资源资产。

（1）公益性森林资源资产是以保护和改善人类生存环境、维持生态平衡、保存物种资源、开展科学实验、开展森林旅游、进行国土保安等需要为主要经营目的的森林、林木、林地，包括防护林和特种用途林。

（2）经营性森林资源资产是指以生产木材、竹材、薪材、干鲜果品或其他工业原料等为主要经营目的的森林、林木、林地，包括用材林、薪炭林和经济林。

二、森林资源资产评估的概念和特点

（一）森林资源资产评估的概念

森林资源资产评估是指评估机构及其评估专业人员根据委托，对具有资产属性的森林资源进行评定、估算，并出具评估报告的专业服务行为。

对森林资源资产的评估，需要掌握基本的林学知识，熟知林业行业法律法规对森林资源资产价值的影响，了解森林资源资产生长规律、经营技术及相关参数系数，通过资源调查或资产核查，准确取得资源资产的实物量数据资料，以实现资源资产实物量向价值量的科学合理的转化。

（二）森林资源资产评估的特点

1.森林资源资产价值的关联性

森林的价值体现在林木、林地、森林景观资产以及与森林资源相关的其他资产上，林地价值的体现又与林木、森林景观以及与森林资源相关的其他资产密不可分，森林景观资产价值依托于森林、林地、林木等资源资产，森林生态价值的体现更要依托于森林系统整体。因此评估森林资源资产要关注其资产的关联性，确定评估对象和评估范围，合理评估森林、林木、林地、景观、野生动植物、林下经济、森林生态等价值。

2.森林资源资产的可再生性

森林资源资产具有可再生性，这是森林实现持续经营的基础，也是其资产的特点，在评估时应考虑再生产的投入，即森林更新、培育、保护费用的负担；考虑再生产的期限，即未来经营期的长短，包括产权变动对经营期的限制；考虑综合平衡森林资源培育、利用和保护的关系。

3.森林经营的长周期性对森林资源资产评估结果有较大影响

森林资源资产经营的周期少则五六年，长则几十年、上百年，这样长的经营周期会对评估价值产生较大的影响：在供求关系对价格的影响方面表现为供给弹性小，且成本效应滞后；由于经营周期长，投入资金时间价值极为重要，投资收益率的微小变化将对评估结果产生重大影响；由于经营周期长，生产过程不易人为控制，对未来投入产出的预测较为困难，而收益法的评估是建立在对未来投入产出预测基础上的，故预测的准确性对评估的影响很大。

4.森林资源资产效益的多样性

森林资源资产具有经济、生态和社会三重效益，效益的多样性对森林资源资产评估带来了重大的影响：在现实的生产中，生态效益和社会效益往往限制了经济效益的发挥，国家为了公众的利益制定了一系列法规对一些森林的经营进行限制，这些限制对森林资源资产价值的实现影响较大，在评估时必须予以关注；在生态文明建设的大背景下，森林的生态效益越来越被社会和市场所认识，但有效进入市场还需时日，对其生态价值的评估要依据委托目的和市场环境具体分析确定。

5.森林资源调查和资产核查的艰巨性

森林资源资产不同于其他资产，主要分布在偏远山区，山高路陡，交通不便，外业调查或核查专业技术性强，工作量大，风险高，工作条件艰苦。但这项工作是森林资源资产评估工作中不可或缺的重要环节，是森林资源资产风险控制的关键。通过森林资源资产现场核查或调查，核实森林资源的实物量是评定、估算森林资源资产价值的基础。

6.森林资源资产的地域性明显

森林生长于固定的地理位置，评估时除考虑森林的价值外，还要考虑森林的位置，如气候条件、土地肥沃程度、适地适树情况、交通条件等，尤其是交通条件，无论对用材林、经济林的价值，还是对景观资产的价值，都有较大的影响。

（三）森林资源资产评估资料的收集

森林资源资产评估收集的资料通常包括：林权证书或相关权属证明文件；评估范围内的森林资源图面资料；森林资源资产清单；有特殊经济价值的林木种类、数量和质量资料；营林生产技术标准及有关成本费用资料；木材生产、销售等有关成本费用资料；当地森林培育、森林采伐和基本建设等方面的技术经济指标；森林培育的账面历史成本资料；评估基准日各种规格的木材、林副产品市场价格，及其销售过程中的税费征收标准；当地及周边地区的林地使用权出让、转让和出租的价格资料；当地及周边地区的林业生产投资收益率；各树种的生长过程表、生长模型、收获预测等资料；使用的立木材积表、原木材积表、材种出材率表、立地指数表等测树经营数表资料；其他与评估有关的资料。

三、森林资源资产评估的主要技术方法

森林资源资产评估的基本方法主要有市场成交价比较法、剩余价值法、收获现值法、重置成本法及假设开发法。由于森林资源资产的特殊性，根据具体的评估对象和资料情况，针对森林资产、林地资产和森林景观资产，又有相对应的评估方法。其中，林地资产评估主要是林地使用权评估，其评估方法与土地使用权的评估方法和评估原理相同，本章重点阐述森林资产评估的主要方法。

（一）市场成交价比较法

市场成交价比较法是将相同或类似的森林资源资产的现行市场成交价格作为比较基础，估算拟评估森林资源资产评估值的方法。对同一评估对象应选取三个以上参照交易案例，从评估资料、评估参数指标等的代表性、适宜性、准确性方面，客观分析参照交易案例。对各估算结果进行分析判断后，可采用简单算术平均法、加权算术平均法、中位数

法、众数法、综合分析法等方法确定评估结果，并在评估报告中披露所采用的方法和理由。其中，简单算术平均法计算公式为：

$$E=\frac{X}{N}\sum_{i=1}^{N} K_i \times K_{bi} \times G_i$$

式中：E为评估值；X为拟评估森林资产的实物量；K_i为第i个参照交易案例林分质量综合调整系数；K_{bi}为第i个参照交易案例物价调整系数；G_i为第i个参照交易案例市场交易价格；N为参照交易案例个数。

【例11-1】南宁桂邕公司拟转让8公顷的松木成熟林，要求对其立木资产进行估价。根据资产清查其面积为8公顷，蓄积量为1 200立方米，地理系数为0.95。

参照案例A：A公司2年前花费200 000元向邻村购买年龄、平均胸径、平均树高都与该小班相近的松木成熟林7公顷，蓄积量为950立方米，地理系数为1.05。目前，木材销售价格由2年前的700元/立方米上涨为现在的800元/立方米。

参照案例B：附近林场1年前花费160 000元向邻村购买年龄、树高相近、平均胸径20厘米的松木成熟林6公顷，蓄积量为900立方米，地理系数为0.91。1年前松木原木材销售价格为750元/立方米。

参照案例C：某个体户近期花费100 000元购买了年龄、平均胸径、树高都与其相近的成熟林3公顷，蓄积量为500立方米，地理系数为1.03。

根据上述指标，评估过程及结论如下：

参照案例A可得：

$K_1=0.95\div1.05=0.905$

$K_{b1}=800\div700=1.143$

$G_1=200\,000\div950=210.52$

$E_1=K_1\times K_{b1}\times G_1=0.905\times1.143\times210.52=217.77$（元/立方米）

参照案例B可得：

$K_2=0.95\div0.91=1.044$

$K_{b2}=800\div750=1.067$

$G_2=160\,000\div900=177.78$

$E_2=K_2\times K_{b2}\times G_2=1.044\times1.067\times177.78=198.03$（元/立方米）

参照案例C可得：

$K_3=0.95\div1.03=0.922$

$K_{b3}=800\div800=1$

$G_3=100\,000\div500=200$

$E_3=K_3\times K_{b3}\times G_3=0.922\times1\times200=184.4$（元/立方米）

用算术平均数得出单位蓄积林木评估值：

$E=（217.77+198.03+184.4）\div3=200.07$（元/立方米）

总评估值$=200.07\times1\,200=240\,080$（元）

（二）剩余价值法

剩余价值法又叫木材市场价倒算法，是将被评估林木资产皆伐后所得的木材的市场销售总收入，扣除木材生产经营所消耗的成本和合理利润，剩余部分作为林木资产评估值。

其计算公式为：

$E_n=W-C-F$

式中：E_n 为林木资产评估值；W 为销售总收入；C 为木材经营成本；F 为木材生产经营利润。

剩余价值法主要用于成熟、过熟林的林木资源资产评估，它是森林资源资产评估中最基本的方法。

【例11-2】南宁桂邕林业公司拟转让近期收购的50公顷乔木林，该林分经营类型为一般用材林，林龄为28年，已过主伐期，处于成熟林组，林分平均胸径为16厘米，平均树高为15米，平均蓄积量为160立方米/公顷，请评估其价值。根据调查，相关技术经济指标为：

1.木材价格

以委托评估资产附近林产品交易市场木材销售价为基础，结合待评估林木资产的实际平均胸径综合确定木材的平均售价。

经调查分析，乔原木售价800元/立方米，乔综合材售价650元/立方米。

2.木材经营成本

主要包含伐区设计费、检尺费、采造集装费、运费、销售管理费等，以出材量为计算基础，合计为170元/立方米。

3.木材销售税费

主要包含增值税、城建税、维简费、不可预见费等，合计按销售收入的18%征收。

4.经营利润率

按木材经营成本的16%计算。

5.出材率

按委估资产地方标准，胸径16厘米的乔木出材率为70%（其中原木25%，综合材45%）。

根据上述指标，评估过程及结论如下：

1.主伐收入

W=50×160×25%×800+50×160×45%×650=3 940 000（元）

2.主伐成本=经营成本+销售税费

C=（50×160×25%+50×160×45%）×170+3 940 00×18%=1 661 200（元）

3.木材经营利润

F=1 661 200×16%=265 792（元）

该林分评估值=3 940 000-1 661 200-265 792=2 013 008（元）

（三）收获现值法

收获现值法是通过预测林分生长到主伐时可生产的木材的数量，利用木材市场价倒算法测算出其立木的价值折成现值，然后扣除评估基准日后到主伐前预计要进行各项经营措施成本（含地租）的折现值，将其剩余部分作为被评估林木资产的评估值。在森林资源资产评估中，收获现值法理论上可以用于任何年龄阶段的林木资产评估，但实际应用中一般用于中龄林和近熟林的林木资产评估。

其计算公式为：

$$B_u = K \times \frac{A_u + D_u(1+P)^{u-a} + D_b(1+P)^{u-b} + \cdots}{(1+P)^{u-n+1}} - \sum_{i=n}^{u-1} \frac{C_i}{(1+P)^{i-n+1}}$$

式中：B_u 为林木资产评估值；K 为林分质量调整系数；A_u 为标准林分 u 年主伐时的净收益；D_b 为标准林分第 b 年的间伐和其他纯收益；C_i 为评估后至主伐期间的年营林生产成本；u 为经营周期；n 为林分年龄；P 为投资收益率。

【例11-3】南宁桂邕国有林场拟转让一块面积为100亩的乔木中龄林，年龄13年，亩蓄积量为10立方米，经营目标为中径材（其主伐年龄为25年），标准参照林分主伐时平均亩蓄积量为18立方米，林龄为13年的指标参照林分的平均亩蓄积量为9立方米，假设该林分不需要间伐，有关技术经济指标如下：

1.营林成本：管护费用5元/亩·年

2.乔木林主伐时林木单位蓄积纯收入为400元/立方米

3.投资收益率：8%

请计算该林分的林木资产评估值。

根据上述指标，评估过程及结论如下：

预测主伐时亩蓄积量＝K×林分主伐标准蓄积量＝10/9×18＝20（立方米）

由于该林木经营不存在间伐，且基准日至主伐时各年营林成本相同，故原收获现值法公式可简化为：

$$B_u = K \times \frac{A_u}{(1+P)^{u-n+1}} - C_i \times \frac{(1+P)^{u-n} - 1}{P*(1+P)^{u-n}}$$

林木评估值 B_u＝100×20×400÷〔(1+8%)$^{25-13+1}$〕－100×（5+48）×〔1－(1+8%)$^{-(25-13)}$〕÷8%

＝254 217.01（元）

（四）重置成本法

重置成本法是按现实的工价及生产水平，将重新营造一块与被评估林木资产相类似的资产所需的成本费用，作为被评估林木资产的评估值的方法。在林木资源资产管理中，对于幼龄林其未来的收获预测困难，市场成交价比较法将难以采用，市场上很难找到交易案例。而作为营造不久的幼龄林，其各项营林成本较清晰，测算重置成本较为容易，因此重置成本法最适于幼龄林林木资产的评估。

根据用材林的经营特点，重置成本法的计算公式为：

$$E_n = K \times \sum_{i=1}^{n} C_i(1+P)^{n-i+1}$$

式中：E_n 为林木资产评估值；K 为林分质量综合调整系数；C_i 为第 i 年以现时工价及生产水平为标准计算的生产成本；n 为林分年龄；P 为投资收益率。

按照我国对于森林资产培育的营林标准要求，在实际操作中，幼龄林林分一般用株数调整系数和平均树高调整系数综合确定，在中龄以上的林分用平均胸径调整系数和蓄积调整系数综合确定。

1.株数调整系数 K_1

依据株数保存率 r 与造林标准合格率 R 之间的比率确定。

式中：株数保存率 r=林地实有保存株数/造林设计株数

在幼龄林的评估中，r≥R，K_1=1；r<R，K_1=r/R。

根据生产的实际情况，在未成林造林地中，如果株数保存率 r 小于 40%，一般认为造林失败，必须重造，而且重造的成本并不比初次造林成本低，因此，在未成林造林地中，当 r≤40% 时，如有需要，则 K_1=0。

2.平均树高调整系数 K_2

$$K_2 = \frac{拟评估林分平均树高}{参照林分平均树高}$$

确定树高调整系数的关键在于寻找合适的参照林分的平均树高。通常做法是选择适合评估地区的各树种幼龄树平均生长过程表，拟合树高平均生长方程，测算评估年度的平均树高作为参照林分的指标平均树高。

【例 11-4】某小班面积为 100 公顷，林分树龄为 3 年，树高调整系数为 0.9，株数保存率 r 为 91%，要求用重置成本法评估其价值。

前三年相同林分投入调查的结果显示：该地区评估基准日第 1 年造林投资为 4 200 元/公顷，第 2 年、第 3 年投资均为 1 500 元/公顷，年投资收益率为 8%。每年的林地租金为 600 元/公顷，从第 1 年起每年管护费为 150 元/公顷。当地造林存货率为 85%。

评估过程及结论：

已知 n=3，C_1=4 200+600+150，C_2=1 500+600+150，C_3=1 500+600+150，该小班林木成活率为 91%>85%，故 K_1=1，K_2=0.9。

该林分评估值=100×1×0.9×（4 950×1.08^3+2 250×1.08^2+2 250×1.08）

=1 016 098（元）

（五）假设开发法

假设开发法又称模拟开发法，该方法是森林景观资产评估中最常用的方法。假设开发法是假设景区在科学、合理、有效的开发建设条件下，预测未来开发建设的投资、经营成本、经营收益，并将其净收益的折现值之和作为森林景观资产评估值的一种方法。假设开发法的测算分为两个阶段：一是开发与发展阶段；二是稳定经营阶段。在开发与发展阶段，逐年计算投资成本、经营成本及投资利润，并将其折算为现值；在稳定经营阶段，利用年金资本化公式将其超额利润折算为现值，将两个阶段的折现值之和作为该景区森林景观资产的评估值。其计算公式为：

$$E = \sum_{i=1}^{n} \frac{A_i - C_i - F_i}{(1+P)^i} + \frac{AI}{P(1+P)^n}$$

式中：E 为评估值；A_i 为第 i 年的预期经营收入；C_i 为第 i 年的投资与经营成本；F_i 为投资利润；AI 为景区开发建设成熟后，收益稳定阶段年净收益；n 为景区开发建设和收益不稳定期；P 为投资收益率。

第二节 珠宝首饰评估

一、珠宝首饰的概念与评估规定

(一)珠宝首饰的概念

珠宝首饰是指珠宝玉石和贵金属的原料、半成品,以及用珠宝玉石和贵金属的原料、半成品制成的佩戴饰品、工艺装饰品和艺术收藏品。

珠宝玉石按其成因类型分为天然珠宝玉石和人工宝石。天然珠宝玉石包括:①天然宝石,如钻石、红宝石、蓝宝石、祖母绿等;②天然玉石,如翡翠、软玉、岫玉等;③有机宝石,如珍珠(养殖珍珠)、珊瑚、琥珀等。人工宝石是完全或部分由人工生产或制造用作首饰及装饰品的材料,包括合成宝石、人造宝石、拼合宝石和再造宝石。

首饰按照佩戴方式不同,可分为:①头饰,主要指用在头发四周及耳、鼻等部位的装饰,如发簪、耳环等;②胸饰,主要是用在颈、胸、背、肩等处的装饰,如项链等;③佩戴饰,主要是用在服装上,或随身携带的装饰,如胸针等;④手饰,主要是用在手指、手腕、手臂上的装饰,如戒指、手链等;⑤脚饰,主要是用在脚踝、大腿、小腿的装饰,如脚链等。

珠宝首饰的价值主要取决于其品质特征,但也受人们的喜好和市场供给的影响,其价值包含有形价值及其所依附的无形价值。另外,珠宝首饰价值的高低离不开制作者的工艺水平,离不开它的天然性和稀缺性。

(二)珠宝首饰的评估规定

珠宝首饰评估的定义为:"资产评估师(珠宝)依据相关法律法规和资产评估准则,在对珠宝首饰进行鉴定分级分析的基础上,对珠宝首饰的价值进行分析、估算并发表专业意见的行为和过程。"根据该准则,从事珠宝首饰评估业务的资产评估机构,应具有财政部门颁发并在业务范围中标明"珠宝首饰艺术品评估"的资产评估资格证书;签署珠宝首饰评估报告的人员应当具有中国资产评估师(珠宝)证书。资产评估师(珠宝)执行珠宝首饰评估业务,应当对珠宝首饰进行实物确认,明确珠宝首饰的存在状态;应当关注评估对象的权属,要求委托方或者相关当事方对珠宝首饰的权属作出承诺;应当对珠宝首饰的权属相关资料进行必要查验;应当对珠宝首饰进行鉴定和品质分级。该准则同时规定,资产评估师(珠宝)执行珠宝首饰评估业务,应根据评估对象、价值类型、资料收集情况等相关条件,分析市场法、成本法和收益法三种资产评估基本方法的适用性,并恰当选择评估方法;应在履行必要的评估程序后编制评估报告,在评估报告中充分披露必要信息,使评估报告使用者能够合理理解评估结论。

二、珠宝首饰的加工程序

1.切割

切割主要是根据宝石的不同形态将大块材料分割成特定的尺寸和形状,可能会用到下料机。

2.预形

预形是把毛料修整成为初步的造型,可能会用到修整机。

3.磨削

磨削主要是为了磨削出宝石的造型。根据磨削方式和磨具的不同，磨削设备可以分为轮磨机、盘磨机、带磨机、滚磨机等。

4.抛光

抛光用于将宝石抛光。有些情况下可以通过更换磨削设备的磨具、磨料来抛光，但多使用专门的抛光机。

5.钻孔

某些首饰，如挂件、珠子等需要打孔，这就需要用到打孔机。

6.起板

利用手工方法制造出首饰样板，并在其适当位置焊上能保证浇铸时引导金属液体顺利灌入的水口棒，作为浇铸用样板。

7.压模

用橡胶片把首饰样板夹在其中，将生胶片塞入一个预选的铝框中，并使被压制的样板填满碎胶片，利用热压机在橡胶中压制后，用手术刀按一定技术规则将胶片割开，取出首饰样板就制成了所谓的胶模。

8.倒模

先将蜡树固定在铸笼内，放在真空机上抽真空，取出后灌入铸笼，再经过蒸蜡，放入烘箱内进行石膏的烘焙，逐步升温即可完成石膏的烘焙，制成石膏模。金属料及补口在熔金炉中加热，当合金完全熔化并搅匀后，把金水浇铸到真空机或离心铸造机的石膏中，冷却后就制成了首饰毛坯。

9.执模

执模即对首饰毛坯进行修正修复，使其达到造型优美、表面平整的工艺。

10.镶嵌、执边

镶嵌就是用钳子、锤子等工具按款式的要求把配好的石料镶嵌到已着色的空托上。镶嵌的时候要按照石料的形状、大小进行定位，以合适的镶法把石料镶嵌得平、齐、稳。执边就是要使镶石后的工件表面恢复到光滑、柔顺的状态。

三、珠宝首饰的评估原则

珠宝首饰评估是与房地产评估、机器设备评估、企业价值评估、动产评估和无形资产评估等并列的国际资产评估六大系列行业之一。与国外相比，我国珠宝首饰评估行业的发展还不够成熟。因此，为了保证珠宝首饰评估的科学性和客观性，遵循一定的评估原则是十分必要的。

1.公正性原则

珠宝首饰的评估是一项严肃的工作，有时候一些评估的结果可能还带有法律效力，会对当事人生命财产产生极大的影响，如为一些案件及财产纠纷中的珠宝首饰的价值所做的评估。因此，作为第三方的评估专业人员必须不受任何外来因素的影响，公正、独立地依据客观的情况进行科学判断，只有在公正的前提下，评估专业人员才有可能真实而科学地作出判断。

2.客观性原则

所谓客观就是实事求是，对珠宝首饰真假、质量、新旧程度等能否作出符合实际的判断，是影响珠宝首饰价值评估的重要方面。要对各种不同种类的珠宝首饰有全面的认识并不是一件容易的事情，评估专业人员除了要掌握较全面的珠宝首饰鉴定技术外，还必须对珠宝首饰的质量分级有丰富的实践经验，对不同市场条件下珠宝首饰的价值观念有足够的认识，对最新的市场资料有充分的了解。

3.科学性原则

所谓科学的评估，是指在公正客观的前提下，对所存在的现实条件作出明智的判断，依据评估目的和现实市场可获得资料的情况，选择正确的评估方法，依据科学的标准，对珠宝首饰进行评价的过程。科学性原则要求我们不能随意按照自己的喜好去选择标准，去对待各种市场资料，而只能根据评估的目的及珠宝首饰的情况，将现实性与可能性科学地统一起来作出判断。当遇到自己没有把握的情况时，应该虚心请教有关方面的专家。科学性原则要求珠宝首饰评估专业人员除了掌握必要的珠宝首饰知识外，还必须具有多学科（如经济学、社会学、商品学等）的知识，在不同的情况下作出正确的判断。要做到科学评估，正确的工作方法、充分的市场调查和深入细致的分析研究是必不可少的。

四、珠宝首饰评估的程序

珠宝首饰评估专业人员执行评估业务，应当履行适当的评估程序，不得随意删减。珠宝首饰评估程序主要包括：

（一）明确珠宝首饰评估的基本事项

珠宝首饰评估专业人员在承接珠宝首饰评估业务前，应当与委托方进行沟通，明确下列事项：委托方基本状况；评估对象的基本状况；评估目的；与评估目的相适应的价值类型及其定义；评估基准日；有关限定条件。

（二）选择珠宝首饰评估的技术方法

签订珠宝首饰评估业务委托合同后，珠宝首饰评估专业人员应根据待估珠宝首饰价值类型、珠宝首饰用途及珠宝首饰评估目的，选择适宜的珠宝首饰评估技术方法。选择珠宝首饰评估技术方法，其目的是收集资料时能做到有的放矢，避免重复劳动。因为不同的评估技术方法所需的资料不同，所以选择珠宝首饰评估技术方法和收集资料是互相补充的，在实际工作中，选择珠宝首饰评估技术方法和收集资料往往也是交叉进行的。

（三）收集珠宝首饰评估的相关资料

珠宝首饰评估专业人员执行珠宝首饰评估业务，应当收集、分析与评估对象相关的信息资料，具体包括：评估对象法律权属资料；评估对象目前和历史状况，如果来源或历史能够增加评估对象的价值，需收集相应的证明资料；评估对象以往的评估及交易情况，相同或类似珠宝首饰的评估及交易情况；可能影响珠宝首饰价值的宏观经济状况及前景；可能影响评估对象价值的特征，如类型、款式、规格、物理状况、组成材料、品质级别、设计制作者、制作工艺、产地、出处、制作年代、风格、替代性、恢复性、稀有性、流行性、实用性、流通性等；其他相关信息资料。

（四）查看分析珠宝首饰质量，评定估算，形成珠宝首饰评估报告

珠宝首饰评估专业人员在执行珠宝首饰评估业务时，应当根据珠宝首饰的特性，确定珠宝首饰价值的构成特征和独特之处；应当恰当描述评估对象，对评估对象的描述包括写实性描述和解释性描述，其分别描述珠宝首饰的客观辨别特征和价值贡献特征，并根据评

估对象的特点，突出描述重点；应采用国家颁布的鉴定和品质分级标准，如果没有国家分级标准，可以采用国内外珠宝业常用的分级标准，并在评估报告中明确说明。另外，珠宝首饰评估专业人员在评估具有无形资产的珠宝首饰时，应当予以充分说明。

五、珠宝首饰评估技术方法

资产评估师（珠宝）执行珠宝首饰评估业务，应当根据评估对象、评估目的、价值类型、资料收集情况等相关条件，分析收益法、成本法和市场法三种资产评估基本方法的适用性，并恰当选择评估方法。

（一）收益法

从理论上说，这种方法非常适用于珠宝首饰价值的评估，但其实际应用则依赖于珠宝首饰租赁业务的开展，因为珠宝首饰是一种稀有的资源产品，其价值在未来应该是不断增加的。也就是说，珠宝首饰具有较长，甚至近于无限期的资产使用期（如钻石，如果保存好的话）。并且，在使用期内，珠宝资产可能不断增值，带来利润或利益。所谓收益现值，是指我们要评估出这样一个货币量，拥有被评估的珠宝首饰，能和这个货币量被存入银行或购买政府债券一样，可获得相同的收益或财富。

因此，珠宝首饰资产每年的收益可以这样计算：假设我们把被评估的珠宝首饰租出去，每年能获得租金收入，如一件价值为10万元的钻石首饰，租出去每年可获1万元的租金收入。珠宝首饰的价值计算公式如下：

$$V = v \div r$$

式中：V表示珠宝首饰的价值；v表示每年的收益；r表示资产的折现率。

事实上，这一公式是以下列假设为前提的，即资金每年的收益值相同，资产可无限期使用，资产的折现率相同。在实际情况下，在有限的年限内使用的资产，其现值的计算公式为：

$$V = \frac{V_1}{1 + r_1} + \frac{V_2}{(1 + r_1)(1 + r_2)} + \cdots + \frac{V_n}{(1 + r_1)(1 + r_2)\cdots(1 + r_n)}$$

$$= \sum_{t=1}^{n} \frac{V_t}{(1 + r_1)(1 + r_2)\cdots(1 + r_n)}$$

式中：V_t为在第t年资产的收益值。按数学的等比级数计算，则V=v/r。在不存在人为的损坏或者人们的价值观念不发生较大改变的情况下，可以认为此简化形式的收益法公式是适用的。根据宏观经济学原理，从长期来看，只有当收益率和利率相等时，市场的供求关系才会趋于平衡，即r=i（银行利率）。在实际计算中，有学者认为用实际利率代替银行利率能使结果更符合实际。所谓实际利率是指扣除物价因素及所得税因素影响后的银行利率。

实际利率=（1年期定期存款利率÷物价指数）×（1-所得税税率）

因此，如果能较准确地估计珠宝首饰的预期收益值，利用收益法就可评估出珠宝首饰评估基准日的价值。

【例11-5】一件珠宝首饰租出去每年能获得1万元的收入，而银行1年期定期存款利率为10%，所得税税率为25%，物价指数为80%。

该珠宝首饰采用收益法评估的价值=10 000÷［（0.10÷0.8）×（1-0.25）］

=106 666.67（元）

目前在我国珠宝首饰评估中极少使用收益法，主要是因为这一方法的原理较难理解，评估人员需要有较全面的财务及经济知识，特别是在实际应用时，利率与折现率的确定较难把握。另外，目前珠宝首饰的实际租赁业务很少，这也是造成收益法得不到广泛应用的因素之一。

（二）成本法

珍贵宝石以及一些具有独特社会价值和特殊文化内涵的珠宝，因为既不可能再生，也无法在真正意义上复制重做，它们不但不会随时间的推移而贬值，反而会随着岁月流逝而不断增值，对于这样的情形无法使用成本法进行评估。但是，对于一般的商业性珠宝，例如一些已佩戴过的、一般质量和大小的钻石、黄金首饰等，仍然可以根据成本法进行评估，此时成本法体现出科学性、具体可操作性和易为人所接受的特点。

利用成本法对珠宝首饰进行评估，实际上是从生产的角度去确定珠宝首饰的生产成本，用待估珠宝首饰在评估基准日的生产成本减去该件珠宝首饰佩戴所产生的折旧，所获得的数据即为珠宝的重置成本价值。对于珠宝首饰而言，功能性贬值可以忽略，折旧主要考虑有形的损耗。例如，宝石可能会在佩戴过程中受损而使其质量品级下降，价值减少；镶嵌金属因佩戴而磨损，重量减轻，从而导致价值下降。社会性的折旧主要是指由于款式过时或所镶嵌金属的种类不再流行等因素而产生的贬值。

利用成本法对珠宝首饰进行评估，应先通过三个步骤确定珠宝首饰的重置成本：第一，将首饰分成不同的部分进行成本核算，通常可分成宝石和贵金属两部分。第二，根据现时一般的生产力水平，确定珠宝首饰制造过程的加工费及损耗。第三，根据现在的利率水平及税收情况等确定珠宝首饰在加工过程中应有的费用支出。然后，根据珠宝首饰的佩戴情况确定其新旧程度及款式，结合镶嵌金属的折旧情况确定首饰的折旧额。

【例11-6】一件蓝宝石戒指，蓝宝石是斯里兰卡浅色蓝宝石，重1.2克拉，18K（含75%的黄金）黄金托重8克。已知黄金价格为每克（足金）300元，试利用成本法估算该件首饰的价值。

评估过程如下：

（1）将首饰分成宝石和黄金两个部分，分别计算两部分的重置成本。根据了解，评估日1.2克拉左右斯里兰卡浅色蓝宝石的批发价为500元/克拉，则该件宝石全新时的成本为600元（500×1.2），而黄金的重置成本为1 800元（8×300×0.75）。

（2）根据一般生产力水平，珠宝首饰镶嵌厂镶嵌戒指的手工费为50元/件，而黄金损耗为10%，则生产过程重置成本为230元（50+1 800×0.1）。

（3）根据评估时利息率为10%，从生产到出厂大约要1个月，而黄金税收及宣传等费用平均为30元/件，则该过程重置成本为52元（（600+1 800+230）×（10%÷12）+30）。

三项相加，重置成本为：

600+1 800+230+52=2 682（元）

（4）因为戒指总体成新率为80%，因此根据重置成本评估折现价（含税价）为：

2 682×0.80=2 146（元）

由上例可以发现，利用成本法对珠宝首饰进行评估的关键是要对珠宝首饰不同组成部分的市场成本和珠宝首饰的制造过程有足够的了解。因为不同的公司买卖宝石、黄金的价格可能有一定的差异，因而在市场成本价格的选择上应该尽可能选择正常经营状态下及具有代表性的公司的价格作参考，而不应只选择个别公司的价格作为参考。

利用成本法对珠宝首饰评估最主要的误差来自三个方面：一是珠宝首饰的价值有时与成本价格之间很难严格对应，不同厂商生产的珠宝首饰虽然成本价格一样，但其市场价格可能相差很大，用成本法评估的价值有时不能全面反映该件珠宝首饰的市场价格；二是由于宝石不可能完全重复，因而以评估日相近宝石的批发价作参考，也可能引起较大的误差；三是新旧程度的估计带有一定的主观性。

（三）市场法

市场法的应用依据是自由市场交易条件下的等效同价现象。所谓等效同价，是指在自由交易的条件下，任何经济主体在市场中的交易行为都以最小的代价获得最大利润为目的，选择的结果会使市场上的资产趋向于价格与效用一致，因此通过比较相同或类似的同类物品的市场价格，就可以确定被评估物品的价值。使用市场法对珠宝首饰进行评估的主要步骤是：

1.选准与待评估珠宝首饰相同或较为类似的参照物

事实上，这常常是市场法最困难的地方，要找到质量及款式完全相同的珠宝首饰并不是一件容易的事。当两件珠宝首饰质量、大小及款式等方面有差异时，就有必要进行权衡和校正。

2.要根据评估的目的来选择参照市场体系

选择零售市场的珠宝首饰作为参照还是选择批发市场的珠宝首饰作为参照，所获得的结果是截然不同的。

3.所选的参照物最好位于同一区域市场内

因为不同区域市场（如美国市场与中国市场、广州市场与西藏市场）的珠宝首饰价值不具有可比性，所以应该选择经济发展水平相近、居民购买力相近的市场作为参考。

4.选择相同交易时间成交的珠宝首饰作为参照物

事实上，由于受经济周期的影响，在不同时期，珠宝首饰的市场价格可能有很大的差别，因此，如果我们将不同时期珠宝首饰市场价格相互对照作为参考，评估结果可能就缺乏科学性。

除此之外，在确定参照珠宝首饰的价格后，要准确确定所评估珠宝的价值，还必须进行更细致的校正。其中，交易环境的修正最为重要，就我国目前的市场划分而言，高级宾馆、大百货商店珠宝首饰部及专业珠宝首饰公司的珠宝首饰价格会有明显差异，我们认为以大百货公司的珠宝首饰价格作为零售参考是相对合理的。当参照物在其他环境中时，对参照物的价格进行修正是必要的。

（1）交易税收方面的修正。由于目前我国私人交易方式极为普遍，这种方式往往没有包含税收部分，因而以这种交易方式成交的珠宝首饰作为参照物时，应修正税收因素的影响。

（2）交易货币种类的修正。如果是以不同货币计价的珠宝首饰，就必须根据汇率进行必要的校正，特别是当交易时间与参照物的成交时间有差异时，更应考虑这一因素。例如，美元兑日元汇率曾经从 1∶360 剧烈变化为 1∶84，日元大幅度升值，这样的变动对在这两个市场购买的珠宝首饰的价值将会有明显的影响。

（3）交易数量的修正。事实上，只卖一件珠宝首饰与一次卖几件珠宝首饰成交价格可能会有明显的不同，前者为零售价，后者则可能接近批发价；经常光顾的熟客与偶然光顾的顾客在价格折让上也可能有所不同，这些因素都应考虑在内。

总的来说，运用市场法进行评估时应该考虑上述因素的影响，在公平交易、质量一致的前提下，尽量选择具有相同或相近交易时间、交易环境、交易数量、交易方式的珠宝首饰作为参照物，运用算术平均法或加权算术平均法来确定评价珠宝的价值。

上面介绍的资产评估的方法虽然都可以在珠宝首饰评估时使用，但实际上它们各有不同的运用范围，其评估结果也有明显的差别。因此，为了使资产评估的结果能实事求是地反映珠宝首饰价值，选用时应区分不同的情况。一般而言，收益法的理论性强，其评估的价值既包含有形价值部分，也包含无形价值部分，较适合于贵重珠宝首饰价值评估及以商业、收藏、馈赠为目的的珠宝首饰价值评估。成本法运用简便，其真实性也较容易理解，比较适合于旧的珠宝首饰价值评估以及以确定珠宝企业资产规模和资产补偿为目的的珠宝首饰价值评估。市场法是目前珠宝行业使用较广的方法，优点是直观简便，缺点是人为因素多，其结果准确性主要依赖于市场数据的可靠性，比较适于一般商业类珠宝首饰零售价值评估以及以馈赠和纳税为目的的珠宝首饰价值评估。

第三节　金融不良资产评估

一、金融不良资产的概念

金融不良资产是指银行持有的次级、可疑及损失类贷款，金融资产管理公司收购或接管的金融不良债权，以及其他非银行金融机构持有的不良债权。金融不良资产评估业务包括资产评估师执行的以金融不良资产处置为目的的价值评估业务（以下简称"价值评估业务"）和以金融不良资产处置为目的的价值分析业务（以下简称"价值分析业务"）。

价值评估业务是指资产评估师根据委托方的要求，对金融不良资产在基准日的价值进行分析、估算并形成专业意见的行为或过程。价值分析业务是指资产评估师根据委托方的要求，对无法实施必要评估程序的金融不良资产在基准日的价值或价值可实现程度进行分析、估算并形成专业意见的行为或过程。

二、金融不良资产的评估对象

在金融不良资产评估业务中，根据项目具体情况和委托方的要求，评估对象可能是债权资产，也可能是用以实现债权清偿权利的实物类资产、股权类资产和其他资产。从事金融不良资产评估业务，应当关注评估对象的具体形态，充分考虑评估对象特点对评估业务的影响。金融不良资产评估业务的评估对象包括价值评估业务的评估对象和价值分析业务的价值分析对象。

价值评估业务的评估对象通常是用以实现债权清偿权利的实物类资产、股权类资产和其他资产，也包括资产评估师能够实施必要评估程序的债权资产。价值分析业务的价值分析对象通常是债权资产，也包括因受到限制、资产评估师无法实施必要评估程序的用以实现债权类不良资产、股权类不良资产和物权类不良资产。由于金融不良资产的形成原因复杂，在进行金融不良资产处置评估业务时，正常的评估程序往往受到限制，所以，评估方法的选取需综合考虑评估目的、资产处置方式、可获得的评估资料以及被评估资产的具体特点等因素，由模拟回收过程确定。

1.债权类不良资产的评估

债权类不良资产主要是指不良贷款和不良债权。债权类不良资产在金融资产管理公司所管理的资产中占有较大比重，这类资产个性差异大、可比性不强，其内在风险大和时效性强的特点使得评估难度大，对评估结果的客观性和及时性要求较高。由于债权资产本身的复杂性以及债务人没有足够偿还能力，在测算金融不良债权资产价值时会面临很多不确定性，无论是从直接途径还是间接途径测算债权回收价值，其途径和思路都或多或少存在一些不够完善之处。因此，债权类资产主要适用于价值分析业务，即其价值分析对象通常是债权资产。

2.物权类不良资产的评估

物权类资产主要包括收购的以物抵贷资产、资产处置中收回的以物抵债资产、受托管理的实物资产及其所产生的权益，以及其他能实现债权清偿权利的实物资产。物权类金融不良资产则包括抵债取得的房地产、机器设备等。该类资产通常存在产权瑕疵、功能或实体瑕疵，资产处置多采用拍卖方式，因此，评估师对该类资产进行评估时需着重考虑其市场状况，一般采用市场法进行评估，并充分考虑其产权瑕疵、功能或实体瑕疵对价值的影响。

3.股权类不良资产的评估

股权类资产主要包括商业性债转股、抵债股权、质押股权等。股权类不良资产主要有抵债取得和债转股取得两个来源。所持有股权的被投资单位通常有两种，即持续经营企业和非持续经营企业。对持续经营企业的不良资产进行评估时，可采用市场法、收益法、成本法，与正常传统的评估无异。但是，对于非持续经营企业的不良资产进行评估时，因其收益状况不佳、现金流极少甚至为负现金流，以及市场交易活跃程度极低，导致收益法、市场法的应用均受到极大限制，资产管理公司通常对该类股权采用滞后择机处置，以最大限度地实现回收价值。对于特定时点的评估，则需考虑处置时机、处置方式来确定评估方案和评估方法。

4.其他不良资产的评估

其他不良资产主要包括土地使用权、商标权等无形资产以及收益凭证等流动性不佳的其他相关资产。

此外，我国金融不良资产评估实践已经突破了原有的不良资产处置领域，扩展至服务金融机构经营管理、风险防范等领域，主要集中在以下几个方面：

（1）金融不良资产处置评估。目前，除我国四大资产管理公司处置金融不良资产外，为保全资产，银行、中央汇金公司、中国建投公司以及地方金融企业，也通过处置不良资产降低经营风险。不良资产处置要经过评估，这是资产评估作为国有资产监管手段的体现。

（2）金融机构经营管理中的价值判断和风险防范评估。面对庞大的不良资产，金融机构自主定价能力较弱，需要专业的评估机构提供贷款五级分类的判定、贷款质量分析、风险质量控制等服务，评估机构越来越多地担任金融企业经营中的顾问角色。资产评估行业以资产为基础的核实和调查，为评估师提供管理建议奠定了坚实的基础。此外，对上市银行的主要资产进行动态评估，有助于客观反映金融企业的经营状况和风险状况，能够为金融企业及时管理和化解金融风险提供参考。

（3）以财务报告为目的的评估。新会计准则实施后，资产管理公司持有的商业化债权作为金融资产以公允价值核算。为满足编制年度会计报告需要，企业通常委托评估机构完成该项工作。此外，在抵押贷款业务中对不动产的公允价值进行动态、定期的评估，也需要发挥资产评估的专业作用。

三、债权资产价值分析的评估技术方法

债权资产价值分析是对债权资产在基准日的价值或价值可实现程度进行分析、估算并形成专业意见的行为或过程，其分析主要基于两种途径：一种是以债务人和债务责任关联方为分析范围的途径，主要包括假设清算法、现金流偿债法和其他适用方法；另一种是以债权资产本身为分析范围的途径，主要包括交易案例比较法、专家打分法和其他适用方法。不同价值分析方法的分析思路和分析过程不同，形成的价值分析结论也就不同。

（一）以债务人和债务责任关联方为分析范围的途径

以债务人和债务责任关联方为分析范围的途径，实际上是从债权资产涉及的债务人和债务责任关联方偿还债务能力角度进行分析的途径，主要适用于债务人或债务责任关联方主体资格存在、债务人或债务责任关联方配合并能够提供产权证明及近期财务状况等基本资料的情况。其操作思路主要是通过对企业（含债务人、债务责任关联方）的资产质量进行分析评价，清查核实企业负债，判断企业的财务状况、经营能力和发展前景，从综合考查债务人和债务责任关联方偿还债务能力的角度来分析债权的可能受偿程度，并适当考虑其他影响因素，以揭示和评价某一时点债权资产价值。

对债务人、债务责任关联方偿债能力的考查主要采用以下方法：假设清算法、现金流偿债法和其他适用方法。资产评估师应当根据企业的实际状况选用恰当方法，对债务人、债务责任关联方进行偿债能力分析，在此基础上确定债权可受偿金额或比例。

1.假设清算法

假设清算法是指在假设对企业（债务人或债务责任关联方）进行清算偿债的情况下，基于企业的整体资产，从总资产中剔除不能用于偿债的无效资产，从总负债中剔除实际不必偿还的无效负债，按照企业清算过程中的偿债顺序，考虑债权的优先受偿，以分析债权资产在某一时点从债务人或债务责任关联方所能获得的受偿程度。

（1）假设清算法的适用范围。假设清算法主要适用于非持续经营条件下的企业以及仍在持续经营但不具有稳定净现金流或净现金流很小的企业。企业资产庞大或分布广泛的项目和不良债权与企业总资产的比率相对较小的项目，不宜采用假设清算法。

（2）价值分析程序。

①对债权人的债权资料进行分析。

②剔除企业无效资产，确定有效资产。无效资产的剔除应当详细阐述依据并附相应证明材料。

③剔除债务人无效负债，确定有效负债。

④根据债务人的经营状态和分析目的采用适当的价值类型，对企业的有效资产进行评

估，对负债进行确认。

⑤确定优先扣除项目，包括资产项优先扣除项目以及负债项优先扣除项目，优先扣除项目应当有确切的依据。

⑥确定一般债权受偿比例。

一般债权受偿比例=（有效资产-资产项优先扣除项目）÷（有效负债-负债项优先扣除项目）

⑦确定不良债权的优先受偿金额。

⑧确定不良债权的一般债权受偿金额。

一般债权受偿金额=（不良债权总额-优先受偿金额）×一般债权受偿比例

⑨分析不良债权的受偿金额及受偿比例。

不良债权受偿金额=优先债权受偿金额+一般债权受偿金额

受偿比例=不良债权受偿金额÷不良债权总额

⑩分析或有收益、或有损失等其他因素对受偿比例的影响。

确定不良债权从该企业可以获得的受偿比例。

⑪对特别事项进行说明。

（3）使用假设清算法应当注意的问题。

①在假设清算法操作思路中，由于许多因素难以量化界定（主要表现为或有负债的不确定性、优先扣除项目金额的难以把握，以及资产变现的可能性等），价值分析结论可以是区间值。

②使用假设清算法的关键是债务人能够提供其真实会计报表、界定准确的资产负债范围，资产评估师应当能够对企业提供的资产负债表履行相应的分析程序。

③对可能影响债权资产价值的信息应当在特别事项说明中充分披露。

④应当准确把握企业在持续经营和非持续经营情况下有效资产和有效负债的范围。

⑤确定优先权受偿金额时，如果对应的资产价值小于优先债权，剩余的优先债权并入一般债权参与受偿；如果对应的资产价值大于优先债权，超过部分并入有效资产参与清偿。

⑥应当合理考虑土地使用权、职工安置费等重大因素对偿债能力的影响。

2.现金流偿债法

现金流偿债法是指依据企业近几年的经营和财务状况，考虑行业、产品、市场、企业管理等因素的影响，对企业未来一定年限内可偿债现金流和经营成本进行合理预测分析，考查企业以未来经营及资产变现所产生的现金流清偿债务的一种方法。

（1）现金流偿债法的适用范围。

①现金流偿债法主要适用于有持续经营能力并能产生稳定可偿债现金流量的企业。

②被评估企业经营规范、财务资料规范，资产评估师能够依据前3年财务报表对未来经营情况进行合理分析预测。

（2）现金流偿债法的程序。

①收集企业财务资料和经营情况资料。

②分析企业历史资料，合理预测企业未来现金流量。

③结合资产处置方式和企业实际情况，合理确定企业未来现金流量中可用于偿债的比

例（偿债系数）和预期偿债年限。

④确定折现率。折现率为基准利率（国债利率）与风险调整值之和。风险调整值应当考虑到不良贷款损失率、不良贷款企业使用资金的成本、预期企业利润率及企业生产面临的各类风险等因素。

⑤将企业预期偿债年限内全部可用于偿债现金流量折现，测算偿债能力。

⑥对特别事项进行说明。

（3）使用现金流偿债法应当注意的问题。

①企业未来现金流量应包括预期偿债年限内由经营带来的现金流量以及预期偿债期末由资产变现带来的现金流量。

②预期偿债年限、偿债系数、折现率的确定应有依据或合理解释。

③在预测中应当分析抵押物对企业现金流的影响。

④应当适当考虑企业非财务因素对偿债能力的影响，或在特别事项说明中予以披露。

（二）以债权资产本身为分析范围的途径

以债权资产本身为分析范围的途径，是指资产评估师基于债权人所掌握的材料，通过市场调查、比较类似交易案例以及专家估算等手段对债权资产价值进行综合分析的一种途径。这一途径主要适用于得不到债务人、债务责任关联方配合或债务人、债务责任关联方不具备相关资料的情况，主要采用交易案例比较法、专家打分法和其他适用方法。资产评估师应当根据债权资产的实际状况选用适当方法对债权资产进行分析，最终确定债权回收价值。

1.交易案例比较法

首先通过定性分析掌握债权资产的基本情况和相关信息，确定影响债权资产价值的各种因素，然后选取若干近期已经发生的与被分析债权资产类似的处置案例，对影响债权资产处置价格的各种因素进行量化分析，必要时可通过适当方法选取主要影响因素作为比较因素，与被分析债权资产进行比较并确定比较因素修正系数，对交易案例的处置价格进行修正并综合修正结果得出被分析债权资产价值。当可获取的样本量足够大时，可以运用数理统计的方法（如回归分析、方差分析等）对样本进行分析，以此为基础测算债权资产的价值。

（1）交易案例比较法的适用范围。交易案例比较法主要适用于可以对债权资产进行因素定性分析以及有可供比较的债权资产交易案例的情形。

（2）交易案例比较法的程序。①对债权资产进行定性分析。定性分析主要借助如下资料进行：债权债务关系形成及其维权情况的全部档案资料；贷款历史成因、导致损失原因、企业经营状况、商业银行五级（或四级）分类资料；从当地政府相关部门（如工商、土地、房产等部门）或债务人主管部门获取的有关债务人或债务责任关联方的信息；进行现场实地勘察或从债权处置人员处获取市场调查、询价资料等。通过分析这些资料，确定影响债权资产价值的各种因素。②选择交易案例。选择3个以上（含3个）债权形态、债务人性质和行业交易条件相近的债权资产处置案例作为参照。③对分析对象和参照物进行比较因素调整。比较因素包括但不限于：债权情况（包括贷款时间、本息结构、剥离形态等）；债务人情况（包括行业、性质、规模、地域等）；不良资产的市场状况；交易情况

（处置方式、交易批量、交易时间、交易动机等）。交易案例样本比较多时，可以通过统计分析方法确定主要比较因素，剔除影响力较弱的因素。④指标差异比较、量化。⑤合理分析估测债权资产价值。

（3）使用交易案例比较法应当注意的问题。①资产评估师应当通过尽职调查获取必要的资料信息。②能够获得类似或具有合理可比性的债权资产处置案例作为参照物，这些案例应当是近期发生的并且具备一定数量。③债权资产如有抵押、担保等因素，应当单独分析。

2.专家打分法

专家打分法是指通过匿名方式征询有关专家的意见，对专家意见进行统计、处理、分析和归纳，客观地综合多数专家经验与主观判断，对大量难以采用技术方法进行定量分析的因素作出合理估算，经过多轮意见征询、反馈和调整后，对债权价值和价值可实现程度进行分析的方法。

（1）专家打分法的适用范围。专家打分法适用于存在诸多不确定因素、采用其他方法难以进行定量分析的债权。

（2）专家打分法的程序。①选择专家。②确定影响债权价值的因素，设计价值分析对象征询意见表。③向专家提供债权背景资料，以匿名方式征询专家意见。④对专家意见进行分析汇总，将统计结果反馈给专家。⑤专家根据反馈结果修正自己的意见。⑥经过多轮匿名征询和意见反馈，形成最终分析结论。

（3）使用专家打分法应当注意的问题。①选取的专家应当熟悉不良资产市场状况，有较高权威性和代表性，人数应适当。②就影响债权价值的每项因素的权重及分值均应向专家征询意见。③多轮打分后统计方差如果不能趋于合理，应当慎重使用专家打分法得出的结论。

【例11-7】某投资顾问有限公司，于2007年向建设银行借款800万元，月利率为7.0125‰，合同起止日期为2007年12月19日——2008年6月18日，贷款性质为担保，担保人为某商贸公司。上述贷款到期后，债务人、保证人未能及时偿还借款。2014年6月，建设银行将上述债权转让给所属AMC；2014年11月，该AMC又将该债权移交给另外一家AMC。转让的债权本金为800万元，利息为379万元。2017年4月，受让该债权的AMC拟通过市场出售该债权。为此，委托北京一家评估机构对该债权进行评估。评估基准日为2016年12月31日。基准日债权本金为800万元，利息为677.84万元。

评估情况：

1.业务类型——价值分析业务；

2.采用的价值类型——清算价值类型；

3.分析方法——综合因素分析法；

4.分析范围——债务人、担保人；

5.债权价值分析过程及结论。

（1）优先偿债资产分析。

该项债权无优先偿债资产。

（2）一般主债权偿债能力分析。

债务人为管理咨询类企业，目前处于存续状态，正常年检；据潘总介绍，该公司经营上面临困难，公司连年亏损，目前勉强维持，但卷宗相关资料并没有显示企业存在可执行有效资产，这都对债权的回收有很大的负面影响。

综上所述，债权回收有很大的难度，但公司目前处于开业状态，分析仍有一定的回收能力，一般偿债比例为5%~15%，则回收金额$_1$=14 778 413.30×5%=738 920.67（元），回收金额$_2$=14 778 413.30×15%=2 216 762.00（元）。

（3）补充偿债能力分析。

保证人某商贸发展有限责任公司，本次尽调过程中没有在其注册地址找到该企业，在网络媒体上亦没有查找到保证人的信息，在工商登记处的电话已经为空号，保证人实际已经查无下落；卷宗资料中也没有查到保证人可以偿债的有效资产，因此保证人的一般偿债能力为零。

（4）债务企业整体偿债能力分析。

通过综合因素分析法对以上债权价值进行分析得出如下结论：AMC持有的债权某投资顾问有限责任公司回收金额为738 920.67元至2 216 762.00元。

（5）分析结果：该债权的清算价值=73.89万元~221.68万元，其中：优先偿债能力为零，偿债能力为73.89万元~221.68万元，补充偿债能力为零，债权本金回收率为9.24%~27.71%。

第四节　二手车评估

一、二手车的概念

迄今为止，国内尚未对二手车的评估建立起一套完整而科学的评测体系，这已成为阻碍二手车交易市场发展的"瓶颈"。在《二手车流通管理办法》中，明确地将"二手车"定义为："从办理完注册登记手续到达到国家强制报废标准之前进行交易并转移所有权的汽车（包括三轮汽车、低速载货汽车，即原农用运输车，下同）、挂车和摩托车。"二手车交易是指二手车经营和直接交易活动；二手车经营是指二手车收购、销售、置换、拍卖、委托代理等经营活动；二手车经纪是指二手车经纪机构以收取佣金为目的，为促成他人交易二手车而从事居间、行纪或者代理等经营活动；二手车交易市场和二手车经纪公司均不得参与二手车经营活动。

二、二手车评估的方法

我国对二手车评估还没有统一的标准，二手车估价主要参照其他资产评估的方法，可以采用成本法、收益法、现行市价法、清算价格法和快速折旧法五种主要评估方法。以下主要介绍前三种方法。

（一）成本法

二手车评估使用的成本法，是指在现时条件下重新购置一辆全新状态的被评估二手车辆所需的全部成本（即完全重置成本，简称重置全价），减去该被评估车辆的各种陈旧贬值后的差额作为被评估车辆现时价格的一种评估方法。重置成本是购买一辆全新的与被评估车辆相同的车辆所支付的最低金额。重置成本有两种形式：复原重置成本和更新重置成本。复原重置成本是指用与被评估车辆相同的材料、制造标准、设计结构和技术条件等，以现时价格复原购置相同的全新车辆所需的全部成本。更新重置成本指利用新型材料、新技术标准、新设计等，以现时价格购置相同或具有相似功能的全新车辆所支付的全部成本。在进行重置成本计算时，应选用更新重置成本，如果不存在更新重置成本，则再考虑使用复原重置成本。

1.影响车辆价值量变化的因素

影响车辆价值量变化的因素主要有实体性贬值、功能性贬值和经济性贬值三个因素。实体性贬值也叫有形损耗，是指机动车在存放和使用过程中，由于物理和化学原因而导致的车辆实体发生的价值损耗，即由于自然力的作用而发生的损耗；功能性贬值是由于科学技术的发展导致的车辆贬值，即无形损耗；经济性贬值是指由于外部经济环境变化所造成的车辆贬值，外部经济环境包括宏观经济政策、市场需求、通货膨胀和环境保护政策等。外界因素对车辆价值的影响不仅是客观存在的，而且对车辆价值的影响还相当大，所以在二手车的评估中不可忽视。

2.成本法的估价模型

评估模型Ⅰ：被评估车辆的评估值=更新重置成本−实体性贬值−功能性贬值−经济性贬值

评估模型Ⅱ：被评估车辆的评估值=更新重置成本×成新率

评估模型Ⅲ：被评估车辆的评估值=更新重置成本×成新率×（1−折扣率）

在评估模型Ⅰ中，除了要准确了解二手车的更新重置成本和实体性贬值外，还必须计算其功能性贬值和经济性贬值，而这两种贬值因素要求估价人员对未来影响二手车的运营成本、收益乃至经济寿命有较为准确的估计，否则难以评估其市场价值。因此，模型Ⅰ对于估价人员来说很难操作。评估模型Ⅲ是在评估模型Ⅱ的基础上再减去一定的折扣，从而估算出被评估二手车的价值。模型Ⅲ较模型Ⅰ而言，较充分地考虑了影响汽车价值的各种因素，可操作性强。

3.重置成本的估算方法

（1）重置成本的构成。

更新重置成本=直接成本+间接成本

直接成本是指购置全新的同种车型时直接可以构成车辆成本的支出部分，它包括现行市场购置价格，加上运输费和办理落户手续时所缴纳的各种税费，如车辆购置税、车船税、落户上牌费、保险费等。间接成本是指购置车辆时所花费的不能直接计入购置成本中的那部分成本，如购置车辆发生的管理费、专项贷款发生的利息、洗车费、美容费、停车管理费等。在实际的评估作业中，间接成本可忽略不计。

（2）重置成本的估算。第一种方法为直接询价法，即查询当地新车市场上被评估车辆处于全新状态时的现行市场售价。第二种方法为账面成本调整法，即对于那些无法从现行市场上寻找到重置成本的车型，如淘汰产品或是进口车辆，可根据汽车市场的物价变动指数调整得到二手车的重置成本。

重置成本=账面原始成本×（车辆鉴定估价日的物价指数÷车辆购买日的物价指数）

或　重置成本=账面原始成本×（1+车辆购买日到鉴定估价日的物价变动指数）

4.成新率的估算方法

成新率是指被评估车辆的新旧程度。二手车成新率是二手车的功能或使用价值与全新机动车的功能或使用价值的比率。它与有形损耗一起反映了同一车辆的两个方面。成新率和有形损耗率的关系是：

成新率=1-有形损耗率

确定成新率可以使用如下六种方法：

（1）使用年限法。车辆已使用年限是指从车辆登记日到评估基准日所经历的时间（进口车辆登记日为其出厂日）；车辆规定使用年限是指国家于机动车强制报废标准中规定的使用年限。已使用年限计量的前提条件是车辆的正常使用条件和正常使用强度。在实际使用已使用年限指标时，应特别注意车辆的实际使用情况，而不是简单的日历天数。例如，对于某些以双班制运行的车辆，其实际使用时间为正常使用时间的两倍，因此该车辆的已使用年限，应是车辆从开始使用到评估基准日所经历时间的两倍。

成新率=（规定使用年限-已使用年限）÷规定使用年限×100%

（2）综合分析法。综合分析法是以使用年限法为基础，综合考虑车辆的实际技术状况、维护保养情况、原车制造质量、工作条件及工作性质等多种因素对二手车价值的影响，以系数调整成新率的一种方法。

成新率=（规定使用年限-已使用年限）÷规定使用年限×综合调整系数×100%

使用综合分析法时要考虑的因素有：车辆的实际运行时间、实际技术状况；车辆使用强度、使用条件、使用和维护保养情况；车辆的原始制造质量；车辆的大修、重大事故经历；车辆外观质量等。综合分析法比较详细地考虑了影响二手车价值的各种因素，并用一个综合调整系数指标来调整车辆成新率，评估值准确度较高，因而适用于具有中等价值的二手车评估。这是二手车鉴定评估中最常用的方法之一。

（3）行驶里程法。车辆规定行驶里程是指国家强制报废标准规定的行驶里程。此方法与使用年限法相似，在按照行驶里程法计算成新率时，一定要结合二手车本身的车况，判断里程表的记录与实际的二手车的物理损耗是否相符，防止由于人为变更里程表所造成的误差。由于里程表容易被人为变更，因此在实际应用中较少采用此方法。

（4）部件鉴定法。部件鉴定法也称技术鉴定法，是指在对二手车评估时，按其组成部分对整车的重要性和价值量的大小来加权评分，最后确定成新率的一种方法。其基本步骤为：①将车辆分成若干个主要部分，根据各部分制造成本占车辆制造成本的比重，按一定百分比确定权重。②以全新车辆各部分的功能为标准，若某部分功能与全新车辆对应部分的功能相同，则该部分的成新率为100%；若某部分的功能完全丧失，则该部分的成新率为零。③根据若干部分的技术状况给出各部分的成新率，分别与各部分的权重相乘，即得出各部分的权分成新率。④将各部分的权分成新率相加，即得到被评估车辆的成新率。在实际评估时，应根据车辆各部分价值量占整车价值的比重，调整各部分的权重。部件鉴定法费时费力，车辆各组成部分权重难以掌握，但评估值更接近客观实际，可信度高。它既考虑了车辆的有形损耗，也考虑了车辆由于维修或换件等追加投资使车辆价值发生的变化。这种方法一般适用于价值较高的车辆的价格评估。

（5）整车观测法。整车观测法主要是通过评估专业人员的现场观察和技术检测，对被评估车辆的技术状况进行鉴定、分级，以确定成新率的一种方法。运用整车观测法应观察、检测或收集的技术指标主要包括：①车辆的现时技术状态。②车辆的使用时间及行驶里程。③车辆的主要故障经历及大修情况。④车辆的外观和完整性等。运用整车观测法估测车辆的成新率，要求评估专业人员必须具有一定的专业水平和丰富的评估经验，这是运用整车观测法准确判断车辆成新率的基本前提。整车观测法的判断结果没有部件鉴定法准确，一般用于中、低价值车辆成新率的初步估算，或作为利用综合分析法确定车辆成新率的参考依据。

总之，使用年限法、行驶里程法一般适用于价值量较低车辆的评估；综合分析法一般适用于中等价值车辆的评估；部件鉴定法适用于价值较高车辆的评估；整车观测法则主要用于中、低价值的二手车辆的初步估算，或作为综合分析法鉴定估价要考虑的主要因素之一。

（6）综合成新率法。前面介绍的使用年限法、行驶里程法和部件鉴定法三种方法计算的成新率分别称为使用年限成新率、行驶里程成新率和现场查勘成新率。这三个成新率的计算只考虑了二手车的一个因素，因而就它们各自所反映的机动车的新旧程度而言，是不完全的，也是不完整的。为了全面反映二手车的新旧状态，我们在对二手车进行鉴定评估时可以采用综合成新率法，即对使用年限成新率、行驶里程成新率和现场查勘成新率分别赋予不同的权重，计算三者的加权平均成新率。这样，就可以尽量减小使用单一因素计算成新率给评估结果所带来的误差。

5.折扣率的估算

上述成新率的估算方法往往只考虑了一种因素，如使用年限法计算的成新率仅仅考虑了使用年限因素对车辆的实体性贬值的影响，行驶里程法仅考虑了行驶里程因素所导致的损耗，部件鉴定法虽然考虑了各个部件的损耗情况，但却没有充分考虑到年限以及行驶里程对车辆价值的影响。因此，为了避免单一因素成新率计算的不足，我们以一个折扣率来衡量其他因素对车辆价值影响的大小。折扣率的估算根据市场同种车型的供求关系、宏观经济政策和对车价变化的未来预期以及市场变现的难易程度等因素，由二手车估价师依据评估经验进行判定。

（二）收益法

1.收益法的原理

收益法是将被评估的车辆在剩余寿命期内的预期收益折现为评估基准日的现值，以此来确定被评估车辆的价值。现值即车辆的评估值，它的确定依赖于未来预期收益。从原理上讲，收益法是基于这样的事实：人们之所以占有某车辆，主要是考虑这辆车能为自己带来一定的收益，如果某车辆的预期收益小，车辆的价格就不可能高；反之，车辆的价格肯定就高。投资者购买车辆时，一般先要进行可行性分析，只有其预计的内部回报率超过评估时的折现率时才肯购买车辆。应该注意的是，运用收益法进行评估是以车辆投入使用后连续获利为基础的，而在机动车的交易中，人们购买的目的往往不在于车辆本身，而在于车辆的获利能力。因此，该方法较适用于投资营运的车辆。

2.收益法在评估二手车价值时的运用

运用收益法来评估车辆的价值反映了这样一层含义：收益法可以把车辆所有者期望的收益转换成现值，这一现值就是购买者未来能得到好处的价值体现。收益法中应确定的各评估参数如下：

（1）剩余使用寿命的确定。剩余使用寿命是指从评估基准日到车辆达到报废时的使用年限。如果剩余使用寿命估计过长，就会高估车辆的价格；反之，就会低估车辆的价格。因此，必须根据车辆的实际状况对剩余寿命作出正确的评定。在实际评估中，该参数的确定一般应参考国家强制报废标准。

（2）预期收益额的确定。在运用收益法时，收益额的确定是关键。收益额是指由被评估对象在使用过程中产生的超出其自身价值的多余部分。对于预期收益额的确定，应把握两点：第一，预期收益额指的是车辆使用带来的未来收益期望值，是通过预测分析获得的。无论对于所有者还是购买者，判断某车辆是否有价值，首先应判断该车辆是否会带来收益。对于收益的判断，不仅仅是看其现在的获益能力，更重要的是预测其未来的获益能力。第二，确定计量收益额的指标。

（3）折现率的确定。折现率是将未来预期收益折算成现值的比率。它是一种特定条件下的收益率，用以说明车辆取得该项收益的收益率水平。在计量折现率时必须考虑风险因素的影响，否则，就可能过高地估计车辆的价值。一般来说，折现率应包括无风险收益率和风险报酬率两方面的风险因素。在实际应用中，如果其他因素不好确定，可以用利率代替折现率。

（4）收益法评估的程序：①调查营运车辆的经营行情及消费结构。②充分了解被评估车辆的使用情况和技术状况。③根据调查了解的结果，预测车辆的预期收益，确定折现率。④将预期收益折现处理，确定二手车评估值。

（5）收益法的优缺点。采用收益法的优点是：与投资决策相结合，容易被交易双方接受；能真实和较准确地反映车辆本金化的价格。采用收益法的缺点是：预期收益额预测难度大，受较强的主观判断和未来不可预见因素的影响。

【例11-8】某人拟购置一台较新的普通桑塔纳轿车用作个体出租车经营使用，调查得到如下信息：该车辆登记日是2015年4月，已行驶1.3万公里，目前车况良好，能正常运行。如用于出租使用，全年可出勤300天，每天平均毛收入为450元。如果评估基准日是2017年2月，请用收益法估算该车的价值。

评估过程如下：

从车辆登记之日起至评估基准日止，车辆投入运行已2年。根据行驶公里数、车辆外观和发动机等技术状况来看，该车辆原用于出租营运，使用及维护比较正常。根据国家有关规定和车辆状况，车辆剩余使用寿命为6年。

预期收益额的确定思路是：将1年的毛收入减去车辆使用的各种税款和费用，包括驾驶人员的劳务费等，以计算其税后纯利润。

根据目前银行储蓄年利率、国家债券利率、行业收益等情况，确定资金预期收益率为15%，风险报酬率为5%，具体计算步骤如下：

（1）确定车辆的剩余使用年限为6年。

（2）估测车辆的预期收益：

①预计年收入：

450×300=135 000（元）

②预计年支出：

每天耗油支出 75 元，年耗油支出为 22 500 元（75×300）；日常维修费为 12 000 元；平均大修费用为 8 000 元；牌照、保险、燃油附加税及各种规费、杂费为 30 000 元；人员劳务费为 15 000 元；出租车标付费为 6 000 元。合计年支出费用为：

22 500+12 000+8 000+30 000+15 000+6 000=93 500（元）

③年毛收入为：

135 000-93 500=41 500（元）

④按个体工商户生产、经营所得适用税率和速算扣除数的有关规定，年收入在 3 万 ~ 6 万元应缴纳所得税的税率为 20%，速算扣除数为 3 750 元，故车辆的年纯收益额为：

41 500-（41 500×20%-3 750）=36 950（元）

（3）确定车辆的折现率。该车剩余使用寿命为 6 年，资金预期收益率为 15%，再加上风险报酬率 5%，故折现率为 20%。

（4）计算车辆的评估值。假设每年的纯收入相同，则：

车辆的评估值=36 950×（P/A，20%，6）

=36 950×3.3255=122 877（元）

（三）现行市价法

现行市价法是指通过比较被评估车辆与最近售出类似车辆的异同，并将类似车辆的市场价格进行调整，从而确定被评估车辆价值的一种评估方法。现行市价法是最直接、最简单的一种评估方法。这种方法的基本思路是：通过市场调查选择一个或几个与被评估车辆相同或类似的车辆作为参照物，分析参照物的构造、性能、新旧程度、地区差别、交易条件及成交价格等，并与被评估车辆一一对照比较，找出两者的差别及差别反映在价格上的差额，经过调整，计算出被评估车辆的价格。

1.现行市价法应用的前提条件

需要有一个充分发育、活跃的二手车交易市场，有充分的参照物可选取；参照物与被评估车辆有可比较的指标，技术参数等资料是可收集到的，并且价值影响因素明确，可以量化。

2.采用现行市价法评估的步骤

（1）考察鉴定被评估车辆。收集被评估车辆的资料，包括车辆的类别、名称、型号等，了解车辆的用途、目前的使用情况，并对车辆的性能、新旧程度等进行必要的技术鉴定，以获得被评估车辆的主要参数。

（2）选择参照物。按照可比性原则选取参照物，车辆的可比性因素主要包括类别、型号、用途、结构、性能、新旧程度、成交数量、成交时间、付款方式等。参照物一般应选择 3 个以上。

（3）对被评估车辆和参照物之间的差异进行比较、量化和调整。被评估车辆与参照物之间的各种可比因素应尽可能地予以量化、调整。①销售时间差异的量化。在选择参照物时，应尽可能地选择在评估基准日成交的案例，以免去销售时间差异的量化步骤；若参照物的交易时间在评估基准日之前，可采用指数调整法将销售时间差异量化并予以调整。②车辆性能差异的量化。车辆性能差异的具体表现是车辆营运成本的差异，通过测算超额营运成本的方法可以将性能方面的差异量化。③新旧程度差异的量化。被评估车辆与参照物在新旧程度上不一定完全一致，参照物也未必是全新的，这就要求评估专业人员对被评估车辆与参照物的新旧程度的差异进行量化：差异量=参照物价格×（被评估车辆成新率－参照物成新率）。④销售数量、付款方式差异的量化。销售数量大小、付款方式差异均会对车辆的成交单价产生影响，对销售数量差异的调整可采用未来收益的折现方法解决，对参照物采用分期付款方式成交的，可按当期银行利率将各期分期付款额折现累加得到一次性付款总额。

（4）汇总各因素差异量化值，求出车辆的评估值。对上述各差异因素量化值进行汇总，得出车辆的评估值，以公式表示为：

被评估车辆的价值=参照物现行市价$\pm\sum$差异量

或　被评估车辆的价值=参照物现行市价×差异调整系数

用现行市价法进行评估，了解市场情况是很重要的步骤，了解的情况越多，评估的准确性越高，这是评估的关键。运用现行市价法收购二手车的贸易企业一般要建立各类二手车技术、交易参数的数据库，以提高评估效率。用现行市价法评估已包含了该车辆的各种贬值因素，包括有形损耗的贬值、功能性贬值和经济性贬值，因而不需要专门衡量贬值的影响。

【例11-9】市场上有6辆完全相同的车辆待出售。经调查，该地区市场上此类车辆平均每年只售出2辆；可选择的近期交易参照物单辆售价为4万元。试用现行市价法评估此6辆汽车的现值。

评估如下：

①直接以参照物的价格出售，即每辆汽车4万元。当年销售2辆汽车，可得的销售收入为8万元（2×4）。

②其余4辆汽车如逐年销售，2年后才能售完。每辆汽车4万元，以参照物单价为标准，未来每年可得销售款8万元。以此为基础，折算4辆汽车的现值，适用的折现率为10%。根据未来收益现值法的公式，可计算4辆汽车的现值为：

80 000×［1－（1+10%)$^{-2}$］÷10%×（1+10%)$^{-1}$=138 843（元）

③6辆汽车同时出售的评估值为：

80 000+138 843=218 843（元）

3.采用现行市价法的优缺点

（1）现行市价法的优点。能够客观反映二手车辆目前的市场情况，其评估的参数、指标可直接从市场获得，评估值能反映市场现实价格；评估结果易于被交易双方理解和接受。

（2）现行市价法的缺点。需要公开及活跃的市场作为基础，由于我国二手车交易起步时间短，发育尚不完善，寻找参照物有一定的困难；可比因素多而复杂，即使是同一天登记的同一个生产厂家生产的同一型号的产品，由于使用强度、使用条件、维护水平的差异，其实体损耗、新旧程度也各不相同。

如果评估专业人员经验丰富，熟悉车辆的评估鉴定程序、鉴定方法和市场交易情况，那么采用现行市价法评估时间会很短。因此，现行市价法特别适用于成批收购、鉴定和典当。

第五节　财政资金绩效评估

一、财政资金绩效评估的概念及特点

财政资金绩效评估是指由评估主体运用科学、规范的绩效评估方法，对照统一的评估标准，按照财政效率原理，对财政资金支出行为过程及效果（包括经济绩效、社会绩效和政治绩效）进行科学、客观、公正的衡量比较和综合评判，并将财政资金绩效评估结果纳入财政预算编制的一项财政精细化管理活动或管理制度。财政资金绩效评估不仅是对财政资金支出使用情况进行评估和监督，其根本意义更是以财政资金支出效果为最终目标，考核中央与地方各级政府的职能实现程度，也就是考核中央与地方各级政府提供的公共产品和公共服务的数量和质量。财政资金绩效评估的核心是强调公共财政资金支出管理中的目标、结果及结果有效性三者的关系，形成一种面向结果的新型财政精细化管理理念和方式，以提高中央与地方各级政府的行政效率、资金使用效益和公共服务水平。因此，财政资金绩效评估具有以下明显特点：

1.评估目的特殊

财政资金绩效评估是对有关部门履行职责和利用资源的经济性、效率性、效益性和公平性进行评估，针对其中存在的问题，提出改进建议，促进政府改进管理，提高效率，以更好地实现既定的目标，改善公共服务质量。

2.评估阶段特殊

财政资金绩效评估存在着一定的周期性，因此可以将其划分成事前评估、事中评估和事后评估三个阶段，分别从不同阶段对公共政策和公共项目的制定、实施、结果进行绩效评估。

3.评估重点特殊

财政资金绩效评估侧重于资金使用方面，即通过评估资金的使用情况，发现公共部门提供的公共产品和公共服务存在的主要问题，并找到相应改进的方法和技术，实现科学有效的资金再配置。

4.评估所采用的技术方法特殊

财政资金绩效评估领域非常复杂，包括财政、经济、管理、政治甚至文化、伦理等方面，从而使评估方法呈现多样性，主要包括成本分析法、最低成本法、综合指数法、公众评判法、因素分析法、历史动态比较法等。

5.评估指标设计特殊

财政资金绩效评估更多地从政府投入出发，评估这一方面的产出和效益比，一般只选取关键指标进行评估。

二、财政资金绩效评估的目标及原则

（一）财政资金绩效评估的目标

根据财政部颁布实施的《财政支出绩效评估管理暂行办法》（财预〔2011〕285号），财政资金绩效评估的目标是：提高财政资金使用效率，降低政府政务成本，优化财政资金配置，充分发挥财政资金的宏观调控职能，以促进国家经济和社会事业的发展；对财政资金效益进行科学、准确的评估，以期达到财政资金使用效益最大化的目的。

（二）财政资金绩效评估的原则

财政资金绩效评估应遵循合法性、科学性、可行性、独立性以及经济性、效率性和效果性相结合原则。

1.合法性原则

合法性原则要求预算编制、审核、执行、决算报批等一系列流程必须按照相关法律法规、规章制度的规定进行。

2.科学性原则

科学性原则要求从实际出发，科学设定评估标准，运用定量与定性相结合的方式，以定量分析为主、定性分析为辅，力求合理、准确地反映我国财政资金使用的绩效情况。

3.可行性原则

可行性原则要求立足现实条件，从财政资金绩效评估工作实际出发，在设置财政资金绩效评估指标时，充分考虑可操作性，考虑财政资金特点和运作过程，以便真实反映和衡量财政资金的使用效率。

4.独立性原则

独立性原则要求实施财政资金绩效评估的主体应当凭借自己的评估技术知识和水平，独立地进行评估，不受外界的各种影响，尤其是不应当受到聘请或委托进行财政资金绩效评估的当事人的不正当影响。

5.经济性、效率性和效果性相结合原则

经济性、效率性和效果性相结合原则要求在财政资金绩效评估中全面考虑宏观效益与微观效益、近期效益与远期效益、直接效益与间接效益等，分析财政资金的运行过程和执行结果，对于公共产品和公共服务，在评估其经济效益的同时，要注重其形成的社会效益和生态效益。

三、财政资金绩效评估的主体

财政资金绩效评估的主体是指负责对财政资金绩效情况进行评估的机构或单位，包括国家立法机构、国家审计机构、各级预算单位、各级财政部门、社会中介机构、具有专业判断能力的专家组、社会公众等。对财政资金绩效评估主体工作开展的具体要求是：一是要建立各级人大、审计、财政部门以及主管部门（单位）在财政资金绩效评估工作中职责与业务分工的制度，从多个方面强化和推进对财政资金绩效评估工作，避免产生重复评估现象；二是要完善主管部门对财政部门、财政部门对各级人大的财政资金绩效预决算报告制度，全面落实绩效评估思想；三是各级人大和国家审计机关对各级政府财政收支预决算审查重心要从合规、合理、合法性审查向绩效结果审查转移；四是要充分吸纳社会公众与中介尤其是资产评估机构参与财政资金绩效评估工作。在财政资金绩效评估实践中，各评估主体职责分工如下：

（一）各级人大负责对财政资金绩效进行宏观性评估

各级人大是国家权力机关，各级人大及其常委会代表国家进行财政资金绩效评估工作，从而对政府各部门和单位的财政资金使用效益和效率进行考核，确保财政资金投入的合理性、经济性和有效性。《中华人民共和国预算法》规定："全国人民代表大会审查中央和地方预算草案及中央和地方预算执行情况的报告；批准中央预算和中央预算执行情况的报告；改变或者撤销全国人民代表大会常务委员会关于预算、决算的不适当的决议。""县级以上地方各级人民代表大会审查本级总预算草案和本级总预算执行情况的报告；批准本级预算和本级预算执行情况的报告；改变或者撤销本级人民代表大会常务委员会关于预算、决算的不适当的决议；撤销本级政府关于预算、决算的不适当的决定和命令。"各级人大及其常委会同同级国家审计机构等政府监督机构、财政政策研究机构等对财政资金总体绩效进行评估，同时，各级政府和财政部门负责对部门预算绩效进行评估。财政资金绩效评估最终要向各级人大进行汇报，各级人大具有财政资金绩效评估的最终决定权，对绩效评估的结果拥有最后的处置权。

（二）各级财政部门、主管部门和行政事业单位对财政资金绩效实施经常性评估

各级财政部门实施财政资金绩效评估是保证财政资金使用效益最大化的第一道防线。各级财政部门实施财政资金绩效评估主要表现在部门预算审核环节。各级财政部门是各级政府财政收支的综合部门，主要职责是建立财政资金绩效评估制度，制定和发布相关政策、实施指南和技术规范等，组织经常性财政资金绩效评估工作，综合利用财政资金绩效评估信息改进预算管理、提高决策能力；主管部门主要负责对本级及下级部门使用财政资金绩效进行经常性评估；各部门预算单位（行政事业单位）主要负责对本单位财政资金使用绩效进行自评，评估结果上报上级主管部门和同级财政部门。

（三）各级政府审计机构负责对财政资金绩效进行重点评估

各级政府审计机构对财政资金绩效评估的职责是对本级各部门（含直属单位）和下级政府预算的执行情况、决算以及预算外资金的管理和使用情况进行审计监督，实施绩效审计工作。各级政府审计机构过去对财政资金审计侧重于财政资金投向的合规性，而绩效审计不仅应关注财政资金的合规性，更应关注财政资金的经济性和有效性。也就是说，各级政府审计机构的审计方向发生了转变，由对财政资金运行过程的传统审计转向了对财政资金运行效果的重点审计。为此，国家审计机构对财政资金绩效评估应该涵盖预算资金所有相关领域，即应涵盖预算编制、执行、决算全过程，应该涵盖与预算资金决策、执行、监督等有关的所有单位和部门，应该涵盖所有的公共资金（包括预算内资金、预算外资金，甚至是制度外资金）。所以，国家审计机构要对财政资金运行的全过程（事前、事中、事后）进行绩效评估。

（四）财政资金绩效评估专家组负责对财政资金绩效进行专业评估

财政资金绩效评估专家组主要由高等院校、科研机构、中介机构，尤其是专业资产评估机构的技术人员组成。由于他们在财政资金绩效评估方面拥有比较专业的知识，在财政资金绩效评估中具有专业判断能力，其主要负责解决财政资金绩效评估中一些技术上的难题，协同财政部门和财政资金管理部门进行绩效评估，协同各级政府部门确定财政资金绩效评估指标、标准，对财政资金绩效评估结果进行分析。

（五）社会公众对财政资金绩效进行满意度评估

社会公众是财政资金使用的直接受益者，只有公众满意的财政资金支出才是有效果的财政资金支出；社会公众又是财政资金的提供者，财政资金来源于社会公众中的纳税人，

社会公众理所当然应该成为财政资金绩效评估主体的组成部分，其满意度与认可度是财政资金绩效评估的重要指标。社会公众主要承担对各级评估机构的服务质量、服务效果进行评估。财政资金的分配和使用是否有效率，在很大程度上取决于它能否充分反映社会公众的需要，能否让社会公众满意。

四、财政资金绩效评估的客体

财政资金绩效评估的客体即财政资金绩效评估的对象。根据范围不同，财政资金绩效评估的客体可分为财政资金综合绩效评估、部门财政资金绩效评估、单位财政资金绩效评估和财政资金项目绩效评估四类。

（一）财政资金综合绩效评估

财政资金综合绩效评估是评估财政资金的整体效益，包括财政资金规模效益和结构效益，是财政资金效益的综合反映。它是部门财政资金绩效评估的汇总反映，具有典型综合性特征。

（二）部门财政资金绩效评估

部门财政资金绩效评估的对象是公共部门（使用财政经费的一级预算单位）的财政资金效益。部门财政资金绩效评估是财政资金综合绩效评估的基础，通常采取逻辑分析法将财政资金使用分为投入、过程、产出、结果和影响五个阶段，具体包括财政资金绩效评估和管理政绩评估等内容。财政资金绩效评估往往涉及多个部门，为此，对多个部门的绩效评估较宜采用标准评分法，按正态分布公式计算标准值和方差，进而比较各部门的绩效。

（三）单位财政资金绩效评估

单位财政资金绩效评估的对象是使用财政资金的基层预算单位的财政资金效益。单位财政资金绩效评估主要围绕部门预算，按经济用途分类设置不同的评估指标，采取比较评估方法进行纵向和横向比较，以确定单位财政资金绩效评估结果。

（四）财政资金项目绩效评估

财政资金项目绩效评估的对象是财政资金项目的效益，主要从业务和财务角度评估项目资金的使用最终是否得到相应产出，能否产生最大效益。按评估实施时间，财政资金项目绩效评估可分为项目立项前的可行性研究评估、项目实施中的跟踪评估和项目竣工验收交付使用后的资产评估。

五、财政资金绩效评估内容

财政资金绩效评估的内容包括发展性评估、效率性与经济性评估、效果性评估、公平性评估、反应性和满意度评估等。随着社会发展和环境变化，财政资金绩效评估内容也会随之发生变化。

（一）财政资金发展性评估

财政资金发展性评估主要是总结分析财政资金政策与支持方向，评估包括财政资金的主要政策与实施情况、财政资金的构成变化、财政资金的提供与支出模式的变化等内容。

（二）财政资金效率性与经济性评估

财政资金效率性与经济性评估主要是从维护区域经济可持续发展的角度，运用投入产出方法，评估财政资金的效率和效益，明确财政资金是否真正低价、高效。

（三）财政资金效果性评估

财政资金效果性评估主要是通过分析不同区域财政资金的流向变化，评估财政资金与实现社会服务公共化这一目标的关系，评估其能否起到解决我国财政资金配置的"倒三角"与财政资金缺口需要的"正三角"这一矛盾的作用。

（四）财政资金公平性评估

财政资金公平性评估主要是调查财政资金使用方式和投资方向的合理性，评估主体站在公共财政角度评估财政资金使用的公平性，分析财政资金对实现"社会经济可持续发展"战略目标的作用。

（五）财政资金反应性和满意度评估

财政资金反应性和满意度评估主要是评估社会公众对财政资金投入的反应性和满意度，了解社会公众对财政资金服务的需求，评估财政资金的质量，提出改进财政资金投入的措施。

六、财政资金绩效评估的标准体系

财政资金绩效评估标准是指以一定量的财政资金有效样本为基础，测算出财政资金标准样本数据，用来衡量和评估财政资金绩效水平。按照不同的划分依据，财政资金绩效评估标准可以划分为不同类型：按照可计量性，可以分为定量标准和定性标准；按照取值基础，可以分为行业标准、计划标准、经验标准和历史标准；按照时效性，可以分为当期标准和历史标准；按照标准形成的方法，可以分为测算标准和经验标准；按照区域，可以划分为国际标准和国内标准。此外，财政资金绩效评估标准还可以分为政府标准、社会公众标准以及社会中介机构标准等。

下面介绍依据取值基础划分的四种类型：

（一）行业标准

行业标准是以一定行业中的许多群体的相关指标数据为样本，运用数理统计方法计算和制定出该行业的评估标准。采用行业标准便于各级财政部门对各类财政资金支出项目的绩效水平进行历史的和横向的比较分析，通过财政资金绩效评估结果总结出一定时期内同类财政资金支出项目应达到的效率水平，并为加强财政资金管理提供科学标准。但是，财政资金绩效评估行业标准需要以强大的数据资料库作支持才能得到充分应用。

（二）计划标准

计划标准是指以事先制定的目标、计划、预算、定额等预定数据作为评估财政资金支出绩效的标准。计划标准是通过将财政资金实际完成值与预定数据进行对比，发现差异并达到评估目的。由于计划标准往往受主观因素的影响，其制定要求相应较高，标准制定过高或过低都不利于财政资金使用绩效的评估，达不到财政资金绩效评估预期的目的。

（三）经验标准

经验标准是根据财政经济活动的规律和长期管理实践，由财政管理领域中经验丰富的专家学者经过严密分析研究后得出的有关财政资金绩效评估标准。经验标准具有较强的公允性和权威性，但适用范围有一定的局限性，一般适用于缺乏同业比较资料，尤其是缺乏行业标准时的绩效评估。

（四）历史标准

历史标准是以本地区、本部门、本单位或同类部门、单位、项目的绩效评估指标的历史数据作为样本，运用一定的数理统计方法计算出的各类指标的平均历史水平。历史标准也可以是该地区、部门、单位或项目使用财政资金过去形成的某个数据，如上年实际数据、上年同期数据、历史最好水平等。由于历史标准具有较强的客观性和权威性，在实际操作中得到了广泛的应用。在运用历史标准时，要注意对历史标准进行及时的修订和完善，尤其要注意剔除价格变动、数据口径不一致和核算方法改变所导致的不可比因素，以保证历史标准符合客观实际情况。

在财政资金绩效评估实践中具体选用哪种评估标准，要根据财政资金绩效评估目标、评估对象和具体的评估指标而定。一般而言，对于财政资金绩效评估对象较少、计划与管理工作任务比较明确、针对性较强的被评估对象，选定计划标准更有利于管理控制；对于无行业特殊性、评估指标较少的评估对象，一般利用有关经验数据标准更容易完成评估任务；在完整规范的评估体系下，如主要考察评估对象的发展情况，可以用历史标准对其进行评估；在评估范围广、评估指标多，需要进行评估结果横向比较时，采用行业标准往往会收到更好的效果。

综上所述，财政资金绩效评估标准是准确衡量财政资金绩效水平的尺度，其制定与选择既是财政资金绩效评估体系建立的主要环节，也是财政资金绩效评估具体工作所面临的一个重要难题。在我国，全面推行财政资金绩效评估工作，除了要建立科学、合理、规范的财政资金绩效评估指标体系外，还必须对财政资金绩效评估标准进行总体规划设计，研究财政资金绩效评估指标与标准的对应关系，研究不同评估对象的标准选择，通过各种渠道广泛收集整理各种分类标准数据，在条件成熟时建立财政资金绩效评估标准数据库。同时，财政资金绩效评估标准并不是一成不变的，它会随着经济的发展和客观环境的变化而不断变化。因此，在建立财政资金绩效评估标准数据库后，还应加强对该数据库的维护和更新。为提高评估标准的权威性，财政部门及主管部门可以效仿企业绩效评估标准，定期发布财政资金绩效评估标准。

七、财政资金绩效评估的技术方法

（一）财政资金定量评估的方法

1.比较评估法

比较评估法包括横向比较评估法和动态比较评估法。横向比较评估法是对不同财政资金评估客体进行横向比较，如对财政收入结构绩效进行评估时，可以对不同地区结构绩效进行比较，也可以将我国的数据和国际上其他国家进行比较。在对具体项目支出绩效进行评估时，可以对同类项目进行比较或对不同方案进行比较。动态比较评估法是对财政资金历史数据进行对比分析，了解其历史上的变化及效益波动情况，既可以看出其发展趋势，也可以了解各种因素在不同时期的影响及作用机理，进而评估其效益差异的成因及改进方向。

2.目标评估法

目标评估法就是将财政资金实现的效果与预期效果进行对比分析的一种评估方法。此方法可用于部门预算目标实现情况的评估，也可用于周期性较长的财政资金项目的评估，还可用于财政资金规模及结构效益方面的评估。

3.成本效益评估法

成本效益评估法就是将一定时期内财政资金项目总成本与总效益进行对比分析的一种评估方法，通过对多个预选方案进行成本效益对比评估，以选择最优的财政资金支出方案。该方法适用于成本和收益都能准确计量的财政资金项目评估（如公共工程项目），而不适用于无法用货币计量的、以社会效益为主的财政资金支出项目评估。

4.成本效果评估法

成本效果评估法是指通过考察财政资金项目成本和项目成果之间的关系，以每单位成果所消耗成本来表示财政资金项目实施效果的一种评估方法。成本效果评估法所关注的内容是寻找财政资金项目实现既定目标的最为经济的手段，以及通过确定的财政资金支出如何实现价值的最大化。

5.最低成本评估法

最低成本评估法也称最低费用选择法，适用于财政资金项目成本易于计算而效益不易计量的财政资金支出项目评估，如用于社会保障财政资金支出项目的绩效评估。该方法只计算财政资金项目的有形成本，在效益既定的条件下评估其成本费用的高低，以成本最低为原则来确定最终的财政资金支出项目绩效。

6.因素评估法

因素评估法是指当某个指标同时受两个或两个以上因素变动影响时，评估各因素对该指标变动的影响方向和程度，以便找出主要因素和主要矛盾的方法。因素评估法在财政资金绩效评估中的应用主要有两个方面：一是通过对影响经济目标的因素进行分析，确定经济目标的偏差受各因素变化的影响程度；二是确定影响经济目标诸因素的变化会对目标分别产生多大的影响。人们习惯上把前者称为因素分析，把后者称为敏感性检验。在实际应用中，因素评估法一般采取变量循环替代的方式进行。

7.公众评估法

公众评估法适用于无法直接用绩效评估指标计量财政资金使用效益的项目，通过选择有关专家进行评估并对社会公众进行问卷调查。该方法可以评估财政资金使用的效益，具有民主性、公开性的特点，但应用范围有限且有一定的模糊性。

（二）财政资金定性评估的方法

1.财政资金发展性评估

财政资金发展性评估主要采用文献研究、社会经济资料分析、访谈等方法进行，可以全面总结我国财政资金发展过程和现状，包括财政资金使用政策及实施情况、财政资金的运作模式等。同时，该项评估可以进行国际和国内比较，进而从宏观的角度评估财政资金的绩效。

2.财政资金效率性评估

财政资金效率性评估通常可采取一种投入产出计量方法——随机前沿成本模型，对比分析不同部门的资金使用效率。在评估实践中，运用数据网络分析技术评估财政资金的配置效率和合理程度，通过多元回归分析技术确定各自的影响因素。

3.财政资金效益性评估

财政资金效益性评估是通过设计专门的调查表格，在选定的财政部门进行统计，在严格限定用途和功能的条件下，评判财政资金使用的质量和效益。

4.财政资金效果性评估

财政资金效果性评估主要是通过社会对财政资金满意度分析和对财政资金的各项功能重视程度进行评估。其中，社会对财政资金满意度分析，采取财政资金支出调查结合入户调查的方法，调查内容主要包括利用者对财政资金的质量、效果等的评估，综合分析社会满意度，寻找财政资金的差距和不足之处；社会对财政资金各项功能重视程度的评估，主要是利用现有资料并结合各项功能完成时间的分配信息，评估财政资金功能的偏废情况和严重程度。

5.财政资金公平性评估

财政资金公平性评估可以通过财政资金资源配置公平性评估和财政公共服务提供公平性评估进行。其中，对于财政资金资源配置公平性评估，是运用洛伦兹曲线和基尼系数评估财政资源的人口和地理配置公平性，从而推导财政资金层面配置的公平性；对于财政公共服务提供公平性评估，主要通过收集资料工作并结合效率和效益评估进行，按照社会经济发展特征及区域公共服务的需求特点，评估财政资金的公平性。将财政资金配置情况与财政公共服务的供给现状进行比较，可以综合评估财政资金的公平性。

八、财政资金绩效评估程序

财政资金绩效评估程序是指财政资金绩效评估工作应当遵循的工作流程，主要可分为前期准备、实施评估和撰写报告三个阶段。

（一）前期准备

1.确定财政资金绩效评估对象

财政资金绩效评估对象由各级财政部门业务处室根据每年财政资金绩效评估工作重点及预算管理要求提出。

2.成立财政资金绩效评估工作组

财政资金绩效评估工作组由各级财政部门业务处、监督局、相关主管部门的人员和聘请的外部专家组成。

3.制订财政资金绩效评估工作方案，研究设定财政资金绩效评估指标

按照"真实、科学、实用、简便"的原则，根据确定的财政资金绩效评估对象，评估工作组制订财政资金绩效评估工作方案，主要包括评估对象、评估目的、评估依据（标准）、绩效评估指标、各项指标权重分值、拟用评估方法等。

4.下达财政资金绩效评估通知书

财政资金绩效评估通知书中应明确财政资金绩效评估任务、评估依据、评估专业人员、评估时间和要求等事项。

（二）实施评估

首先，收集财政资金绩效评估基础数据、信息和报表资料。被评估单位应按照财政资金绩效评估通知书的要求，及时提供相关财政资金绩效评估基础数据、信息和报表资料，并确保其真实性和完整性。其次，进行财政资金绩效评估实地核实取证。最后，分析财政资金绩效评估基础数据，判断与评定其结果。

（三）撰写报告

第一，撰写财政资金绩效评估报告。财政资金绩效评估报告应做到内容完整、层次分明、逻辑清晰、语言简洁规范、评语表述准确。其具体内容包括：财政资金绩效评估项目概述、财政资金绩效评估依据和过程、财政资金绩效评估结果和结论、有关情况说明、财政资金绩效评估责任等。

第二，确认财政资金绩效评估结果。财政资金绩效评估报告完成后，评估主体应及时将评估结果反馈给被评估单位征求意见，核实相关调整事项。

第三，提交财政资金绩效评估报告。

第四，财政资金绩效评估结果的审定和财政资金绩效评估工作档案的建立。

九、中介机构参与财政资金绩效评估情况

目前，参与财政资金绩效评估的中介机构主要有会计师事务所和资产评估公司。国内最早引入社会中介机构参与财政绩效评估的是浙江省，该省在2005年就出台了《浙江省中介机构参与绩效评估工作暂行办法》，省内各个市县也随后出台了市县级中介机构参与财政资金绩效评估的相关办法。据统计，2009年，浙江省共有97家中介机构参与了330个项目的绩效评估工作。有关资料显示，2010年，浙江省有5批共计328家社会中介机构获得参与财政资金绩效评估资格，其中会计师事务所188家（占总数的57.32%），资产评估公司、工程评审中心、咨询中心等其他类型社会中介机构140家（占总数的42.68%）。2006年以来，国内其他省市引入社会中介机构参与财政绩效评估取得了很大进展，四川、福建、江苏等省相继出台了相关的管理办法，其他省市虽然没有专门出台有关办法，但在财政绩效评估实践中引入社会中介机构参与，如北京市在2007年就通过招投标方式选择了12家社会中介机构参与行政事业单位预算支出的绩效评估工作。

十、财政支出绩效评价操作指引

为指导资产评估机构执行财政支出（项目支出）绩效评价业务，中国资产评估协会制定了《财政支出（项目支出）绩效评价操作指引（试行）》，自2014年8月1日起施行。

■ 本章小结

森林资产的价格主要由下列因素构成：营林生产成本、资金的时间价值、利润、税金、林木生产中的损失、地租、地区差价和树种差价等，可分别采用市场法、收益法、成本法和剩余法等方法进行评估。

珠宝首饰的评估方法有收益法、成本法和市场法，三种方法各有不同的适用范围，其评估结果也有明显的差别。因此，为了使评估的结果能实事求是地反映珠宝首饰的客观价值，区分不同的情况来选择使用是非常必要的。

在金融不良资产评估业务中，根据项目具体情况和委托方的要求，评估对象可能是债权资产，也可能是用以实现债权清偿权利的实物类资产、股权类资产和其他资产。开展金融不良资产评估业务，应当关注评估对象的具体形态，充分考虑评估对象特点对评估业务的影响。

我国对二手车评估还没有统一的标准，二手车估价方法主要参照其他资产评估的方法，主要有成本法、收益法、现行市价法、清算价格法和快速折旧法五种主要评估方法。

财政资金绩效评估是由评估主体运用科学、规范的绩效评估方法，对照统一的评估标准，按照财政效率原理，对财政资金支出行为及效果（包括经济绩效、社会绩效和政治绩效）进行科学、客观、公正的衡量比较和综合评判，并将财政资金绩效评估结果纳入财政预算编制的一项财政精细化管理活动或管理制度。财政资金绩效评估不仅是对财政资金支出使用情况进行评估和监督，其根本意义更是以财政资金支出效果为最终目标，考核中央与地方各级政府职能的实现程度，也就是考核中央与地方各级政府提供的公共产品和公共服务的数量和质量。

■ 思考与练习

一、单项选择题

1.下列森林资源资产中属于森林环境资源资产的是（　　）。

A.林木资产　　　　　　　　　　　B.林地资产

C.微生物资源资产　　　　　　　　D.森林景观资源资产

2.下列资源中属于可再生资源的是（　　）。

A.森林资源　　　　　　　　　　　B.土地资源

C.非金属矿产资源　　　　　　　　D.金属矿产资源

3.下列森林资源中不属于商品林的是（　　）。

A.经济林　　　　B.风景林　　　　C.用材林　　　　D.薪炭林

4.下列森林资源中属于森林景观资源的是（　　）。

A.用材林　　　　B.经济林　　　　C.纪念林　　　　D.防护林

5.剩余价值法特别适用于（　　）的评估。

A.成熟龄林木资产　　　　　　　　B.中龄林木资产

C.竹林资产　　　　　　　　　　　D.实验林资产

二、多项选择题

1.下列资源中属于生物资源的有（　　）。

A.森林资源　　　B.动物资源　　　C.天然水资源　　　D.牧草资源

2.林木资产主要包括（　　）。

A.风景林　　　　B.防护林　　　　C.用材林　　　　D.经济林

3.森林资源价格主要构成因素有（　　）。

A.生产成本　　　B.评估费用　　　C.资金时间价值　　　D.地租

4.一个林区的森林，可以根据（　　）等因素的不同，划分成不同的林分。

A.树种组成　　　B.森林起源　　　C.林相　　　　D.地租

5.收益法评估森林资源主要适用于（　　）。

A.经济林资产　　　B.竹林资产　　　C.防护林资产　　　D.实验林资产

三、判断题

1.森林资源资产是一种特殊资产，除具有一般资产的属性外，还具有可再生性，生长周期长，受自然因素影响大，有着兼具生态、社会和经济效益于一体的特性。（　　）

2.珠宝首饰评估是指资产评估师（珠宝）依据相关法律法规和资产评估准则，在对珠

宝首饰进行鉴定分级分析的基础上，对珠宝首饰的价值进行分析、估算并发表专业意见的行为和过程。 （ ）

3.金融不良资产是指银行持有的次级、可疑及损失类贷款，金融资产管理公司收购或接管的金融不良债权，以及其他非银行金融机构持有的不良债权。 （ ）

4.对二手车进行鉴定评估时，可以采用综合成新率来反映二手车的新旧程度，即对使用年限成新率、行驶里程成新率和现场查勘成新率分别赋予不同的权重，计算三者的加权平均成新率。 （ ）

5.财政资金绩效评估方法主要有成本分析评估法、最低成本评估法、综合指数评估法、公众评判评估法、因素分析评估法、历史动态评估法等。 （ ）

四、计算题

1.某学校2013年2月购得某品牌17座客车一辆，于同年3月上牌使用，该车属普通漆，经市场调查得知全新金属漆该品牌17座客车市场销售价格为163 600元，而金属漆较普通漆高出5 000元。如果综合调整系数为0.75，试评估该车在2017年2月的市场价值。

2.旅游公司欲出售一辆旅游客车（19座以上），该车系北京—天津线路长途旅游客车，公司欲将车与线路经营权一同对外转让，线路经营权年限与车辆的报废年限相同。已知该车于2013年10月注册登记并投入营运，投资回报率为15%，预期每年收入均为20万元，年营运成本均为6万元，适用所得税税率为30%，请评估该车（含线路营运权）于2017年10月的价值（已知（P/A，15%，4）=2.85498，（P/A，20%，4）=2.58873，（P/A，15%，6）=3.78488，（P/A，20%，6）=3.32551）。

第十一章参考答案

第十二章 企业价值评估

学习目标

1. 了解企业价值评估基本概念、基本原则和影响因素；
2. 熟悉企业价值评估的评估对象及范围和企业价值评估信息分析的内容；
3. 掌握企业价值评估中评估方法的运用。

第一节 企业价值评估概述

一、企业价值的概念和影响因素

企业是以营利为目的，为满足社会需要把土地、资本、劳力和管理等生产要素集合起来，依法从事商品生产、流通和服务等经济活动，实行独立核算、自主经营、自负盈亏、自我约束和自我发展的经济组织。按照组织形式的不同，企业一般被划分为公司制企业、合伙企业和个人独资企业。

企业价值是企业在遵循价值规律的基础上，通过以价值为核心的管理，使企业利益相关者均能获得满意回报的能力。企业给予其利益相关者回报的能力越强，企业价值就越高。影响企业价值的因素众多，不同的因素可以从不同角度影响企业价值而且各因素之间可能因相互之间的作用而呈现复杂的联系。在企业价值评估实务中，通常是将企业置于其发展环境中，依次考虑宏观环境因素、行业发展状况和企业自身状况三个方面因素的影响。

第一，宏观环境因素。宏观环境因素是指对市场中所有企业的经营管理活动都会产生影响的因素。这些来自企业外部的、基本不可控的因素会影响企业的经营活动，并对企业的未来发展产生持久、深远的影响。宏观环境因素主要包括政治环境、宏观经济、法律法规、财政政策、货币政策、产业政策、技术进步以及社会和文化等。因此，企业价值评估应当充分考虑宏观环境对被评估企业及其所在行业的影响。

第二，行业发展状况。行业发展状况是指对行业内的所有企业的经营管理活动都会产生影响的各种因素，这些因素主要有行业政策环境，行业经济特征，行业市场特征，行业竞争情况，行业特有的经营模式，行业的周期性、区域性和季节性特征，企业所在行业与上下游行业之间的关联性，上下游行业发展对本行业发展的有利和不利影响等。

第三，企业自身状况。企业自身状况是指来源于企业内部并对企业价值产生影响的各种因素，分为企业层面的因素和资产层面的因素两大类。对企业价值可能产生影响的企业层面的因素主要有企业发展、业务和经营战略，企业生产经营模式，盈利模式，业务或产品的种类及结构，生产能力，行业竞争地位，产业链关系（与供应商和客户的关系），资本结构，会计政策，生产经营管理方式，人力资源，企业管理水平以及关联交易情况等。对企业价值可能产生影响的资产层面因素，主要与企业拥有的具体资产利用方式、利用程度、利用范围以及利用效果等情况相关。

二、企业价值评估的概念及特点

（一）企业价值评估的概念

企业价值是企业获利能力的货币化体现，可用企业总资产价值减去企业负债中非付息债务价值后的余值或用企业所有者权益价值加上企业的全部付息债务价值表示。根据《资产评估执业准则——企业价值》第二条所给定义，企业价值评估是指资产评估机构及其资产评估专业人员遵守法律、行政法规和资产评估准则，根据委托对评估基准日特定目的下的企业整体价值、股东全部权益价值或者股东部分权益价值等进行评定和估算，并出具资产评估报告的专业服务行为。

1.企业价值评估的主体

企业价值评估的主体，即企业价值评估的行为主体，通常指接受委托承接企业价值评估业务的评估机构和评估专业人员。评估师执行企业价值评估业务，应当具备企业价值评估的专业知识及经验，具备从事企业价值评估的专业胜任能力。评估师执行企业价值评估业务，应当恪守独立、客观、公正的原则，保持应有的职业谨慎，不得出现对评估结论具有重要影响的实质性疏漏和错误，不得以预先设定的价值作为评估结论。

2.企业价值评估的客体

企业价值评估的客体，即企业价值评估的对象。《资产评估执业准则——企业价值》第九条指出，资产评估专业人员应当根据委托事项和评估目的，与委托人协商明确评估对象。企业价值评估中的评估对象包括企业整体价值、股东全部权益价值和股东部分权益价值等。企业价值评估的范围涵盖了被评估企业所拥有的全部资产，包括流动资产、固定资产、无形资产以及其他所拥有的资产。但企业价值的评估对象是这些资产有机结合形成的综合体所反映的企业整体价值或权益价值，而不是各项资产的简单集合。

企业产权涉及的资产和负债，按财务报表记录情况可区分为资产负债表表内部分和资产负债表表外部分，按资产配置和使用情况可区分为经营部分和非经营部分，按产权主体自身占用情况可区分为产权主体自身占用及经营部分以及虽不为企业产权主体自身占有及经营但可以由企业产权主体控制的部分。企业拥有的非法人资格的分公司、办事处、分部及其他派出机构，属于产权主体自身占用及经营部分；企业拥有的全资子公司、控股子公司以及非控股公司中的投资，属于虽不为企业产权主体自身占有及经营但可以由企业产权主体控制的部分。

因此，无论是企业整体价值的评估，还是股东全部权益价值或股东部分权益价值的评估，评估对象均是由多个或多种单项资产组成的资产综合体。由于篇幅所限，如无特别说明，本书后面提到的企业价值评估主要是指企业整体价值评估。

评估专业人员在具体界定企业价值评估范围时，应根据有关文件资料进行，如企业价值评估申请报告及上级主管部门批复文件所规定的评估范围；企业有关产权转让或产权变动的协议、合同、章程中规定的企业资产变动的范围；企业有关资产产权证明、账簿、投资协议、财务报表及其他相关资料等。企业价值评估范围的界定，应与评估对象的口径相匹配。

3.企业价值评估的依据和目的

《资产评估执业准则——企业价值》要求，评估师执行企业价值评估业务，应当遵守相关法律法规以及资产评估基本准则，并考虑其他评估准则的相关规定。评估师执行企业价值评估业务，可以聘请相关专家协助工作，但应当采取必要措施确定专家工作的合理性。评估师执行企业价值评估业务，应当对评估过程中引用的专业报告的独立性与专业性进行必要判断，恰当引用专业报告。

评估目的是决定企业价值类型和企业价值最重要的因素之一。评估目的不但决定着企业价值评估结论的具体用途，而且会直接或间接地在宏观层面上影响企业价值评估的过程及其运作条件，包括对评估对象的利用方式和使用状态的宏观约束，以及对企业价值评估市场条件的宏观限定。随着社会经济的发展对企业价值评估提出越来越广泛的需求，企业价值评估目的也日益多样化。当前，企业价值的评估目的主要包括企业改制、企业并购、企业清算、财务报告、法律诉讼、税收、财务管理、考核评价、其他目的等。

（二）企业价值评估的特点

企业价值评估是将企业作为一个有机整体，依据其拥有或占有的全部资产状况和整体获利能力，充分考虑影响企业获利能力的各种因素，结合企业所处的宏观经济环境及行业背景，对企业价值进行的综合性评估。单项资产的评估不属于企业价值评估的范畴。同时，如果被评估的企业不具有独立的生产能力或获利能力，其评估也不属于企业价值评估的范畴。企业价值评估具有如下几个特点：

1.整体性

企业价值评估的对象必须是企业整体资产或由多种单项资产构成的资产组合，这个特点集中表现在企业价值评估的对象和内容上。从对象和内容上看，企业价值评估的对象不再是单一的机器、设备、厂房或单项的专门技术，而是由各类资产组合而形成的企业整体价值，整个企业的资产或一部分资产虽由可分割的各单项资产构成，但整个企业价值并不简单地等于各单项资产价值之和。若一个企业的各类资产在各个生产、经营环节配置比较合理，则整个企业价值必然大于各单项资产价值之和；反之，就会低于各单项资产价值之和。

2.预测性

企业价值评估对象的未来收益和相关风险具有预测性，即不确定性。由于企业价值是由资产本身的价值和预期收益所决定的，资产的预期收益一般是根据企业资产的历史运营状况、企业产品所处的生命周期阶段及企业资产未来经营的外部环境和内部潜力等因素，按一定的程序和方法推算出来的，其数据结果具有极大的不确定性，隐含着一定的偏差。由于种种原因，当影响资产预期收益的某一因素与预测时的假定情况不一致时，评估得出的整体资产价值必然与未来实际的整体资产价值不同，这就是企业价值评估的不确定性。

3.动态性

企业价值不仅取决于资产本身的价值和企业在未来的期望收益，而且要考虑在预期期限内，货币时间价值变化对预期收益的影响。企业价值的这种动态性主要表现在以下两个方面：第一，如果各年的资产运营条件发生变化，则实现的预期收益也会不断发生变化；

第二，各年实现的预期收益，由于货币时间价值的不同，反映在资产上的价值也不一样。

4.增值性

企业价值评估是在单项资产评估的基础上进行的。企业单项资产的各种不同组合、配置和运营过程表现在企业获得预期收益的过程中。在此过程中，企业单项资产的价值之和是作为成本体现的。如果获得的收益增量大于成本，则企业价值具有比单项资产价值之和更高的价值；如果获得的收益增量等于成本，则两种评估方法所取得的结果是一致的；如果获得的收益增量小于成本，则企业价值要低于其单项资产价值之和。因此，企业价值评估具有反映资产增值（包括增值为负）的功能。

5.持续性

企业价值评估的对象必须是能够继续使用的、具有获利能力的资产的有机组合体。企业价值的未来收益应能预测并能以货币计量，同时与整体资产获得未来收益相关的风险也应可以预测。因此，企业价值评估是对持续经营企业的评估，不包括对终止经营（如清算企业价值）的评估。在对企业价值进行评估时，基于企业持续经营的前提条件，即假设被评估企业价值与整体资产仍按原有设计和建造目的使用，包括原有的经营方式、经营风格等。判断企业是否持续经营，要考虑两个方面：一是企业所生产的产品或提供的服务是否满足社会的需要，并产生一定的收益；二是企业要素资产的功能和状态是否良好。企业持续经营是企业价值与整体资产评估的基本前提，不具备持续获利能力的企业整体或资产整体就不能依照整体评估的原理进行评估。

6.匹配性

企业各类资产的匹配性是企业价值评估所涉及的一个重要问题。企业在正常的生产经营活动中，需要把投入的各种生产要素有机组合起来，形成较强的匹配功能，使每一种要素都能发挥最大的效能。例如，有的企业连篇累牍地大做广告，企业的无形资产之一——商标的价值可能提高了，但企业产品的质量没有得到及时的提高，甚至产品的营销渠道没有有效建立起来，最终导致企业的总体效益下降，甚至可能使企业走上破产之路。这就是企业的资产匹配方面出现的问题。

三、企业价值评估的价值类型和评估假设

（一）企业价值评估的价值类型

评估专业人员在执行企业价值评估业务时，应恰当选择价值类型。企业价值评估中的主要价值类型分别为市场价值、投资价值和清算价值。

市场价值是指自愿买方和自愿卖方在各自理性行事且未受任何强迫的情况下，评估对象在评估基准日进行正常公平交易的价值估计数额。投资价值是指评估对象对于具有明确投资目标的特定投资者或者某一类投资者所具有的价值估计数额，亦称特定投资者价值。根据不同的标准，投资价值可以分为不同的层级。例如，根据投资价值的概念以及对协同效应和投资回报水平的不同考虑方式，可以进一步将投资价值划分为两个不同层级。若对投资价值概念中的协同效应和投资回报水平的考虑是基于投资者自身禀赋条件的特殊性或其交易目的的特殊性而作出的客观判断，则此时的投资价值称为第一层级的投资价值；若对投资价值概念中的协同效应和投资回报水平除了上述考虑以外，还考虑了投资者自身的个性化和主观化判断，则此时的投资价值被称为第二层级的投资价值。清算价值是指在评

估对象处于被迫出售、快速变现等非正常市场条件下的价值估计数额。清算价值作为一种价值类型是以评估对象被快速变现或被强制出售为前提条件的，只有评估对象是在被快速变现或强制出售的前提条件下进行评估，其评估结论的价值类型才可以选择清算价值。

（二）企业价值评估的假设

在企业价值评估过程中，由于被评估企业所处外部环境和内部环境是不断变化的，因此需要根据已经掌握的信息对评估基准日企业价值的某些特征或者全部情况作出合乎逻辑的判断，即企业价值评估实际上是一种模拟市场判断企业价值的过程。企业价值评估的基本假设主要有交易假设、公开市场假设、持续经营假设和清算假设等。这里重点阐述企业价值评估中的持续经营假设和清算假设。

1.持续经营假设

持续经营假设是企业价值评估中最常用的假设。该假设假定被评估企业在评估基准日后仍将按照原来的经营目的、经营方式持续经营下去。它意味着企业在出售、兼并、重组、合并以后，其使用价值持续发生作用，提供的产品或服务仍能满足市场需求，并产生一定的效益。在进行企业价值评估时，是否选择持续经营假设需考虑以下三个方面的因素：

第一，评估目的。引起企业价值评估的经济活动是否要求企业持续经营，或评估结果的具体用途是否需要以企业持续经营为前提。

第二，企业提供的产品或服务是否能满足市场需求。若企业的产品或服务不能满足市场需求，企业无未来收益，则不适用持续经营假设。

第三，企业要素的功能和状态。若企业各个要素资产破损严重、工艺落后或比例严重失调而不能满足企业持续经营的需要，也不能适用持续经营假设。

一般情况下，企业价值评估中持续经营假设的情况主要包括存量持续经营假设、增量持续经营假设、并购整合持续经营假设三种情况。

2.清算假设

清算假设是对资产在非公开市场条件下被迫出售或快速变现条件的假定说明。清算假设首先是基于被评估资产面临清算或具有潜在的被清算的事实或可能性，再根据相应数据资料推定被评估资产处于一种被迫出售或快速变现的状态。由于清算假设假定被评估资产处于被迫出售或快速变现条件之下，被评估资产的评估价值通常要低于在公开市场假设下或持续使用假设下同样资产的评估价值。因此，在清算假设下的资产评估结果的适用范围是非常有限的。

四、企业价值评估的操作要求

（一）明确基本事项

《资产评估执业准则——企业价值》第八条要求，资产评估机构受理企业价值评估业务前，应当明确下列基本事项：（1）委托人的基本情况；（2）被评估单位的基本情况；（3）评估目的；（4）评估对象和评估范围；（5）价值类型；（6）评估基准日；（7）资产评估报告使用范围；（8）评估假设；（9）需要明确的其他事项。评估专业人员在执行企业价值评估业务时，应当充分考虑评估目的、市场条件、评估对象自身条件等因素，恰当选择价值类型，并合理使用评估假设。

（二）收集评估资料

《资产评估执业准则——企业价值》第十一条要求，评估专业人员执行企业价值评估业务时，应当根据评估业务的具体情况，确定所需资料的清单并收集相关资料，其通常包括：（1）与评估对象权益状况相关的协议、章程、股权证明等法律文件，评估对象涉及的主要资产权属证明资料；（2）被评估单位历史沿革、控制股东及股东持股比例、经营管理结构和产权架构资料；（3）被评估单位的业务、资产、财务、人员及经营状况资料；（4）被评估单位经营计划、发展规划和收益预测资料；（5）评估对象、被评估单位以往的评估及交易资料；（6）影响被评估单位经营的宏观、区域经济因素资料；（7）被评估单位所在行业现状与发展前景资料；（8）证券市场、产权交易市场等市场的有关资料；（9）可比企业的经营情况、财务信息、股票价格或者股权交易价格等资料。

上述信息资料以被评估企业为中心，可以分为两大类：被评估企业内部相关信息、被评估企业外部的相关资料。信息收集和分析是解决企业价值评估中信息不对称问题的要求，评估机构及评估专业人员在收集被评估企业的信息时，应尽可能收集到完整、真实的信息资料，为客观、公正地评估企业价值提供保障。

根据评估执业准则中资料需求，评估师应当尽可能获取被评估企业和可比企业的审计报告。无论财务报表是否经过审计，评估师都应当对其进行必要的分析和专业判断。此外，评估师还应注意税务信息、账外的资产和负债、公司经营信息、关联交易信息、股权变动和股东红利等信息。评估师在运用收益法和市场法进行企业价值评估时，应当根据评估对象、价值类型等相关条件，在与委托方和相关当事方协商并获得有关信息的基础上，对被评估企业和可比企业财务报表进行必要的分析和调整，以合理反映企业的财务状况和盈利能力。评估师运用收益法和市场法进行企业价值评估，应当与委托方和相关当事方进行沟通，了解企业资产配置和使用的情况，谨慎识别非经营性资产、负债和溢余资产，并对其进行单独分析和评估。

信息收集的来源可以分为公开信息来源和非公开信息来源。公开信息资料的收集可以从行业协会网站、商业化行业分析报告、证券公司行业分析报告、单一行业专业网站、行业专业期刊等处获得，也可以选择知名的金融数据服务商、证券交易所、产权交易中心或著名研究学者的个人网站上发布的相关信息。评估专业人员在选择证券市场、产权交易市场等市场资料时，要考虑市场的成熟度、证券交易的活跃性和数据的可获得性，通常应当选择具有一定规模且交易比较活跃、管理比较规范的资本市场。非公开信息来源主要是企业非公开的财务报告、可行性研究报告、商业计划书、年度计划、战略规划、业务推广计划、工作总结、专项内部研究报告，其他类似评估项目（评估报告、评估说明、工作底稿等）、价值咨询报告，企业提供的第三方专项调查报告（财务尽职调查、法律尽职调查、市场调查报告等）。还有一类重要的非公开信息来源，即评估专业人员针对评估项目所进行的现场访谈、市场调查等。这些信息来源有时对评估项目具有较强的适用性，如评估专业人员的现场访谈记录、第三方专项调研报告等；有时带有很强的主观倾向或主观意愿，如企业的发展规划纲要、年度工作总结等。评估专业人员应按照信息筛选的可靠性、相关性原则、合理性原则、经济性原则，进行筛选使用。

五、企业价值评估信息分析

（一）企业价值评估中的宏观分析

宏观分析是要对会影响所有企业的经营管理活动的宏观环境因素进行分析，这些外部的、基本不可控的因素会影响到企业的内部实力和经营活动，对企业的发展产生持久、深远的影响。分析企业的宏观环境，主要是识别环境给企业带来的机遇和挑战，对于宏观环境的研究，就是要对外部环境进行调查、分析，预测其发展趋势，掌握其变化规律。只有充分考虑宏观环境对该企业乃至整个行业的影响，才能保证评估结论的合理性。宏观环境因素主要包括政治和法律因素、经济因素、社会和文化因素、技术因素。

1.政治和法律因素

政治和法律因素是指一个国家或地区的政治制度和体制的稳定性、法律法规、政府经济管理、国际环境等方面的内容。这些因素常常制约、影响企业的经营行为，尤其会对企业较长期的投资行为产生重大影响。政治和法律因素对企业产生影响的特点如下：一是直接性，即国家政治和法律环境直接影响着企业的经营状况；二是难以预测性，对于企业而言很难预测国家政治和法律环境的变化趋势；三是不可逆转性，政治和法律环境因素一旦对企业产生影响，就会使企业产生十分迅速和明显的变化，而这一变化往往是企业难以改变的。

2.经济因素

企业的经济因素主要由社会经济结构、经济发展水平、宏观经济政策、经济运行状况等方面构成。

社会经济结构是指国民经济中不同的经济成分、不同的产业部门及社会再生产各方面在组成国民经济整体时相互的适应性、量的比例以及排列关联的状况。社会经济结构主要包括五个方面的内容，即产业结构、分配结构、交换结构、消费结构和技术结构。

经济发展水平是指一个国家经济发展的规模、速度和所达到的水平，反映一个国家经济发展水平的常用指标有国内生产总值、国民收入、人均国民收入和经济增长速度。

宏观经济政策是指国家或政府为了增进整个社会经济福利、改进国民经济的运行状况、达到一定的政策目标而有意识和有计划地运用一定的政策工具制定的解决经济问题的指导原则和措施。

经济运行状况通常指国家宏观经济当前的运行状况。经济运行分析是经济决策的核心。正确分析经济形势对于提高决策的前瞻性、科学性和有效性都具有重要的作用。在企业价值评估中，应了解、判断经济周期性变动的大趋势，可以从经济景气分析指标中得到有关信息。

3.社会和文化因素

社会和文化因素主要包括人口因素、生活方式和消费趋势、文化传统和价值观等方面，这些因素的变化能给市场、产品、服务和消费者带来深刻的影响，所有产业中的企业及非营利性的组织都会受到这些因素的影响。

4.技术因素

技术因素是指企业所处环境中的科技因素及与科技因素有关的各种社会现象的集合。科学技术直接影响着市场竞争、市场需求以及政府政策。

（二）企业价值评估中的行业分析

行业分析是指对行业经济特性、行业市场结构、行业生命周期和行业景气程度等内容的分析和预测。评估专业人员应根据被评估资产的特点，选择对行业经济特性、行业市场结构、行业生命周期和行业景气程度等内容进行分析，以支持评估结论的形成。

行业经济特性可以通过行业的主要经济变量对行业整体情况进行刻画。行业的主要经济变量有市场规模、市场增长率、生命周期阶段、竞争范围、竞争状况、消费者状况等。

行业市场结构是指一个行业内部买方和卖方的数量及其规模分布、产品差别的程度和新企业进入该行业的难易程度的综合状态，也可以说是某一市场中各种要素之间的内在联系及其特征，包括市场供给者之间、需求者之间、供给和需求者之间，以及市场上现有的供给者、需求者与正在进入该市场的供给者、需求者之间的关系。根据各行业拥有的企业数量、产品性质、企业控制价格的能力、新企业进入行业的难易程度、是否存在非价格竞争等各种因素，可以将市场结构类型划分为四种：完全竞争市场、垄断竞争市场、寡头垄断市场和完全垄断市场，其特征的比较见表12-1。

表 12-1　　　　　　　　　　　　　**四种市场结构类型特征的比较**

市场结构类型	生产者的数量	单个厂商对价格的控制程度	产品差别程度	进入行业的难易程度
完全竞争市场	很多	价格的接受者	无差别	容易
垄断竞争市场	较多	有一定程度的控制	有差别	比较容易
寡头垄断市场	少数几个	有较大程度的控制	有一定的差别或者完全无差别	比较困难
完全垄断市场	一个	价格的决定者	无相近替代品	非常困难

企业价值评估中广泛采用的一种行业分析框架模型是由美国哈佛商学院教授迈克尔·波特提出的五力模型，即波特五力模型。其中，五力分别是指供应商的议价能力、买方的议价能力、潜在进入者进入的能力、替代品的竞争能力和现有同业竞争对手竞争能力（见图12-1）。五力模型反映了一般行业中潜在进入者、上游供应商、下游买方、替代品和现有同业竞争对手形成的市场结构，影响市场竞争格局的主要力量及其作用原理。

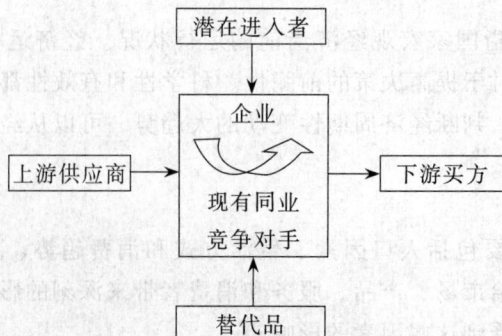

图 12-1　波特五力模型

上游供应商是指被评估企业上游产品的提供者。供应商主要通过提高上游产品价格对被评估企业及其所在行业的盈利能力与产品竞争力施加影响。供应商的这一意图能否达成主要取决于以下几个因素：一是上游产品市场上供应商的集中程度；二是被评估企业上游产品是否存在替代品；三是供应商对被评估企业的依赖性；四是被评估企业对供应商的依赖性；五是被评估企业转嫁成本的能力；六是供应商纵向并购的威胁。

下游买方（购买者）主要通过压低被评估企业及其所在行业的产品价格，从而对被评估企业及其所在行业的盈利能力与产品竞争力施加影响。购买者的这一意图能否达成主要取决于以下几个因素：一是下游产品市场上购买者的集中程度；二是被评估企业产品是否存在替代品；三是被评估企业对购买者的依赖性；四是购买者对被评估企业的依赖性；五是购买者转嫁成本的能力；六是购买者纵向并购的威胁。

潜在进入者会给被评估企业所在行业带来新的资源与新的产能，但与此同时，潜在进入者也希望其产品能够在现有市场占有一定的份额。其就有可能会与被评估企业在原材料和产品销售方面展开竞争，最终导致被评估企业盈利水平降低，甚至产生破产风险。潜在进入者威胁大小主要受以下几个因素的影响：一是规模经济效应；二是产品差异程度；三是进入资本门槛；四是原材料来源及产品销售渠道；五是政策限制因素。

所谓替代品是指具有相同或相似功能的产品，其中一种产品价格的上升会引起对另一种产品需求的增加。企业之间，尤其是处于同一行业的企业之间，可能会由于所生产的产品互为替代品而产生竞争行为。替代品及替代品生产企业能否给被评估企业带来威胁主要取决于以下几个因素：一是替代品的可替代程度；二是替代品的价格；三是替代品对于其生产企业的重要性。

在大部分行业中，企业为了争夺更多的市场份额并增加利润，往往会与同行业的其他企业展开竞争，企业间的竞争可以发生在价格、产品质量、售后服务、广告等多方面。行业内竞争者现有竞争能力主要受以下几个因素的制约：一是行业内现有竞争者的规模；二是行业成长速度；三是固定成本水平；四是产能释放状况；五是退出障碍。

（三）企业价值评估中的企业分析

企业分析可以概括为业务分析、战略分析和财务报表分析，是企业价值评估中微观层面的基础分析。企业业务分析是在了解整个行业发展现状及发展趋势的基础上，研究企业现有业务在所处行业中的竞争地位，以便对企业的成长、经营业绩、资本需求作出合理的预测。企业业务分析包括盈利模式分析、市场需求分析、竞争能力分析等。企业战略分析需要充分把握企业各层级所采取的战略，明确企业未来的经营方向与经营效果，为企业价值评估需要的收益与风险预测进一步提供信息。根据战略的进攻性，可以将公司战略分为稳定型战略、发展型（进攻型）战略、紧缩型战略。

业务分析、战略分析同财务报表分析密不可分。从业务分析与战略分析中获得的信息能够回答财务报表分析中发现的问题；而从财务报表分析中获得的数据也为进一步进行业务分析、战略分析提供了方向。财务报表分析的目的不是简单地了解企业的历史情况，而是通过分析历史业绩对未来作出预测，全面掌握相关信息进行企业价值评估。

SWOT是国内外评估实务界常用的对企业实行评价的战略分析框架。这种方法通过对被评估企业的优势、劣势、机会和威胁进行综合评估，清晰地确定被评估企业的资源优势和劣势，以及所面临的机会和挑战，从而对企业未来增长情况作出合理的预测。

第二节　企业价值评估技术方法

《资产评估准则——企业价值》指出，执行企业价值评估业务，应当根据评估目的、评估对象、价值类型、资料收集等情况，分析收益法、市场法、资产基础法三种基本方法的适用性，选择评估方法。对于适合采用不同评估方法进行企业价值评估的，资产评估专业人员应当采用两种以上评估方法进行评估。

一、收益法

企业价值评估中的收益法，是指将预期收益资本化或者折现，确定评估对象价值的评估方法。评估师应当结合企业的历史经营情况、未来收益可预测情况、所获取评估资料的充分性，恰当考虑收益法的适用性。收益法是企业整体资产评估最为直接的方法，也是首选的方法。因为企业价值的形成基于企业整体盈利能力，评估专业人员评估企业价值，就是要正确分析和判断企业的盈利能力。

在运用收益法对企业资产进行评估时，一个必要的前提是判断企业是否具有持续的盈利能力。只有当企业具有持续的盈利能力时，运用收益法对企业进行价值评估才有意义。运用收益法对企业整体资产进行评估，关键在于解决以下三个问题：

第一，要对企业的收益期予以确定。评估师应当根据国家有关法律法规、企业所在行业现状与发展前景、协议与章程约定、企业经营状况、资产特点和资源条件等，恰当确定收益期。评估师应当知晓企业经营达到相对稳定前的时间区间是确定预测期的主要因素。评估师应当在对企业收入成本结构、资本结构、资本性支出、投资收益和风险水平等进行综合分析的基础上，结合宏观政策、行业周期及其他影响企业进入稳定期的因素合理确定预测期。

第二，要对企业的收益进行合理的预测。要求评估专业人员对企业的未来收益进行精确预测是不可能的，但是，由于对企业收益的预测直接影响对企业盈利能力的判断，其是决定企业最终评估值的关键因素，所以，在评估中，评估师应当充分分析被评估企业的资本结构、经营状况、历史业绩、发展前景，考虑宏观和区域经济因素、所在行业现状与发展前景对企业价值的影响，对委托方或者相关当事方提供的企业未来收益预测进行必要的分析、判断和调整，在考虑未来各种可能性及其影响的基础上合理确定评估假设，形成未来收益预测。评估师应当关注未来收益预测中主营业务收入、毛利率、营运资金、资本性支出等主要参数与评估假设的一致性。当预测趋势与企业历史业绩和现实经营状况存在重大差异时，评估师应当在评估报告中予以披露，并对产生差异的原因及其合理性进行分析。

第三，选择合适的折现率。折现率的选择直接关系到对企业未来收益风险的判断。由于不确定性的客观存在，对企业未来收益的风险进行判断至关重要。能否选择合适的折现率，对企业未来收益的风险作出恰当的判断，对企业的最终评估值具有较大影响。评估师应当综合考虑评估基准日的利率水平、市场投资收益率等资本市场相关信息和所在行业、被评估企业的特定风险等相关因素，合理确定折现率。

（一）企业持续经营假设前提下的收益法

1.年金法

年金法的计算公式为：

P=A/r

式中：P为企业整体资产评估价值；A为企业每年的年金收益；r为本金化率。

用于企业价值评估的年金法，是将已处于均衡状态，其未来收益具有充分的稳定性和可预测性的企业的收益进行年金化处理，然后再把已年金化的企业预期收益进行收益还原，估测企业整体资产价值的评估方法。

【例12-1】待估企业未来5年的预期收益额为110万元、120万元、110万元、120万元、115万元，假定本金化率为10%，试用年金法估测待估企业整体资产价值。运用公式：

$$A = \sum_{t=1}^{n} \frac{R_t}{(1+r)^t} \times \frac{r(1+r)^n}{(1+r)^n - 1}$$

或　　$$A = \sum_{t=1}^{n} \frac{R_t}{(1+r)^t} \div \frac{r(1+r)^n - 1}{r(1+r)^n}$$

A=（110×0.9091+120×0.8264+110×0.7513+120×0.6830+115×0.6209）÷（P/A，10%，5）

　=435.1755÷3.7908≈114.80（万元）

或　　A=435.1755×（A/P，10%，5）=435.1755×0.2638≈114.80（万元）

企业价值=114.80÷10%=1 148（万元）

2.分段法

分段法是将持续经营企业的收益预测分为前后两段。将企业的收益预测分为前后两段的理由在于：在企业发展的前一个期间，企业处于不稳定状态，因此企业的收益是不稳定的；而在该期间之后，企业处于均衡状态，其收益是稳定的或按某种规律变化。对于前段的企业预期收益采取逐年预测并折现累加的方法；而对于后段的企业预期收益，则针对企业具体情况并按企业的收益变化规律，对其进行折现和还原处理。将企业前后两段收益现值加在一起便构成企业的收益现值。

假设以前段最后1年的收益作为后段各年的年金收益，分段法的公式可写成：

$$P = \sum_{t=1}^{n} \frac{R_t}{(1+r)^t} + \frac{R_n}{r} \times \frac{1}{(1+r)^n}$$

假设从（n+1）年起的后段，企业预期年收益将按固定比率g增长，则分段法的公式可写成：

$$P = \sum_{t=1}^{n} \frac{R_t}{(1+r)^t} + R_{n+1} \times \frac{1+g}{r-g} \times \frac{1}{(1+r)^n}$$

【例12-2】某企业未来5年的预期收益额为100万元、120万元、130万元、150万元、180万元。根据企业的实际情况推断，从第6年开始，企业的年收益额将维持在180万元的水平上，假定本金化率为10%，使用分段法估测企业的价值。运用公式：

$$P = \sum_{t=1}^{n} \frac{R_t}{(1+r)^t} + \frac{R_n}{r} \times \frac{1}{(1+r)^n}$$

　=（100×0.9091+120×0.8264+130×0.7513+150×0.6830+180×0.6209）+180÷10%×0.6209

　≈1 620（万元）

承上例资料，假如评估专业人员根据企业的实际情况推断，企业从第6年起收益额将在第5年的水平上以2%的增长率保持增长，其他条件不变，试估测待估企业价值。运用公式：

$$P = \sum_{t=1}^{n} \frac{R_t}{(1+r)^t} + R_{n+1} + \frac{1+g}{r-g} \times \frac{1}{(1+r)^n}$$

$$= （100 \times 0.9091 + 120 \times 0.8264 + 130 \times 0.7513 + 150 \times 0.6830 + 180 \times 0.6209）+$$
$$180 \times （1+2\%）\div （10\% - 2\%）\times 0.6209$$

$$\approx 1\,927（万元）$$

（二）企业有限持续经营假设前提下的收益法

1.关于企业有限持续经营假设的适用性

对企业而言，它的价值在于其所具有的持续盈利能力。一般而言，对企业整体资产价值的评估应该在持续经营前提下进行。只有在特殊的情况下，才能在有限持续经营假设前提下对企业整体资产价值进行评估。如果企业章程已对企业经营期限作出规定，而企业的所有者无意逾期继续经营企业，则可在该假设前提下对企业进行价值评估，评估专业人员在运用该假设对企业整体资产价值进行评估时，应对企业能否适用该假设作出合理判断。

2.企业有限持续经营假设的考虑角度

企业有限持续经营假设是从最有利于回收企业投资的角度，争取在不追加资本性投资的前提下，充分利用企业现有的资源，最大限度地获取投资收益，直至企业无法持续经营为止。

3.企业有限持续经营假设下的企业价值评估思路

对于有限持续经营假设前提下企业整体资产价值评估，其评估思路与分段法类似。首先，将企业在可预期的经营期限内的收益加以估测并折现；其次，将企业在经营期限后的残余资产的价值加以估测及折现；最后，将两者相加。其数学表达式为：

$$P = \sum_{t=1}^{n} \frac{R_t}{(1+r)^t} + P_n \times \frac{1}{(1+r)^n}$$

式中：P_n为第n年企业资产的变现值，其他符号含义同前。

（三）股权自由现金流量折现模型

股权自由现金流量（FCFE），即股东可自由支配的现金流量。股东是企业股权资本的所有者，拥有企业产生的全部现金流量的剩余要求权，即拥有企业在满足了全部财务要求和投资要求后的剩余现金流量。股权自由现金流量就是在扣除经营费用、偿还债务资本对应的本息支付和为保持预定现金流量增长所需的全部资本性支出后的现金流量。其公式为：

$$\text{股权自由现金流量} = （\text{税后净营业利润} + \text{折旧及摊销}）-（\text{资本性支出} + \text{营运资金增加}）- \text{税后利息费用} - \text{付息债务的净偿还}$$

式中：税后净营业利润也称息前税后净利润，是指将企业不包括利息收支的营业利润扣除实付所得税税金之后的数额，即：

税后净营业利润 = 净利润 + 利息费用 × （1-所得税税率）

税后利息费用 = 利息费用 × （1-所得税税率）

付息债务的净偿还 = 偿还付息债务本金 - 新借付息债务

此外，股权自由现金流量计算公式还可表示为：

股权自由现金流量 = 企业自由现金流量 - 债权自由现金流量

$\qquad\qquad$ = 企业自由现金流量 - 税后利息支出 - 偿还债务本金 + 新借付息债务

以股权自由现金流量为收益口径进行折现求取股东全部权益价值的模型，即为股权自由现金流量折现模型。股权自由现金流量折现模型的基本公式如下：

$$EV = \sum_{t=1}^{n} \frac{FCFE_t}{(1 + R_e)^t}$$

式中：EV 为股东全部权益价值；R_e 为权益回报率；$FCFE_t$ 为第 t 年的股权自由现金流量。

采用股权自由现金流量折现模型评估股东全部权益价值，需要分别预测企业未来收益期的股权自由现金流量，并根据预测的股权自由现金流量的风险拟定折现率。因此，股权自由现金流量折现模型的应用条件包括两项：一是能够对企业未来收益期的股权自由现金流量作出预测；二是能够合理量化股权自由现金流量预测值的风险。在计算股权自由现金流量的过程中，除了净利润、折旧及摊销、资本性支出和营运资金增加额以外，新发行债务和偿还本金等参数也是股权自由现金流量的重要构成内容，能否对这些参数作出合理预测或判断，决定着能否采用股权自由现金流量折现模型。

股权自由现金流量折现模型一般适用于对具有控制权的股权进行评估，也适用于对战略型投资者的股权进行评估。运用股权自由现金流量折现模型，被评估企业可以不必具有成熟而稳定的股利分配政策。

（四）企业自由现金流量折现模型

企业自由现金流量（FCFF）可理解为全部资本投资者共同支配的现金流量。全部资本提供者包括普通股股东、优先股股东和付息债务的债权人。企业自由现金流量也称为实体自由现金流量。

企业自由现金流量主要有以下三种计算方法：

第一种方法是在净利润基础上进行计算，其计算公式如下：

企业自由现金流量 ＝［净利润 + 利息费用 ×（1-所得税税率）+ 折旧及摊销］－（资本性支出 + 营运资金增加）

＝（税后净营业利润 + 折旧及摊销）－（资本性支出 + 营运资金增加）

第二种方法是在股权自由现金流量的基础上进行计算，其计算公式为：

企业自由现金流量 ＝ 股权自由现金流量 + 债权自由现金流量

因为：

债权自由现金流量 ＝ 税后利息支出 + 偿还债务本金 - 新借付息债务

所以：

企业自由现金流量 ＝ 股权自由现金流量 + 税后利息支出 + 偿还债务本金 - 新借付息债务

当企业的资本投资者包括普通股股东、优先股股东和付息债务的债权人时，企业自由现金流量应当是三种资本对应现金流量的合计：

企业自由现金流量 ＝ 普通股股东的自由现金流量 + 优先股股东的自由现金流量 + 债权人的自由现金流量

第三种方法是在企业经营活动产生的现金净流量基础上进行计算。企业自由现金流量可以近似地看作经营活动现金净流量与资本性支出之差，即：

企业自由现金流量 ＝ 经营活动现金净流量 - 资本性支出

企业自由现金流量折现模型是以企业自由现金流量为收益口径进行折现，求取企业整体价值，或在此基础上减去付息债务的价值得到股东全部权益价值的模型。企业自由现金流量折现模型的基本公式如下：

$$OV = \sum_{t=1}^{n} \frac{FCFF_t}{(1 + WACC)^t}$$

$$EV = OV - D = \sum_{t=1}^{n} \frac{FCFF_t}{(1 + WACC)^t} - D$$

式中：OV 为企业整体价值；EV 为股东全部权益价值；D 为付息债务；$FCFF_t$ 为第 t 年的企业自由现金流量；WACC 为加权平均资本成本。

在企业价值评估实务中，究竟应选择企业自由现金流量折现模型还是股权自由现金流量折现模型对股东全部权益价值进行评估，关键应对比两种模型运用过程中的工作效率和可能存在的计算误差等情况。对于那些经营业务与融资相关的公司，比如金融机构，股权自由现金流量折现模型是较好的选择。具体来看，在对银行、保险公司、证券公司等金融企业进行评估时，一般优先选择股权自由现金流量折现模型，这些金融企业的财务杠杆通常很高且付息负债变动频繁，运用企业自由现金流量折现模型会使评估工作过程冗长而低效。

二、市场法

企业价值评估中的市场法，是指将评估对象与可比上市公司或者可比交易案例进行比较，确定评估对象价值的评估方法。评估师应当根据所获取可比企业经营和财务数据的充分性和可靠性、可收集到的可比企业数量，恰当考虑市场法的适用性。市场法的基本思路是在市场上找出一个或几个与被评估企业相同或相似的参照企业，分析、比较被评估企业和参照企业的重要指标，在此基础上，修正、调整参照企业的市场价值，最后确定被评估企业的价值。其理论依据就是"替代原则"。

1.市场法技术路线

企业整体资产评估的市场法是基于类似资产应该具有类似交易价格的理论推断。企业整体资产评估市场法的技术路线是首先在市场上寻找与被评估企业相类似的企业的交易案例。通过对所寻找到的交易案例中相类似企业交易价格的分析，从而确定被评估企业的交易价格，即被评估企业的公允价值。

2.市场法应用障碍

运用市场法评估企业整体资产价值存在两个障碍：一是企业的个体差异。每一个企业都存在不同的特性，除了所处行业、规模大小等可确认的因素各不相同外，影响企业盈利能力的无形因素更是纷繁复杂。因此，几乎难以找到能与被评估企业直接进行比较的类似企业。二是企业交易案例的差异。即使存在能与被评估企业进行直接比较的类似企业，要找到能与被评估企业的产权交易相比较的交易案例也相当困难。首先，目前我国市场上不存在一个可以共享的企业交易案例资料库。因此，评估专业人员无法以较低的成本获得可以应用的交易案例。其次，即使有渠道获得一定的案例，但这些交易的发生时间、市场条件和宏观环境又各不相同，评估专业人员对这些影响因素的分析也会存在主观和客观条件上的障碍。因此，评估师在选择可比企业时，应当关注其业务结构、经营模式、企业规模、资产配置和使用情况、企业所处经营阶段、成长性、经营风险、财务风险等因素。

3.市场法应用基本思路

其思路可用公式表示如下：

$$\frac{V_1}{X_1}=\frac{V_2}{X_2}$$

即：

$$V_1=X_1\times\frac{V_2}{X_2}$$

式中：V_1 为被评估企业整体资产价值；V_2 为可比企业整体资产价值；X_1 为被评估企业与企业整体资产价值相关的可比指标；X_2 为可比企业与企业整体资产价值相关的可比指标。

$\dfrac{V}{X}$ 为价值比率，通常也称为可比价值倍数。价值比率通常包括盈利比率、资产比率、收入比率和其他特定比率。评估师在选择、计算、应用价值比率时，应当考虑：（1）选择的价值比率有利于合理确定评估对象的价值；（2）计算价值比率的数据口径及计算方式一致；（3）应用价值比率时对可比企业和被评估企业间的差异进行合理调整。

4. 用相关因素间接比较的方法评估企业整体资产价值的关键

第一是对可比企业的选择。运用相关因素的间接比较法虽然不用在市场上寻找能直接进行比较的企业交易案例，但仍然需要为评估寻找可比企业。判断企业的可比性存在两个标准：首先是在该行业中的竞争地位不同、规模不同，相互之间的可比性也不同。因此，在选择时应尽量选择与被评估企业的地位相类似的企业。其次是财务标准。既然企业都可以被视为在生产同一种产品——现金流，那么存在相同的盈利能力的企业通常具有相类似的财务结构。因此，可以从财务指标和财务结构的分析方面对企业的可比性进行判断。

第二是对可比指标的选择。对可比指标的选择只遵循一个原则，即可比指标应与企业的价值直接相关。在企业价值的评估中，现金流量和利润是最主要的候选指标。因为企业的现金流量和利润直接反映了企业的盈利能力，也就与企业的价值直接相关。

三、资产基础法

资产基础法也被称为成本途径或资产负债表调整法，是指评估专业人员将企业的全部资产的价值逐一评估出来，然后再扣除企业全部负债的价值，就可以得到一个净资产的价值，这个净资产的价值就是企业所有者所能享受的权益价值。由于企业资产负债表中的账面价值多是企业拥有的资产和负债的历史成本，而非现实的市场价值，因此需要将企业资产和负债的历史成本调整为现实价值，这就是资产基础法评估的基本原理。资产基础法实质是一种以估算获得标的资产的现实成本的途径来进行估价的方法。

采用资产基础法评估企业价值的评估范围是被评估企业资产负债表表内、表外的各项资产和负债。从实务操作上看，由于资料的可获取性不同，并非每项资产和负债都可以被识别并用适当的方法单独评估。当存在对评估对象价值有重大影响且难以识别和评估的资产或者负债时，应当考虑资产基础法的适用性。如评估专业人员通过调查后判断，被评估企业有价值量较大的表外无形资产，但却没有适当的方法评估出这些无形资产的价值，资产基础法就不能用于这类企业价值的评估。

根据资产基础法的原理，该方法的基本操作程序应该包括以下六个步骤：（1）获得以成本为基础的资产负债表；（2）确定需要重新评估的资产与负债；（3）确定表外的资产；（4）确定表外或有负债；（5）评估以上确定的各项资产和负债；（6）编制评估后的资产负债表。

资产基础法评估结果合理性的分析，主要是分析是否较好地识别出表外资产或负债，并对识别出的表外资产和负债，像表内资产一样，用适当的方法得到合理的评估结果。另外，可以结合其他评估途径得出的同一评估对象企业价值评估结果，来分析、判断资产基础法评估结果的合理性。

一般情况下，资产基础法主要适用于以下情况：第一，在资产继续使用假设下进行的企业价值评估；第二，可以取得充分的历史资料情况下的企业价值评估；第三，无法确定企业盈利状况并难以在市场上找到参照企业情况下的企业价值评估。资产基础法非常适用于这几类企业：无形资产较少，尤其是不存在商誉的企业；可能进入清算状态的企业；处于开发建设初期的企业。

运用资产基础法评估企业价值，一般先从资产负债表中对构成企业的各项确指资产进行评估，然后将各项确指资产评估价值汇总以确定企业价值。由此，资产基础法的局限在于这种方法无法把握一个持续经营企业价值的整体性，也很难把握各个单项资产对企业的贡献。对于有价值但在资产负债表中没有反映的资产项目，如企业的商誉，则很难进行有效衡量。对于一些高科技企业和服务性企业，资产基础法尤为不适用。资产基础法的局限性主要体现在以下几个方面：第一，采用资产基础法忽视了某些无形资产对企业价值创造的作用；第二，资产基础法评估所用的时间较长、成本较高；第三，资产基础法忽视了企业整体获利能力，难以体现企业价值的全部内涵。

■ 本章小结

企业价值评估不同于各单项资产的评估，其特点是将评估的企业作为一项完整的独立资产，把企业整体获利能力作为特殊商品进行评估，评估的最终价值是其整体价值的体现。因此，企业价值评估更具技术性、特殊性和复杂性。企业价值评估与单项资产评估在评估目的、评估对象及计价标准方面也存在很大差异，因此在进行整体价值评估时需要考虑以下因素：企业整体的技术情况；企业全部资产价值量的大小；企业资产的匹配状况；企业经营者及员工的素质；企业文化及企业信誉；国家政策、企业所处地理环境、企业所处宏观经济形势等因素。目前，我国企业价值评估的主要方法有三种，即收益法、市场法、资产基础法。

■ 思考与练习

一、单项选择题

1.某待评估企业未来 3 年的预期收益分别为 10 万元、25 万元和 32 万元，根据企业实际情况推断，从第 4 年开始，企业的年预期收益额将在第 3 年的水平上以 3% 的增长率保持增长，假定折现率为 11%，则该企业的评估值最接近于（　　）万元。

A.345.17　　　　　　B.372.5　　　　　　C.384.7　　　　　　D.395.6

2.当企业的整体价值低于企业单项资产评估值之和时，通常的情况是（　　）。

A.企业的资产收益率低于社会平均资金收益率

B.企业的资产收益率高于社会平均资金收益率

C.企业的资产收益率等于社会平均资金收益率

D.企业的资产收益率趋于社会平均资金收益率

3.被评估企业未来5年的预期收益为100万元、120万元、150万元、160万元、200万元，假定资本化率为10%，采用年金法估测的企业价值最有可能是（　　）万元。

A.1 414　　　　　　　B.5 360　　　　　　C.141　　　　　　　D.20 319

4.待估企业未来5年的预期收益为100万元、120万元、150万元、160万元、200万元，从未来第6年起，企业的年预期收益将维持在200万元的水平上，假定资本化率为10%，采用分段法估测企业的价值最有可能是（　　）万元。

A.2 536　　　　　　　B.5 360　　　　　　C.1 778　　　　　　D.1 636

二、多项选择题

1.企业的特点有（　　）。

A.盈利性　　　　　B.持续经营性　　　　C.权益可分性　　　　D.整体性

2.从资产评估角度来说，评估一个企业的价值，其客体可以是（　　）。

A.总资产减去非付息债务　　　　　　B.企业的净资产

C.企业的负债　　　　　　　　　　　D.部分股权权益

3.运用收益法评估企业价值的核心问题是（　　）。

A.收益期限的确定

B.要对企业的收益予以界定

C.要对企业的收益进行合理的预测

D.在对企业的收益作出合理的预测后，要选择合适的折现率

4.在具体界定企业收益时，应注意（　　）。

A.不归企业权益主体所有的收入不能作为企业评估中的企业收益，如税收，不论是流转税还是所得税都不能视为企业的收益

B.凡是归企业权益主体所有的企业收支净额，可视同企业收益，无论是营业收支、资产收支还是投资收支，只要形成净现金流入量，就应视同收益

C.企业收益基本表现形式有企业净利润和企业净现金流量

D.应选择净现金流量作为企业的收益基础

5.企业收益预测较为常用的方法有（　　）。

A.综合调整法　　　　B.产品周期法　　　　C.现代统计法　　　　D.实践趋势法

三、判断题

1.企业价值是企业总资产价值减去企业负债中非付息债务价值后的余值，或用企业所有者权益价值加上企业的全部付息债务价值表示。　　　　　　　　　　　　　（　　）

2.企业价值评估是指把由多个或多种单项资产有机组成的资产综合体所具有的整体获利能力作为评估对象，根据其获利能力来评定、估算企业价值的资产评估方法。（　　）

3.收益法是企业整体资产评估最为直接的方法，也是首选的方法。　　　　（　　）

4.当企业价值大于单项资产价值总和时，其差额被称为负商誉，低于单项资产价值总和时，其差额被称为正商誉。　　　　　　　　　　　　　　　　　　　　　　（　　）

5.如果在预测企业预期收益时，发现企业的超额收益只能维持有限期的若干年，这类

企业的商誉评估不宜采用超额收益折现法，而应改按超额收益本金化价格法进行评估。 （ ）

四、计算题

1.评估专业人员对某一企业进行整体评估，通过对该企业历史经营状况的分析及国内外市场的调查了解，收集到下列数据资料：

（1）预计该企业第1年的收益额为400万元，以后每年的收益额比上年增长10%，自第6年起企业将进入稳定发展期，收益额将保持在300万元的水平上；

（2）社会平均收益率为12%，国库券利率为8%，被评估企业风险系数为1.5；

（3）该企业可确指的各单项资产经评估后的价值之和为1 600万元。

要求：（1）确定该企业整体资产评估值；（2）企业整体资产评估结果与各单项资产评估值之和的差额如何处理？

2.待估企业未来5年的预期收益额分别为100万元、110万元、105万元、110万元和110万元，假定折现率和资本化率均为10%，该企业可确指的各单项资产评估后的价值之和为1 100万元。

要求：（1）采用年金法确定该企业整体资产评估价值；（2）该企业是否有商誉？为什么？（计算结果保留小数点后两位）

第十二章参考答案

第十三章　以财务报告为目的的评估

学习目标

1. 了解以财务报告为目的的评估的披露要求；

2. 熟悉以财务报告为目的的评估的概念、基本要求、评估对象；

3. 掌握以财务报告为目的的评估实务的评估方法。

随着《国际财务报告准则（国际会计准则）》在世界范围内的广泛使用，公允价值计量及其非历史成本的会计计量模式被广泛使用，财政部 2014 年 1 月 26 日发布的《企业会计准则 39 号——公允价值计量》为以财务报告为目的的评估提供了相关指引。为此，以财务报告为目的评估已成为我国资产评估服务领域的一项新业务类型。

第一节　以财务报告为目的的评估概述

一、以财务报告为目的的评估的概念

以财务报告为目的的评估是指资产评估师基于企业会计准则或相关会计核算、披露要求，运用评估技术，对财务报告中各类资产和负债的公允价值或特定价值进行分析、估算，并发表专业意见的行为和过程。

由定义可知，以财务报告为目的的评估是为会计的计量、核算及披露提供专业意见的评估业务。根据编制报告的需求不同，评估对象也不同，其通常是财务报告中各类资产、负债和或有负债。对非同一主体控制下的企业合并行为，编制合并会计报表时，需要对被购买方的可辨认资产、负债及或有负债等进行公允价值评估，评估对象则为被购买方资产负债表内的资产、负债，以及可以量化的表外无形资产和或有负债。在以财务报告为目的的评估业务中，采用公允价值及其他非历史成本价值计量存在着一些复杂的问题。国际上较通行的做法是由评估专业人士为公允价值的确定提供专业意见。因此，需要对各类资产和负债的公允价值及其他特定价值进行评估，这些特定价值包括重置成本、可变现净值、现值以及可回收金额、资产预计未来现金流的现值等。与基于交易的非经常性评估业务相比，以财务报告为目的的评估将逐渐发展成具有经常性需要的评估业务。

二、以财务报告为目的的评估的作用

在会计计量中，当企业选用公允价值及特定价值作为会计计量的基础时，资产评估的专业属性能够为其提供技术上的支持，保障会计信息的客观性和独立性，具体体现在以下三个方面：

（一）评估技术能够满足会计计量专业上的要求

新会计准则体系引入公允价值计量以后，一些资产或负债并没有活跃的市场，会计人

员无法观察到这种由市场机制决定的金额，从而不能直接用市场价格对公允价值进行计量，而一些无形资产、投资性房地产和金融工具公允价值的确定需要运用很强的专业性理论和评估技术，而外部的专业评估机构能够通过运用评估技术，为会计公允价值计量提供专业支持。

（二）评估专业行为能够为会计计量的客观性奠定基础

资产评估是一种专业行为，是建立在专业技术知识和经验基础上的一种专业判断。会计信息的这种客观性要求，能够通过评估过程中严格遵循相关的方法和程序取得充分的依据。

（三）评估的独立地位能够强化公允价值计量的公正性

独立性是资产评估的基本特征。在市场经济条件下，由专业化的资产评估机构依据相关评估法规、准则、规范和行业惯例，提供现时的价值尺度，对于政府监管部门、会计信息使用方和社会公众而言提供的是一种具有较强公信力的信息服务，有利于形成公正的会计信息，特别是关于公允价值的信息。

三、以财务报告为目的的评估的依据

由于以财务报告为目的的评估是基于企业会计准则或相关会计核算、披露的要求，因此，在遵循评估准则的基础上，还要参照相关会计准则的规定以满足财务报告信息使用者对会计信息的需要。2006年2月，财政部发布的会计准则引入公允价值的概念和计量模式。2007年11月，中国资产评估协会发布了《以财务报告为目的的评估指南（试行）》，规范了评估专业人员以财务报告为目的的评估业务行为，维护了社会公共利益和保障资产评估各方当事人合法权益。该指南明确了以财务报告为目的的评估的相关业务的价值类型、评估方法，以及各项业务的评估假设和参数选取注意事项等，为会计计量提供了客观、公正的专业支持。财政部又于2014年1月26日发布了《企业会计准则第39号——公允价值计量》，对公允价值计量进行了更加专业和细致的规范，这将对我国今后的以财务报告为目的的评估的发展起规范指引的作用。

四、以财务报告为目的的评估的业务特点

以财务报告为目的的评估相对于其他评估业务，具有以下特点：

第一，以财务报告为目的的评估是为会计计量提供服务。在业务施行中，会计计量模式、会计核算方法、会计披露要求影响了评估对象、价值类型的确定及评估方法的选择。资产评估专业人员应当在理解会计计量模式，知晓企业合并、资产减值、投资性房地产等会计核算方法的基础上，根据会计准则的要求，合理确定评估对象，选择与会计计量模式相符的价值类型和评估方法，更有效地服务于会计计量的特定要求。

第二，以财务报告为目的的评估业务具有多样性、复杂性。以财务报告为目的的评估业务涉及长期股权投资、合并对价分摊、投资性房地产等业务，每项业务涉及的会计核算要求不同，其所对应的的评估对象、价值类型和评估方法等均有所不同。

第三，以财务报告为目的的评估在业务施行过程中可选用的估值方法具有多样性。根据被评估对象的特点和应用条件，评估专业人员可采用现金流量折现法、增量收益折现法、节省许可费折现法、多期超额收益法等对无形资产进行评估，也可采用以现值为基础的远期定价和互换模型、期权定价模型等对金融工具进行评估。

五、以财务报告为目的的评估的基本要求

（一）评估机构的资格及对评估报告出具主体的要求

以财务报告为目的的评估业务类型具有多样性、评估对象具有多元性和复杂性、评估方法具有特殊性，以上特点需要评估与会计相结合，单项评估与综合评估相结合，因此对从事以财务报告为目的的评估业务的评估机构的能力和资质有一定的要求。为保证评估执业质量和维护相关方合法权益，要求出具以财务报告为目的的评估报告的评估机构应当具有财政部门颁发的资产评估资格。

资产评估报告由资产评估师编制，但需由所在机构出具。与许多国家可以由评估师出具评估报告不同，在我国现有的资产评估管理体制下，根据相关规定，资产评估师必须在评估机构执业，不得以个人名义承揽业务，而是由具有专业资格的评估机构统一承接评估业务并出具评估报告。

（二）与执行企业审计业务的注册会计师进行必要的沟通

由于公允价值的计量涉及会计、审计和评估三者的衔接，除业务能力要求外，与其他准则相比，资产评估师更应加强评估业务过程中的沟通。资产评估师执行以财务报告为目的的评估业务，应当与企业和执行审计业务的注册会计师进行必要的沟通，明确评估业务基本事项并充分理解会计准则或相关会计核算、披露的具体要求。这是因为传统评估业务的主要沟通对象是企业（作为委托方），而以财务报告为目的的评估业务的沟通对象还包括执行审计业务的注册会计师。沟通的目的是使评估业务能够满足会计数据的客观性和合理性要求，为会计计量提供有用的信息，并为判断提供专业性的依据。

（三）评估基准日的确定

传统资产评估业务对评估基准日的确定是原则性的，要求资产评估师在报告中写明确定基准日的理由或成立条件，并尽可能与评估目的实现日相接近。对评估基准日的确定要求资产评估师提醒委托方根据会计准则的相关要求，合理确定评估基准日。评估基准日可以是资产负债表日、购买日、减值测试日、首次执行日等，这些具体要求使得在评估基准日的选择上有了相对统一的基础。

由于公允价值计量的时点是动态的、现时的，因而同样的资产和负债在不同的计量日或不同的交易日，其公允价值可能是不同的。公允价值的计量时点与资产评估的基本要素之一的评估基准日相一致，都强调了某个假设的时点，而并非实际发生交易的时点，使公允价值建立在统一的基准日基础上，从而使相关信息具有一定的现时性和可比性。对评估基准日的确定要求，使得以财务报告为目的的评估业务在评估基准日的选择上既满足资产评估的基本要求，又符合相关会计准则的要求。

（四）确定相关评估假设

资产评估的特定目的不仅是资产评估的起点，还规定着资产评估结果的具体用途，同时也在宏观上规范了被评估资产的作用空间。资产评估特定目的对评估对象作用空间的宏观规范具体是通过资产评估前提假设体现出来的。在以财务报告为目的的评估业务中，计量一项资产的公允价值所使用的估值前提假设依赖于市场参与者对该资产的有效使用。如果资产主要通过与其他资产的组合使用来为市场参与者提供最大价值，则该资产就应以"继续使用"为前提假设进行评估和会计计量；如果一项资产主要通过自身独立使用来为

市场参与者提供最大价值，则该资产就应以进行"交换"为前提假设进行评估和会计计量。

　　但是评估假设的设定不是任意的。相关假设和限制条件必须有合理的支持依据。资产评估师不得随意设定没有依据、不合情理的评估假设，不得在已知委托方或其他信息来源方提供的某些信息资料不真实的情况下，用假设形式设定这些资料是真实的，并在此基础上出具评估意见。因此，不论是何种形式的前提假设，资产评估师都不能主观设定或随意使用，评估假设的设定与使用应该建立在科学合理的基础之上。

　　资产评估师不仅要清楚如何设定、选择和使用评估假设，同时还必须清楚在评估报告中充分披露评估假设具有重要意义。充分披露资产评估中所依据和使用的评估假设既是评估报告撰写的基本要求，也是评估报告使用者正确理解和使用评估结论的必备条件。资产评估是专业人士向非专业人士及社会提供专业咨询的活动，资产评估报告和评估结论是资产评估的基本"产品"。任何可能引起评估报告使用者及社会公众误解的评估报告及其结论都是资产评估所不能容忍的。在评估报告中充分披露资产评估所依据和使用的评估假设，披露评估结论成立的前提条件、必要条件和限制条件，对于评估报告使用者正确理解和使用结论是至关重要的。

第二节　以财务报告为目的的评估实务

一、确定以财务报告为目的的评估中评估对象的关注事项

　　第一，资产评估师需要通过关注会计准则中特定会计事项所对应的对象（如资产减值会计中，固定资产减值测试一般以资产组的形式出现；商誉减值测试主要以资产组或资产组组合的形式出现），关注相关资产、负债在企业营运中的作用等工作来确定所评估的对象的具体组成，合理确定是单项资产、负债还是资产组或资产组组合。

　　第二，资产评估师需要考虑企业管理层采取特定措施的意图，并提请企业管理层按其经营意图以及会计准则的规定、相关核算要求对有关资产、负债进行妥当的分类。在某些情况下，企业管理层对一项资产或负债的意图将决定该项资产或负债的计量和披露，以及如何在财务报表中列报其公允价值的变动。因此，企业管理层的意图对确定公允价值计量的适当性非常重要。例如，对一项债券投资，如果企业管理层有明确意图和能力将其持有至到期，则应当运用摊余成本计量。但是，企业管理层也可能出于资产负债比例管理的需要，将其指定为以公允价值计量且其变动计入当期损益的金融资产。

　　企业管理层采取特定措施的意图通常具有高度的主观性，通常要求企业管理层记录其对特定资产或负债的计划采取的措施。例如，对于被指定为以公允价值计量且其变动计入当期损益的金融资产或金融负债和可供出售的金融资产，企业管理层应当提供正式的书面文件，对风险管理或投资策略予以说明。

　　资产评估师可以向管理层询问，并通过下列方式对管理层的答复予以印证：①考虑管理层以前所述的对于资产负债的意图的实际实施情况；②复核包括预算、会议纪要等在内的书面计划和其他文件记录；③考虑管理层选择特定措施的理由；④考虑管理层在既定经济环境下实施特定措施的能力；⑤其他相关事项。

二、企业合并对价分摊中的资产评估

企业合并是指将两个或两个以上单独的企业合并形成一个报告主体的交易或事项。合并对价分摊是指符合企业合并准则的非同一控制下的企业合并的成本在取得的可辨认资产、负债及或有负债之间的分配。合并对价分摊事项涉及的评估业务所对应的评估对象应当是合并中取得的被购买方的各项可辨认资产、负债及或有负债，这与被购买方所做的企业并购中的企业价值评估所对应的对象（也即企业整体价值、股东全部价值或部分价值）明显不同。在企业并购中，企业价值评估所对应的评估对象一般为企业整体价值、股东权益价值

（一）确定企业合并成本

通常情况下（例如通过一次交易实现企业合并的），企业合并成本按照购买方为进行企业合并支付的现金、非现金资产、发行或承担的债务和发行的权益性证券等在购买日的公允价值以及企业合并中发生的各项直接相关费用之和确定。

（二）企业合并成本在取得的可辨认资产和负债之间的分配

非同一控制下的企业合并中，购买方取得了对被购买方的控制权，应在合并财务报表中确认合并中取得的各项可辨认资产和负债。

（1）购买方在企业合并中取得的被购买方各项可辨认资产和负债，要作为合并财务报表中的资产、负债进行确认，在购买日，其应当满足资产、负债的确认条件。有关的确认条件包括：一是合并中取得的被购买方的各项资产（无形资产除外），其所带来的未来经济利益预期能够流入企业且公允价值能够可靠计量，应单独作为资产确认。二是合并中取得的被购买方的各项负债（或有负债除外），履行有关的义务预期会导致经济利益流出企业且公允价值能够可靠计量的，应单独作为负债确认。

（2）企业合并中取得无形资产的确认条件。企业合并中取得的无形资产在其公允价值能够可靠计量的情况下应单独予以确认。企业合并中取得的需要区别于商誉单独确认的无形资产，一般是按照合同或法律产生的权利，某些并非产生于合同或法律规定的无形资产，需要区别于商誉单独确认的条件是能够对其进行区分，即能够区别于被购买企业的其他资产并且能够单独出售、转让、出租等。在公允价值能够可靠计量的情况下，应区别于商誉单独确认的无形资产一般包括商标，版权及与其相关的许可协议、特许权、分销权等类似权利，专利技术，专有技术等。

（3）企业合并中产生或有负债的确认条件。为了尽可能反映购买方因为进行企业合并可能承担的潜在义务，对于购买方在企业合并时可能需要代被购买方承担的或有负债，在其公允价值能够可靠计量的情况下，应作为合并中取得的负债单独确认。企业合并中对于或有负债的确认条件，与企业在正常经营过程中因或有事项需要确认负债的条件不同。在购买日，或有事项导致经济利益流出企业的可能性还比较小，但在其公允价值能够合理确定的情况下，即需要作为合并中取得的负债确认。

（三）企业合并对价分摊中资产评估方法的运用

1.有形资产和负债的评估

企业合并中取得的资产、负债在满足确认条件后，应以其公允价值计量，并应遵《循企业合并准则应用指南》的规定。

（1）货币资金。按照购买日被购买方的账面余额确定。

（2）活跃市场的股票、债券、基金等金融工具，按照购买日活跃市场中的市场价值确定。不存在活跃市场的金融工具，如权益性投资等，应参照《企业会计准则第22号——金融工具确认和计量》等，采用适当的估值技术确定其公允价值。

（3）应收款项。应按照可收回金额确定其公允价值，并考虑发生坏账的可能性及相关收款费用。如应收账款期限较长，还应以适当的利率折现并按其现值确定公允价值。

（4）存货。产成品、商品和在产品按照可变现净值确认其评估值，原材料的评估值按重置成本确定。

（5）房屋建筑物。存在活跃市场的建筑物或本身不存在活跃市场，但同类或类似的房屋建筑物存在活跃市场的，可采用市场法确定其公允价值。若同类或类似房屋建筑物也不存在活跃市场的，应按照一定的估值技术确定其公允价值。

（6）机器设备。如机器设备存在活跃市场或虽其本身不存在活跃市场，但同类或类似的机器设备存在活跃市场的，可采用市场法确定其公允价值。若同类或类似的机器设备也不存在活跃市场，或因机器设备专用性在市场上很少出售，无法取得确定公允价值市场证据的，可使用收益法或成本法合理估计其公允价值。

（7）应付账款、应付票据等各种应付款项。短期应付款项，可按照其应支付的金额作为其公允价值。长期应付款项，则应当按适当的折现率进行折现，将现值作为其公允价值。

（8）取得的被购买方的或有负债，其公允价值在购买日能够可靠计量的，应单独确认为预计负债。如相关协议载明该项负债应按照假定第三方愿意代购买方承担该项义务，按其所承担义务需要购买方支付的金额计量。

2.无形资产的评估

在企业合并中的无形资产，评估专业人员应根据无形资产的性质以及市场信息的可获得性，选用适当的方法进行评估。无形资产的评估方法通常包括市场法和收益法。

对于存在活跃市场的无形资产，应按照购买日的市场价格确定其公允价值。该方法假定公允价值可通过观察类似资产、负债的市场交易价格，并经过对类似资产、负债与被评估资产、负债的差异进行必要的调整来确定。一般情况下，无形资产较少单独出售转让，而市场上也难以找到相同或类似的可比交易案例或交易量太小导致观察到的交易价格无法代表可靠市价，因此市场法通常难以作为无形资产的首选评估方法。

无形资产因其特殊的资产特性，在合并对价分摊评估中最常用的评估方法为收益法，其具体包括增量收益折现法、节省许可费折现法和多期超额收益折现法。

增量收益折现法，是将包括无形资产的经济实体的未来预测现金流与不含无形资产的经济实体产生的相应现金流进行比较，判断使用和不使用无形资产时在价格方面所产生的差额。增量收益折现法的运用前提是可比实体未使用无形资产所产生的现金流能够可靠地估算。增量现金流主要体现在两个方面，即价格的溢价和成本的节省。价格的溢价是指一个产品采用某一个商标或者品牌与不采用这个商标和品牌之间的差异额。成本的节省，就是采用这项无形资产所能节省的成本所导致的差异额。用这个资产的特定加权资本成本将这些增值现金流折现，可以得到这个资产的税后公允价值，接着再将税收摊销收益加入这个现值。

节省许可费折现法，是指假设财务报告的编制者不是相关无形资产的所有者，需要花钱从别人手上获得一个许可权，这部分支出就是必要的资金流出。在取得该许可权之后，就无须支付相关许可权使用费，所节省的许可费通过折现得出现值。使用节省许可费折现法评估的无形资产的例子一般包括品牌、专利和技术。在运用该方法之前，必须确认存在可比资产，并且这些资产常在熟悉情况的、自愿和独立的双方之间进行专利许可经营。

多期超额收益折现法，是指对收益进行拆分，把其中作为评估对象的无形资产得到的收益拆分出来，即扣除该无形资产以外的其他有形及无形资产所应该产生的平均收益。采用多期超额收益折现法评估得到的是无形资产产生的且只由其产生的现金流的现值。多期超额收益折现法通常在客户关系、采矿权等无形资产的评估中运用。

3.递延所得税的计算

按照《企业会计准则第 18 号——所得税》的规定，企业合并中取得的被购买方各项可辨认资产、负债及或有负债的公允价值与其原计税基础之间存在差额的，应确认相应的递延所得税资产或递延所得税负债，且确认的递延所得税资产或递延所得税负债的金额不应折现。在按照规定确定了合并中应予确认的各项可辨认资产、负债的公允价值后，计税基础与账面价值不同形成暂时性差异的，应当按照所得税会计准则的规定确认相应的递延所得税资产或递延所得税负债。

应当特别注意的是，对于被购买方在企业合并之前已经确认的商誉和递延所得税项目，购买方在分配企业合并成本、汇总可辨认资产和负债时不应予以考虑。

4.商誉的计算

评估专业人员在对各项可辨认资产、负债的公允价值进行汇总计算后，可得到被购买方可辨认净资产公允价值。根据企业合并准则的规定，购买方对合并成本大于合并中取得的被购买方可辨认净资产公允价值份额的差额应确认为商誉，且评估专业人员应当对该商誉值的合理性进行分析。一般来说，商誉受多方面因素的共同影响，例如企业现有的管理团队和员工团队；并购后的协同效应，如销售额的增加、成本开支的压缩等；收购方对收购对价的判断准确度；企业持续经营的能力，包括各类不符合无形资产确认条件的其他资产，如市场占有率、通过资本市场直接融资的能力、良好的政府关系等。

此外，在商誉的评估结果较高的情况下，评估专业人员应当提请公司管理层关注其减值风险，并考虑及时执行商誉的减值测试程序。

5.整体合理性测试

评估专业人员应对合并对价分摊的评估结果的整体合理性进行验证，即以被购买方各项资产公允价值为权重计算的加权平均资本回报率，如结果与加权平均资本成本基本相等或接近则说明合理。如果经过计算发现被购买方各项资产的加权平均资产回报率与加权平均资本回报率差异较大，则需要进一步复核无形资产的识别过程以及各项可辨认资产、负债和或有负债的评估过程是否合理。

各项资产的加权平均资产回报率的计算公式如下：

$$R = \frac{\sum\limits_{i=1}^{n} A_i R_i}{\sum\limits_{i=1}^{n} A_i}$$

式中：R 为加权平均资产回报率；A_i 为各项可辨认资产的公允价值；R_i 为可辨认资产的要求回报率。

三、资产减值测试的资产评估

资产减值是指资产的可收回金额低于其账面价值。根据我国企业会计准则，企业应当在资产负债表日判断资产是否存在可能发生减值的迹象。对于存在减值迹象的资产，应当进行减值测试，计算资产的可收回金额。若可收回金额低于账面价值，应当按照可收回金额低于账面价值的金额，计提减值准备。

企业财务会计人员根据企业外部信息与内部信息，判断企业资产是否存在减值迹象，若存在减值迹象则需合理估计该项资产的可收回金额。减值迹象通常包括：资产的市价当期大幅度下跌，其跌幅明显大于因时间的推移或者正常使用而预计的跌幅；企业经营所处的经济、技术或者法律等环境以及资产所处的市场在当期或者将在近期发生重大变化，从而对企业产生不利影响；市场利率或者其他市场投资报酬率在当期已经提高，从而导致资产预期未来可回收金额大幅度降低；有证据表明资产已经陈旧过时、将被闲置、终止使用或者其实体已经损坏；企业内部报告的证据表明资产的经济绩效已经低于或者将低于预期，如资产所创造的净现金流星或者实现的营业利润（或者亏损）远远低于（或者高于）预期金额等；其他表明资产可能发生减值的迹象。需要指出的是，因企业合并形成的商誉和使用寿命不确定的无形资产，无论是否存在减值迹象，每年都应当进行减值测试。

（一）资产减值测试流程

资产减值测试大致要经历以下阶段：第一，减值迹象的判断；第二，资产寿命的判断；第三，单个资产公允价值及其处置费用是否确定以及与账面价值的比较；第四，单个资产的预计未来现金流量是否确定以及与账面价值的比较；第五，资产组公允价值减处置费用的余值与账面价值的比较；第六，资产组的预计未来现金流量现值与账面价值的比较。

（二）资产减值测试评估中的评估对象确定

如果有迹象表明一项资产可能发生减值，企业应当以单项资产为基础估计其可收回金额。企业如果难以对单项资产的可回收金额进行估计，则应以该资产所属的资产组为基础确定资产组的可收回金额。企业在判断一个资产或资产组是否独立于其他资产或资产组产生现金流时，至少应从经营层面的独立性、合同的约束性限制等方面进行考虑。

资产减值测试评估对象应当与资产、资产组或资产组组合账面价值的成分保持一致。对于资产组或资产组组合而言，其账面价值应当包括可直接归属于该资产组或资产组组合以及可以合理和一致地分摊至该资产组或资产组组合的商誉与总部资产的账面价值。除非不考虑该负债的金额就无法确定资产组的可收回金额，资产组的账面价值一般不应包括已确认的计息负债的账面价值。

表 13-1 归纳了在固定资产减值测试中，常见的资产组或资产组组合的构成与评估对象。

表 13-1　　　　　　　　　　　　常见的资产组或资产组组合的构成与评估对象

项目	资产组账面价值涵盖的项目	评估对象
房屋建筑物	√	√
机器设备	√	√
土地使用权	√	√
工程物资	√	√
在建工程	√	√
营运资金	可选择	可选择
商誉	可选择	可选择
总部资产	可选择	可选择
负债	一般情况不包括，但可选择是否加入资产组的测试	一般情况不包括，视管理层的选择而定

企业总部资产包括企业集团或其事业部的办公楼、电子数据处理设备、研发中心等资产。总部资产的显著特征是其难以脱离其他资产或者资产组产生独立的现金流入，而且其账面价值难以完全归属于某一资产组。因此，总部资产通常难以单独进行减值测试，需要结合其他相关资产组或者资产组组合进行。

企业合并所形成的商誉，应当结合与其相关的资产组或者资产组组合进行减值测试。相关的资产组或者资产组组合应当是能够从企业合并的协同效应中受益的资产组或者资产组组合，并且不应当大于企业所确定的报告分部，其具体分摊过程和总部资产类似。商誉减值测试与企业合并对价分摊息息相关。事实上，很多企业在进行企业合并对价分摊时，就会对将商誉分摊至哪个资产组或者资产组组合进行初步判定，为日后的商誉减值测试打下基础。而在进行商誉减值测试时，评估专业人员也需要关注之前的合并对价分摊评估，理解商誉的分摊基础，并在此基础上仔细判断合并对价分摊以及商誉减值测试在评估参数选取方面的不同之处。

（三）资产（固定资产、商誉）减值测试的评估方法与参数选择和确定

评估专业人员进行以减值测试为目的的评估，应该结合评估对象特点、价值类型、资料收集情况和数据来源等分析市场法、收益法和成本法的适用性。

（1）资产的公允价值减去处置费用的净额。

公允价值的可靠性受制于数据获取来源，其估计首先考虑采用市场法，以公平交易中的销售协议价格，或与评估对象相同或相类似资产在其活跃市场上反映的价格为计算依据。

当不存在相关活跃市场或缺乏相关市场信息时，有关资产或资产组的公允价值可以根据企业以市场参与者的身份，对单项资产或资产组的运营作出合理性决策，并在适当地考虑相关资产或资产组内资产的有效配置、改良或重置的前提下提交预测资料，参照企业价值评估的基本思路和方法（收益法）进行分析和计算。通常来说，采用这种方法时，评估

专业人员也应该采用市场乘数等其他方法验证结果，从而保证评估结论的取得充分考虑了恰当的市场参与者可获取的信息。

处置费用的估计包括与资产处置有关的法律费用、相关税费、搬运费以及为使资产达到可销售状态所发生的直接费用等。

（2）资产预计未来现金流量的现值。

估计资产预计未来现金流量的现值时通常采用收益法，即按照资产在持续使用过程中和最终处置时所产生的预计未来现金流量，选择恰当的折现率对其进行折现后的金额加以确定。预计未来现金流量的预测是基于特定实体现有管理模式下可能实现的收益。预测一般只考虑单项资产或资产组／资产组组合内主要资产项目在简单维护下的剩余经济年限，即不考虑单项资产或资产组／资产组组合内主要资产项目的改良或重置；资产组内其他资产项目于预测期末的变现净值应当纳入资产预计未来现金流量的现值的计算。

在评估专业人员进行减值测试的过程中，应根据所取得的近期财务报告、经营计划等信息资料来评估和确定参数估计的合理性，并考虑数据来源的可靠性和参照会计准则有关计量方法的规定。

四、投资性房地产公允价值评估

按照《企业会计准则第3号——投资性房地产》，投资性房地产是指企业为赚取租金或资本增值，或两者兼有而持有的房地产。当投资性房地产的公允价值能够持续可靠取得的时候，可以对投资性房地产采用公允价值模式进行后续计量。

投资性房地产公允价值评估，是指按照《以财务报告为目的的评估指南（试行）》的要求，对符合会计准则规定条件的投资性房地产在评估基准日的公允价值进行评定、估算，并出具评估报告的专业服务行为。在进行投资性房地产公允价值评估时，应当充分理解相关会计准则的要求以及投资性房地产在企业财务报告中的核算和披露要求。

（一）投资性房地产公允价值评估对象和范围

《企业会计准则第3号——投资性房地产》明确规定，下列项目作为投资性房地产：已出租的土地使用权、持有并准备增值后转让的土地使用权、已出租的建筑物等。投资性房地产的具体范围包括：

（1）已出租的土地使用权和已出租的建筑物，是指以经营租赁方式出租的土地使用权和建筑物。其中，用于出租的土地使用权是指企业通过出让或者转让方式取得的土地使用权；用于出租的建筑物是指企业拥有产权的建筑物。

（2）持有并准备增值后转让的土地使用权，是指企业取得的、准备增值后转让的土地使用权。按照国家有关规定认定的闲置土地，不属于持有并准备增值后转让的土地使用权。

（3）某项房地产，部分用于赚取租金或资本增值，部分用于生产商品、提供劳务或经营管理，能够单独计量和出售的、用于赚取租金或资本增值的部分，应当确认为投资性房地产；不能够单独计量和出售的、用于赚取租金或资本增值的部分，不确认为投资性房地产。

（4）企业将建筑物出租，按租赁协议向承租人提供的相关辅助服务在整个协议中不重大，如企业将办公楼出租并向承租人提供保安、维修等辅助服务，应当将该建筑物确认为投资性房地产。

自用房地产和作为存货的房地产不属于投资性房地产的范畴。自用房地产的特征在于服务于企业自身的生产经营活动，其价值将随着房地产的使用而逐渐转移到企业的产品或者服务中去，通过销售商品或者提供服务为企业带来经济利益，在产生现金流的过程中与企业持有的其他资产密切相关。例如，企业自建房地产用于办公，办公用房为企业提供经营的场所，其价值以折旧的形式体现在企业生产的产品中或者提供的服务中。

房地产开发企业的存货通常是房地产开发企业在正常经营过程中销售的或为销售而正在开发的商品房和土地。这部分房地产属于房地产开发企业的存货，不属于投资性房地产。

值得注意的是，评估对象可能是个别建筑物单元，也可能是由多个建筑物单元及其附属设施共同构成的一个整体。当出租建筑物的附属设备和设施是租金收入所对应的出租资产的组成部分时，应该合理考虑设备和设施对投资性房地产价值的影响。投资性房地产通常附有租约，业主在拥有房地产的同时也拥有该租约的未来收益，因而在进行评估的时候，评估对象应该为附有租约的房地产。

投资性房地产公允价值评估应根据会计准则的要求合理确定评估基准日，可以是资产负债表日、投资性房地产转换日等。在评估实践中，当董事会形成决议后，财务核算和投资性房地产公允价值评估选择在临近决议形成的会计报表日。如董事会决议日期为某月的23日，那么投资性房地产转换日为该月23日，投资性房地产公允价值评估基准日可以选择在该月的月末最后一天。

（二）投资性房地产公允价值评估前提

按照《企业会计准则第39号——公允价值计量》的要求，投资性房地产的公允价值评估是基于资产的最佳用途产生经济利益的能力，或者将该资产出售能够用于最佳用途的其他市场参与者产生经济利益的能力。

最佳用途是指资产价值最大化时对应的用途，主要从法律上是否允许、实物上是否可能，以及财务上是否可行等方面考虑，具体如下：

第一，法律上是否允许。应该考虑对资产进行评估时资产使用在法律上是否受到限制，评估基准日对该投资性房地产的使用必须未被法律禁止。例如，如果政府禁止在生态保护区内进行房地产开发和经营，则该保护区内的土地最佳用途不可以是工业或者商业用途的开发。

第二，实物上是否可能。评估专业人员应该考虑资产的实物特征。例如，一栋建筑物是否能够作为仓库使用。

第三，财务上是否可行。在评估投资性房地产的公允价值时应该在法律允许的条件下使用该资产产生足够的收益或者现金流量，从而使补偿该资产的成本后，仍然能够提供市场参与者所要求的投资回报。

【例13-1】2016年12月1日，A公司在非同一控制下吸收合并了B公司。在编制合并完成日的资产负债表时，需要对B公司的资产、负债进行公允价值评估，其间涉及一宗土地使用权及地上建筑物评估。该土地使用权及地上建筑物在投资性房地产科目核算，合并前用于出租，土地性质为工业用地。

在合并完成日，按照出租目的对该土地使用权及地上建筑物进行公允价值评估，最佳用途为工业用途。

2017年6月30日，该宗土地邻近的一宗土地被开发使用，用于建造住宅，土地性质为住宅用地。同时，该宗土地所在区域规划自2017年1月1日以来作出了调整。A公司董事会决定，在履行相关手续后，可将该宗土地的用途从工业用地变更为住宅用地。在编制2017年6月30日的资产负债表时，该宗土地使用权的公允价值评估中土地的最佳用途及公允价值应通过比较分析来确定：

（1）该宗土地使用权及地上建筑物仍然作为工业用途的价值；

（2）该土地作为用于建造住宅的空置土地的价值，同时应考虑将该宗土地变为空置土地而必须发生的拆除厂房成本及其他支出。

该土地的最佳用途应根据上述两个价值中的较高者来确定。假设该土地使用权及地上建筑物用于工业用途时的价值为600万元，而用于建造住宅时其价值是1 000万元，同时拆除厂房及其他支出为250万元，该宗土地在2017年6月30日的公允价值应当为750万元（1 000−250=750>600万元）。

（三）投资性房地产公允价值评估方法

1.市场法

（1）运用市场法评估投资性房地产时，应当收集足够的同类或者类似房地产的交易案例，并对所收集的信息及其来源进行审慎分析。在选用交易案例时，应当关注案例的可比性，重点分析投资性房地产的实物状况、权益状况、区位状况、交易情况及租约条件。

公允价值是以脱手价为核心的，这里需要注意的是资产出售或者使用的限制。具体来说，在进行公允价值评估时，应区分投资性房地产是否存在出售或者使用的限制，并且应进一步区分出限制是针对投资性房地产的持有者还是投资性房地产本身。如果该限制是针对投资性房地产持有者的，则该限制并不是资产的特征，只会影响当期持有该资产的企业，而其他企业可能不会受到该限制的影响，从市场参与者角度评估时也不会考虑这样的限制因素。

【例13-2】甲公司与某银行签订了一份借款合同。根据借款合同规定，甲公司将其持有的一宗土地使用权作为抵押，在偿还该债务前，甲公司不能转让该土地使用权。

在这个案例中，甲公司承诺在偿还借款前不转让持有的土地使用权。该承诺是针对甲公司的限制，而不是针对甲公司所持有的土地使用权，该限制不会转移给其他的市场参与者。因此在确定这宗土地使用权的公允价值时，不应考虑该项限制因素。

（2）构建可比修正体系。构建可比修正体系应考虑三个方面的问题，即可比指标的选取、比较的方式、可比案例的权重设计。一般就交易情况、交易日期和房地产状况三个方面选取比较指标。

①交易情况。在特殊交易情况对成交价格的影响可以量化的情况下，可以考虑把特殊交易案例作为可比交易案例，但应当对交易情况进行修正，即消除特殊交易造成的成交案例价格的偏差，将非正常交易价格修正为正常交易价格。如果特殊交易对成交价格的影响不能量化，该案例不应作为可比交易案例。

②交易日期。交易日期的比较主要是为消除不同时间段内市场状况造成的价格差异。

在调查及分析可比交易案例所在地同类房地产价格变动情况的基础上，可以采用可比交易案例所在地同类房地产的价格变动率或者价格指数进行修正，应保证价格变动率或者价格指数真实、可靠。

③房地产状况。房地产状况的比较主要是为消除可比交易案例与评估对象状况不同造成的价格差异，包括区位状况调整、实物状况调整和权益状况调整。

在进行区位状况调整时，调整的内容包括位置、交通、外部配套设施、周围环境等，单套住宅的调整还应包括所处楼幢、楼层和朝向。

在进行实物状况调整时，土地和建筑物的调整内容有差异。土地实物状况调整的内容包括土地的面积、形状、地形、地势、地质、土壤、开发程度等；建筑物实物调整的内容包括建筑规模、建筑结构、设施设备、装饰装修、空间布局、建筑功能、外观、新旧程度等。

进行权益状况调整时，调整的内容包括规划条件、土地使用期限、共有情况、用益物权设立情况、担保物权设立情况、租赁或占用情况、拖欠税费情况、查封等形式限制权利状况、权属清晰情况等。

（3）比较的方式。对于上述情况的调整，可以根据具体情况，基于可比案例交易的总价值或者单价，采用金额百分比或回归分析法，通过直接或者间接比较，对可比案例价格进行处理。

（4）比较修正应注意的问题。比较修正过程应符合以下规定：

①分别对可比案例成交价格进行修正或者调整的幅度不宜超过20%，共同对可比案例成交价格进行修正或者调整的幅度不宜超过30%；

②经修正或者调整后的可比案例价格，最高值与最低值的比值不应超过1.2；

③当修正幅度或者比值超过上述规定时，应重新选择可比案例。

根据可比案例与被估对象的相似程度、可比案例的资料可靠程度等，选用简单算术平均、加权算术平均等方法计算出被估对象的比较价值。

2.收益法

收益法是指有关预计评估对象未来的正常净收益，选用适当的资本化率将其折现到评估基准日并累加，以此估算估价对象的客观合理价值的方法。

运用收益法评估投资性房地产时，应当对企业来自投资性房地产的租金收益，以及当期产生的相应费用进行分析，合理判断租金收益与相应费用的匹配性，合理确定净收益。投资性房地产的净收益是指租金中直接归属于评估对象的房地产权益部分，不包括物业管理费、代垫水电费等其他项目，并应当恰当考虑免租期和租金收取方式的影响。现有租约条款对公允价值的影响，包括租金及其构成、租期、免租期、续租条件和提前终止租约的条件。

（1）合理确定投资性房地产的收益期。运用收益法评估投资性房地产时，应当根据建筑物的剩余经济寿命年限与土地使用权剩余使用年限等参数，及有关法律法规的规定，合理确定收益期限。

（2）合理确定投资性房地产的持有期。持有期应根据市场投资者对同类房地产的典型持有时间及能预测期间的收益的一般期限来确定，通常为5~10年。

（3）预测投资性房地产的未来净收益。未来净收益应首先通过租赁收入测算，净收益又称净营运收益，是由有效毛收入扣除相关税费、运营费用后归属于房地产的收入。运营费用是指维持房地产正常使用或营业所必需的费用。

净收益＝有效毛收入－出租人负担的运营费用

＝潜在毛收入－空置或者租金损失＋租赁保证金或押金利息

潜在毛收入是假定房地产在充分利用、无空置（100%出租）情况下的收入，包括除租金以外的收入。

运营费用应包括税费、保险、物业管理费、管理费、维修费、水电费等维待投资性房地产正常使用或者营业的必要费用。

评估承租人的权益价值时，净收益应为市场租金减去合同租金。

如果未来净收益不能通过租赁收入测算，则应根据投资性房地产的经营资料测算净收益（如投资性房地产为酒店）。

净收益＝经营收入－经营成本－经营费用－税金及附加－管理费用－财务费用－利润

根据预测期间及租约情况，在租约有效期内，上述收益以租约约定的租金水平为准；在租约期外，应选择市场上的正常客观数据。

（4）折现率。折现率应当反映评估基准日类似地区同类投资性房地产平均回报水平和评估对象的特定风险。折现率的口径应当与收益口径保持一致，并考虑租约、租期、租金等因素对折现率选取的影响。

折现率＝无风险报酬率＋风险调整值

式中：无风险报酬率可选择同时期的银行1年期定期存款利率或者1年期国债利率；风险调整值应根据评估对象所在行业、地区、市场等存在的风险综合考虑。

（5）评估计算模型。

$$P = \sum_{i=1}^{n} \frac{a_i}{(1+r)^i}$$

式中：P为房地产价值；a_i为年纯收益；r为资本化率；n为受益年限。

需注意的是，开展投资性房地产评估业务，应当对投资性房地产进行现场调查，明确投资性房地产的实物状况、权益状况和区位状况。

采用收益法评估投资性房地产，评估结论中通常包括土地使用权价值。应当关注已出租的建筑物的会计核算中是否包含建筑物所对应的土地使用权。如果会计核算不包含土地使用权，应当提请企业管理层重新分类，或者在评估结论中扣除土地使用权的价值，并在评估报告中进行必要的披露。

服务于财务报告的投资性房地产的公允价值评估通常要接受审计师的穿行测试，与审计师在评估模观和参数方面进行详细的沟通，其沟通内容主要包括：

①租期内以租约价格为主，租期外租金的增长率如何确定。

②房屋出租的空置率如何确定，依据是什么。相同房地产或者周边类似房地产是否存在空置的情况，空置率是多少。

③折现率是如何确定的，增长率是否在折现率中扣除。

④投资性房地产的获利年限确定方法和考虑的因素。

⑤采取收益法的评估结果与采取市场法的评估结果之间是否存在差异，差异率一般控制在较低的范围内。

五、金融工具计量的公允价值评估

金融工具又称交易工具，是证明债权债务关系并据以进行货币资金交易的合法凭证，是货币资金或金融资产借以转让的工具。不同形式的金融工具具有不同的金融风险。金融工具分为两大类，即现金类和衍生类。现金类分为证券类和其他现金类（如贷款、存款）。衍生类分为交易所交易的金融衍生品和柜台（OTC）金融衍生品。

金融工具包括金融资产、金融负债和权益工具。其中，金融资产通常指企业的现金、银行存款、应收账款、应收票据、贷款、股权投资、债权投资等。金融负债通常指企业的应付账款、应付票据、应付债券等。从发行方看，权益工具通常指企业发行的普通股、在资本公积项下核算的认股权等。

根据《企业会计准则第22号——金融工具确认和计量》的规定，企业初始确认金融资产或金融负债，应当按照公允价值计量。除持有至到期投资以及贷款和应收款项、在活跃市场中没有报价且其公允价值不能可靠计量的权益工具投资，以及与该权益工具挂钩并须通过交付该权益工具结算的衍生金融资产外，企业应当按照公允价值对金融资产进行后续计量，且不扣除将来处置该金融资产时可能发生的交易费用。

金融工具的种类繁多，根据其涉及的合同条款的复杂程度，金融工具的评估方法也具有较大的差异性和复杂性。存在活跃交易市场的金融工具，活跃市场中的报价应当用于确定其公允价值；不存在活跃市场的金融工具，应当采用合适的评估方法确定其公允价值。

（一）权益工具的评估方法

权益工具，是指能证明拥有某个企业在扣除所有负债后的资产中的剩余权益的合同。从发行方看，权益工具通常指企业发行的普通股、在资本公积项下核算的认股权等。可以根据实际情况分别采用收益法、市场法和成本法对权益工具的公允价值进行评估。

（二）不含衍生工具的金融负债的评估方法

债务工具的公允价值，应当根据取得日的市场情况和当前市场情况，用其他类似债务工具的当前市场利率确定。

1.固定利率金融负债的评估方法

固定利率金融负债的公允价值通常采用未来现金流折现法确定，即通过一个合适的折现率计算该金融负债预期的未来现金流的现值。

在确定未来现金流时，可参考待估金融工具的合同条款。一般来说，固定利率金融负债的合同内会明确规定利息率、计息时间以及本金偿还计划等条款。通过这些条款，可以明确金融工具未来的现金流量。

在确定折现率时，可根据待估金融工具的合同条款和实质特征，采用市场上其他金融工具的市场收益率作为折现率。该折现率是通过分析市场上可类比的其他金融工具（如公司债券）的特征来确定的。这些特征包括该金融工具自身的信用等级、剩余期间以及金融工具的计价货币等。

2.浮动利率金融负债的评估方法

浮动利率金融负债的公允价值的评估原理与固定利率金融负债相同，也是采用未来现金流折现法，但是在未来现金流的确认上有所差异。

在确定未来现金流时，浮动利率金融负债的合同条款往往只规定合同期内的利息率随着某些基础金融变量（如伦敦银行同业拆借利率）的变化而变化，未来现金流无法准确估计。此时，评估专业人员在评估时应首先对那些基础金融变量的变化作出适当的、合理的估计。

3.金融衍生工具的评估方法

金融衍生工具，其价值依附于其他更基本的标的变量，例如特定利率、基本金融工具的价格、商品价格、汇率和价格指数等，其主要类型包括期权合同、互换合同和混合衍生工具等。

（1）期权合同。期权合同主要包括看涨期权和看跌期权。看涨期权的持有者有权在某一确定的时间以某一确定的价格购买标的资产。看跌期权的持有者有权在某一确定时间以某一确定的价格出售标的资产。期权合同中的价格被称为执行价格。合同中的日期为到期日、执行日或期满日。

期权可分为美式期权和欧式期权，其中美式期权可在期权有效期内的任何时候执行，而欧式期权只能在期权到期日执行。需要注意的是，期权虽然赋予其持有者到期行使权利的选择权，但持有者不一定必须行使该权利。

目前，广泛采用的期权评估方法有布莱克–斯科尔斯模型和Lattice模型。

①布莱克–斯科尔斯模型。基本的布莱克–斯科尔斯模型认为，在满足如下假设条件的情况下：没有交易费用和税负；无风险收益率是常数；市场连续运作；股价是连续的，即不存在股价跳空；股票不派发现金股利；期权为欧式期权；股票可以卖空且不受惩罚，而且卖空者可得到交易中的全部利益；市场不存在无风险套利机会，期权的价格可由以下公式决定：

$$C = S \cdot N(d_1) - X \cdot e^{-rT} \cdot N(d_2)$$
$$P = X \cdot e^{-rT} \cdot N(-d_2) - S \cdot N(-d_1)$$

式中：

$$d_1 = \frac{\ln(S_0/X) + (r + \sigma^2/2)T}{\sigma\sqrt{T}}$$

$$d_2 = \frac{\ln(S_0/X) + (r - \sigma^2/2)T}{\sigma\sqrt{T}} = d_1 - \sigma\sqrt{T}$$

式中：C为买方期权的价值；P为卖方期权的价值；S为标的资产当前价值；X为期权约定价值（执行价）；T为期权合约的到期时间（年）；r为无风险利率。

考虑红利支付的布莱克–斯科尔斯模型总共涉及5个评估参数：金融工具的初始价格、行权价格、无风险收益率、期权有效期和价格的波动率。其中，金融工具初始价格可以从市场上直接得到或通过对权益工具的评估间接得到；行权价格和期权有效期可参考期权合同条款；无风险收益率可参考相应的政府债券到期收益率；金融工具的价格波动率可通过对金融工具历史价格的计算或其他方法得到。

②Lattice模型。Lattice模型通常用于计算期权的公允价值。该模型假设将评估日与期权有效日之间的期限T分成n份（Ti/n），那么对时点t来说，由于未来的不确定性，在时点t+T/n的结果就有无限种可能。Lattice模型通过建立树形图将发生的概率分配给从t到t+T/n可能出现的结果，然后用倒推的方法来计算期权的价值。常见的Lattice模型为双叉树模型、三叉树模型等。

（2）互换合同。互换是两个公司之间达成的协议，以按照实现约定的方式在将来交换彼此的现金流。互换合同的公允价值实际上可以看作一系列债券的组合。

假设公司A和公司B达成了互换合同，公司B同意向公司A支付由年利率6%和本金100万美元所计算的利息；同时，公司A同意向公司B支付由6个月LIBOR和同样本金所计算的浮动利息。此互换合同相当于公司B向公司A发行了本金100万美元、年利率为6%的公司债券；同时，公司A向公司B发行了以LIBOR为利率的同样本金的浮动利率公司债券。

因此，此互换合同的公允价值实际上就是上述固定利率债券以及浮动利率债券公允价值的差额。

（3）混合衍生工具。嵌入衍生工具是包括该衍生工具和非衍生主合同在内的混合金融工具中的一个组成部分。根据会计准则，如果嵌入衍生工具与主合同分开核算，通常采取整个混合合同的公允价值减去主合同的公允价值这种方法来评估嵌入衍生工具的公允价值。但如果主体不能够可靠地单独计量这项嵌入衍生工具（包括用整个混合合同的公允价值减去主合同的公允价值的方法），则主体应将整个组合合同认定为按公允价值通过损益计量的金融资产或金融负债。

通常用于计算嵌入衍生工具公允价值的模型比较复杂，一般都采用Lattice模型进行评估。

4.员工持股计划的评估方法

随着资本市场的发展，一些企业开始将授予股票期权作为激励和奖励员工的方式，特别是对于那些高级管理人员。我国部分企业目前实施的职工期权激励计划，也称员工持股计划，属于这一范畴，其确认和计量适用于《企业会计准则第11号——股份支付》。其在授予日及之后的每个财务报表日以员工持股计划的公允价值为计量基础，将取得的服务计入相关资产成本或当期费用，同时计入资本公积项下的股本溢价。

第三节 以财务报告为目的的评估披露要求

资产评估报告是评估工作的重要环节，信息披露是否反映了资产评估的基本要求，是否反映了影响评估结论的实质性内容，体现了评估服务是否具备专业性水平，同时报告中披露必要的信息，为报告使用者能够合理理解评估结论提供了必要的基础和条件。

一、评估对象的具体描述

评估师在对评估对象进行描述时，要充分考虑评估对象的法律、物理与经济等具体特征；要根据项目具体情况、会计准则和委托方的要求，理解和区分评估对象是各类单项资产、负债，还是资产组或资产组组合；要了解相关资产组是否是企业可以认定的最小资产组合，其产生的现金流入是否基本独立于其他资产或者资产组等因素，从而使委托方和相关当事方对评估对象有正确的理解和认识。

评估师在执行会计准则规定的合并对价分摊事项涉及的评估业务时，对应的评估对象应当是合并中取得的被购买方可辨认资产、负债及或有负债，该评估对象与被购买方企业价值评估所对应的对象不同。

评估师在执行会计准则规定的包括商誉在内的各类资产减值测试涉及的评估业务时，对应的评估对象可能是单项资产，也可能是资产组或资产组组合。其中，固定资产减值测试一般以资产组的形式出现；商誉减值测试主要以资产组或资产组组合的形式出现。

评估师在执行会计准则规定的投资性房地产评估业务时，对应的评估对象包括已出租的土地使用权、持有并准备增值后转让的土地使用权和已出租的建筑物。

评估师在执行金融资产和金融负债公允价值的评估时，对评估对象是否以单项资产或资产组为计量单位，混合金融工具是否分拆等进行判断，以明确具体的评估对象。

二、价值类型的定义及其与会计准则或相关会计核算、披露要求的对应关系

《以财务报告为目的的评估指南（试行）》提出，执行以财务报告为目的的评估业务应当根据会计准则或者相关会计核算与披露的具体要求、评估对象等相关条件明确价值类型。会计准则规定的计量属性可以理解为与之相对应的评估价值类型。资产评估专业人员协助企业进行资产减值测试，应当关注评估对象在减值测试日的可回收价值、资产预计未来现金流量的现值以及公允价值减去处置费用的净额之间的联系及区别。会计准则等相关规范涉及的主要计量属性及价值定义包括公允价值、现值、可变现净值、重置成本、可收回金额等。

会计准则下的公允价值是指在公平交易中，熟悉情况的交易双方自愿进行资产交换或者债务清偿的金额。从会计准则给出的公允价值的定义中可以发现，其十分接近资产评估中的市场价值定义，当然两者并不完全相同。因此，在符合会计准则计量属性规定的条件时，会计准则下的公允价值等同于市场价值，即在符合会计准则计量属性规定的条件下，通过评估市场价值实现以财务报告为目的的评估中的公允价值目标。

会计准则下的其他计量属性，如重置成本或净重置成本、可变现净值或公允价值减去处置费用后的余额、现值或资产预计未来现金流量的现值等，一般情况下可以理解为相对应的市场价值以外的其他价值类型。例如，会计准则中的重置成本，在符合会计准则计量属性规定的条件下，等同于资产评估中的净重置成本或重置成本净值。会计准则中的可变现净值，在符合会计准则计量属性规定的条件下，等同（或类似）于资产评估中的市场价值减去处置费用后的余（净）额。会计准则中的预计未来现金流量的现值，在符合会计准则计量属性规定的条件下，等同于资产评估中的在用价值。当然，我们不能完全排除上述某些计量属性在某些特定的情况下等同于资产评估中的市场价值的可能性。

三、评估方法的选择过程和依据

评估师执行以财务报告为目的的评估业务，应当根据评估对象、价值类型、资料收集情况和数据来源等相关条件，参照会计准则有关计量方法的规定，分析市场法、收益法和成本法三种资产评估基本方法及其他评估方法的适用性，恰当选择一种或多种资产评估方法。评估师应当根据以财务报告为目的的评估业务的特点，参照会计准则的规定，关注所

采用的评估数据，在评估方法的具体选择上，应根据不同公允价值层级的数据相应地选择市场法、收益法或成本法进行评估。评估师应在报告中对采用方法的分析过程和相关依据予以披露。

四、评估方法的具体运用，结合相关计算过程、评估参数等加以说明

对于选择的评估方法，评估师应结合相关计算过程、评估参数等加以说明。如运用市场法进行以财务报告为目的的评估时，应当披露相关市场的活跃程度，从相关市场获得的交易案例或其他比较对象与评估资产之间的可比性、适用性和合理性，相关比较因素的选择以及比较因素的比较和调整过程等；又如评估师运用收益法进行以财务报告为目的的评估时，应当披露相关收益预测资料的来源，并对所做的调整和分析、所采用的重要假设及其合理性进行分析，对计算公式或估值模型及其相关参数的获取来源和推理计算过程等进行说明。

五、关键性假设及前提

相关假设和限制条件必须有合理的支持依据。评估师不得随意设定没有依据、不合情理的评估假设，不得在已知委托方或其他信息来源方提供的某些信息资料不真实的情况下，用假设形式设定这些资料是真实的，并在此基础上出具评估意见。因此，不论是何种形式的前提假设，评估师都不能随心所欲地主观设定或随便地使用。评估假设的设定与使用应该建立在科学合理的基础之上。

充分披露资产评估中所依据和使用的评估假设既是评估报告撰写的基本要求，也是评估报告使用者正确理解和使用评估结论的必备条件。资产评估是专业人士向非专业人士及社会公众提供专业咨询的活动，资产评估报告和评估结论是资产评估的基本产品。任何可能引起评估报告使用者及社会公众误解的评估报告及其结论都是资产评估所不能容忍的。在评估报告中充分披露资产评估所依据和使用的评估假设，披露评估结论成立的前提条件、必要条件和限制条件，对于评估报告使用者正确理解和使用结论是至关重要的。

六、关键性评估参数的测算、逻辑推理、形成过程和相关评估数据的获取来源

对于关键性的评估参数，如折现率、现金流量、收益期限、市场比较因素的调整系数、各种贬值因素水平等，评估师要在报告中披露其测算、逻辑推理、形成过程和相关评估数据的获取来源等信息，因为这些信息是报告使用者合理理解评估结论的基础。

七、对企业提供的财务等申报资料所做的重大或实质性调整

评估师如果对企业提供的财务等申报资料做了重大或实质性调整，应当在评估报告中进行披露。

资产评估报告是在履行资产评估程序的基础上完成的。在现实工作中，资产的特征、资料的获取或所属行业等限制，使得资产评估程序的履行受到一定限制。在这种情况下，需要评估师采取相关的替代程序并作出判断，在确信评估结论合理性不受影响的基础上出具评估报告。当然，在实际操作中不同评估机构和评估师对同一业务评估结论的合理性会作出不同的判断，这取决于评估师的职业判断和评估机构对项目风险的判断。但如果存在对评估结论可能产生影响的限制，则采用评估结论进行会计计量的可靠性也会受到影响，评估师应该在评估报告中充分披露受到限制的情况，并在报告中提醒委托方关注其对财务报告的影响。

评估师选择评估方法时应当与前期采用的评估方法保持一致，以使前后期资产公允价值的计量具有一致性，如果前期采用的评估方法所依据的市场数据已发生重大变化而不再适用，或通过采用与前期不同的评估方法可使得评估结果更具代表性、更能反映评估对象的公允价值或特定价值，评估师可以变更评估方法，但应当在报告中描述相应的变动并说明变动的原因。

■ 本章小结

以财务报告为目的的评估业务涉及的评估对象不仅有各类单项资产、负债，也有资产组或资产组组合。以财务报告为目的的评估业务涉及的评估基准日的确定可以是资产负债表日、购买日、减值测试日、首次执行日等，这些具体要求使得在评估基准日的选择上有了相对统一的基础。以财务报告为目的的评估业务在选择价值类型时应该考虑的因素有：资产评估特定目的、市场条件、评估对象自身条件。成本法使用的限制要求为：范围的限制、位序的限制、前提的限制。

■ 思考与练习

一、单项选择题

1.关于以财务报告为目的的评估说法错误的是（　　）。

A.以财务报告为目的的评估是为会计的计量、核算及披露提供专业意见

B.其评估对象是财务报告中各类资产和负债

C.选择的价值类型是公允价值或特定价值

D.以财务报告为目的的评估只要求满足相关评估准则的规定

2.评估师对合并对价分摊的评估结果的整体合理性进行验证，以被购买方各项资产公允价值为权重计算的加权平均资本回报率，与其加权平均资本成本之间应该（　　）。

A.基本相等或接近　　B.远大于　　　　　　C.远小于　　　　　　D.没有任何关系

3.关于企业合并对价分摊评估中公允价值的确定，下列说法错误的是（　　）。

A.有活跃市场的股票、债券基金等金融工具，按照购买日活跃市场中的市场价格确定

B.不存在活跃市场的金融工具，应当参照《企业会计准则第22号——金融工具确认和计量》等，采用适当的估值技术确定其公允价值

C.货币资金按照购买日被购买方的账面余额确定

D.根据会计准则的规定，购买方合并成本小于合并中取得的被购买方可辨认净资产公允价值份额的差额，确认为商誉

4.下列不属于以财务报告为目的的评估的作用的是（　　）。

A.评估技术能满足会计计量专业上的需求

B.为会计计量的客观性奠定基础

C.强化公允价值的公正性

D.可以替代会计的作用

5.关于合并对价的分摊，下列说法错误的是（　　）。

A.同一控制下企业合并，不涉及合并对价分摊的问题

B.合并对价分摊会影响购买方合并日后各会计期间的会计利润

C.评估师应当采取适当的方法对合并对价分摊的评估结果的整体合理性进行验证

D.企业合并对价分摊事项涉及的业务所对应的评估对象应当是企业的整体价值、股东的全部权益价值或部分权益价值

二、多项选择题

1.投资性房地产的具体范围包括（　　　　）。

A.已出租的土地使用权和已出租的建筑物

B.持有并准备增值后转让的土地使用权

C.企业将建筑物出租，按租赁协议向承租人提供的相关辅助服务在整个协议中并不重大

D.某项房地产，部分用于赚取租金或资本增值，部分用于生产商品、提供劳务或经营管理，不能够单独计量和出售的、用于赚取租金或资本增值的部分

E.自用房地产

2.以下属于企业的金融资产的有（　　　　）。

A.现金　　　　　　　　　　B.应收账款　　　　　　　　　C.普通股

D.股权投资　　　　　　　　E.认股权证

3.除了《资产评估执业准则——资产评估报告》规定的各项披露基本内容之外，以财务报告为目的的评估的评估报告还应当重点披露的内容有（　　　　）。

A.评估对象的具体描述

B.评估方法的选择过程和依据

C.价值类型的定义及其与会计准则或相关会计核算、披露要求的对应关系

D.关键性假设及前提

E.对企业提供的财务等申报资料的重大或实质性调整

4.属于以财务报告为目的的评估作用的体现的有（　　　　）。

A.评估技术能够满足会计计量专业上的需求

B.评估专业行为能够为会计计量的客观性奠定基础

C.评估的独立地位能够强化公允价值的公正性

D.评估有利于反映公正的信息，特别是关于历史成本的信息

E.为会计公允价值的计量提供专业支持

三、判断题

1.合并对价分摊事项是指会计准则规定的非同一控制下企业合并成本在取得的可辨认资产、负债和或有负债之间的分配。　　　　　　　　　　　　　　　　（　　　）

2.合并中取得的被购买方的各项负债（或有负债除外），履行有关的义务预期会导致经济利益流出企业且公允价值能够可靠计量的，应单独作为负债确认。　　（　　　）

3.当企业资产的可收回金额高于其账面价值时，即表明资产发生了减值，企业应当确认资产减值损失，并把资产的账面价值减记至可收回金额。　　　　　　　（　　　）

4.基础金融工具包括企业持有的现金、存放于金融机构的款项、普通股，以及代表在未来期间收取或支付金融资产的合同权利或义务等，如应收账款、应付账款、其他应收款、其他应付款、存出保证金、存入保证金、客户贷款、客户存款、债券投资、应付债

券等。   （   ）

5.合并对价分摊事项涉及的评估业务所对应的评估对象应当是合并中取得的被购买方各项的可辨认资产、负债及或有负债，这与被购买方所做的企业并购中的企业价值评估所对应的对象（企业整体价值、股东全部价值或部分价值）是相同的。   （   ）

第十三章参考答案

第十四章 | 资产评估报告与档案

学习目标

1.了解资产评估报告的基本概念、作用，资产评估档案的内容、管理与工作底稿的编制；

2.熟悉资产评估报告的作用和利益相关者对资产评估报告的使用；

3.掌握资产评估报告的基本内容、种类和技术要点。

第一节　资产评估报告概述

一、资产评估报告的概念及制度概述

资产评估报告是指资产评估机构及其资产评估专业人员遵守法律、行政法规和资产评估准则，根据委托履行必要的评估程序后，由资产评估机构对评估对象在评估基准日特定目的下的价值出具的专业报告。资产评估专业人员应当根据评估业务的具体情况，提供能够满足委托人和其他评估报告使用人合理需求的评估报告，并在评估报告中提供必要信息，使评估报告使用人能够合理理解评估结论。资产评估报告应当按照一定格式和内容进行编写，以反映评估目的、假设、程序、标准、依据、方法、结果及适用条件等基本信息。

《国际资产评估准则》（IVS）、美国《专业评估执业统一准则》（USPAP）以及《英国皇家特许测量师学会评估专业准则》（RICS红皮书）主要是从评估报告的要素和内容方面进行资产评估报告的规范。我国2007年发布了《资产评估准则——评估报告》，并于2017年进行了修订，其主要是从内容要求方面对评估报告进行规范。2008年发布的《企业国有资产评估报告指南》及2010年发布的《金融企业国有资产评估报告指南》，均于2017年予以修订，其是从国有资产评估报告的基本内容与格式方面，对评估报告的标题、文号、目录、声明、摘要、正文、附件、评估明细表和评估说明等进行规范。

二、资产评估报告的作用

从资产评估机构与评估专业人员的角度，资产评估报告主要有以下几个方面的作用：

（一）对委托评估的资产提供价值意见

资产评估报告是经具有资产评估资格的机构根据委托评估资产的特点和要求组织评估师及相应的专业人员组成的评估队伍，运用科学的方法对被评估资产价值进行评定和估算后，通过报告书的形式提出价值意见，该价值意见不代表任何一方当事人的利益，是一种独立专家估价的意见，具有较强的公正性与客观性，因而成为被委托评估资产作价的重要参考。

（二）资产评估报告是反映和体现资产评估工作情况，明确委托方、受托方及有关方面责任的依据

资产评估报告用文字的形式，对受托资产评估业务的目的、背景、范围、依据、程序、方法等方面和评定的结果进行说明和总结，体现了评估机构的工作成果。同时，资产评估报告也反映和体现了受托的资产评估机构与执业人员的权利与义务，并以此来明确委托方、受托方有关方面的法律责任。在资产评估现场工作完成后，评估机构和评估专业人员就要根据现场工作取得的有关资料和估算数据，撰写评估结果，向委托方报告。负责评估项目的评估师也同时在报告书行使签字的权利，并提出报告使用的范围和评估结果实现的前提等具体条款。当然，资产评估报告也是评估机构履行评估协议和向委托方或有关方面收取评估费用的依据。

（三）对资产评估报告进行审核，是管理部门完善资产评估管理的重要手段

资产评估报告是反映评估机构和评估专业人员职业道德、执业能力水平以及评估质量高低和机构内部管理机构完善程度的重要依据。有关管理部门通过审核资产评估报告，可以有效地对评估机构的业务开展情况进行监督和管理。

（四）资产评估报告是建立评估档案、归集评估档案资料的重要信息来源

评估机构和评估专业人员在完成资产评估任务之后，都必须按照档案管理的有关规定，对评估过程收集的资料、工作记录以及资产评估过程的有关工作底稿进行归档，以便进行评估档案的管理和使用。由于资产评估报告是对整个评估过程的工作总结，其内容包括了评估过程的各个具体环节与各有关资料的收集和记录，因此不仅资产评估报告的底稿是评估档案归集的主要内容，撰写资产评估报告过程中采用的各种数据、各个依据、工作底稿和资产评估报告制度中形成的有关文字记录等都是资产评估档案的重要信息来源。

三、资产评估报告的种类

资产评估报告可按不同的标准进行分类。

（一）按法律定位划分

评估机构开展涉及国有资产或者公共利益等事项，法律、行政法规规定需要评估的法定评估业务，所出具的评估报告为法定评估业务评估报告，比如国有资产评估报告，除此以外开展的评估业务所出具的评估报告为非法定评估业务评估报告。

（二）按评估对象划分

按资产评估对象，资产评估报告可分为整体资产评估报告和单项资产评估报告。对（企业、单位或业务等）整体资产进行评估所出具的资产评估报告称为整体资产评估报告。对一项资产，或若干项以独立形态存在、可以单独发挥作用或以个体形式进行销售的资产进行评估所出具的资产评估报告称为单项资产评估报告。尽管资产评估报告的基本格式是一样的，但因整体资产评估与单项资产评估在具体业务上存在一些差别，两者在报告的内容上也必然会存在一些差别。一般情况下，整体资产评估报告的报告内容不仅包括资产，也包括负债和所有者权益。而单项资产评估报告除在建工程外，一般不考虑负债和以整体资产为依托的无形资产等。

（三）按报告的繁简程度划分

按照评估报告的繁简程度，评估报告可以分为完整型评估报告、简明型评估报告和限

制型评估报告。评估专业人员应在评估报告中明确说明评估报告的类型。

完整型评估报告、简明型评估报告、限制型评估报告三种评估意见的根本区别在于所提供的信息的详细程度不同。简明型评估报告应该就对解决评估问题具有重要意义的信息予以概略说明。限制型评估报告是仅仅为委托人使用的。

（四）按评估基准日划分

根据评估基准日的不同选择，评估报告可以分为评估基准日为现在时点的现实性评估报告、评估基准日为未来时点的预测性评估报告、评估基准日为过去时点的追溯性评估报告。如某法院委托进行司法诉讼评估，法院欲了解诉讼标的在三年前某一时点的市场价值，委托评估机构进行评估，此时出具的评估报告即是追溯性评估报告。又如某银行发放抵押贷款，银行欲了解抵押物在两年后某一时点的市场价值，委托评估机构进行评估，此时出具的评估报告即是预测性评估报告。

四、资产评估报告的内容要求

根据资产评估报告准则，资产评估报告的主要内容通常包括标题及文号、目录、声明、摘要、正文、附件。

（一）资产评估报告声明

1.本资产评估报告依据财政部发布的资产评估基本准则和中国资产评估协会发布的资产评估执业准则和职业道德准则编制。

2.委托人或者其他资产评估报告使用人应当按照法律、行政法规规定和资产评估报告载明的使用范围使用资产评估报告；委托人或者其他资产评估报告使用人违反前述规定使用资产评估报告的，资产评估机构及资产评估专业人员不承担责任。

3.资产评估报告仅供委托人、资产评估委托合同中约定的其他资产评估报告使用人和法律、行政法规规定的资产评估报告使用人使用；除此之外，其他任何机构和个人不能因得到资产评估报告而成为资产评估报告的使用人。

4.资产评估机构及资产评估专业人员提示资产评估报告使用人应当正确理解评估结论，评估结论不等同于评估对象可实现价格，评估结论不应当被认为是对评估对象可实现价格的保证。

5.资产评估机构及资产评估专业人员遵循独立、客观和公正的原则，遵守法律、行政法规和资产评估准则，并对所出具的资产评估报告依法承担责任。

6.提醒资产评估报告使用人关注评估结论成立的假设前提、资产评估报告特别事项说明和使用限制。

7.其他需要声明的内容。

（二）资产评估报告摘要

通常提供资产评估业务的主要信息及评估结论。

（三）资产评估报告正文

1.委托人及其他资产评估报告使用人；

2.评估目的；

3.评估对象和评估范围；

4.价值类型；

5.评估基准日；

6.评估依据；

7.评估方法；

8.评估程序实施过程和情况；

9.评估假设；

10.评估结论；

11.特别事项说明；

12.资产评估报告使用限制说明；

13.资产评估报告日；

14.资产评估专业人员签名和资产评估机构印章。

（四）资产评估报告附件

1.评估对象所涉及的主要权属证明资料；

2.委托人和相关当事人的承诺函；

3.资产评估机构及签名资产评估专业人员的资格证明文件；

4.资产评估汇总表或明细表。

第二节　国有资产评估报告的基本内容

一、国有资产评估报告的构成

国有资产评估报告主要包括企业国有资产评估报告、金融企业国有资产评估报告、文化企业国有资产评估报告、行政事业单位国有资产评估报告等。

根据资产评估报告准则，中国资产评估协会发布了《企业国有资产评估报告指南》和《金融企业国有资产评估报告指南》，分别对资产评估机构及资产评估师根据企业国有资产评估管理和金融国有资产管理的有关规定开展资产评估业务，编制和出具相关国有资产评估报告进行了规范。除了体现各自的业务和资产特点外，两个评估报告指南在基本内容和要求上具有较强的共性。现以《企业国有资产评估报告指南》为例进行介绍。

《企业国有资产评估报告指南》所指企业国有资产评估报告，由标题、文号、目录、声明、摘要、正文、附件、评估说明和评估明细表构成。

二、标题、文号、目录、声明和摘要

（一）标题、文号和目录

资产评估报告标题应当简明清晰，一般采用"企业名称+经济行为关键词+评估对象+资产评估报告"的形式。

资产评估报告文号包括评估机构特征字、种类特征字、年份、报告序号。

目录应当包括每一部分的标题和相应页码。

（二）评估报告声明

《企业国有资产评估报告指南》规定的评估报告声明的主要内容基本应遵循资产评估报告准则的要求。资产评估师需要注意的是，准则的要求仅是一般性声明内容，资产评估师在执行具体评估业务时，还应根据评估项目的具体情况，增加或细化声明内容。

（三）评估报告摘要

资产评估报告摘要应当简明扼要地反映经济行为、评估目的、评估对象和评估范围、价值类型、评估基准日、评估方法、评估结论及其使用有效期、对评估结论产生影响的特别事项等关键内容。对影响评估结论的特别事项，无须将评估报告正文的"特殊事项说明"的内容全部反映在评估报告摘要中，而应主要反映在在已经确定评估结论的前提下，所发现的可能影响评估结论但非资产评估师执业水平和能力所能评定估算的有关重大事项中。在资产评估实践中，对资产评估结论影响程度较大的判断标准，评估师可以根据事项本身的性质和事项影响评估结论的金额进行判断。例如，一笔涉诉的、正处于审理阶段的大额应收款项，评估报告出具日无法判断其可回收的可能性和回收的具体数额，尽管以账面值列示，但其存在较大的不确定性，应提醒评估报告使用人注意，所列示的账面值（评估值）不能替代未来的法院裁定结果。对评估结论影响重大、可能直接导致评估结论使用时不确定的"评估基准日期后重大事项"，资产评估师也应在摘要中提醒报告使用人注意，评估结论未反映该期后事项的影响。

评估报告摘要应当采用下述文字提醒评估报告使用人阅读全文："以上内容摘自资产评估报告正文，欲了解本评估项目的详细情况和合理理解评估结论，应当阅读资产评估报告正文。"该提示性文字旨在明晰，尽管摘要反映了评估报告的关键内容和主要信息，但它还不足以使评估报告使用者全面理解评估结论，因此需要提示评估报告使用人应当按照评估报告正文的内容正确理解评估报告和合理使用评估结论。

三、评估报告正文

（一）绪言

绪言一般采用包含下列内容的表述格式：

"×××（委托人全称）：

×××（评估机构全称）接受贵单位（公司）的委托，按照法律、行政法规和资产评估准则规定，遵循独立、客观和公正的原则，采用×××评估方法（评估方法名称），按照必要的评估程序，对×××（委托人全称）拟实施×××行为（事宜）涉及的×××（资产——单项资产或者资产组合、企业、股东全部权益、股东部分权益）在××××年××月××日的××价值（价值类型）进行了评估。现将资产评估情况报告如下……"

（二）委托人、被评估单位（或者产权持有单位）和资产评估委托合同约定的其他资产评估报告使用人概况

1.基本要求

（1）所有描述应客观、真实，并有依据来源，例如一些经营统计资料、获奖情况、行业地位、名次、排位等数据，因资产评估师并未对这些信息进行尽职调查和核查，原则上应在评估报告中谨慎出现；

（2）篇幅应适度，占评估报告的比重不宜过大；

（3）不得带有任何诱导、恭维和推荐的陈述，也不得出现评估机构介绍性内容；

（4）需简要说明本次评估所对应的经济行为。

2.关于委托人、评估委托合同中约定的其他评估报告使用人

评估报告使用人通常根据委托人要求和法律法规规定，在评估委托合同中进行约定，

并在评估报告中明确说明委托人以外的其他评估报告使用人。

评估报告应阐明委托人和其他评估报告使用人的身份，包括名称或类型。该名称可以是可确指的法人、自然人，如某某公司、某某自然人；也可以是不确指的一类群体。

3.关于被评估单位（或者产权持有单位）

资产评估报告应当介绍评估对象的产权持有单位，当评估对象为股权或所有者权益等整体资产权益时，还需要介绍相应的被评估单位。

产权持有单位的完整表述为"评估对象的产权持有单位"。现行国有资产评估项目备案文件格式明确采用了这个提法。明确和介绍评估对象的产权持有单位既是界定和明晰国有资产评估委托关系，满足资产评估报告披露的要求，也可以方便国有资产评估报告出具后备案文件的制作，满足国有资产评估项目备案的需要。

评估对象为股权或所有者权益等整体资产权益时，产权持有单位是指股权或所有者权益等整体资产权益的拥有者，与相关股权或所有者权益等对应的被投资单位则被称为被评估单位。例如评估A公司持有B公司70%股权价值时，评估对象是70%股权，产权持有单位为A公司，被评估单位则是B公司，企业价值按成本法评估，以被投资企业为基础进行收益法评估，针对的均为B公司。因此，被评估单位需要介绍B公司的相关情况。国有资产评估项目备案表的评估对象应填写B公司的全称，显示的也是对B公司的评估结论。

4.关于交叉持股的情形

在国有资产评估项目实践中，特别是在企业价值评估项目实践中，存在交叉持股的现象，应当列示交叉持股图并简述交叉持股关系及是否属于同一控制的情形。存在关联交易的，应当说明关联方、交易方式等基本情况。

5.关于繁简程度

委托人和评估委托合同约定的其他评估报告使用人概况介绍的内容要求比较简单，一般包括名称、法定住所、经营场所、法定代表人、注册资本及主要经营范围等。而对被评估单位（或者产权持有单位）的概况，区分企业价值评估和单项资产或者资产组合评估两种不同的业务，提出不同的繁简要求。企业价值评估中，被评估单位（或者产权持有单位）概况一般包括：

（1）名称、法定住所及经营场所、法定代表人、主要经营范围、注册资本、公司股东及持股比例、股权变更情况及必要的公司产权和经营管理结构、历史情况等；

（2）近三年资产、财务、经营状况；

（3）委托人和被评估单位（或者产权持有单位）之间的关系（如产权关系、交易关系）。

单项资产或者资产组合评估，被评估单位（或者产权持有单位）概况一般包括名称、法定住所及经营场所、法定代表人、注册资本及主要经营范围等。委托人与被评估单位（或者产权持有单位）为同一企业的，按对被评估单位的要求编写。

（三）评估目的

资产评估是为满足特定经济行为的需要而进行的。资产评估特定目的贯穿着资产评估的全过程，影响着评估专业人员对评估对象的界定、价值类型的选择等，是评估专业人员进行具体资产评估时必须首先明确的基本事项。因此，评估目的总是依托于具体的经济行为。在资产评估实践中，引起资产评估的经济行为主要有资产转让、企业兼并、企业出售、企业联营、股份经营、中外合资（合作）、企业清算、担保、企业租赁、债务重组等。

《中华人民共和国企业国有资产法》《企业国有资产评估管理暂行办法》等规定了国有资产必须进行资产评估的情形。我国对国有资产评估项目对应的经济行为依法实施审批，其批准单位分别为国务院和各级人民政府、各级国有资产监督管理机构、中央企业及其各级子企业等。相应的经济行为文件是这些机构和单位按照权限签发的批复文件。执行相关资产评估业务应当以相关经济行为批准文件或有效材料，作为评估对应的经济行为文件。

资产评估师应当在评估报告中清晰、明确地说明评估目的、评估所对应的经济行为以及该经济行为获得批准的相关情况。

（四）评估对象和评估范围

1.基本概念

对于企业价值评估，评估对象可以分为两类，即企业整体价值和股东权益价值（全部或部分）。与此对应的评估范围是评估对象涉及的资产及负债内容，包括房地产、机器设备、股权投资、无形资产、债权和债务等。将股东全部权益价值或股东部分权益价值作为评估对象，采用资产基础法或以被投资企业经营为基础采用收益法对其评估时，股东全部权益或股东部分权益对应的法人资产和负债属于评估范围，其本身并不是评估对象。

对于单项资产评估，《金融不良资产评估指导意见》规定，金融不良资产评估业务中，根据项目具体情况和委托人的要求，评估对象可能是债权资产，也可能是用以实现债权清偿权利的实物类资产、股权类资产和其他资产。无形资产评估准则规定，无形资产评估对象为单项无形资产或者无形资产组合。专利资产评估指导意见规定，专利资产评估业务的评估对象是专利资产权益，包括专利所有权和专利使用权。专利资产评估指导意见规定，执行专利资产评估业务，应当在要求委托人根据评估对象的具体情况和评估目的对专利资产进行合理的分离或者合并的基础上，恰当进行单项专利资产或者专利资产组合的评估。机器设备评估准则规定，机器设备的评估对象分为单台机器设备和机器设备组合对应的全部或者部分权益。单台机器设备是指以独立形态存在、可以单独发挥作用或者以单台的形式进行销售的机器设备。机器设备组合是指为了实现特定功能，由若干机器设备组成的有机整体。机器设备组合的价值不必然等于单台机器设备价值的简单相加。不动产资产评估准则规定，不动产评估对象，可以是不动产对应的全部权益，也可以是不动产对应的部分权益。实物期权评估指导意见规定，执行涉及实物期权评估的业务的实物期权主要包括增长期权和退出期权等。

企业国有资产评估报告说明评估对象时，应根据已经发布施行的相关评估准则中关于评估对象的规范，描述评估对象的相关信息。

2.国有资产评估项目不同情形下的评估对象和评估范围

国有资产评估项目具体区分为企业价值评估项目和单项资产或者资产组合等不同的情形。

对单项资产或者资产组合评估项目，除按资产评估报告准则规定的描述评估对象的法律权属状况、经济状况和物理状况等基本情况外，还需要对委托评估资产的数量内容，如土地面积、建筑物面积、设备数量、无形资产数量等情况进行描述，对评估对象和评估范围的信息披露内容应包括资产类型、规格型号、结构、数量、购置（生产）年代、生产（工艺）流程、地理位置、使用状况、企业名称、住所、注册资本、所属行业、在行业中的地位和影响、经营范围、财务和经营状况等，还应当特别了解有关评估对象权利受限状况。

对企业价值评估项目，在最终分析确定评估结论时，应当考虑国有资产评估项目管理对审计的要求、引用其他专业评估机构评估结论的情况等。

3.评估对象和评估范围与经济行为的一致性

评估对象和评估范围与经济行为涉及的评估对象和评估范围一致，既是资产评估准则的要求，也是国有资产监督管理机构的基本要求。《企业国有资产评估管理暂行办法》（国资委令第12号）第十二条规定，凡需经核准的资产评估项目，企业在资产评估前应当向国有资产监督管理机构报告"资产评估范围的确定情况"。

《企业国有资产评估管理暂行办法》第十五条规定，企业提出资产评估项目核准申请时，应当向国有资产监督管理机构报送"与评估目的相对应的经济行为批准文件或有效材料""所涉及的资产重组方案或者改制方案、发起人协议等材料""与经济行为相对应的审计报告"。《企业国有资产评估管理暂行办法》第十五条规定，国有资产监督管理机构应当对"资产评估范围与经济行为批准文件确定的资产范围是否一致"进行审核。

企业价值评估报告应当说明"委托评估对象和评估范围与经济行为涉及的评估对象和评估范围是否一致，不一致的应当说明原因"。这要求资产评估师要反映企业出具的"关于进行资产评估有关事项的说明"关于评估对象与评估范围的内容。

委托评估对象和评估范围与经济行为涉及的评估对象和评估范围的一致性，一般不应由资产评估师来确认，而是由委托人和相关当事人根据其经批准拟实施的经济行为确认并提供给评估机构。资产评估师一般应要求委托人和相关当事人在申报表或申报材料上以签名盖章等符合法律规定的方式，确认评估对象和评估范围。

（五）价值类型和评估基准日

1.价值类型

企业国有资产评估报告应当明确价值类型及其定义。选择市场价值以外的价值类型，还应当说明价值类型选择理由。例如，处于被迫出售、快速变现等非正常市场条件下的价值评估以及机器设备、房屋建筑物或者其他有形资产等的拆零变现价值评估等，一般认为是可以采用市场价值以外的价值类型的。

2.评估基准日

评估基准日的确定在资产评估实务中影响重大，评估基准日应根据经济行为的性质确定，并尽可能与评估目的的实现日接近。评估基准日由委托人确定，资产评估师可以根据专业经验提供建议。评估报告中应当披露评估基准日（含格式）以及确定评估基准日所考虑的主要因素。

（六）评估依据

1.法律法规依据和评估准则依据

资产评估师应当根据与评估项目相关的原则，在评估报告中说明执行资产评估业务所遵循的具体法律法规和评估准则规范。

2.权属依据

资产法律权属状况是个法律问题，对资产的所有权及其他与所有权相关的财产权进行界定或发表意见需要履行必要的法律程序，应当由具有相应专业能力的人士（如律师）或部门（如产权登记部门）来进行。

由于资产的价值与其法律权属状况有着密切关系，资产评估准则要求资产评估专业人员在执业过程中应当关注评估对象法律权属状况，收集评估对象的产权资料，对委托人和相关当事人提供的评估对象法律权属资料进行必要的核查和验证，并对资产评估专业人员履行相关资产评估程序情况、评估对象产权情况以及所存在瑕疵对评估结论和评估报告使用的影响等进行必要的披露。

资产评估基本准则还要求资产评估专业人员在评估报告中对评估对象的法律权属及其证明资料来源予以必要说明。

因此，资产评估师应当根据与评估项目相关的原则，在评估报告中说明执行资产评估业务所依托的评估对象的权属依据。权属依据通常包括国有资产产权登记证书，投资人出资权益的证明文件，与不动产、知识产权资产、资源性资产、运输设备等动产相关的权属证书或其他证明文件，债权持有证明文件，从事特定业务所需的经营许可证书等。需要根据资产评估对象、资产评估项目涉及的具体资产类型等有针对性地选用。

3.取价依据

评估报告应当说明执行资产评估项目采用的支持评估结论的取价依据。取价依据通常包括：

（1）企业提供的取价依据相关资料一般包括企业本身的财务会计和经营资料，资产购建、使用及管理等资料。

（2）国家有关部门发布的取价依据相关资料一般包括统计资料、技术标准和政策文件等。

（3）评估机构收集的取价资料，应当是除国家有关部门发布和企业提供的资料外，评估机构自行收集并依据的市场交易、专业资讯、研究分析等资料。

由于统计口径不同等原因，不同部门发布同一指标的统计资料其结果可能存在差异，国家有关部门发布的政策文件，也可能存在多次调整标准的情况。因此，评估取价依据应当列示相关资料的名称、提供或发布的单位及时间等信息。

4.经济行为依据

资产评估报告应当说明执行资产评估项目所对应的经济行为依据。经济行为依据包括两个方面：一是有效批复文件；二是其他文件资料。

国有资产评估项目经济行为的有效批复文件，包括国务院、各级人民政府、国务院国有资产监督管理机构、地方国有资产监督管理机构、中央企业及其各级子企业等按照规定权限签发的经济行为批准文件。

经济行为的其他文件资料是可以说明经济行为及其所涉及的评估对象与评估范围的其他文件资料，包括：

（1）国有企业在诉讼过程中以及民事强制执行中，由人民法院委托资产评估机构评估涉诉国有资产价值的情形，人民法院出具的委托函；

（2）中央企业涉及经济行为决策的党组会议纪要；

（3）国有独资公司董事会决议，国有资本控股公司、国有资本参股公司股东会、股东大会或者董事会决议；

（4）资产转让、置换合同协议；

（5）人民法院发布的有关当事方的破产公告；

（6）可以说明经济行为及其所涉及的评估对象与评估范围的其他文件资料。

资产评估委托合同是资产评估机构评估执业的行为依据，不是评估目的对应的"经济行为依据"。

5.需要注意的问题

（1）评估依据的表述方式应当明确、具体，具有可验证性，使任何评估报告阅读者可以根据报告中披露的评估依据的名称、发布时间或文号找到相应的评估依据。例如，取价依据应披露为"××省建筑工程综合预算定额（××年）"，而不是"××省及××市建设、规划、物价等部门关于建设工程相关规费的规定"。

（2）评估依据应具有代表性，且在评估基准日是有效的。作为评估依据应满足相关、合理、可靠和有效的要求。相关是指所收集的价格信息与评估对象具有较强的关联性；合理是指所收集的价格信息能反映评估对象的特点，不能简单地用行业或社会平均的价格信息推理具有明显特殊性质的资产价值；可靠是指经过对信息来源和收集过程的质量控制，所收集的资料具有较高的可信度；有效是指所收集的资料能够有效地反映评估基准日评估对象在模拟条件下可能的价格水平。

（七）评估方法

1.基本披露要求

资产评估报告应当说明所选用的评估方法及其理由，披露评估方法运用实施的过程。

首先需简单说明总体思路和主要评估方法及适用原因；其次要按评估对象和所涉及的资产（负债）类型逐项说明所选用的具体评估方法。

采用成本法的，应介绍估算公式，并对所涉及资产的重置价值及成新率的确定方法作简要说明。

采用市场法的，应简单介绍参照物（交易案例）的选择原则、比较分析与调整因素等。

采用收益法等方法的，应介绍采用收益法的技术思路，主要测算方法、模型或计算公式，明确预测收益的类型以及预测方法与过程、折现率的选择和确定等情况。

2.关于企业价值评估两种以上方法的披露

企业价值准则规定，对同一评估对象采用多种评估方法时，应当对各种初步评估结论进行分析，结合评估目的、不同评估方法使用数据的质量和数量，采用定性或者定量分析方式形成最终评估结论。《关于加强企业国有资产评估管理工作有关问题的通知》（国资委产权〔2006〕274号）规定，"涉及企业价值的资产评估项目，以持续经营为前提进行评估时，原则上要求采用两种以上方法进行评估，并在评估报告中列示，依据实际状况进行充分、全面分析后，确定其中一个评估结论作为评估报告使用结果"。《企业国有资产评估报告指南》规定，未采用两种以上评估方法进行评估的，评估报告应当披露其他基本评估方法不适用的原因或所受的操作限制。采用两种以上方法进行评估的，还应当说明评估结论确定的方法。

评估报告对评估方法、过程和主要参数确定的原则进行必要的说明，体现了国有资产评估项目的特点。从国有资产监管机构的角度来看，评估报告是通过评估机构签字盖章方式出具的、可以作为核准备案文件的依据。另外，评估报告也是国有资产交易各方进行交易决策的重要参考。因此，评估报告应当分别说明两种以上评估方法选取的理由和评估结论确定的方法。这主要包括两个方面的内容：

（1）企业价值评估报告应说明的是整体企业价值评估的两种以上方法及其选取的理由。其主要内容是说明评估方法选取的依据和理由，所选方法的总体思路和基本模型，在两个以上初步结果的基础上是如何得出最终评估结论的。评估实践中，通常是在综合考虑不同评估方法和初步评估结果的合理性及所使用数据的质量和数量的基础上确定其中一个评估结果作为评估报告的评估结论。

（2）企业价值评估中采用两种以上评估方法对所涉及的长期股权投资的评估，也应当说明两种以上方法选取的理由以及评估结论确定的方法。同时，按长期股权投资清单，列示各股权两种以上评估方法以及确定最终评估结论的方法。

（八）评估程序实施过程和情况

评估报告应当说明自接受评估项目委托起至出具评估报告的主要评估工作过程，其一般包括以下内容：

1.接受项目委托，确定评估目的、评估对象与评估范围、评估基准日，拟定评估计划等过程；

2.指导被评估单位清查资产、准备评估资料，核实资产与验证资料等过程；

3.选择评估方法、收集市场信息和估算等过程；

4.评估结论汇总、评估结论分析、撰写报告和内部审核等过程。

评估报告中的评估过程内容，主要说明评估程序实施过程和评估的总体情况，而不是详细说明如何评估。

（九）评估假设

资产评估基本准则规定，资产评估专业人员执行资产评估业务，应当合理使用评估假设，并在评估报告中予以披露。资产评估报告准则规定，评估报告应当披露所使用的评估假设。《企业国有资产评估报告指南》遵循了上述准则的原则规范要求，规定"资产评估报告应当说明资产评估所使用的假设"。

（十）评估结论

《企业国有资产评估报告指南》规定，资产评估报告应当以文字和数字形式清晰说明评估结论。评估结论通常是确定的数值。境外企业国有资产评估报告的评估结论可以用区间值表达。其具体要求包括：

1.评估结论的表达方式

国有资产评估报告结果的表达方式，应当依据评估结论在国有资产交易领域中的作用，满足国有资产管理的需要。

国有资产监督管理机构下达的资产评估项目核准文件和经国有资产监督管理机构或所

出资企业备案的资产评估项目备案表，是企业办理产权登记、股权设置和产权转让等相关手续的必备文件。《企业国有资产评估管理暂行办法》（国资委第12号令）规定，"企业进行与资产评估相应的经济行为时，应当以经核准或备案的资产评估结论为作价依据，当交易价格低于评估结论的90%时，应当暂停交易，在获得原经济行为批准机关同意后方可继续交易"。国务院国有资产监督管理委员会同财政部联合发布的《企业国有产权转让管理暂行办法》第十三条规定："在清产核资和审计的基础上，转让方应当委托具有相关资质的资产评估机构依照国家有关规定进行资产评估。评估报告经核准或者备案后，作为确定企业国有产权转让价格的参考依据。在产权交易过程中，当交易价格低于评估结论的90%时，应当暂停交易，在获得相关产权转让批准机构同意后方可继续进行。"《中华人民共和国企业国有资产法》第四十二条规定："企业改制应当按照规定进行清产核资、财务审计、资产评估，准确界定和核实资产，客观、公正地确定资产的价值。企业改制涉及以企业的实物、知识产权、土地使用权等非货币财产折算为国有资本出资或者股份的，应当按照规定对折价财产进行评估，以评估确认价格作为确定国有资本出资额或者股份数额的依据，不得将财产低价折股或者有其他损害出资人权益的行为。"

第五十五条规定："国有资产转让应当以依法评估的、经履行出资人职责的机构认可或者由履行出资人职责的机构报请本级人民政府核准的价格作为依据，合理确定最低转让价格。"从这一系列规定中不难看出，企业国有资本出资额或者股份数额的依据（评估确认价格），都要求评估结论是一个确定的数值。因此，企业国有资产评估要求评估结论通常是确定的数值。《企业国有资产评估项目备案工作指引》对境外评估或估值报告的评估结论采用区间值的，要求应当在区间之内确定一个最大可能值，并说明确定依据。

《金融企业国有资产评估报告指南》也规定，特殊情况下，在与经济行为相匹配的前提下，评估结论可以用区间值表示，同时给出确定数值评估结论的建议。金融不良资产评估指导意见规定，债权资产价值分析结论可以是明确的数值，也可以是区间值，采用区间值时应当确信区间值的合理性并予以充分说明。

2.企业价值评估和单项资产（或者资产组合）评估结论披露的不同要求

采用资产基础法进行企业价值评估，应当以文字形式说明资产、负债、所有者权益（净资产）的账面价值、评估价值及其增减幅度，并同时采用评估结论汇总表反映评估结论。这是为了满足国有资产评估项目监管需要。资产评估结论表是国有资产评估项目备案表的主要内容之一。它不但清晰地说明了评估的主要资产类型，也说明了评估前后企业账面价值的变动情况，国有资产有关监管方可以很直观地据此编制相关批复文件。

单项资产或者资产组合评估应当以文字形式说明账面价值、评估价值及其增减幅度。

3.采用两种以上方法进行企业价值评估的披露要求

采用两种以上方法进行企业价值评估的，除单独说明评估价值和增减变动幅度外，应当说明两种以上评估方法结果的差异及其原因和最终确定评估结论的理由。

（十一）特别事项说明

资产评估报告应当说明评估程序受到的限制、评估特殊处理、评估结论瑕疵等特别事项以及期后事项，其通常包括下列内容：

1.引用其他机构出具报告结果的披露要求

近年来，国有资产评估项目，尤其是中央企业改制评估项目，同时委托资产评估机构、土地估价机构和矿业权评估机构以同一个评估基准日对企业重组改制设立公司行为涉及的资产、土地使用权和矿业权进行评估，然后由资产评估机构汇总评估结论的实际情况普遍存在。在汇总时，有的进行了调整，如房地合一评估时，不汇总土地估价机构报告相应的土地评估价值；有的直接汇总，情况较为复杂。国有资产监督管理机构十分关注资产评估机构如何引用、引用中作出了哪些调整等信息。

资产评估引用其他机构评估结论的现象，是由我国评估行业的管理体制所决定的。资产评估报告应当披露引用其他机构出具报告结论的情况，并说明承担引用不当的相关责任。

2.权属资料不全面或者存在瑕疵的情形

存在评估对象法律权属瑕疵和设定产权前提进行评估时，应披露的内容为：第一，说明法律权属瑕疵和设定产权前提的事实；第二，说明本次评估处理的方法及处理结果；第三，说明此种处理可能产生的后果；第四，提出企业作出承诺和声明的责任；第五，资产评估师应披露此种处理不影响评估结论合理性。所有披露内容，不应与企业出具的相关承诺函的内容相矛盾。

3.评估程序受到限制的情形

在国有资产评估项目中，经常会遇到因客观原因无法进行实地勘查的情形，其通常有：

（1）资产性能、资产放置地点限制现场清查，如地下深埋管线、空中架设输配电线路、生产过程中的在产品、异地置放资产、分散分布的资产等。

（2）涉及商业、国家秘密，限制现场清查，如军工企业存货等。

（3）清查技术手段限制现场清查，如空中架设输配电线路的长度和材质；输油管道中的存货、鉴定环境危害性和合规性、建筑结构强度测定、建筑面积测量、房屋建筑物沉降测试、白蚁蚁害检测、危房鉴定等事项。

（4）诉讼保全限制，如法院查封的资产等。

存在特殊的资产置放方式时，应披露的内容为：首先，说明特殊的资产置放方式、资金金额和占总资产的比重以及采取的清查方法；其次，说明这种处理对评估结论的影响及程度；最后，说明此种处理不影响评估结论的合理性。

4.评估资料不完整的情形

5.评估基准日存在的法律、经济等未决事项

评估基准日存在的法律、经济等未决事项主要是重大合同、重大诉讼等事项。存在影响资产状况从而影响资产评估价值的重大合同、重大诉讼事项对整个评估结论构成实质性的影响时，应披露的内容为：首先，说明重大合同、重大诉讼事项的情况；其次，说明本次评估处理的方法及处理结果；再次，说明此种处理可能产生的后果；最后，提出此种处理的责任。所有披露内容，不应与事实相矛盾。

6.关于担保、租赁及其或有负债（或有资产）的披露

担保、租赁及其或有负债（或有资产）等都有可能对企业价值以及参考企业价值确定

交易价格产生影响，但该等事项在经济行为实现时、实现后的状况无法预知，也无法估计其对企业价值的影响程度，不是资产评估师执业水平和能力所能评定估算的有关事项。评估报告应当说明该类事项的性质、金额及与评估对象的关系，并提示评估报告使用人注意该事项对评估结论可能产生的影响。

7.关于期后事项的披露

资产评估中的期后事项，通常是指评估基准日至评估报告日之间发生的、可能对评估结论产生影响的事项。例如国家调整税收政策、中央银行调整存贷款利率等，都会对评估结论产生影响。

资产评估师应当在切实可行的情况下，在评估报告中充分披露"评估报告评估基准日期后重大事项"，说明其内容，估计其对资产价值的影响；如无法作出估计，应当说明其原因。

8.关于经济行为对评估结论的影响

某些情况下，企业拟实施经济行为的进度安排与评估工作的进度安排衔接不紧密，可能影响到评估工作甚至评估结论。因此《企业国有资产评估报告指南》要求披露本次资产评估对应的经济行为中，可能对评估结论产生重大影响的瑕疵情形。

例如，某企业重组改制评估项目，根据经济行为实施的安排，在股份公司设立前，将全部纳入改制范围的房屋土地办理产权证，但在评估报告出具时，部分房产和土地仍未办理产权证。该部分房产、土地在办理权证时，可能与评估申报的信息不同，从而影响评估结论。

9.总体要求

评估报告应当说明对特别事项的处理方式、特别事项对评估结论可能产生的影响，并提示评估报告使用人关注其对经济行为的影响。

对于客观存在的特殊事项，资产评估师不同的处理方式对报告使用人的决策有直接影响。例如房屋所有权所载明的面积与实际面积不一致时，实务中存在按实际面积或按证载面积处理两种不同的方式，根据单位面积估算房屋价值也会因此而不同。尽管资产评估处理的一般原则是根据证载面积确定评估价值，但当企业按测绘机构测量的面积重新确权，并正在办理房屋所有权证时，资产评估师可以按照测绘机构测量的面积进行估算；当企业申报的面积明显比证载面积更为符合实际情况时，也可以按申报的面积确定其评估价值。但不论进行何种处理，资产评估师都应当对事项本身以及对事项的处理方式作出说明，以使报告使用人全面了解评估信息。

（十二）资产评估报告使用限制说明

除按照资产评估报告准则的相关要求，企业国有资产评估报告应当关注以下几点：

1.关于评估报告的法律效力

根据现行国有资产管理制度，国有资产评估报告需要经核准或备案后，与核准文件、备案表一起使用。国有资产监督管理机构对企业报送的资产评估报告和有关材料进行审核后，对符合规定条件的，按规定下达核准文件。核准文件是相关经济行为中涉及资产和产权价值的确认文件，是国有资产产权交易重要的参考，也是企业办理产权登记、股权设置等相关手续的必备文件。国有资产评估项目备案表是企业依法履行法定资产评估的有效证明，是相关经济行为中涉及资产和产权价值的确认文件，是国有资产产权交易的重要参考，也是企业办理产权登记、股权设置等相关手续的必备文件。国有资产评估报告是"核准文件"和"备案表"形成的基础文件，但最终直接作为交易参考、企业办理产权登记、股权设置等使用的并不只是国有资产评估报告，还应包括报告的"核准文件"和"备案表"。

2.关于评估程序受限时评估报告的使用限制

在评估程序受限的情况下，评估结论所依赖的假设条件具有重要作用。例如，因资产性能的限制、存放地点的限制、诉讼保全的限制、技术性能的局限、商业或国家秘密的局限等均对现场勘查产生影响。因此，评估报告应当披露因评估程序受限造成的评估报告的使用限制。

3.关于报告的摘抄、引用和披露

考虑国有资产评估项目管理的要求和现行有关评估报告信息摘抄引用和披露的其他规范，《企业国有资产评估报告指南》规定，未征得出具资产评估报告的资产评估机构同意，资产评估报告的内容不得被摘抄、引用或者披露于公开媒体，法律、行政法规规定以及相关当事人另有约定的除外。

4.关于使用人和使用范围

评估报告仅供委托人、评估委托合同中约定的其他评估报告使用人和国家法律、行政法规规定的评估报告使用人使用，除此之外，任何机构和个人不能由于得到评估报告而成为评估报告的使用人。

委托人或者评估报告使用人应当按照法律规定和评估报告载明的使用范围使用评估报告；委托人或者评估报告使用人违反前述规定使用评估报告的，资产评估机构及资产评估师不承担责任。

5.关于评估结论的理解和使用有效期

评估报告使用人应当正确理解评估结论，评估结论不等同于评估对象可实现的价格，评估结论不应当被认为是对评估对象可实现价格的保证。委托人或者评估报告使用人应当在评估报告载明的评估结论的使用有效期内使用报告。

（十三）资产评估报告日和签名盖章

资产评估报告应当载明资产评估报告日。资产评估报告日通常为评估结论形成的日期，其可以不同于资产评估报告的签发日。

资产评估报告正文应当由至少两名承办该评估业务的资产评估师签名，并加盖资产评估机构印章。声明、摘要和评估明细表上通常不需要另行签名盖章。

四、评估报告附件

（一）评估报告附件的内容

1.与评估目的相对应的经济行为文件；

2.被评估单位专项审计报告；

3.委托人和被评估单位法人营业执照；

4.委托人和被评估单位（或者产权持有单位）产权登记证；

5.评估对象涉及的主要权属证明资料；

6.委托人和相关当事人的承诺函；

7.签名资产评估师的承诺函；

8.资产评估机构资格证书；

9.资产评估机构法人营业执照副本；

10.负责该评估业务的资产评估师资格证明文件；

11.资产评估委托合同；

12.其他重要文件。

（二）基本要求

1.评估报告附件内容应当与本评估项目的评估目的、评估方法、评估结论相关联。评估报告附件应当列示与评估目的对应的经济行为文件和资产评估委托合同；与实际相符的评估主体合法有效的资格文件；与评估对象一致的相关资产的权属文件资料；评估中实际所依据的重要的取价依据文件资料。

2.评估报告附件的签章应当清晰、完整。附件为复印件的，应当与原件一致。

3.附件的相关内容应当与评估报告的摘要、正文一致。例如，所附经济行为文件描述的相关资产处置方案是确立评估范围的依据。又如，企业价值评估所附评估基准日会计报表账面数据应当与评估范围一致等。

（三）关于审计报告作为附件的要求

审计报告不仅是企业申请备案核准的必报资料之一，而且是评估工作的基础依据。《企业国有产权转让管理暂行办法》（财政部、国资委令第3号）规定，"在清产核资和审计的基础上，转让方应当委托具有相关资质的资产评估机构依照国家有关规定进行资产评估"。《企业国有资产评估管理暂行办法》（国资委令第12号）规定，企业提出资产评估项目核准申请时，应当向国有资产监督管理机构报送与经济行为相对应的审计报告。《关于加强企业国有资产评估管理工作有关问题的通知》（国资委产权〔2006〕274号）规定，对企业进行价值评估，企业应当提供与经济行为相对应的评估基准日审计报告。同时该文件附件"国有资产评估项目备案表""接受非国有资产评估项目备案表"的填报说明中提出，"当评估对象为企业产权（股权）时，账面价值应当为审计后账面值"。根据国有企业改制的相关规定，在资产评估前应聘请有资格的中介机构进行独立的财务审计。

企业价值评估准则提出，"企业价值评估中的资产基础法，是指以被评估单位评估基准日的资产负债表为基础，合理评估表内及可识别的表外各项资产、负债价值，确定评估对象价值的评估方法"。从中可以看出，采用资产基础法进行企业价值评估，其评估对象是企业各项资产和负债。其中资产和负债的确认和计量是否符合会计准则和相关会计规范，是需要由注册会计师发表审计意见的。企业价值评估是建立在审计基础之上的，注册会计师通过合规性和真实性审计以确定资产的账面价值，企业价值评估的资产范围也因此确定。资产基础法的评估结论，也是通过资产负债表的形式表示的。因此，有关资产、负债账面记录的合规性、真实性等财务会计资料，是表明资产评估范围极其重要的依据之一，同时它们也有助于资产评估师合理规避评估执业风险。

国有企业改制设立公司，通常情况下，财务审计的对象包括改制企业母公司及所属境内外全资子企业、控股子企业以及其他需要审计的企业、单位。审计的内容为改制企业

（包括其下属子公司）一定期限内的会计报表。受托会计师事务所在对改制企业（包括其下属子企业）的财务状况、经营成果、现金流量、资产质量等基本经营情况进行全面审计的基础上，形成审计结论，对企业编制的会计报表及其附注发表客观公正的审计意见。

改制审计报告是改制方案的依据，是改制资产评估的基础，未经审计不得实施改制资产评估。审计报告除一定程度上是评估的对象和范围依据外，还对主要报表项目在比较会计期间的重大变动情况作出说明。资产评估师利用审计报告时，需关注审计报告披露的可能对评估处理产生重要影响的相关事项，包括：土地使用权、探矿权、采矿权等重大资产使用或处置情况说明；改制过程中涉及的债权债务处置等重大事项的说明；改制企业应付工资、应付福利费、职工教育经费余额的处理情况；企业改制清产核资清查出的损失的处理情况及各项资产减值准备计提情况的说明；按照国家有关规定计提的各项资产减值准备的政策依据、披露以及资产减值准备的财务核销情况的说明等。

因此，《企业国有资产评估报告指南》规定，"按照法律、行政法规规定需要进行专项审计的，应当将企业提供的与经济行为相对应的评估基准日专项审计报告（含会计报表和附注）作为资产评估报告附件。"

（四）关于引用其他机构报告附件的处理

《企业国有资产评估报告指南》规定，"如果引用其他机构出具的报告结论，根据现行有关规定，所引用的报告应当经相应主管部门批准（备案）的，应当将相应主管部门的相关批准（备案）文件作为评估报告的附件"。比如，与评估经济行为相关的划拨土地使用权处置等土地使用权估价报告、矿业权价款处置等矿业权评估报告需经相关国土资源行政主管部门备案，需将已取得的相关批准（备案）文件作为评估报告的附件。

五、评估说明

（一）评估说明的构成

评估说明包括评估说明使用范围声明、委托人和被评估单位（或者产权持有单位）编写的《企业关于进行资产评估有关事项的说明》和资产评估师编写的《资产评估说明》。

评估说明使用范围的声明，应当写明评估说明使用单位或部门的范围及限制条款。

委托人和被评估单位（或者产权持有单位）可以共同编写或者分别编写《企业关于进行资产评估有关事项的说明》。委托人单位负责人和被评估单位（或者产权持有单位）负责人应当对所编写的说明签名，加盖相应单位公章并签署日期。《企业关于进行资产评估有关事项的说明》包括以下内容：一是委托人、被评估单位（或者产权持有单位）各自概况；二是关于经济行为的说明；三是关于评估对象与评估范围的说明；四是关于评估基准日的说明；五是可能影响评估工作的重大事项说明；六是资产负债情况、未来经营和收益状况预测说明；七是资料清单。

《资产评估说明》是对评估对象进行核实、评定估算的详细说明，其主要包括以下内容：一是评估对象与评估范围说明；二是资产核实总体情况说明；三是评估技术说明；四是评估结论及分析。

（二）评估对象与评估范围说明

1.基本内容

评估对象与评估范围说明的内容包括三个方面：委托评估的评估对象与评估范围；委

托评估的资产类型、账面金额；委托评估的资产权属状况（含应当评估的相关负债）。说明的具体编写，应当注意下列几种情况：

（1）评估对象与评估范围为非股权单项资产或者资产组合时，应简要介绍具体内容，如资产的类型、数量、特征及相关权属状况，以便报告使用人简明了解。

（2）评估对象为企业价值时，评估范围如包含下属独立核算企业，应介绍公司产权、管理架构图，按母公司会计核算口径简要介绍各级次报表单位，涉及多家单位时，应以列表方式介绍。

（3）对于与评估对象存在密切关系而不在评估范围内的资产，应予特别说明，如房屋构筑物所占用的土地情况及其是否在评估范围内等。

（4）如委托人另行委托其他专业评估机构对土地使用权、矿业权等资产进行评估，应对此事项进行说明，同时应关注其所出具报告中评估对象的价值定义；当评估对象存在土地出让金、矿业权价款等预计负债时，需根据经济行为方案内涵所确定的拟支付主体，恰当考虑本评估范围是否应包括这部分负债。

（5）关于委托评估的资产账面价值，应特别说明是否经过审计以及所发表的审计意见类型及简要情况。

（6）资产权属状况应重点介绍评估范围内房产、土地、矿业权等办证情况。

评估对象与评估范围说明应当根据企业价值评估、单项资产或者资产组合评估的不同情况确定内容的详略程度。

2.实物资产的分布情况及特点

对实物资产的分布情况及特点的说明应包括实物资产的类型、数量、分布情况和存放地点，实物资产的技术特点、实际使用情况、大修理及改扩建情况等。具体编写时应做到：

（1）实物资产说明原则是首先总体介绍分类情况，在此前提下重点介绍各类资产构成情况，在各类资产中突出介绍有代表性的、价值量大的资产。

（2）评估对象与评估范围为单项资产时直接介绍具体情况。对资产组合的介绍应体现先分类再具体的原则。

（3）评估对象为企业价值，评估范围为单一企业、无下属单位，其说明应体现先分类再具体的原则；评估范围包括多级下属单位时，应分别介绍各单位情况。

（4）对固定资产的技术特点、实际使用情况、大修理及改扩建情况等，应选择有代表性的、价值量大的资产介绍。

3.企业申报的账面记录或者未记录的无形资产情况

评估对象为企业价值时，应说明企业账面记录或者未记录的无形资产情况，对于企业实际存在的、账面未记录的专利或非专利技术等无形资产，应介绍其基准日基本情况及形成过程。

4.企业申报的表外资产（如有申报）的类型、数量

应说明企业申报的表外资产的类型、数量等，并介绍其在评估基准日的基本情况和形成过程，以及企业提供的相关资产权属资料。

5.引用其他机构出具的报告的结果所涉及的资产类型、数量和账面金额（或者评估值）

对资产组合或者企业价值评估项目，企业已另行委托其他机构对经济行为涉及的部分

资产进行评估，资产评估报告引用其他机构出具的报告的结论时，应当详细说明所涉及的资产类型、数量和账面金额（或者评估值）；同时应当说明所引用其他机构出具的报告载明的评估范围、评估目的、评估基准日以及评估报告的批准情况。

（三）资产核实总体情况说明

资产核实总体情况说明通常包括人员组织、实施时间、核实过程、影响事项及处理方法、核实结论。

1.资产核实人员组织、实施时间和过程说明

主要说明参加资产评估工作核实的人员情况、人员专业和地域分组情况、时间进度以及核实的总体过程。

资产核实的过程，通常可分现场核实工作准备阶段和现场核实工作阶段。现场核实工作准备阶段主要包括审核企业申报的明细表、安排调整完善现场工作计划、进入现场前的准备工作、选择适当的进场时间。现场核实工作阶段主要说明评估专业人员进行的询问、函证、核对、监盘、勘查、检查等工作情况，并说明获取评估业务需要的基础资料，了解评估对象现状，关注评估对象法律权属等总体过程。

2.影响资产核实的事项及处理方法

影响资产核实的事项一般包括资产性能的限制、存放地点的限制、诉讼保全的限制、技术性能的局限、涉及商业秘密和国家秘密以及在评估基准日时正在进行的大修理、改扩建情况等。对于不能采用现场调查方式直接核实的资产，应当说明原因、涉及范围及处理方法。

通常情况下，对于因资产性能的限制（如输配电线路资产、地下管线资产等）而影响资产核实的事项，应当说明对资产是否存在、存在状态、权属资料三个方面采取的措施。对资产技术状态，应说明查阅技术档案、检测报告、运行记录等历史资料情况，以及是否利用专业机构的检测结果对资产技术状态作出判断。

对于因存放地点的限制（如分布十分广泛的固定资产、工艺流程中的在产品等）影响资产核实的事项，应当说明对资产是否存在、存在状态、权属资料三个方面采取的措施。例如，检查资产负债表日后发生的销货交易凭证、账务处理凭证、相关资产管理凭证及台账，向使用者、存放地、购货顾客或供应商函证、获取的实物照片等。

对于因诉讼保全的限制影响资产核实的事项，如查封资产，应当说明对资产是否存在、存在状态、权属资料三个方面采取的措施。例如，向相关部门的函证、获取的实物照片等。

对于因涉及商业秘密和国家秘密而影响资产核实的事项，应当说明对资产是否存在、存在状态、权属资料三个方面采取的措施。例如，收集可以证明资产的运行情况和能够为企业产生相关收益的文件。对资产技术状态、应说明查阅技术档案、检测报告、运行记录等历史资料情况以及是否利用专业机构的检测结果对资产技术状态作出判断。

对于因评估基准日正在进行的大修理、改扩建而影响资产核实的事项，应当说明对资产是否存在、存在状态、权属资料三个方面采取的措施。例如，收集证明资产的运行情况和能够为企业产生相关收益的文件，收集大修理、改扩建设计（或类似文件）的情况。

如果采用抽样方法对资产进行核实，应当说明所采取的抽样方法，并说明抽样方法对

作出"是否存在、存在状态"总体判断结果的可靠性。

采取任何非现场核查方法，均应在此部分作出说明。

3.核实结论

核实结论应当说明资产核实结果是否与账面记录存在差异及其程度。通常核实结果不应与账面记录有差异，在审计评估同时进行的项目中，对于不一致的情形，应当要求被评估单位作出解释，查明情况后在评估值中作处理。也可以根据评估实物清查的结果，与企业、审计师协调进行追溯至评估基准日的调整，以做到账、表、实相符。

对权属资料不完善的，应说明查验权属资料的截止日，并说明企业提供的有关权属证明的情况。

对企业申报的账外资产，应说明核实情况、相关当事人确认的情况。

（四）评估技术说明

评估技术说明应当考虑不同经济行为和不同评估方法的特点，介绍评定估算的思路及过程。

1.评估技术说明的体例

（1）评估对象与评估范围为非股权单项资产及资产组合，应按照资产的类型及特征、评估目的及选择的价值类型，结合评估对象的清查核实情况及相关资料的收集情况，分别介绍各类资产评估方法、作价依据及各主要参数的确定过程；在各类资产中选取有代表性的典型案例揭示评估值的确定过程；最后说明各类资产的评估结论及变动原因分析。

（2）评估对象为企业价值的，应按照企业特点、评估目的及选择的价值类型，结合评估对象的清查核实情况及相关资料的收集情况，全面介绍评估方法、作价依据及各主要参数的确定过程；对各项资产及负债，按明细表中会计科目分类，分别选取有代表性的评估案例，揭示该科目中各类资产评估值的确定过程；最后说明各项资产负债的评估结论及变动原因分析。

（3）评估范围如存在会计并表核算单位（含全资、控股子公司及非法人独立会计主体），应以母公司评估说明为主体，对会计并表核算单位应按所属级次，分别以说明附件方式介绍。

2.成本法（或资产基础法）评估说明

采用成本法评估单项资产或者资产组合、采用资产基础法评估企业价值，应当根据评估项目的具体情况以及资产、负债类型编写评估技术说明。各项资产、负债评估技术说明应当包含资产、负债的内容和金额、核实方法、评估值确定的方法和结果等基本内容。

3.收益法评估说明

采用收益法进行企业价值评估，应当根据行业特点、企业经营方式和所确定的预期收益口径，以及评估的其他具体情况等编写评估技术说明。企业的资产、财务分析和调整情况以及评估方法运用实施过程说明通常包括以下内容：

（1）收益法的应用前提及选择理由和依据；

（2）收益预测的假设条件；

（3）企业经营、资产、财务分析；

（4）收益模型选择理由及基本参数说明；

（5）收益期限及明确预测期的说明；

（6）收益预测的说明；

（7）折现率的确定说明；

（8）预测期后价值确定说明；

（9）其他资产和负债评估说明；

（10）评估价值。

4.市场法评估说明

采用市场法进行企业价值评估，应当根据行业特点、被评估企业实际情况以及上市公司比较法或者交易案例比较法的特点等编写评估技术说明。企业的资产、财务分析和调整情况以及评估方法运用实施过程说明通常包括以下内容：

（1）具体方法、应用前提及选择理由；

（2）企业经营、资产、财务分析；

（3）分析选取确定可比企业或交易案例的说明；

（4）价值比率的选择及因素修正说明；

（5）评估对象价值比率的测算说明；

（6）评估价值。

（五）评估结论及分析

1.评估结论

采用两种或两种以上方法进行企业价值评估时，应当说明不同评估方法结论的差异及其原因和最终确定评估结论的理由。对于存在多家被评估单位的情况，应当分别说明其评估价值。对于不纳入评估汇总表的评估结论，应当单独列示。

2.评估价值与账面价值比较变动情况及说明

比较评估价值与账面价值，首先应详细说明账面价值与评估价值的构成要素，将不可比的因素剔除，进而说明构成要素中同一要素的变化幅度及理由。

3.折价或者溢价情况

股东部分权益的价值并不必然等于股东全部权益价值与股权比例的乘积，因为在某些情况下，同一企业内不同股东的同等股份权益的价值可能不相等。如果考虑了控股权和少数股权等因素产生的溢价或折价，应当说明溢价或折价测算的方法，对其合理性作出判断。

六、评估明细表

（一）基本要求

评估明细表可以根据企业国有资产评估报告指南的基本要求和企业会计核算所设置的会计科目，结合评估方法特点进行编制。

1.单项资产或者资产组合评估采用资产基础法进行企业价值评估，评估明细表包括被评估资产负债会计科目的评估明细表和各级汇总表。

2.采用收益法进行企业价值评估，可以根据收益法评估参数和盈利预测项目的构成等具体情况设计评估明细表的格式和内容。

3.采用市场法进行企业价值评估，可以根据评估技术说明的详略程度决定是否单独编制符合市场法特点的评估明细表。

（二）格式和内容要求

1.资产、负债会计科目的评估明细表格式和内容基本要求

（1）表头应当含有资产或负债类型（会计科目）名称、被评估单位（或者产权持有单位）、评估基准日、表号、金额单位、页码。

（2）表中应当含有资产负债的名称（明细）、经营业务或者事项内容、技术参数、发生（购、建、创）日期、账面价值、评估价值、评估增减幅度等基本内容。必要时，备注栏应对技术参数或者经营业务、事项情况进行注释。

（3）表尾应当标明被评估单位（或者产权持有单位）填表人员、填表日期和评估专业人员。

（4）评估明细表按会计明细科目、一级科目逐级汇总，并编制资产负债表（方式）的评估汇总表及以人民币万元为金额单位的评估结果汇总表。

（5）会计计提的减值准备在相应会计科目（资产负债类型）合计项下和相关科目汇总表中列示。

（6）评估结果汇总表应当按以下顺序和项目内容列示：流动资产、非流动资产、资产总计、流动负债、非流动负债、负债总计、净资产等类别和项目。

2.采用收益法中的现金流量折现法进行企业价值评估

评估明细表通常包括以下内容：

（1）资产负债、利润调整表（如果有调整）；

（2）现金流量测算表；

（3）营业收入预测表；

（4）营业成本预测表；

（5）税金及附加预测表；

（6）销售费用预测表；

（7）管理费用预测表；

（8）财务费用预测表；

（9）营运资金预测表；

（10）折旧摊销预测表；

（11）资本性支出预测表；

（12）折现率计算表；

（13）溢余资产和非经营性资产分析表。

收益法评估明细表表头应当含有评估参数或预测项目名称、被评估单位（或者产权持有单位）、评估基准日、表号、金额单位等。

3.被评估单位（或者产权持有单位）为两家以上的评估明细表应当按被评估单位（或者产权持有单位）分别归集，自成体系

第三节　资产评估报告的编制与使用

一、资产评估报告的编制步骤

（一）整理工作底稿和归集有关资料

资产评估现场工作结束后，有关评估专业人员必须着手对现场工作底稿进行整理，按资产的性质进行分类。同时对有关询证函、被评估资产背景资料、技术鉴定情况和价格取证等有关材料进行归集和登记。对现场未予确定的事项，还需进一步落实和核查。这些现场工作底稿和有关资料都是编制资产评估报告的基础。

（二）评估明细表的数字汇总

在完成现场工作底稿和有关资料的归集任务后，评估专业人员应着手评估明细表的数字汇总。明细表的数字汇总应根据明细表的不同级次先进行明细表汇总，然后进行分类汇总，最后进行资产负债表式的汇总。在数字汇总过程中，应反复核对各有关表格数字的关联性和各表格栏目之间数字的钩稽关系，防止出错。

（三）评估初步数据的分析和讨论

在完成评估明细表的数字汇总，得出初步的评估数据后，应召集参与评估工作过程的有关人员，对资产评估报告的初步数据的结论进行分析和讨论，比较各有关评估数据，复核记录估算结果的工作底稿，对存在作价不合理的部分评估数据进行调整。

（四）编写资产评估报告

编写资产评估报告分两步完成，首先草拟出资产评估报告，然后与委托方交换意见，听取其意见，在独立、客观、公正的前提下，修改完成资产评估报告。

（五）资产评估报告的签发与送交

资产评估专业人员撰写出资产评估正式报告后，经审核无误，应当由至少两名承办该项业务的资产评估专业人员签名并加盖评估机构印章。法定评估业务的评估报告应当由至少两名承办该项业务的资产评估师签名并加盖资产评估机构印章。

资产评估报告签发盖章后，即可连同评估说明及评估明细表送交委托人。

二、资产评估报告编制的技术要点

资产评估报告编制的技术要点是指在资产评估报告制作过程中的主要技能要求，具体包括文字表达、格式与内容方面的技能要求以及复核与反馈等方面的技能要求等。

资产评估专业人员应在执行必要的评估程序后，编制并由所在评估机构出具评估报告，并在评估报告中提供必要信息，使评估报告使用人能够合理理解评估结论。资产评估专业人员应根据评估业务具体情况，提供能够满足委托人和其他评估报告使用人合理需求的评估报告。

（一）文字表达方面的技能要求

资产评估报告既是一份对被评估资产价值发表专业意见的重要法律文件，又是一份用来明确资产评估机构和资产评估专业人员工作责任的文字依据。其文字表达要求既要清楚、准确，又要提供充分的依据说明，还要全面地叙述整个评估的具体过程；表达内容必

须明确，不得使用模棱两可的措辞；报告陈述既要简明扼要，又要把有关问题说明清楚，不得使用带有任何诱导、恭维和推荐的陈述。

（二）格式和内容方面的技能要求

对资产评估报告格式和内容方面的要求，按照现行政策规定，应该遵循资产评估报告准则，而涉及企业、金融企业国有资产评估的，还应该分别遵循《企业国有资产评估报告指南》和《金融企业国有资产评估报告指南》的有关规定。

（三）评估报告的复核及反馈方面的技能要求

资产评估报告的复核与反馈也是资产评估报告制作的具体技能要求。评估专业人员通过对工作底稿、评估说明、评估明细表和报告正文的文字、格式及内容的复核和反馈，可以使有关错误、遗漏等问题在出具正式报告之前得到修正。对评估专业人员来说，资产评估工作是一项由多个评估专业人员同时作业的中介业务，每个评估专业人员都有可能因能力、水平、经验、阅历及理论方法的限制而产生工作盲点和工作疏忽，所以，对资产评估报告初稿进行复核很有必要。就对评估资产的情况熟悉程度来说，大多数资产委托人和占有方对委托评估资产的分布、结构、成新等具体情况总会比评估机构和评估专业人员更熟悉，所以在出具正式报告之前征求委托人意见、收集反馈意见也很有必要。

对资产评估报告必须建立起多级复核和交义复核制度，明确复核人的职责，防止流于形式的复核。收集反馈意见主要是通过委托人或评估对象产权持有人熟悉资产具体情况的人员。对委托人或者产权持有人的反馈信息，评估专业人员应谨慎对待，本着独立、客观、公正的态度处理其反馈意见。

（四）撰写报告应注意的事项

资产评估报告的制作技能除了需要掌握上述三个方面的技术要点外，还应注意以下事项：

一是实事求是，切忌出具虚假报告。报告必须建立在真实、客观的基础上，不能脱离实际情况，更不能无中生有。报告拟定人应是参与该项目并较全面了解该项目情况的主要评估专业人员。

二是坚持一致性原则，切忌表里不一。报告文字、内容前后要一致，摘要、正文、评估说明、评估明细表内容与格式、数据要一致。

三是提交报告要及时、齐全和保密。在完成资产评估工作后，评估专业人员应按业务委托合同的约定时间及时将报告送交委托人；送交报告时，报告及有关文件要送交齐全；此外，还要做好客户保密工作，尤其是对评估涉及的商业秘密和技术秘密，更要加强保密工作。

四是评估机构应当在资产评估报告中明确评估报告使用人、报告使用方式，提示评估报告使用人合理使用评估报告。应注意防止报告的恶意使用，避免报告的误用，以合法规避执业风险。

五是资产评估专业人员执行资产评估业务，应当关注评估对象的法律权属，并在评估报告中对评估对象法律权属及其证明资料来源予以必要说明。资产评估专业人员不得对评估对象的法律权属提供保证。

六是资产评估专业人员执行资产评估业务受到限制无法实施完整的评估程序时，应当在评估报告中明确披露受到的限制、无法履行的评估程序和采取的替代措施。

三、资产评估报告的使用

资产评估报告由评估机构出具后,委托人、评估报告使用人可以根据所载明的评估目的和评估结论进行恰当、合理使用,例如,作为资产转让的作价基础,作为企业进行会计记录或调整账项的依据等。但是评估报告的使用,应当符合法律规定和评估报告载明的使用范围。

根据我国法律规定,国有资产在转让过程中,通常将评估报告所确定的资产评估价格作为底价或最低成交价格。例如,《企业国有资产法》规定,国有资产转让应当以依法评估的、经履行出资人职责的机构认可或者由履行出资人职责的机构报经本级人民政府核准的价格为依据,合理确定最低转让价格;《拍卖法》规定,拍卖国有资产,依照法律或者按照国务院规定需要评估的,应当经依法设立的评估机构评估,并根据评估结果确定拍卖标的的保留价;《公路法》规定,国道等公路收费权的转让,必须进行资产评估,国道等公路收费权出让的最低成交价,以国有资产评估机构评估的价值为依据确定。委托人或者评估报告使用人应当按照上述法律规定使用评估报告。

在评估报告中,评估报告的使用范围(评估报告限制使用)作为其中一个内容,通常应明确下列事项:第一,评估报告只能用于评估报告载明的评估目的和用途;第二,评估报告只能由评估报告载明的评估报告使用者使用;第三,除法律规定及相关当事方另有约定外,未征得出具评估报告的评估机构同意,评估报告的内容不得被摘抄、引用或披露于公开媒体;第四,评估报告应在载明的结论使用有效期内使用。

委托人或者评估报告使用人按照评估报告载明的使用范围使用评估报告,是履行评估委托合同确定义务的具体表现。如果委托人或者评估报告使用人违反法律规定使用评估报告,或者不按照评估报告载明的使用范围使用评估报告,如不按评估目的和用途使用或者超过有效期使用评估报告等,所产生的不利后果评估机构和评估专业人员不承担责任。

第四节 资产评估档案

一、资产评估档案的基本概念

资产评估档案是指资产评估机构开展资产评估业务形成的,反映资产评估程序实施情况、支持评估结论的工作底稿、资产评估报告及其他相关资料。工作底稿是资产评估专业人员在执行评估业务过程中形成的,反映评估程序实施情况、支持评估结论的工作记录和相关资料。评估基本程序包括明确业务基本事项、签订业务委托合同、编制资产评估计划、进行评估现场调查、收集整理评估资料、评定估算形成结论、编制出具评估报告、整理归集评估档案等内容。工作底稿是判断一个评估项目是否执行了这些基本程序的主要依据,应反映资产评估专业人员实施现场调查、评定估算等评估程序,支持评估结论。

二、资产评估工作底稿的内容

资产评估工作底稿一般分为管理类工作底稿和操作类工作底稿。

(一)管理类工作底稿

管理类工作底稿是指在执行资产评估业务过程中,为受理、计划、控制和管理资产评估业务所形成的工作记录及相关资料。管理类工作底稿通常包括以下内容:一是评估业务基本事项的记录；二是评估委托合同；三是评估计划；四是评估业务执行过程中重大问题处理记录；五是评估报告的审核记录及其他相关资料。

以企业价值评估为例，上述5项内容可以细化为以下12个方面。

1.评估业务基本事项

评估业务基本事项的工作底稿应反映以下内容：

（1）评估项目的洽谈人、委托人名称，联系人、相关当事人（主要是产权持有人）名称、地址、法定代表人，企业性质，注册资金，经营期限，经营范围等基本情况；

（2）相关当事人和委托人的关系；

（3）评估报告使用人及与委托人、产权持有人等相关当事人的关系；

（4）相关经济行为的背景情况及评估目的；

（5）评估对象和评估范围；

（6）评估范围内的资产状况，包括评估对象基本情况及资产分布情况，资产的数量及各类资产、负债账面价值，资产质量现状，实物资产存放地、账外资产、或有资产、或有负债、特殊资产情况，资产历次评估、调账情况，相关当事人所处行业、法律环境、会计政策、股权状况等相关情况；

（7）价值类型；

（8）评估基准日；

（9）评估假设、限制条件；

（10）评估报告的类型、提交时间和方式；

（11）评估服务费总额、支付时间和方式。

资产评估专业人员在项目承接洽谈阶段，应尽可能了解以上内容，以更好地控制评估风险。

2.评估项目风险评价

评估项目风险评价的工作底稿应反映以下内容：

（1）项目洽谈人通过对委托人和相关当事人的要求、评估目的、资产状况等基本情况的了解，对评估项目是否存在风险作出的判断；

（2）风险可控情况，化解风险、防范风险的主要措施；

（3）评估机构按规定流程通过对评估项目基本情况了解、评估项目风险调查分析，对是否承接项目作出的决定或签署的意见。

3.评估委托合同

评估委托合同的工作底稿应反映评估委托合同签订以及评估目的、评估对象和范围、评估基准日、价值类型、评估服务费、评估报告类型、评估报告提交时间和方式发生变更等的过程。

4.评估计划

评估计划工作底稿的主要内容为：

（1）对实施评估程序的具体步骤、时间进度、人员安排、技术方案等的安排；

（2）在评估过程中根据情况变化作出的调整记录；

（3）评估机构对评估计划的审核、批准情况。

5.委托人、相关当事人提供的主要资料清单

该部分工作底稿应反映资产评估专业人员根据不同的评估方法、不同的评估对象,要求委托人、相关当事人提供的相关评估资料。例如,对某一个大型国有企业整体资产价值的评估,要求提供的资料主要包括以下几个方面:

(1)企业基本情况介绍;

(2)针对本次评估项目的具体资料;

(3)被评估单位财务资料;

(4)被评估单位主要产品的生产和销售资料;

(5)宏观经济形势的影响及行业竞争状况;

(6)未来计划和预测资料。

6.聘请相关专家的主要情况

评估项目聘用相关专家有关情况的工作底稿应反映需要聘请专家予以解决的问题,拟聘请专家个人的简况、专业或专长。

7.评估过程中重大问题处理记录

评估过程中重大问题处理记录工作底稿应反映评估项目实施过程中,资产评估专业人员遇到重大问题逐级请示、根据批示意见进行有关处理的记录。

8.委托人的反馈意见和管理部门的评审意见

相关底稿可以反映委托人提供的反馈意见、国有资产等管理部门提出的评审意见,以及评估机构及其资产评估专业人员对相关意见的处理信息等。

9.评估报告审核情况

审核是评估机构保证评估质量、降低评估风险的重要手段,是评估机构的内部质量控制程序的重要组成部分。审核工作底稿应反映评估机构实施内部审核的情况及审核意见。

10.评估报告送达情况

评估报告送达时可编制评估报告签收单,送交委托人时,需送交人签字,收件人签收,交接过程应形成相应的工作底稿。

11.委托人、相关当事人等外部机构提供的与评估活动相关的工作底稿

(1)与评估目的对应的经济行为文件;

(2)经济行为方案(重组方案、改制方案等);

(3)委托人、被评估单位的营业执照;

(4)被评估单位的企业国有资产产权登记证;

(5)被评估单位的合同、章程、验资报告;

(6)被评估单位的评估基准日及前3~5年的财务报表;

(7)被评估单位的评估基准日及前3~5年的审计报告;

(8)被评估单位的非经营性资产、负债,及溢余资产情况说明;

(9)委托人及被评估单位提供的重大未决事项、期后事项及其他特殊事项的材料及说明;

(10)委托人、被评估单位《关于进行评估有关事项的说明》;

（11）委托人、被评估单位承诺函等。

12.资产评估专业人员在评估中形成的其他管理类工作底稿

资产评估专业人员在评估中形成的其他管理类工作底稿应于归档时一并保存。其内容通常包括：

（1）与委托人、相关当事人和其他中介机构往来的资料；

（2）项目核准或备案文件；

（3）专家讨论会记录；

（4）资产评估专业人员认为需要保存的其他相关资料。

（二）操作类工作底稿

操作类工作底稿是指在履行现场调查、收集评估资料和评定估算程序时所形成的工作记录及相关资料。操作类工作底稿产生于评估工作的全过程，由资产评估专业人员及其助理人员编制，反映资产评估专业人员在执行具体评估程序时所形成的工作成果。

1.操作类工作底稿的主要内容

（1）现场调查阶段收集的现场调查记录与相关资料。不同评估方法下的现场调查工作底稿内容不同，资产评估专业人员应根据评估目的和资产状况，合理确定资产（含负债）的调查量，并编制相应的工作底稿。其内容一般包括以下几方面：

①委托人、相关当事人申报的资产明细表及相关资料；

②通过询问、核对、勘查、函证等方式获得的评估业务需要的基础资料；

③核实评估对象的存在性和完整性，调查评估对象的品质和使用状况的记录；

④查验实行登记制度的评估对象的法律权属证书过程；

⑤现场调查因受客观条件限制，确实无法实施现场调查而采用适当的替代程序的情况；

⑥与评估业务相关的财务、审计等资料；

⑦在现场调查阶段收集的与评估相关的资料。

（2）评估工作实施阶段收集的评估资料。在整个评估工作过程中，评估专业人员除了整理和收集管理类工作底稿外，还应收集所有与评估工作有关的操作类工作底稿，其具体包括以下内容：

①市场调查及数据分析资料；

②相关的历史和预测资料；

③询价记录；

④其他专家鉴定及专业人士报告；

⑤委托人及相关当事人提供的说明、证明和承诺；

⑥其他相关资料。

（3）评估估算阶段形成的评定估算记录等相关资料。在评定估算阶段所做的工作，均需编制相应的工作底稿，以支持评估结论，其一般包括以下内容：

①根据不同的评估对象、资料收集情况等相关条件，选用与其相适应的评估方法的理由；

②选取相应的计算公式的理由；

③评定估算过程中收集的各类资产的定价依据；

④与计算评估结论有关的各类参数的取值依据；

⑤价值分析、计算、判断过程记录；

⑥评估结论形成过程记录；

⑦评定估算中形成的与评估相关的其他资料。

2.操作类工作底稿的分类

按照评估方法的不同，操作类工作底稿一般可分为成本法工作底稿、收益法工作底稿和市场法工作底稿。

（1）成本法（或资产基础法）工作底稿。资产评估专业人员运用成本法对企业进行整体价值评估时，应在工作底稿中反映被评估企业拥有的有形资产、无形资产以及应当承担的负债，记录根据其具体情况分别选用市场法、收益法、成本法的现场调查、评定估算过程。

（2）收益法工作底稿。资产评估专业人员采用收益法评估企业资产价值时，应与委托人充分沟通，获得委托人关于被评估企业资产配置和使用情况的说明，包括对非经营性资产、负债和溢余资产状况的说明。资产评估专业人员进行现场调查后，应汇集资产的账面值、调查值形成工作底稿。

资产评估专业人员应在与委托人和相关当事方协商并获得有关信息的基础上，采用适当的方法，对被评估企业前几年的财务报表中影响评估过程和评估结论的相关事项进行必要的分析调整，以合理反映企业的财务状况和盈利能力。工作底稿应完整地反映对企业资产、负债、盈利状况进行调整的原因，调整的内容、过程和结果，企业财务报表数据调整前后的变化。

资产评估专业人员应在工作底稿中反映以下内容：①对企业财务指标进行分析的过程；②对企业未来经营状况和收益状况进行的分析、判断和调整过程；③根据企业经营状况和发展前景，预测期内的资产、负债、损益、现金流量的预测结果，企业所在行业现状及发展前景，合理确定收益预测期以及预测期后的收益情况和相关终值的计算、收益现值的计算过程；④综合考虑评估基准日的利率水平、市场投资回报率、加权平均资金成本等资本市场相关信息和企业所在行业的特定风险等因素，合理确定资本化率或折现率的过程。

在采用收益法对企业整体价值进行分析和评估时，企业如有非经营性资产、负债和溢余资产，评估专业人员应当编制相应的非经营性资产、负债和溢余资产的现场调查、评定估算工作底稿。

（3）市场法工作底稿。资产评估专业人员在采用市场法评估企业整体价值时，应在工作底稿中反映收集的参考企业、市场交易案例的资料，反映所选择的参考企业、市场交易案例与被评估企业具有可比性的资料。

资产评估专业人员应对被评估企业与参考企业、市场交易案例之间的相似性和差异性进行比较、分析，调整的过程以及对所选价值乘数计算的过程应编制相应的工作底稿。

评估股东部分权益价值时的工作底稿应反映资产评估专业人员对流动性和控制权对评估对象价值影响的处理情况。

三、评估工作底稿的编制要求

评估工作底稿的编制不但直接影响到资产评估的质量，还是资产评估专业人员佐证自己在评估过程中客观、公正地履行程序的依据。资产评估专业人员在评估业务完成后，应及时整理工作底稿。评估工作底稿编制的具体要求包括：

1.作为底稿的相关资料的确认

资产评估专业人员收集委托人和相关当事人提供的重要资料作为工作底稿，应当由提供方对相关资料进行确认，包括但不限于签字、盖章、法律允许的其他方式等。

2.目录和索引号编制

细化的工作底稿种类繁多，不编制索引号和页码将很难查找，利用交叉索引和备注说明等形式能完整地反映工作底稿间的勾稽关系并避免重复。资产评估专业人员应当根据评估业务特点和工作底稿类别，编制工作底稿目录，建立反映工作底稿间勾稽关系的索引号。比如评估项目中的汇率，评估基准日1美元兑换7.0元人民币，评估过程中，现金、银行存款、应收账款、应付账款等多个科目都要引用，编制工作底稿时，可以在现金的工作底稿中保存汇率的询价依据，其他科目的评估中只要注明交叉索引就能很方便地找到依据。

3. 底稿审核

工作底稿一般是评估项目组的成员在评估时编制的，由于种种原因，编制人可能产生差错、遗漏等问题，因此，在工作底稿的编制过程中，需要履行必要的审核程序，其包括对文字、数字、计算过程等内容的审核。

四、评估工作底稿的归档

资产评估业务完成后，资产评估专业人员应将工作底稿与评估报告等归集形成评估档案并及时向档案管理人员移交，由所在资产评估机构按照国家有关法律法规及评估准则的规定妥善管理。在工作底稿归档的具体工作中，评估机构应做到以下几点：

1.评估档案归集

为了保证档案管理的规范性，资产评估机构应明确档案管理人员对评估业务档案进行管理。每项业务完成后，资产评估专业人员应及时归集归档资料，编制目录并装订成册，经检查合格后，移交给档案管理人员。

2.确定档案的内容及形式

档案的形式除了纸质文件，还有电子文档或其他介质形式。对于纸质文件，应加以分类并将其装订成册。

3.电子文档的管理

由于电子文档或其他介质形式的业务档案，存在着可修改以及经过长时间保存或技术进步等原因导致的数据难以读取等问题，具体操作中，评估机构、资产评估专业人员及档案管理人员应做到：

（1）做好电子文件收集、积累的基础工作。电子文件的特性决定了电子文件的收集不同于纸质档案，其收集、积累的范围、方法和要求也不同于纸质档案。对于工作底稿的电子档案应及时进行收集和整理，并建立与其相应的纸质文件之间的标识关系，对由无纸化系统生成的电子文件，应有更严格的措施。必要时，应在收集积累过程中制作备份文件，以免系统发生意外情况时电子文件信息丢失。

（2）严格电子文件的归档管理。电子文件归档是将应归档的电子文件经过整理确定档案属性后，从电子计算机的存储器或其他网络存储器上，拷贝或刻录到可脱机的存储载体上，以便长期保存的工作过程。

根据工作底稿的特性，通常将电子介质工作底稿与相关的纸质文件结合归档。在归档时间上，评估机构在对纸质工作底稿进行归档时应同时进行电子文档的归档。

为提高工作底稿电子文档的保存质量，工作底稿的电子文档可以刻录成光盘，与工作底稿的纸质文件存放在一起；对于工作底稿电子文档较少的项目，几个项目的电子文档可以放在一起。另外，评估机构还应配备相应的服务器，对公司一切工作底稿的电子文档进行备份。

（3）加强电子文件软件、硬件设施管理。为保证对工作底稿电子档案的管理，评估机构可积极开辟电子档案存储的新途径，为档案管理部门配备必要的计算机刻录设备，对应归档的电子文件、数据资料采用通用格式的光盘存储。评估机构要及时修补管理软件的安全漏洞，对防火墙和防病毒软件实现自动升级，做好档案上传、下载的安全等级和访问权限管理。在硬件管理上，要进一步完善电子文件和计算机设备的保管设施和环境，保证电子介质档案的安全。

（4）重视和加快电子文件管理人员的培养。从事电子文件管理的人员需具备档案管理方面的基础知识和计算机信息技术等多方面的技术技能，评估机构在工作底稿电子管理中应配备相应的专业管理人员，这有利于提高管理的效率。

五、资产评估档案的保存

资产评估专业人员通常应当在资产评估报告日后90日内将工作底稿与资产评估报告等归集形成评估档案，并由所在资产评估机构按照国家有关法律、行政法规和相关资产评估准则的规定妥善管理。重大或者特殊项目的归档时限不晚于资产评估结论有效期届满后30日。评估工作底稿归档后形成的评估档案应由所在资产评估机构按照国家有关法律法规及评估准则的规定妥善管理。档案管理人员应登记造册，整齐存放，妥善保管，并定期（如每年年底）对档案进行核对，确保业务档案的安全、完整。对于电子文档或者其他介质的评估档案，资产评估机构应当在法定保存期限内妥善保存。

根据《资产评估法》的规定：一般评估业务的评估档案保存期限不少于15年，法定评估业务的评估档案保存期限不少于30年。评估档案的保存期限，自资产评估报告日起算。

六、评估档案的保密与查阅

评估档案涉及客户的商业秘密，评估机构、资产评估专业人员有责任为客户保密。评估机构应建立评估档案保密制度，并认真履行保密责任。

档案管理人员要加强保密观念，明确保密档案的范围和保密要求，严格执行公司内部的各项保密规定和纪律。

项目完成并归档后，资产评估机构不得对在规定保存期内的评估档案进行非法删改或者销毁。对违反规定并造成损失的人员，由档案行政管理部门、有关主管部门依法处理。

资产评估档案的管理应当执行保密制度。除下列情形外，评估档案不得对外提供：第一，司法部门按法定程序进行查询的；第二，资产评估行政管理部门依法调阅的；第三，依法有权审核资产评估业务的其他政府部门按规定程序对资产评估档案进行查阅的；第四，资产评估行业协会按规定程序对执业质量进行检查的；第五，其他依法可以查阅的情形。

公司评估专业人员需要查阅评估档案时，应按规定办理借阅手续。

■ 本章小结

资产评估报告是资产评估过程与结果的综合反映。本章介绍了资产评估报告的概念、分类、内容要求，详细描述了国有资产评估报告的内容，分析了资产评估报告的编写步骤与使用要求，最后介绍了资产评估档案的相关内容。应按照国家现行规范的要求撰写资产评估报告，在不断完善我国资产评估报告制度和资产评估报告水平的基础上，更好地发挥资产评估服务社会、服务市场经济的作用。

资产评估档案是指资产评估机构开展资产评估业务形成的，反映资产评估程序实施情况、支持评估结论的工作底稿、资产评估报告及其他相关资料。资产评估工作底稿是资产评估专业人员在执行评估业务过程中形成的，反映评估程序实施情况、支持评估结论的工作记录和相关资料。资产评估工作底稿包括资产评估管理类底稿和操作类底稿。《资产评估法》规定：一般评估业务的评估档案保存期限不少于15年，法定评估业务的评估档案保存期限不少于30年。评估档案的保存期限，自资产评估报告日起算。

■ 思考与练习

一、单项选择题

1.按照评估报告的繁简程度，可将资产评估报告类型划分为完整型、简明型和（   ）。

A.保留型   B.拒绝发表意见型

C.反对型   D.限制型

2.按资产评估对象，资产评估报告可分为整体资产评估报告和（   ）。

A.单项资产评估报告   B.分项资产评估报告

C.单一资产评估报告   D.简单资产评估报告

3.关于资产评估报告摘要与资产评估报告正文的关系，下列描述不正确的是（   ）。

A.摘要与资产评估报告正文具有同等法律效力

B.摘要必须与资产评估报告揭示的结果一致，不得有误导性内容

C.声明、摘要和评估明细表上通常不需要另行签名盖章

D.摘要简单，不能够把专业的评估工作说清楚，其效力低于资产评估报告正文

4.资产评估工作底稿一般分为管理类工作底稿和（   ）。

A.操作类工作底稿   B.说明类工作底稿

C.评价类工作底稿   D.使用类工作底稿

5.评估档案的保存期限，起算日是（   ）。

A.资产评估报告日   B.资产评估基准日

C.资产评估开始日   D.资产评估结束日

6.《资产评估法》规定：一般评估业务的评估档案保存期限和法定评估业务的评估档案保存期限不少于的年限分别是（　　）。

A.15年和20年　　　　　　　　　　B.10年和15年

C.15年和25年　　　　　　　　　　D.15年和30年

二、多项选择题

1.按照评估方法的不同，操作类工作底稿一般可分为（　　）。

A.成本法工作底稿

B.收益法工作底稿

C.市场法工作底稿

D.管理类工作底稿

E.备查类工作底稿

2.关于电子文档的管理说法正确的有（　　）。

A.做好电子文件收集、积累的基础工作

B.严格电子文件的归档管理

C.加强电子文件软件、硬件设施管理

D.重视和加快电子文件管理人员的培养

E.确定档案的内容及形式

3.资产评估报告正文阐明的评估依据包括（　　）。

A.行为依据　　　　　　　　　　B.法律法规依据和评估准则依据

C.产权依据　　　　　　　　　　D.取价依据

E.对采用的特殊依据作相应的披露

三、判断题

1.资产评估报告摘要不具有法律效力，只是将资产评估报告中的关键内容列示在资产评估报告正文之前，以便使有关各方了解该资产评估报告提供的主要信息，方便使用者使用。　　　　　　　　　　　　　　　　　　　　　　　　　　　　　（　　）

2.客户可以按照资产评估报告揭示的评估值对会计账目进行调整。　　　（　　）

3.资产评估专业人员不得对评估对象的法律权属提供保证。　　　　　（　　）

第十四章参考答案